ISBN 978-0-243-86553-6
PIBN 10753405

This book is a reproduction of an important historical work. Forgotten Books uses
state-of-the-art technology to digitally reconstruct the work, preserving the original format
whilst repairing imperfections present in the aged copy. In rare cases, an imperfection in
the original, such as a blemish or missing page, may be replicated in our edition. We do,
however, repair the vast majority of imperfections successfully; any imperfections that
remain are intentionally left to preserve the state of such historical works.

# 1 MONTH OF
# FREE
# READING

at

## www.ForgottenBooks.com

By purchasing this book you are eligible for one month membership to ForgottenBooks.com, giving you unlimited access to our entire collection of over 700,000 titles via our web site and mobile apps.

To claim your free month visit:
www.forgottenbooks.com/free753405

English
Français
Deutsche
Italiano
Español
Português

# www.forgottenbooks.com

**Mythology** Photography **Fiction**
Fishing Christianity **Art** Cooking
Essays Buddhism Freemasonry
Medicine **Biology** Music **Ancient
Egypt** Evolution Carpentry Physics
Dance Geology **Mathematics** Fitness
Shakespeare **Folklore** Yoga Marketing
**Confidence** Immortality Biographies
Poetry **Psychology** Witchcraft
Electronics Chemistry History **Law**
Accounting **Philosophy** Anthropology
Alchemy Drama Quantum Mechanics
Atheism Sexual Health **Ancient History**
**Entrepreneurship** Languages Sport
Paleontology Needlework Islam
**Metaphysics** Investment Archaeology
Parenting Statistics Criminology
**Motivational**

# Gesammelte Schriften

von

## F. W. Dörpfeld.

---

**Zweiter Band.**
### Zur allgemeinen Didaktik.

**Erster Teil.**
### Grundlinien einer Theorie des Lehrplans.

**Zweiter Teil.**
### Der didaktische Materialismus.

**Gütersloh.**
Druck und Verlag von C. Bertelsmann.
1903.

# Grundlinien

einer

# Theorie des Lehrplans,

zunächst für

## Volks- und Mittelschulen.

---

Nebst dem Ergänzungsaufsatze:

### Die unterrichtliche Verbindung der sachunterrichtlichen Fächer.

Motto: Eine richtige Theorie ist das
Praktischste, was es gibt.

Von

## F. W. Dörpfeld.

---

**Vierte Auflage.**

**Gütersloh.**

Druck und Verlag von C. Bertelsmann.

**1903.**

# Vorwort zur ersten Auflage.

Der Titel der vorliegenden Schrift ist in der pädagogischen Literatur ein Novum. Es wird daher rätlich sein, ihm ein paar erläuternde Bemerkungen mit auf den Weg zu geben. Wo der Inhalt über die Grenzen des Bekannten und Üblichen hinausgeht, mag er für sich selbst sprechen.

Nicht einen Lehrplan verspricht der Titel, sondern eine Theorie desselben. Es handelt sich also um Fragen, die ins reine gebracht sein wollen, bevor man an die Aufstellung eines Lehrplans gehen kann. Aus diesen Fragen schneidet meine Untersuchung einen bestimmten Kern heraus; es sind diejenigen, welche sich auf die Auswahl der Lehrgegenstände oder auf das Quid und Quale des Lehrstoffes beziehen, und in diesem Kreise richtet sie dann ihren Blick vornehmlich auf die Natur der Lehrfächer und den dadurch gegebenen organischen Zusammenhang derselben. Eine didaktische Anschauung, die sich hier als Theorie legitimieren will, wird also zu zeigen haben, daß die ausgewählten Lehrfächer nicht einen bloßen, nach Zufall oder Gutdünken aufgeschütteten Haufen, sondern ein durch Natur und Überlegung wohlgefestigtes Gebäude bilden, an dem auch kein einziger Stein verrückt oder herausgenommen werden kann. Das ist, wie man sieht, eine Aufgabe, bei der die bisherige Didaktik ein beträchtliches Stück Arbeit übrig gelassen hat. Schleiermacher und Herbart haben genugsam gemahnt, die Untersuchung über das materiale Prinzip des Unterrichts, d. i. über den Inhalt, die Lehrgegenstände, nicht zu versäumen; allein die von Pestalozzi ausgegangene Anregung, wie sie auf dem Volksschulgebiet begriffen wurde, drängte immer wieder nach dem formalen Prinzipe, nach dem Lehrverfahren, hinüber. Diese Einseitigkeit hat sich bitter gerächt, und nicht am wenigsten gerade an dem Stücke, das am eifrigsten gepflegt wurde, an dem Lehrverfahren, wie die nachstehende Untersuchung erweisen wird.

Bekanntlich hat es der Lehrplan, wenn er fertig zugeschnitten werden soll, auch mit dem Lehrziel und mit der Verteilung des Stoffes (auf die einzelnen Stufen u. s. w.) zu tun. In der Praxis sind es gewöhnlich diese letzteren Fragen, welche am meisten Not machen. Da dieselben aber nicht allgemein, sondern nur für bestimmte konkrete Verhältnisse beantwortet werden können, so mußte meine Arbeit an denselben vorbeigehen. Insofern füllt sie also den Rahmen des Themas nicht ganz aus. — An mehreren Stellen ist die Arbeit genötigt gewesen, über die gesteckten Grenzen hinauszugehen. Um nämlich den inneren Zusammenhang der Lehrfächer klar nachweisen und vor die Augen malen zu können, mußte hie und da auch das dazu gehörige Lehrverfahren hinzu gezeichnet werden. Ist dadurch die Behandlung des Themas formell etwas ungleichartig ausgefallen, so wird sie, wie ich hoffe, dafür inhaltlich desto nützlicher geworden sein.

Sechs Grundsätze sind es, in welche das Ergebnis der Untersuchung kurz zusammengefaßt wird. Sie hängen, wie man sich überzeugen kann, unter sich genau zusammen, bilden ein geschlossenes, einheitliches Ganzes — eine wirkliche Theorie. Daß dieselbe der Praxis recht nahe auf den Leib rückt, also in der Tat keine „graue" Theorie ist, wird sich bei näherem Besehen ebenfalls bald zu erkennen geben.

Ein Zweites, was ich zu bemerken habe, gilt meinem literarischen Bekanntschaftskreise — denjenigen Lesern, welche auch meine früheren literarischen Arbeiten einer näheren Kenntnisnahme gewürdigt haben. Ich denke zunächst an die Arbeiten zur Didaktik. Diese Schriften (teils Abhandlungen, teils Lehrmittel und methodische Anweisungen zu denselben) beziehen sich immer nur auf partiale Lehrgebiete, insbesondere auf den Religionsunterricht, die Naturkunde resp. die Realien überhaupt und den Sprachunterricht. Über die Didaktik im allgemeinen liegt aus meiner Feder nichts vor. Dieses Feld habe ich mit Absicht vermieden, — eine tiefgewurzelte Abneigung gegen alle Allgemeinheiten hielt mich immer zurück. Nun mögen wohlgeneigte Leser zwar vorausgesetzt haben, daß jene Partial-Arbeiten doch auf einer einheitlichen didaktischen Anschauung ruhten; es wird ihnen aber vermutlich nicht gelungen sein, diese einheitliche Grundlage herauszufinden. Es gereicht mir daher zu einer besondern Freude, in dieser, von einer andern Seite her mir auferlegten Arbeit zugleich auch den literarischen Freunden das anbieten zu können, was sie bisher vermißten, — und zwar durch Gunst des engbegrenzten Themas in einer Gestalt, die wenigstens nicht an nebelhafter Allgemeinheit leidet.

Ein Drittes, was mir zu bemerken anliegt, betrifft den Kredit der Theorie, der wissenschaftlichen Auffassung einer Frage, auf dem pädagogischen Gebiete. Der Titel dieses Schriftchens wird wohl mitunter auch mit dem Ausrufe begrüßt werden: „Was Theorie! was soll uns diese helfen? Praxis! Praxis! das ist es, was der Schule not tut."

— Man kennt das. Es ist die Ehren-Bruderschaft vom Orden des pädagogischen Praktikantentums, welche sich so gegen die Theorie sträubt. Und was diese Guten so beunruhigt, ist ebenfalls bekannt. Schreit doch auch das kleine Bübchen aus Leibeskräften vor dem kalten Wasser, in dem es gewaschen und gebadet werden soll. Solche „Praktiker" eines Besseren belehren zu wollen, darf ich mir nicht anmaßen: an dem Inhalte dieses „theoretischen" Buches werden sie ja vorbeigehen, und durch eine kurze Vorwortsnotiz läßt sich ihrem Bedürfnisse nicht beikommen. — Allein es gibt auch noch andere Leute — zumal außerhalb des Schulstandes, und darunter sehr einsichtige — welche von der pädagogischen Theorie nicht viel Heil erwarten. Sie wissen wohl, daß zur Praxis eben so gut die Theorie gehört, wie zu den Trauben der Weinstock: ihr Mißtrauen gilt nicht der Wissenschaft überhaupt, sondern nur der Wissenschaft der Pädagogik — wenigstens der bisherigen. Nun läßt sich nicht leugnen, daß dieses Mißtrauen einiges zu seiner Rechtfertigung anführen kann. Einmal dies, daß der Volksschullehrerstand vielfach nicht die Bildung besitze, um mit leichter Hand die Theorie in die Praxis übersetzen zu können. Zum andern: wo es denn (außer Leipzig) eine deutsche Universität gebe, welche einen selbständigen Lehrstuhl der Pädagogik aufweisen könne — und was überhaupt von seiten des Schulregiments zur Pflege und Aufmunterung der wissenschaftlich-pädagogischen Arbeit geschehen sei? In der Tat, auf unsern Universitäten hat die Pädagogik, die Wissenschaft der Erziehung und Bildung, neben ihren wohlgepflegten und hochgeehrten Schwestern bisher die Rolle des „Aschenbrödels" spielen müssen.*) — Aber von diesen Tatsachen abgesehen, möchte ich doch jenen Männern eine kurze Bemerkung zu Gunsten der pädagogischen Theorie ins Ohr sagen, wenn sie einen Augenblick stille halten wollen. Ich greife ein Exempel aus der Theorie des Lehrplans heraus, die vielumstrittene Realienfrage.

Bekanntlich ist bereits ein langes Jahrhundert hindurch darüber verhandelt worden, ob den sogenannten „Realien" im Volksschul-Lehrplan

---

*) Wem dieser Ausdruck zu stark und für unsern Kulturstand ehrenrührig dünkt, der möge sich, wenn ihm an der vollen Wahrheit gelegen ist, von einer ebenso kompetenten wie unparteiischen Stelle einen noch stärkeren sagen lassen, — in einem öffentlichen Zeugnisse, welches ein Ausschuß der angesehensten deutschen Universitätslehrer über die Stellung der Pädagogik unter den Wissenschaften abgegeben hat. S. den Bericht der historischen Kommission bei der K. b. Akademie der Wissenschaften über das von derselben angeregte und unter Mitwirkung der verschiedensten Fachgelehrten begonnene großartige (auf 24 Bände berechnete) Werk: „Geschichte der (sämtlichen) Wissenschaften in Deutschland" — abgedruckt als Einleitung zum ersten Bande dieses Werkes: „Geschichte des allgemeinen Staatsrechts." (München, Cotta 1864.)

eine selbständige Stelle gebühre oder nicht. Ganz besonders lebhaft wurde der Streit, seitdem die preußischen Regulative (vom Jahre 1854) den Machtspruch getan, daß diese Lehrstoffe — wenigstens in der einklassigen Schule — nicht selbständig, sondern nur in und mit dem Sprachunterricht vorkommen dürften. Die einen — auf der Seite der Regulative — behaupteten: der Lehrplan der Volksschule sei bei ihren vielfach beschränkten Verhältnissen ohnehin stark genug besetzt; komme noch mehr Stoff hinzu, so werde unvermeidlich die Gründlichkeit des Lernens, namentlich die Übung der Fertigkeiten, darunter leiden, wahrscheinlich auch der Religionsunterricht; überdies sei zu besorgen, daß hinter dem „Realismus" der Materialismus in die Schule eindringe; was der Volksschüler an realistischen Kenntnissen zu wissen brauche, lasse sich ausreichend in und mit dem Sprachunterricht lehren. Die andern — auf der entgegengesetzten Seite — behaupteten: ein selbständiger Realunterricht sei nicht bloß nützlich, sondern um der allgemeinen und praktischen Bildung willen notwendig; insbesondere werde durch die Fortschritte in der Naturforschung und in ihrer Anwendung im gewerblichen Leben eine größere Berücksichtigung der Naturkunde gefordert; darum müsse für einen ordentlichen Realunterricht Raum geschafft werden. — Für die Praxis auf preußischem Boden hat jüngst die Schulbehörde diesen Streithandel entschieden: die neue Lehrordnung (vom 15. Okt. 1872) bestimmt bekanntlich, daß den Realien überall eine selbständige Stelle und die gebührende Stundenzahl (wöchentlich sechs) eingeräumt werden solle. Mutmaßlich wird man nun hüben wie drüben die „Realienfrage" für erledigt halten und sich zur Ruhe geben: nur werden die einen sich freuen, daß sie recht bekommen haben — wie sie denn in der nackten Frage in der Tat recht hatten, — und die andern noch eine Weile an ihren Bedenken nagen.

So weit das Tatsächliche unseres Exempels.

Wie nimmt sich nun vom Standpunkt unserer Theorie des Lehrplans jener Streithandel und seine dermalige Entscheidung aus? Die nackte Frage „ob oder ob nicht" ist allerdings entschieden und zwar richtig entschieden. Aber weit entfernt davon, glauben zu dürfen, daß die Realienfrage nunmehr erledigt sei, muß vielmehr von diesem Standpunkte aus behauptet werden, daß jetzt, wo der selbständige Realunterricht eingeführt ist, dieselbe erst recht besehen sein will. Das dicke Ende der Frage ist noch zurück. Nach den Verhandlungen, die bisher von hüben und drüben geführt wurden, sah es aus, wie wenn der Streit sich lediglich darum gedreht hätte, ob ein purer Haufen von Lehrfächern um eins vermehrt werden sollte. In Wahrheit aber handelte es sich um etwas ganz anderes — um die Einfügung eines Schlußsteines in ein Gewölbe, wo bekanntlich auch die andern Steine nicht eher völlig leisten können, was sie leisten sollen, bis jener eine, der die Schließung herstellt, eingefügt ist. Ohne Bild: wegen der fehlenden Realien litten alle übrigen Lehrfächer — die Fertigkeiten, der Sprachunterricht und der Religions= unterricht — an bestimmten, klar nachweisbaren Gebrechen, sei es in der Stoffauswahl, oder im Lehrverfahren, oder in den Lehrmitteln, oder in allen drei Stücken zusammen. Man verstehe mich recht: nicht wegen des augenblicklichen Fehlens der Realien, sondern deshalb, weil sie seit mehr als 300 Jahren, weil sie vom Beginn der Schulgeschichte an ge= fehlt hatten. Wir haben es mit historischen Folgen zu tun: jene Lücke hatte die didaktische Überlegung und die Lehrpraxis irre geleitet. Namentlich war es der in mehrfacher Beziehung zentrale Sprachunterricht, welcher das rechte Geleise nicht finden konnte, und in seiner Geschichte die wunderlichsten Irrwege zur Schau tragen mußte. Auch der Realunter= richt selbst, wo er bereits eingeführt war, litt infolge jener historischen Irreleitung an wesentlichen Mängeln, — insbesondere in den Lehrmitteln zur Einprägung und Durcharbeitung des Stoffes. Kurz, die Realien= frage umfaßte nicht eine, sondern 2, 3, 4, 5, 6 Fragen.

Die beiden Parteien, welche seither über die Realienfrage ver= handelten, haben ihr beiderseits bei weitem nicht auf den Grund geschaut, sonst würden die einen nicht wider den Realunterricht geredet haben, oder aber von den andern längst zum Schweigen gebracht worden sein. Den Realien gebührt auch nicht deshalb ein Platz im Schul-Lehrplane, weil die wissenschaftlichen Forschungen in der Naturkunde, Geschichte, Geo= graphie u. s. w. in neuerer Zeit so große Fortschritte gemacht haben, sondern aus anderen, besseren Gründen. Sie hätten mit vollem Rechte schon vor 100, 200, 300 Jahren hinein gehört — und zwar eben so gut wie Religion, Lesen, Schreiben u. s. w. — wenn die Vorbedingungen dazu (Befähigung der Lehrer u. s. w.) vorhanden gewesen wären. Wie richtig und wichtig aber auch die tatsächliche Einführung des Realunter= richts sein mag, so wohnt doch dieser nackten Tatsache allein nicht die Kraft bei, sofort über die in alle Lehrfächer historisch eingeschleppten Mängel die Augen zu öffnen, und noch weniger die, an allen diesen Stellen alsobald die entsprechenden Reformen zu zeigen. Wenn einmal die Dinge verschoben sind und der Blick schielend geworden ist, dann reichen Erfahrung und Erfahrungsreflexion nicht mehr aus, um sich zurecht= zufinden. So weit von der Praxis etwas zu hoffen ist, dürfte ihre nun= mehr beginnende Not — namentlich in der einklassigen Schule — das wirksamste Agens sein. Jetzt, wo neben den alten Aufgaben auch noch neue gelöst werden sollen, wird man bald gewahren, daß das auf den alten Wegen nicht möglich ist. Damit, mit dem Gefühl der Not, wird dann auch das Gehör und Gemerk für Reformratschläge sich einstellen. — Positiv helfen kann aber hier allein diejenige Reflexion, welche, mit der nötigen praktischen Erfahrung ausgerüstet, auf die Geschichte der Didaktik, auf die Natur der Lehrgegenstände und auf die Psychologie zurückgeht und da verstehen lernt, wie die Lehrfächer organisch ineinandergreifen und wie sie demgemäß gelehrt sein wollen. Wer sich auf diesen Standpunkt stellen kann und dann in die Vorzeit zurückschaut, dem wird sich die erfreuliche Wahrnehmung aufdrängen, daß die Geschichte der Didaktik an einem bedeutsamen Knotenpunkte angelangt ist — vielleicht an dem bedeutsamsten, den sie bisher erlebt hat — an dem Punkte nämlich, wo der Entwickelungsgang der gesamten Didaktik, nachdem er jahrhundertelang durch allerlei Hemmnisse und wunderliche Zickzackwege mühselig sich durchgearbeitet hat, nunmehr mit Macht auf einen, allen Lehrfächern zu gute kommenden periodischen Abschluß hindrängt. Möchte die dermalige Generation des Lehrerstandes dieser schulgeschichtlichen Aufgabe gewachsen sein! — Das war der Sinn der „Realienfrage" — für den, der ihn verstehen konnte.

Ist das nun wahr — und ich denke, die nachfolgende Untersuchung kann es beweisen — so wird auch dargetan sein, daß eine auf guter Basis stehende theoretische Forschung einen höhern Kredit beanspruchen darf als die bloße Erfahrungsreflexion.

Lessing meint irgendwo, die Geschichte eines Buches sei das beste Vorwort. Er wird recht haben: die genetische Methode empfiehlt sich überall. Diesmal konnte ich jedoch seinem Rate nicht folgen, da zu einem kurzen Buche eine lange Geschichte nicht passen wollte. Andernfalls würde es mir ein Gewissensanliegen gewesen sein, zugleich an die Männer zu erinnern, welche auf diesem Felde vorgearbeitet und uns Nachgebornen die Wege gewiesen haben, — so namentlich an Comenius, Schleiermacher, Herbart, und unter den späteren insbesondere an meinen bergischen Landsmann, den frühverstorbenen Dr. Mager. — Eine Notiz aus der Vorgeschichte dieser Abhandlung muß doch zum Schluß erwähnt werden, um einige Züge der Darstellung gegen Mißverständnisse zu schützen. In der gegenwärtigen Form wurde das Schriftchen unmittelbar nach der bekannten Schulkonferenz im Unterrichtsministerium in Arbeit genommen — als wir noch auf dem Boden der alten Regulative standen — und in der Hauptsache auch vor dem Bekanntwerden der neuen Unterrichtsordnung zu Papier gebracht. Die Erfahrungen in jener Konferenz mahnten und drängten mich, die Mitteilung meiner aus langjähriger Überlegung erwachsenen Theorie des Lehrplans nicht länger aufzuschieben. Jetzt hätte ich dieselbe gern vor dem Erscheinen der neuen Lehrordnung hinausgeschickt, allein meine knappe Mußezeit konnte das nicht leisten. Diese Notizen aus dem letzten Stadium meiner Arbeit werden es verstehen lassen, warum in derselben mehr, als sonst nötig gewesen wäre, auf die alten Regulative Bezug genommen ist, — und warum doch andrerseits die neuen fast gar nicht erwähnt sind. Hätten die letztern nach dem Maß ihrer Bedeutung berücksichtigt werden sollen, so würde eine umständliche Umarbeitung der Abhandlung nötig geworden sein. Bloß kurzerhand die Differenzen anzudeuten, während die andern Seiten unberührt blieben, wäre einem so wichtigen und nach seiner Totalität in vielem Betracht trefflichen Gesetze gegenüber ungeziemend gewesen. Eine Vergleichung der hier aufgestellten Grundsätze und praktischen Vorschläge mit den Grundsätzen und Weisungen der neuen Lehrordnung wird sich dem Leser, der die letztere kennt, von selber aufdrängen.

So möge denn dieser Erstlingsversuch einer Theorie des Lehrplans hinauswandern — dem Geleite Gottes befohlen — allen Mitstrebenden zum Gruß.

Barmen, im März 1873.

## J. W. Dörpfeld.

# Bemerkungen zur zweiten Auflage.

Die erste Auflage dieser Schrift ist längst vergriffen, und der Verleger hat, der regen Nachfrage entsprechend, oft und dringend eine zweite Auflage gewünscht. Wenn diese erst jetzt erscheinen kann, so hat das seine guten Gründe. Wer den heimgegangenen Verfasser näher gekannt hat, der wird wissen, daß derselbe niemals eilfertig seine Arbeiten schrieb, auch nicht gern die zweite Auflage einer Schrift herausgab, ohne die erste aufs genaueste durchgesehen, verbessert und durch wertvolle Zusätze, die mitunter zu umfangreichen Abhandlungen wurden, bereichert zu haben. Besonders waren für „die Grundlinien" größere Veränderungen in Aussicht genommen. Oft genug hat der Verewigte die Feder zur Neubearbeitung angesetzt, ein gut Teil der Arbeit ist auch fertig geworden, aber teils körperliche Beschwerden, teils andere dringliche Arbeiten ließen ihn das Werk nicht vollenden. Doch beschäftigte ihn die Sorge um dasselbe noch auf dem Sterbebette. Darum beauftragte er den Unterzeichneten, in Verbindung mit einem Freunde und unter Benutzung der vorhandenen Vorarbeiten eine zweite Auflage herauszugeben.

Bei Vergleichung derselben mit der ersten wird der Leser nur an zwei Stellen größere Änderungen finden; zuerst auf den Seiten 6—8, wo der Verfasser die Grundsätze für seine Theorie des Lehrplans sprachlich etwas anders gefaßt hat, als in der ersten Auflage, sodann auf S. 30 ff., wo von den Lehr= und Lernoperationen beim Unterricht die Rede ist. Letztere Änderung ist nach eingehenden Besprechungen mit dem Verfasser von einem andern geschrieben worden, wie schon die Form verraten wird.

Das Vorwort des Verfassers zur 2. Auflage ist leider unvollendet geblieben und konnte deshalb nicht mit aufgenommen werden; doch ist eine Bemerkung in demselben über den Lehrgang im Religionsunterricht — ob konzentrische Kreise oder kulturhistorische Stufen — ihrer Wichtigkeit wegen in den Anhang (5) gebracht worden. Ferner enthält der Anhang noch die Neubearbeitung des ersten Grundsatzes, so weit sie der Verfasser hat fertigstellen können. Die beigefügten Skizzen fanden sich im Nachlaß. Sollte man sie mit veröffentlichen oder nicht? Ihre fragmentarische Form

ließ die Veröffentlichung bedenklich erscheinen; Dörpfeld würde sie jeden=
falls noch umgearbeitet, verbessert, vielleicht auch vervollständigt haben.
Aber der Wunsch, dem weiteren Nachdenken des Lesers über die angeregte
Frage so viel als möglich zu Hilfe zu kommen, und die Hoffnung, ihm
damit einen Dienst zu erweisen, ließen das Bedenken unterdrücken.

Den „Grundlinien" ist der Aufsatz Dörpfelds „Die unterrichtliche
Verbindung der sachunterrichtlichen Fächer" nebst den Ergänzungen dazu
(Schulblatt, Jahrgang 1875, Nr. 1 u. 5) beigefügt worden, weil der Ver=
fasser an verschiedenen Stellen diese Arbeiten als eine Ergänzung zu der
Abhandlung über die Theorie des Lehrplans bezeichnet hat. Zwar kommt
bei den drei Arten der Lehrstoffverknüpfung e i n e zur Sprache, — die
Verknüpfung innerhalb jedes einzelnen Zweigfaches — welche auf einem
anderen Gebiete, auf dem des Lehrverfahrens, liegt. Doch durfte dieser
Teil mit Rücksicht auf den Zusammenhang des Ganzen und der Voll=
ständigkeit wegen nicht weggelassen werden.

Das Andenken des Gerechten bleibet im Segen. Möge diese Schrift
auch auf ihrem neuen Gange, indem sie die grundlegenden Gedanken des
entschlafenen Meisters über eine wichtige Frage der Didaktik wieder hinaus=
trägt und das Andenken des Heimgegangenen neu belebt, von dem Segen
Gottes begleitet sein.

Barmen, im Mai 1894.

E. Hindrichs.

# Inhalt.

# I. Grundlinien einer Theorie des Lehrplans, zunächst für Volks- und Mittelschulen.

Schicklich oder unschicklich — ich muß diesmal mit der Tür ins Haus fallen.

Hier am Eingange schon in nuce das Endergebnis der Untersuchung, — meine ganze Theorie in drei wohlfeilen Zeilen, in kompakter Leitfaden-Manier und bequemem Westentaschen-Format.

Der Lehrplan der Volksschule muß umfassen:

A. Die sachunterrichtlichen Fächer: Naturkunde, Menschenleben (in Gegenwart und Vergangenheit), Religion;

B. die Sprache (Muttersprache) mit ihren Fertigkeiten: reden, lesen, schreiben;

C. die (rein) formunterrichtlichen Fächer: Rechnen, Zeichnen, Gesang. (S. Anhang 1.)

Freilich — von Theorie wird der Leser noch nicht viel darin entdecken können. Was sich ihm präsentiert, ist nur eine schematische Formel. Eine kurze, schematische Formel — mehr will der Spruch vor der Hand auch nicht sein.

So viel dürfte doch dem ersten Blicke schon sich aufdrängen: 1. eine bestimmte Vollzahl von Lehrfächern, 2. eine bestimmte Gruppierung dieser Fächer und 3. eine bestimmte Aufeinanderfolge dieser Gruppen. Weiter unten wird sich auch zeigen, daß diese Formel in der Tat der kürzeste Ausdruck für ein halbes Dutzend solider, eingreifender Grundsätze ist. Können dieselben in der bevorstehenden Prüfung, wie ich hoffe, als die Grundlinien einer wohlgefestigten Theorie sich bewähren, so wird man hinterher auch wohl das Schema willkommen heißen, da diese unscheinbare Form den ganzen Inhalt sowohl klar andeutet, als kurz zusammenfaßt. (Anhang 2.)

Werfen wir zuvörderst einen Blick auf die Kehrseite.

Die herkömmliche Redeweise pflegt die Lehrgegenstände der Volksschule so aufzuzählen: Lesen, Schreiben, Rechnen, Religion, Gesang, — eventuell fügt sie noch Geographie und Geschichte hinzu, vielleicht auch Naturkunde. Woher diese Redeweise stammt, ist klar: in dieser Reihenfolge sind die Lehrfächer nach und nach in die Volksschule a u f g e n o m m e n worden. Vermutlich hat auch der Umstand mitgewirkt, daß ehemals — an manchen Orten selbst bis in die neuere Zeit — die Kinder in den ersten Schuljahren fast ausschließlich mit Lesen und Schreiben und etwas Rechnen beschäftigt wurden. In beiden Beziehungen ist jene Redeweise somit gleichsam ein s c h u l - h i s t o r i s c h e s  D o k u m e n t.

Die denkenden Schulmänner haben zwar längst gewußt, daß diese Aufzählung der Lehrfächer den didaktischen Begriffen nicht entspricht. Die vulgäre Redeweise hat dieselbe jedoch konsequent festgehalten, und die amtliche Sprache (in den Unterrichtsgesetzen und andern offiziellen Schriftstücken) folgt ihr in der Regel getreulich nach, höchstens erlaubt sie sich die kleine Änderung, ehrenhalber die Religion voraufzustellen.

Durch diese vulgäre Anschauungs- und Redeweise — wonach die F e r t i g k e i t e n (Lesen, Schreiben u. s. w.) die Basis des Volksschulunterrichts bilden und die W i s s e n s f ä c h e r nur als Anhängsel mitgezählt werden — ist die Volksschule innerlich und äußerlich schwer g e s c h ä d i g t worden.

Was zunächst die ä u ß e r e Schädigung betrifft, so werden ein paar andere Redeweisen, die von den höhern Schulen ausgehen und mit jener vulgären eng zusammenhängen, schon einigermaßen erkennen lassen, was ich meine. Das Übrige werden sachvertraute Leser schon selbst hinzudenken. — Bekanntlich lauten die Anforderungen, welche die höhern Schulen bei der Aufnahme in die Unterklasse stellen, gewöhnlich so: „Der Aufzunehmende muß geläufig deutsch l e s e n, leserlich und ziemlich richtig s c h r e i b e n und mit ganzen Zahlen geläufig r e c h n e n können." Von Religion und den andern Wissensfächern, von Gesang und Zeichnen ist nicht die Rede. Warum geschieht das so? Wird etwa angenommen, daß, wenn es um die geforderten Leistungen gut stände, die nicht geforderten vorausgesetzt werden dürften? oder wird das, was in den nicht genannten Fächern gelernt worden sein könnte, für so wertlos gehalten, daß es sich nicht der Mühe lohne, danach zu fragen? Wie dem auch sei — so viel ist gewiß, daß man es für ziemlich gleichgültig hält, ob in den letztern Fächern etwas geleistet wird oder nicht: denn im andern Falle würde man ohne Zweifel eben so gut  d a n a c h fragen, als nach dem Lesen, Schreiben und Rechnen. Die Volksschule gilt eben vornehmlich nur für eine L e s e - ,  S c h r e i b - und R e c h e n s c h u l e, zumal auf den untern Stufen. So in den Augen der höhern Schulen, so in den Augen des großen Publikums. — Damit stimmt auch eine zweite Redeweise, welche durch die höhern Schulen ins Publikum gekommen ist. Dort werden nämlich, wenigstens herkömmlich, die Lehrfächer in „e l e m e n t a r e" und „w i s s e n s c h a f t l i c h e" unterschieden. Zu jenen zählt man (außer dem Lesen, das aber nicht mehr als gesondertes Lehrfach gilt) Schönschreiben, Gesang, Zeichnen — und jeweilig auch das Rechnen auf den untern Stufen. Es sind also die Fächer, bei denen das Können überwiegt, die sog. Fertigkeiten. Vielleicht kommt jene Redegewohnheit, diese Lehrfächer „elementare“ zu nennen, daher, daß für dieselben gewöhnlich sog. Elementarlehrer angestellt werden. Es sei; allein die Unterscheidung der Lehrgegenstände in elementare und wissenschaftliche ist begriffsverwirrend, sinnlos. „Elementarisch“ und „wissenschaftlich“ sind nicht Merkmale der Lehrgegenstände, sondern der Behandlungsweise. Jeder Lehrgegenstand kann sowohl elementarisch als wissenschaftlich behandelt werden. (Bei den reinen Fertigkeiten werden vielleicht die Stufen der Behandlungsweise etwas anders bezeichnet werden müssen, wie ja auch der Ausdruck „wissenschaftlich“ von den Wissensfächern hergenommen ist.) Bis zum 12. Jahre wird durchschnittlich nur die elementare Lehrweise am Platze sein. Die Volksschule behält sie auch darüber hinaus noch bei, während die höhern Schulen gewöhnlich schon früh in die wissenschaftliche Bahn einlenken, — schwerlich zum Vorteil des Lernens und der Bildung. Kurz: wenn man die Schul-Lehrgegenstände einteilen will, so ist nur die Einteilung in Sachunterricht und Formunterricht (oder in Wissensfächer und Fertigkeiten) — wobei die Sprache in die Mitte zu stehen kommt — brauchbar. Durch die Einteilung der Lehrfächer in „elementare“ und „wissenschaftliche“ wird dagegen nicht bloß gegen die Logik, sondern auch gegen die Volksschule gesündigt. Über die Volksschule wird nämlich die falsche Meinung verbreitet: nur die sog. „elementaren“ Fächer seien es, welche diese mit den höhern Schulen gemein habe; nur diese, die sog. Fertigkeiten, machten die eigentliche Lehraufgabe der Volksschule aus, und wenn doch noch der eine oder andere Lehrgegenstand vorkomme, so sei das eine Zugabe, die nicht mitgezählt zu werden verdiene.

Wir sehen somit klar, daß die genannten (vulgären und vornehmen) Redeweisen sämtlich auf eins hinauslaufen, — darauf, die Volksschule in den Ruf zu bringen, dieselbe sei wesentlich nur auf die Fertigkeiten des Lesens, Schreibens, Rechnens und Singens und etwa noch auf Religion angewiesen; sie sei also keine Bildungsanstalt im eigentlichen Sinne, sondern nur der Ansatz zu einer solchen. Je mehr nun der Ruf der Volksschule heruntergedrückt wird, desto mehr muß natürlich daneben das Ansehen der höhern Schulen steigen. Entspricht aber jene Anschauung in der Tat der Aufgabe und dem Begriffe der Volksschule? Ich sage: Nein. Es mag sein, daß die Volksschule noch nicht überall eine Bildungsanstalt im wahren Sinne ist; aber dann soll sie es doch werden. In der Hauptsache steht dem auch nichts im Wege. Es kommt

1*

nur darauf an, daß man es richtig angreife. Die Bildung, welche die Volksschule geben kann, mag sich zur Bildung der höhern Schulen etwa verhalten, wie eine bescheidene Arbeiterwohnung zu einem stattlichen Bürger- oder Patrizierhause. Zwischen einer solchen Arbeiterwohnung und diesen stattlichen Gebäuden ist ja ein großer Unterschied; aber jene ist immer etwas anderes als der ruinenhafte Rumpf eines halbfertigen Bauwerkes, der weder Dach noch Verschluß hat und durch den alle Winde pfeifen; sie gewährt ihren Insassen jedenfalls ein sicheres und behagliches Daheim. Allerdings ist die Aufgabe der Volksschule eine recht mühevolle; der Hemm- nisse stellen sich ihr gar viele in den Weg. Und blickt sie auf die be- günstigten höhern Schulen, wo Vorteile über Vorteile den Lehrern zu Hilfe kommen — regelmäßiger Schulbesuch, mäßige Schülerzahl, reichere Lehrmittel, Staatsprivilegien u. s. w. — so könnte sie fast mutlos wer- den. Um so mehr aber hat sie auch Ursache und Recht, es sich ernstlich zu verbitten, daß ihr mühevolles Werk durch widersinnige traditionelle Redeweisen degradiert werde.*)

Schlimmer noch als die Schädigung ihres äußeren Kredits ist die Hemmung in der innern Entwickelung, welche die Volksschule durch jene Redeweisen erfahren hat. Der volle Einblick in diese innere Schädi- gung läßt sich zwar erst dann gewinnen, wenn der rechte Begriff der Volksschularbeit, wie ihn mein Konferenz-Antrag meinte, daneben steht; doch das nötigste wird sich auch hier schon sagen lassen. — Der Kern der Bildung hängt allewege, wie ich als erwiesen betrachte, davon ab, daß der Unterricht einen würdigen Inhalt habe. Dieser Inhalt kann zuoberst nur in den drei sachunterrichtlichen oder Wissensfächern gesucht werden. Jene traditionellen Redeweisen aber drängten die Volksschule vornehmlich auf die Fertigkeiten — lesen, schreiben und rechnen — hin. Zwar sieht man jeweilig den Religionsunterricht obenan gestellt, so z. B. im preuß. Regulativ; allein immer wird da dieser erste Schritt zum Richtigen wieder dadurch verdorben, daß die traditionellen Examina- toren vorzugsweise nach dem fragen, was im wörtlichen Memorieren geleistet ist. Und weil überdies — nach korrekter Tradition — der reli-

---

*) Man sieht hieraus, daß die Aufeinanderfolge der Lehrfächer, wie sie meine Formel in Berlin vorschlug (Anhang 2) — auch abgesehen von der Theorie und der inneren Schädigung — für die Volksschule nicht bedeutungslos war. Ich wußte, was ich wollte.

Die neuen „Allgemeinen Bestimmungen" zählen die Lehrgegenstände wieder in der Reihenfolge auf, wie sie seit den Regulativen in den deutschen Landen üblich war: Religion, deutsche Sprache, Rechnen u. s. w., — nur mit dem Unterschiede, daß jetzt die Realien und das Zeichnen endlich mit aufgenommen sind.

giöse Memorierstoff ein möglichst massenhafter sein mußte: so sah sich die Volksschule hier, bei dem wissenswürdigsten Inhalte, vorwiegend auf ein mechanisches Lernen, also wiederum auf die Pflege eines Könnens, einer Fertigkeit hingedrängt. Dazu waren die beiden andern Wissensfächer, die sogenannten Realien, einer selbständigen Behandlung entzogen und beim Sprachunterricht untergesteckt. Somit handelte es sich auch an dieser Stelle wiederum weniger um den Inhalt und seine Durcharbeitung, als darum, daß an diesem Stoffe lesen, sprechen und schreiben gelernt wurde. In Summa: alle Mächte — die Tradition, die Redeweisen der höhern Schulen, die Kirche, die Schulgesetzgebung — haben mit vereinter Kraft die Volksschularbeit vom Kern der Bildung, vom Inhalt des Unterrichts, weggedrängt und auf die Pflege von Fertigkeiten aller Art, also auf Formalien hingewiesen. Ist es nun ein Wunder, wenn die Volksschulen, wo sie diesem Drängen gehorsam folgten, vielfach recht tief in ein mechanisches Treiben hineingeraten sind? Und wenn sie es sind, — sind dann diese Lehrer in erster Linie dafür verantwortlich, oder jene Leute, die sie in diese Bahn gedrängt haben? Denkende, strebsame Schulmänner haben zwar längst eingesehen, daß auf dem Wege, wo Fertigkeiten das A und O sein sollen, keine wahre Bildung zu erreichen ist. Indessen· die Wissensfächer waren ihnen entzogen oder aus dem Gesichte gerückt. Um ihrem pädagogischen Gewissen, welches Bildung und nicht bloße Fertigkeiten forderte, Genüge zu tun, blieb ihnen somit nichts anderes übrig, als darauf zu sinnen, wie sie das Fertigkeitslernen so bildend als möglich machen könnten. Wenn sie nun, einmal in diese Richtung gebracht, darauf verfielen, auch da, wo schlichtes Üben das gescheiteste ist, z. B. beim ABC-Lernen, bei der Orthographie, und wo es sonst sein mag, etwas „geistbildende" Einsicht anzubringen, — wenn sie namentlich den lieben Muttersprachunterricht so recht eigentlich zu einem Turnierplatze der „formalen" Bildung auszunutzen strebten, kurz, wenn sie, die an formales Lernen gewiesen, an den Formen die „formale" Bildung suchten und so immer mehr in einen leeren Formalismus hineingerieten: ist da etwas zu verwundern? Und wenn nun nichts daran zu verwundern ist: sind dann gerade diese irrenden Schulmänner diejenigen, welche Streiche verdienen, oder ist es die jämmerliche deutsche Schulregiererei, welche, anstatt der Vernunft, der Tradition und ihren Helfershelfern folgt? — Ja wohl, der Schulkarren muß ziemlich umgedreht werden — das war schon vor 1854 nötig — aber nicht wie die Regulative und wie die ungelehrten und gelehrten Nachbeter jener Herkommens-Redensarten wollen, sondern eben gerade umgekehrt.

Das war und ist der eigentliche Sinn meines Berliner Doppel-Antrages. Er will einen würdigen Inhalt, also die sachunterrichtlichen oder Wissensfächer, zur Basis des gesamten Unterrichts gemacht wissen. Er wünscht ja formale Bildung, aber eine solche, die an einem wissenswerten Material erworben ist. Er bezweckt eine tüchtige Sprachbildung, aber zuoberst in und mit der Sachbildung. Er verlangt eine fleißige Leseübung, aber eine solche, die ein denkendes Lesen verbürgt, die nicht dummer, sondern gescheiter macht. Den Fertigkeiten soll überhaupt nichts abgebrochen, sie sollen nur so viel möglich mit den Wissensfächern in eine innige Verbindung gebracht werden, damit das Üben desto frischer geschehen könne und desto reicheren Gewinn verspreche. Kurz, meine Theorie denkt sich die Volksschule als eine wahre Bildungsanstalt, nicht als eine bloße Fertigkeitschule, und eben um der Bildung willen wünscht sie beim Unterrichte die möglichste Vereinfachung, Einheit und Konzentration.

---

Wenden wir uns jetzt zur näheren Betrachtung der summarischen Formel.

Wir sehen drei Reihen (Gruppen) der Lehrstoffe (A, B, C); sodann in jeder Reihe eine bestimmte Zahl von Fächern in der ersten und dritten Reihe je drei, in der zweiten (bei der Volksschule) nur eins, die Muttersprache, wobei aber ein dreifaches Können gefordert wird.

Diese gruppierte Zusammenstellung der Lehrgegenstände will bestimmte didaktische Grundsätze andeuten.

1. Daß der Reihen drei sind, und daß jede Reihe wieder eine bestimmte Zahl von Fächern (resp. Übungen) enthält, soll heißen:

Erster Grundsatz: die Bildung verlangt eine gewisse Vollzahl der Lehrfächer.

Oder anders ausgedrückt:

Der Lehrplan muß qualitativ vollständig sein.

Machen wir zur Verdeutlichung eine Anwendung — beispielsweise im Vergleich mit den früheren preußischen Regulativen. Dann sagt dieser Grundsatz:

im Sachunterricht (A) muß nicht bloß der Religionsunterricht selbständig betrieben werden — wie das Regulativ wollte — sondern auch die Naturkunde und die Kunde vom Menschenleben (die naturkundlichen und humanistischen „Realien");

im reinen Formunterricht (C) muß nicht bloß das Rechnen und der Gesang vertreten sein — wie das Regulativ wollte — sondern auch das Zeichnen;

im Sprachunterricht (B) muß nicht bloß das Lesen und Schrei=
ben geübt werden, sondern ebenso fleißig auch das Reden.*)

2. Daß im Sachunterricht (A) nur die drei Gesamtgebiete —
Natur, Menschenwelt, Religion — genannt sind, nicht aber die einzelnen
Zweigwissenschaften (Mineralogie, Pflanzenkunde u. s. w., oder Geschichte,
Geographie u. s. w., oder bibl. Geschichte, Katechismus u. s. w.), welche
berücksichtigt werden sollen, will heißen:

> Zweiter Grundsatz: in jedem der drei sachunterrichtlichen Gebiete müssen
> die Zweigdisciplinen, so weit möglich, zu einer einheitlichen Schul=
> wissenschaft zusammengefaßt werden, woraus dann auf jeder Stufe
> von unten auf, so weit tunlich, etwas Ganzes zu lehren ist.

Die beiden vorstehenden Grundsätze beziehen sich, wie man sieht, auf die
Auswahl des Lehrstoffes; die vier folgenden gelten der Anordnung
und zwar behufs der gegenseitigen Unterstützung der verschiedenen Fächer.

3. Daß der Sachunterricht in erster Reihe aufgeführt ist, soll heißen:

> Dritter Grundsatz: Nicht Lesen und Schreiben, überhaupt nicht der Sprach=
> unterricht, sondern die drei sachunterrichtlichen Fächer müssen
> die didaktische Basis des gesamten Unterrichtes bilden.

Die folgenden Thesen zeigen die spezielle Anwendung dieses allgemeinen
Grundsatzes, — vorab hinsichtlich des Sprachunterrichts, sodann hinsichtlich
des übrigen Formunterrichts.

4. Die zweite Reihe (B) nennt die Sprache (Muttersprache) mit
ihren drei Übungen: reden, lesen, schreiben. Daß der Sprachunterricht

---

*) Letzteres haben allerdings auch die Regulative verlangt, und unter den Volks=
schullehrern dürfte es überhaupt wohl keinen geben, der diese Forderung nicht für
selbstverständlich hält. Indessen ein anderes ist die theoretische Anerkennung einer
Forderung, ein anderes ihre praktische Ausführung. Die Ausführung aber läßt
meiner Ansicht nach hier manches zu wünschen übrig, wovon später näher zu reden
sein wird. — Ihre volle Bedeutung erhält die genannte Forderung jedoch erst auf
dem Gebiete der höhern Schulen, im fremdsprachlichen Unterricht. Dort wird sie
nämlich nicht einmal für die neueren fremden Sprachen allgemein anerkannt,
wenigstens nicht in der Praxis; für die alten Sprachen aber wird sie entschieden
abgelehnt, und diese Ablehnung gilt für etwas Selbstverständliches. Ich dagegen sage:
Soll eine fremde Sprache — gleichviel ob es eine alte oder eine moderne ist —
obligatorisch sein, also um der Bildung willen gelehrt werden, so muß es so
geschehen, daß der volle Bildungsgewinn erzielt wird, und dazu gehört, daß sie
auch in Ohr und Mund gebracht werde. Wohlverstanden: nicht um irgend welcher
Nützlichkeitszwecke (Konversation u. s. w.) willen wird die mündliche Übung
gefordert — denn diese Zwecke fallen bei einer toten Sprache ohnehin fort — sondern
lediglich um des darin liegenden Bildungsgewinnes willen. Also entweder — oder:
erklärt man eine fremde Sprache für obligatorisch, so muß sie auch in Ohr und
Mund gebracht werden; wird aber letzteres abgelehnt, so darf diese Sprache auch kein
obligatorischer Lehrgegenstand sein. Meine Gründe werden unten folgen.

unmittelbar nach dem Sachunterricht genannt ist, will andeuten, daß Sachunterricht und Sprachunterricht nahe verwandt sind, und darum, unbeschadet ihrer Selbständigkeit, eng verbunden sein müssen. Nach Weisung des dritten Grundsatzes bestimmt sich diese Verbindung dahin:

> Vierter Grundsatz: Die Sprachbildung muß, wenn sie gediegen und gesund sein soll, ihrem Kern nach in und mit dem Sachunterricht erworben werden.
>
> Oder anders ausgedrückt: Die Sprachbildung muß ihre Hauptnährwurzel im Sachunterricht suchen.

5. Neben der Verwandtschaft zwischen der ersten und zweiten Reihe der Lehrstoffe will auch ein tief gehender Unterschied gemacht sein. Dort handelt es sich vorwiegend um ein Wissen, (da die praktische Anwendung desselben zumeist erst im späteren Leben geschehen kann), — hier vorwiegend um ein Können. Nicht als ob in der Sprache kein Wissen vorkäme; allein da in der Volksschule das sprachliche Wissen (Grammatik u. s. w.) nicht um seiner selbst willen gelehrt wird, sondern nur im Dienst der Sprachkunst, so tritt dasselbe hier weit zurück. Daraus folgt:

> Fünfter Grundsatz: Im Sprachunterricht hat sich die Hauptsorge auf ein geläufiges und sicheres Können — im Reden, Lesen und Schreiben — zu richten.

6. Die dritte Reihe (C) nennt die Fächer des reinen Formunterrichts: Rechnen, Zeichnen, Gesang. Während die Sprache nur ihren Zeichen nach zum Formunterricht gehört, aber ihren Inhalt fast ganz den sachlichen Gebieten entnimmt, haben es jene Fächer dagegen mit bloßen Formen zu thun, und treten darum erst in dritter Reihe auf. Trotz dieses weiten Abstandes vom Sachunterricht stehen sie doch in engerer Beziehung zu demselben, als man gewöhnlich denkt. Denn im praktischen Rechnen (inkl. der Geometrie) wendet sich das mathematische Wissen und Können ganz und gar auf sachliche Verhältnisse an. Die elementaren Zeichenformen sind ohnehin von realen Gestalten abstrahiert, und wo die Zeichenkunst selbst schafft, da liefert sie zumeist Bilder von wirklichen oder gedachten Sachen. Und im Gesange verbinden sich die Tonformen durch den hinzutretenden sprachlichen Text zugleich mit dem darin liegenden sachlichen Inhalte. Daraus ergibt sich für die Didaktik der Rat:

> Sechster Grundsatz: Auch in den rein formunterrichtlichen Fächern müssen ihre eigentümlichen Beziehungen zum Sachunterricht sorgfältig beachtet und zum Besten beider Teile unterrichtlich verwertet werden.

\*　　\*　　\*

Wie man sieht, steckt in der knappen Formel ein beträchtliches Stück Didaktik. — Betrachten wir jetzt jeden der genannten Grundsätze genauer.

# A. Erste Gruppe der Lehrgegenstände.

## Erster Grundsatz.

Der Lehrplan muß qualitativ vollständig sein. Daraus folgt: der sachunterrichtlichen Fächer müssen drei sein. Warum nicht mehr? Weil es keine mehr gibt. Warum nicht weniger? Weil eine Lehranstalt, die wie die Volksschule nicht Fachschule, sondern Bildungsanstalt sein soll, keins derselben entbehren kann. Wir werden sehen.

Die Kulturgeschichte und eine richtige Analyse der Bildungselemente lehren, daß die Kultur an den genannten drei Wissensgebieten — Natur, Menschenleben und Religion — groß gewachsen ist. Es gibt somit drei grundverschiedene Objekte, an denen der menschliche Geist sich bilden kann. In jedem dieser Kulturelemente steckt eine Bildungskraft eigentümlicher Art. Anders wirkt der Unterricht in den naturkundlichen Disziplinen, anders der in den humanistischen Fächern, anders der in den religiös-sittlichen Dingen. Da somit unter diesen Bildungsmitteln keins das andere vertreten kann, so entsteht immer eine unersetzliche Lücke, wenn eins derselben ausfällt. Überdies macht sich eine solche Lücke im Unterricht auch den andern Lehrfächern fühlbar. So steht es mit unserer Frage, wenn wir sie vom Standpunkte der theoretischen Bildung betrachten. — Vom Standpunkte der praktischen Lebensaufgaben angesehen, wird sich uns dasselbe didaktische Grundgesetz zeigen — nur mit noch größerem Gewicht. Die genannten drei Wissenskreise stehen dem Menschen nicht bloß als Bildungsmittel gegenüber. Es sind vielmehr reale Lebenssphären, in welche er mit seiner gesamten Existenz — nach Leib, Seele und Geist — hineingepflanzt ist. Er lebt von ihnen, wie die Pflanze vom Erdboden, von Luft und Licht lebt. Die drei Gebiete, welche wir vorhin als die Bildungsmittel des Menschen erkannten, sind zugleich die Bedingungen und Faktoren seines Wohles und Wehes; und wie dort die Bildungskraft jedes Gebietes eigentümlicher Art ist, so ist hier das Wohl, was daran hängt, eigentümlicher Art. Bei der Naturkunde handelt es sich um die leibliche Gesundheit und alle sog. wirtschaftlichen Güter; bei dem humanistischen Gebiete um das, was wir Kultur, Civilisation und

Gesittung nennen; bei dem religiösen Gebiete um die Gesundheit des Geistes oder wie wir auch sagen, um Seelenheil und Seelenfrieden. Doch das sind nur die unmittelbaren Wohltaten; mittelbar wirkt jeder Kreis auch in die beiden andern hinüber und dient ihnen als Unterlage. So ist es also nicht bloß ein theoretisches Bildungsinteresse, welches den Menschen an jene drei Gebiete weist, sondern ein eminent praktisches. Er muß sich um sie bekümmern — und zwar um alle drei — wenn er seine Existenz und sein Wohl sichern will. Ob das Leben eines Volkes dürftig oder reich, gebunden oder frei, schadhaft oder gesund sei, hängt ganz davon ab, wie das Volk insgesamt und die einzelnen insbesondere diese Bedingungen ihrer Existenz kennen, sich darin zurechtfinden und ihnen gemäß leben. Und das gilt in gleicher Weise von den natürlichen Dingen und Gesetzen, wie von den menschlichen und den göttlichen. Zwar mißt sich der Anteil, welcher dem einzelnen von jenen Wohltaten zufließt, nicht lediglich darnach ab, wie weit er für seine Person in Kenntnis, Verständnis und Lebensweise fortgeschritten ist; vieles fällt ihm ohne Verdienst und Würdigkeit zu, wenn der Kern der Volksgemeinschaft diese Fortschritte gemacht hat. Immerhin aber kann der einzelne durch sein Lernen, Arbeiten und Verhalten sich ein größeres Maß jener dreifachen Güter erwerben. Überdies — und das gibt für den Kulturpolitiker den letzten Entscheid: alle Klassen einer Nation sind solidarisch verbunden; darum bleiben in dem Wohlsein eines Volkes doch stets große Lücken, die sich auch den begünstigten Ständen schmerzlich fühlbar machen, wenn nicht dahin getrachtet wird, daß jedes Glied, auch das letzte, an seinem Platze und in seinem Maße an dem Kulturerwerb und der Lebensbesserung mit Hand anlegen kann. — Durch diese objektiv gegebene Lage der Dinge sind der Bildungsarbeit in der Hauptsache bestimmt die Wege gewiesen. Das erste pädagogisch-didaktische Grundgesetz lautet demnach: in jeder Lehranstalt, die für allgemeine Bildung berufen ist, muß jedes der drei sachunterrichtlichen Fächer angemessen vertreten sein, weil jedes einen eigentümlichen Bildungswert und einen eigentümlichen Faktor des menschlichen Wohles einschließt. Eine Schule in beschränkten Verhältnissen, wie es die Volksschule zumeist ist, schränke sich ja ein, aber nach allen Seiten wesentlich gleichmäßig, — nicht so, daß eins dieser Lehrfächer ganz oder fast ganz ausfällt.

So viel zur Begründung des ersten Grundsatzes.

Bevor wir zur Betrachtung seiner Konsequenzen übergehen, wird es rätlich sein, eine kleine historische Exkursion vorzunehmen.

In meiner Aufzählung der Lehrgegenstände ist, wie dem Leser nicht entgangen sein wird, der übliche Ausdruck „Realien" vermieden worden;

nur diskursive kommt er jeweilig vor. Ich habe dafür gute Gründe. —
Seitdem in der Schul-Sprache der Sinn jenes Wortes sich dahin fixiert
hat, daß darunter Naturkunde, Geographie und Geschichte — oder nach
meiner Einteilung: die Naturwissenschaften und die Wissenschaften vom
Menschen und Menschenleben — verstanden werden sollen, ist der Ausdruck
„Realien" allerdings mitunter bequem, weil man nun zwei Dinge in
einem Atem bezeichnen kann. Daneben darf jedoch nicht übersehen werden,
daß diese pädagogische Anwendung des Wortes weder mit dem etymo-
logischen, noch mit dem philosophischen Sinne desselben stimmt. Und in
der Tat — dieser Schul-Terminus hat eine geraume Zeit hindurch viel
Verwirrung angerichtet, wie sich unter andern noch an dem unglücklichen
Namen „Realschule" sehen läßt, da derselbe den Charakter dieser Bildungsanstalt nicht besser bezeichnet, als wenn man das Gymnasium „Idealschule"
oder „Sprachschule", und die Volksschule „Fertigkeitsschule" oder „Religions-
schule" nennen wollte. Nur die Geschichte des Wortes „Realien" und
eine richtige Theorie des Lehrplans können aus aller Verwirrung her-
aushelfen.

Was die Theorie des Lehrplans zu sagen hat, habe ich begonnen zu
entwickeln. Die Geschichte sagt dies (vgl. v. Raumer, Gesch. der Päd.).
Der Ausdruck „Realien" stammt bekanntlich aus der (namentlich durch
Amos Comenius eingeleiteten) verdienstlichen Reaktion gegen den mittelalterlichen, einseitigen „Humanismus" der fast ausschließlich Sprachunterricht trieb. Die Reaktion machte geltend: Dieser „Humanismus"
erziehe nicht zur rechten Humanität; er befasse sich zu wenig mit dem
Sinne, dem Inhalte der Schriften und lehre daher vielfach bloße Worte
und Phrasen; es müsse mehr erklärt, mehr auf die Sachen eingegangen
werden. „Nicht bloß Worte, sondern auch Sachen", hieß die Losung.
Diese Mahnung — welche übrigens schon bei Erasmus und Melanchthon,
namentlich aber bei Luther zu finden ist — zielte jedoch zunächst nur auf
das Lehrverfahren, auf die Methode; den Lehrplan berührte sie noch nicht.
Der Sprachunterricht blieb daher vorab in seiner Ausschließlichkeit stehen;
aber man ging doch mehr auf den Inhalt der Lektüre ein, drang mehr
auf Verständnis, auch mehr auf Kenntnis und Verständnis der Sachen.
Das war die Übergangsperiode des „Verbal-Realismus", wie
v. Raumer diese Richtung bezeichnet: die Sachen sollen zwar gelernt werden,
aber immer nur in und mit der Sprache; der Sachunterricht steckte im
Sprachunterricht. Dem „Verbal-Realismus" fehlte also noch viel; doch
im Vergleich zum „Ur-Humanismus" stellte er bereits einen großen Fortschritt dar. — Nachdem diese Bahn einmal betreten war, drängten Erfahrung und Reflexion bald zu weiteren Schritten. Man lernte einsehen,

— und das war namentlich des trefflichen A. Comenius Verdienst — daß der Weg durch die Sprache zu den Sachen ein Umweg sei, — ein Umweg nicht nur für das Sachverständnis, sondern zum Teil auch für das sprachliche Lernen. Natürlich fiel diese Wahrheit zuerst bei den Sinnendingen in die Augen. Doch gilt dieselbe nicht bloß da; alle Abstrakta, auch die aus der Körperwelt, ebenso alle geistigen (psychologischen, moralischen ꝛc.) Vorstellungen des humanistischen und des religiösen Gebietes wollen veranschaulicht sein — die einen durch körperliche Mittel oder durch Abbildungen, die andern durch Erzählungen aus dem menschlichen Leben. (Von daher nahm auch Johannes Hübner einen seiner Hauptgründe zur Empfehlung seiner biblischen Historien.) Diese über oder außer den Sinnen liegenden Vorstellungen und Begriffe kann das menschliche Denken zwar nur durch die Sprache festhalten; aber bloße Worterklärungen machen wenig davon klar: sie führen nicht auf einem Umwege, sondern vielmehr gar nicht zum Ziele. Kraft dieser neuen Einsicht tat die Reaktion gegen den überwuchernden Sprachunterricht nun ihren Hauptschritt — sie griff jetzt auch in den Lehrplan ein: man forderte, daß vor und neben dem sprachlichen Lernen auch ein selbständiger Unterricht in den Sachen (Realien) eingeführt werde. Wie man sieht, will das Wort „Realien" diesem seinem Ursprunge nach lediglich im Gegensatze zum (ausschließlichen) Sprachunterrichte gefaßt sein. In diesem Sinne hat es noch keinerlei fremde, unberechtigte Nebenbedeutung von anderswo her: Mißverständnisse konnte es nicht hervorrufen. „Realunterricht" kann in diesem Verstande nur heißen „Sachunterricht" — aber Sachunterricht im weitesten Sinne, wonach auch die geistigen Lehrobjekte (des menschlichen wie des religiösen Gebietes) mit einbegriffen sind. Kurz, der „Realunterricht", so gefaßt, ist nichts anderes als unsere drei sachunterrichtlichen Fächer, die vor und neben dem Sprachunterricht getrieben werden sollen. Wäre die von den „Realisten" ausgehende pädagogische Reform auf dieser ihrer ursprünglichen Bahn konsequent und in gerader Linie fortgeschritten, so würde das pestalozzische Prinzip der „Anschauung" schon vor Pestalozzi in die Schularbeit eingeführt worden sein, — denn man hatte es bereits in der Hand. Aber das nicht bloß: viele Wirrnisse und Irrgänge wären uns erspart worden, und nicht wenige Verbesserungen im Lehrverfahren wie im Lehrplane, die jetzt mühsam sich durchkämpfen müssen, würden längst vollzogen sein.

Leider hat der „Realismus" sich nicht auf der ursprünglichen Höhe zu erhalten vermocht: er ließ sich aus seiner Festung herauslocken und zu Einseitigkeiten verleiten. Was alles dazu mitgewirkt hat, hüben wie drüben, läßt sich hier nicht aufzählen. Nur ein paar Notizen. Der

„Humanismus" verschloß hartnäckig seine Ohren: er wollte weder seine Lateinschulen dem Sachunterricht und dem Prinzip der „Veranschaulichung" öffnen, noch für den vermögenden Gewerbestand andere höhere Schulen anerkennen; — an die Volksschule dachten beide Teile wenig oder gar nicht. Da nun der „Humanismus" auch dem höhern Gewerbestande sich in den Weg stellte, so war es natürlich, daß der „Realismus", um gegen seinen hartnäckigen Gegner Hilfe zu bekommen, sich mit dem höhern Gewerbestande verbündete und für dessen Interessen mit eintrat. Eine solche Verbündung lag keineswegs im Prinzip des „Realismus" an und für sich; denn dieses Prinzip geht alle Bildungsanstalten an, hat also mit den „höhern Bürgerschulen" nicht mehr zu thun als mit den Gymnasien und den Volksschulen. Seitdem fing der „Realismus" an, sein Prinzip als das für den höhern Gewerbestand spezifisch nützlichere zu preisen, — schalt jeweilig auf die alten Sprachen und zwar nicht bloß da, wo sie nicht am Platze waren, sondern auch da, wo sie hingehörten, — erfand für seine „Realien" den neuen Ausdruck „gemeinnützige Kenntnisse" und forderte dann mit seinen Verbündeten solche Schulen, wo dieselben zu ihrem vollen Rechte kommen könnten u. s. w. So gelang es endlich, die sog. „Realschulen" glücklich ins Leben zu rufen; aber der gute Realismus hatte darüber das rechte Verständnis seines eigenen Prinzips eingebüßt. Unter „Realien" verstand man nun hüben wie drüben vorwiegend die sinnlich greifbaren, die materiellen Dinge, — in erster Linie die Naturkunde, sodann auch Geographie und Geschichte. Schlimm war es auch, daß der Realismus fast von vorn herein den religiösen Teil des Sach- und Anschauungsunterrichts aus dem Auge verlor, — was vermutlich daher kam, weil dieses Lehrfach bereits selbständig, wenn auch wenig sachgerecht, betrieben wurde. Daß nun doch die Geschichte zu den „Realien" gerechnet wurde, war eigentlich eine Inkonsequenz. Überdies war die Kunde vom Menschen und Menschenleben durch Geschichte und politische Geographie immer nur unvollständig vertreten; Comenius, der erste „Realist", hatte, wie schon sein orbis pictus zeigt, einen weitern Blick. — Nachgerade haben sich die „Realschulen" von dem eingepfropften Utilitarismus und Materialismus mehr oder weniger wieder frei gemacht; der Begriff der „Realien" hat jedoch seinen ursprünglichen rechten Vollsinn nicht wiedererlangen können, und dank der unklaren Köpfe wird er wohl noch recht lange in seiner Verkümmerung sich fortschleppen. Zwar kann er nicht viel mehr schaden, weil er zu einem toten terminus geworden und überdies die Didaktik auf dem Wege ist, die durch den ursprüng- lichen Realismus angestrebte Theorie des Lehrplans zu finden. Zu bedauern bleibt nur, daß die „Realschule", nachdem sie ihren rechten Begriff gefunden hat, doch ihren schlechten Namen nicht wieder loswerden kann, — gleichsam zur Strafe für frühere Verirrungen. (Der Name „Gymnasium" ist freilich an seinem Orte nicht treffender, und der Name „Volksschule" läßt ebenfalls viel zu wünschen übrig. Am Ende möchten trockene Zahlnamen — wie „Primärschule", „Sekundärschule", „Tertiärschule" — noch am besten sein; sie führen wenigstens nicht irre.) Wem daran gelegen ist, daß alte Sünden aus der Welt geschafft werden, der sollte den toten terminus „Realien" so wenig als möglich gebrauchen, damit derselbe endlich vergessen würde. Nötig haben wir dieses fremde Wort nicht; die deutschen Worte „Sachunterricht" (Wissensfächer) tun dieselben Dienste und machen zugleich die alten Fehler wieder gut. Nur muß bei dem Ausdruck „Sachunterricht" scharf darauf geachtet werden, daß derselbe im Gegensatze zum Sprachunterrichte verstanden sein will und somit alle drei Wissensgebiete umfaßt.

Nun einige Konsequenzen des ersten Grundsatzes.

Es ist damit ein klarer Begriff von dem Wesen der allgemeinen Bildungsanstalten gegeben, d. h. von dem, worin sie übereinstimmen und von den Fachschulen sich unterscheiden — klar auch für das schlichteste Verständnis. Eine Fachschule kann eins dieser Gebiete oder gar einen einzelnen Zweig desselben auswählen — ganz nach ihrem Bedürfnis und Belieben. Die allgemeinen Bildungsanstalten — Volksschule, Realschule, Gymnasium — dürfen das nicht: denn da sie ihre Zöglinge allseitig zu schulen haben, so müssen sie die sämtlichen Wissensgebiete in ihren Lehrplan aufnehmen; sie dürfen keins zurückstellen und keins bevorzugen.*) Mit dieser Erkenntnis ist viel gewonnen. Eine ganze Reihe alter und neuer Irrungen werden dadurch mit einem Schlage aus dem Wege geräumt. Ich erinnere z. B. an den alten Streit zwischen „Humanismus" und „Realismus", dem die Realschule ihr gutes Recht, aber leider auch ihren unglücklichen Namen verdankt. Derselbe scheint wie „Papier ohne Ende" sich fortziehen zu wollen, — im Grunde ganz natürlich, denn er lebt davon, daß beide Parteien das erste didaktische Grundgesetz nicht gefaßt haben und daher beide schielen. Auch die Volksschule ist vielfach durch diesen Hader beunruhigt worden. Bei unserm obigen Grundsatze kann er zur Ruhe kommen; denn das Stück Wahrheit, was jeder dieser Gegensätze vertritt, ist dort sicher aufgehoben. — Ich erinnere ferner an jenen Irrtum, unter dem besonders die Volksschule viel zu leiden gehabt hat, — welcher einen Lehrplan dadurch vereinfachen zu können meint, daß man eins der Wissens-

---

*) Damit soll über die Zahl der Unterrichtsstunden, die jedes dieser Fächer beanspruchen kann, noch nichts bestimmt sein. Das bedarf einer besondern Untersuchung.

fächer (z. B. die Naturkunde) gänzlich fallen läßt oder gar den Sachunter=
richt auf die Religion allein beschränkt. Unsere didaktische Grundregel steht
der Vereinfachung nicht im Wege, aber sie zeigt, wie man richtig verein=
fachen soll, nämlich nach allen Seiten. — Ich erinnere weiter an jenen
unglücklichen Irrtum, dem die holländische Staatsschule verfallen ist, indem
sie wähnt, ohne Religionsunterricht auskommen zu können. Durch
diese Verstümmelung des Lehrplans wird der Erziehung der wirksamste
Faktor entzogen, und überdies leiden auch die Fächer darunter, welche man
mit um so größerem Eifer pflegen will. — Ich erinnere endlich noch an
jenen Irrtum, der da und dort unter den landwirtschaftlichen und indu=
striellen Fachinteressen heimisch ist, wonach der Volksschule zugemutet
wird, irgend ein Stück landwirtschaftlichen oder industriellen Fachunterrichts
zu übernehmen. Es läßt sich zwar einiges zur Entschuldigung sagen. Weil
die Volksschule sich um die Naturkunde wenig oder gar nicht bekümmerte,
so zeigten sich die entlassenen Schüler für den etwa nachfolgenden landwirt=
schaftlichen Fachunterricht nicht genügend vorbereitet. Nimmt dagegen die
Volksschule — wie unser erster Grundsatz verlangt — auch einen ordent=
lichen naturkundlichen Unterricht auf, so wird man in den landwirtschaft=
lichen Fortbildungsschulen nicht mehr über eine mangelhafte Vorbereitung
klagen können, und die Landwirte werden die Überzeugung gewinnen, daß
bei einer gut eingerichteten Bildungsanstalt auch für die Fachinteressen gut
vorgesorgt ist.*)

### Zweiter Grundsatz.

In jedem der drei sachunterrichtlichen Gebiete müssen
die Zweigdisziplinen, so weit möglich, zu einer ein=
heitlichen Schulwissenschaft zusammengefaßt werden, wor=
aus dann auf jeder Stufe von unten auf, soweit tunlich,

---

*) Die Reihe der entgegenstehenden Irrtümer ist damit noch keineswegs erschöpft.
Es sind nur diejenigen angeführt, welche die Volksschule mitberühren. Um auch noch
einige andere zu erwähnen, so denke man z. B. an gewisse, jüngst aufgekommene
sogenannte „Gewerbeschulen“, welche eine gelungene Mischung von Bildungsanstalt
und gewerblicher Fachschule erfunden zu haben meinen, und denen darob von der
Staatsregierung die Berechtigung für den einjährigen Militärdienst zuerkannt worden
ist, — von derselben Staatsregierung, die den Realgymnasien das obligatorische Latein
aufgenötigt hat. Man denke ferner an unsere bisherigen Schullehrer-Seminarien,
die ebenfalls ein Gemisch von Bildungsanstalt und Berufsschule darstellen.

Entweder unser obiger erster Grundsatz ist falsch, oder solche Misch-Institute
sind pädagogische Mißgeburten, — es sei denn, daß sie als didaktische Versuchsstationen
oder als Nothilfen angesehen sein wollen.

etwas Ganzes zu lehren ist. Dieser Grundsatz ist nicht minder für die höhern Bildungsanstalten als für die Volksschule gemeint. Er hat es mit dem Lehrgange des Unterrichts zu tun. Ihm gegenüber steht die Weise, welche z. B. in der Naturkunde die sogenannte Naturbeschreibung (die drei Naturreiche) auf den unteren Stufen abmacht, um dann auf den obern Stufen sich lediglich mit der Naturlehre zu befassen; — oder im Religionsunterricht die biblische Geschichte auf die untern Stufen verweist, um auf den obern Stufen lediglich den Katechismus oder sonst etwas treiben zu können. Unser Grundsatz will dagegen, daß in der Naturkunde die drei Naturreiche auch auf der obern Stufe noch mit vorkommen sollen, und umgekehrt das, was aus der Naturlehre auch den jüngern Schülern faßlich ist, schon auf den untern Stufen mit vorgenommen werden soll. So in den andern Wissensgebieten.

Es sind vornehmlich zwei Vorteile, zwei Verbesserungen, welche der Grundsatz dabei im Sinne hat.

Fürs erste zielt er auf eine einheitliche Anschauung in jedem Gebiete — anstatt der zersplitterten, zusammenhangslosen Kenntnisse: er wünscht, daß soviel möglich eine Anschauung von der Einheit des Naturlebens (so auch des Menschenlebens und des religiösen Lebens) angestrebt werde. Zum andern zielt er auf Vereinfachung des Lehrmaterials — gegenüber einer massenhaften Anhäufung, die keine gründliche Durcharbeitung zuläßt und darum die Schüler ohne Nutzen belastet. Daß die genannten beiden Verkehrtheiten — Zusammenhangslosigkeit des Wissens und übermäßige Ausdehnung des Lehrmaterials — in der Tat noch viel zu sehr in unsern Bildungsanstalten herrschen, bedarf meines Erachtens keines Beweises. Diese Übel mögen mehrere Ursachen haben; aber eine verdient doch besonders hervorgehoben zu werden.

Sie liegt darin, daß der tiefgreifende Unterschied zwischen einer Bildungsanstalt und einer Fachschule nicht genug beachtet wird, — namentlich in den höhern Schulen. Es gehört nicht viel Scharfsinn dazu, um gewahren zu können, daß die Lehrweise in unsern Bildungsanstalten — in Stoffauswahl, Lehrgang und Lehrverfahren — nicht wenige Charakterzüge an sich trägt, die aus den Fachschulen stammen und auch nur dorthin gehören. Wem wäre es entgangen, daß z. B. der Religionsunterricht, selbst bis in die Volksschule hinunter, durchweg zu zünftigtheologisch geartet ist, — d. h. manches hereinzieht, was vielleicht dem theologischen Fachmanne wichtig und interessant sein mag, aber den schlichten Christen weder interessiert, noch ihm frommt? Wer hätte ferner nicht oft darüber klagen hören, daß der fremdsprachliche Unterricht, zumal in den Gymnasien, vielfach zu zünftig-philologisch sei? Und die Mathematik

— hat sie nicht das Mißgeschick, daß ein großer Teil der Schüler nie recht „anbeißen" will, und rührt dies nicht vornehmlich daher, weil sie zu frühe ein fach-wissenschaftliches Gesicht annimmt? Unzweifelhaft. Damit — mit diesem Zunftzopfe — hängt es auch zusammen, daß die Zoologie, Botanik und Mineralogie schon auf den untern Stufen abgemacht werden, und doch, obwohl sie also auf den obern Stufen nicht mehr vorkommen, gewöhnlich einen so großartigen, systematischen Unterbau erhalten, als ob in der Schule schon die ganze Wissenschaft darauf gebaut werden sollte. Damit hängt auch zusammen, daß die Geographie so aufgequollen ist, wie wenn die Schüler sämtlich Entdeckungsreisende oder Generalstabs-Offiziere werden wollten. —

Indem unser zweiter Grundsatz fordert, daß der Bildungsunterricht auf jeder Stufe, soweit tunlich, etwas Ganzes biete, in konzentrischen Kreisen fortschreite, greift er alle jene Verkehrtheiten bei der Wurzel an. Wo die Einzeldisziplinen in ein Ganzes zusammengedrängt werden müssen, da haben „zünftige" und andere liebhaberische Ausschreitungen keinen Raum mehr. Das Streben nach Einheitlichkeit im Wissen führt von selbst zur Vereinfachung im Lehren. Wenn jenes neue Problem gelöst wird, hat man dieses alte, vielbeseufzte mitgelöst, und damit ist den Schülern, Lehrern und Eltern aus vielen Nöten geholfen.*)

---

Bevor wir zum dritten Grundsatze übergehen, werde ich darüber Auskunft geben müssen, warum in meinem schematischen Plane das humanistische Wissensgebiet mit dem ungewohnten Ausdrucke „Kunde vom Menschenleben (der Gegenwart und Vergangenheit)" bezeichnet ist.

Die Lehrpläne unserer Bildungsanstalten enthalten in dem humanistischen Wissensgebiet alle eine große, auffällige Lücke. Die Naturkunde setzt sich zusammen aus den Einzelfächern: Mineralkunde, Pflanzenkunde, Tierkunde, physische Geographie, Himmelskunde, Physik und Chemie. Das gibt einen stattlichen Wissenskomplex, auch wenn aus jedem Zweige nur wenig ausgewählt wird. Im humanistischen Gebiet führen die herkömmlichen Lehrpläne nur die sogenannte politische Geographie und die Geschichte als Einzelfächer auf. Die Geschichte, als die Kunde vom Menschen-

---

*) Wenn die „Allgemeinen Bestimmungen" (vom 15. Okt. 1872) im Religionsunterricht fordern, daß auf der Oberstufe neben dem geordneten biblischen Geschichtsgange auch die sonntäglichen Perikopen behandelt werden sollen, so geraten sie in diesem Punkte, wie auf der Hand liegt, mit dem obigen (zweiten) Grundsatze in hellen Konflikt. Anstatt eines einheitlichen Lehrganges haben wir wieder ihrer zwei — und zwar zwei, die obendrein sich gegenseitig durchkreuzen.

leben der Vergangenheit, ist nun allerdings lang und breit genug. Daß aber das gegenwärtige Menschenleben durch die politische Geographie allein vertreten sein soll, muß schon auf den ersten Blick auffallen. An Lehrstoff kann es hier unmöglich fehlen, wie ein Blick auf die lange Reihe der humanistischen Wissenschaften (somatische und physische Anthropologie, Ethnologie, Volkswirtschaftslehre, Sozialistik, Rechtswissenschaft, Staatslehre u. s. w. u. s. w.) sofort erkennen läßt. In der Tat, der Unterricht in unsern Bildungsanstalten hat hier eine große leere Stelle.*)

Es wird vielleicht die Frage aufgeworfen werden, ob denn jener Stoff auch für den Jugendunterricht geeignet, d. h. ob er ohne Mühe verständlich zu machen sei. Ich antworte: Hätte man in der Absicht, ihn lehren zu wollen, darüber nachgedacht und sich ein wenig daran versucht, so würde man nicht mehr so fragen. Es läßt sich in der Tat für jene leere Stelle ein Lehrmaterial zusammenstellen, welches ebenso lehrbar als wissenswert ist, selbst in der Volksschule, — ja, mit dessen Betrachtung sogar schon auf der Unterstufe begonnen werden kann. Selbstverständlich muß in der Volksschule (wie in den entsprechenden Klassen der höhern Schulen) die Behandlung eine schlicht elementarische sein — gerade wie die der naturkundlichen und religiösen Stoffe. In meinem „Repetitorium des naturkundlichen und humanistischen Unterrichts" liegt bereits ein Versuch zu einer solchen Stoffauswahl fertig vor. Was an diesem Erstlingsversuch auch gebrechlich sein mag, so läßt sich doch deutlich daraus erkennen, daß die Sache geht und daß sie nützlich ist.

Der I. Abschnitt handelt vom einzelnen Menschen — nach Leib und Seele. Das ist ein bereits gangbares Kapitel; nur in der Behandlung des Stoffes wird man einiges Eigentümliche finden. Die folgenden Abschnitte haben es mit den Menschen in ihrem gesellschaftlichen Zusammenschluß zu tun. Demnach gibt der II. Abschnitt eine Übersicht der sechs Hauptbedürfnisse und der entsprechenden sechs Klassen der Arbeiten. Es sind: die Arbeiten für den Landesschutz und den Rechtsschutz, für die Gesundheit und den Wohlstand, für die Bildung und das Seelenheil. Der III. Abschnitt nimmt aus diesen Arbeitsklassen eine heraus, um sie genauer

---

*) Daß der Sprachunterricht, zumal der in den fremden Sprachen, schon an und für sich mehr oder weniger mit zum humanistischen Gebiete gehört, und daß er außerdem durch seine Lektüre auch manches aus den nicht vertretenen humanistischen Fächern lehrt, habe ich keineswegs übersehen. Jenes soll ausdrücklich eingerechnet sein und dieses nicht unterschätzt werden. Allein was die Lektüre betrifft, so kommt dieselbe ebenso gut der Naturkunde zu gut und, wenn sie rechter Art ist, der religiös-sittlichen Seite der Bildung. Davon, von dem Sachlernen in und mit dem Sprachunterricht, haben wir also hier nicht weiter zu reden: hier handelt es sich um das, was aus allen Wissensgebieten unmittelbar gelehrt wird.

zu betrachten. Es ist die **Wohlstandsarbeit** (oder **Volkswirtschaft**).
Dieselbe empfiehlt sich deshalb zum näheren Besehen, weil ihr Gebiet am
größten und mannigfaltigsten ist und dem jugendlichen Verständnis und
Interesse am nächsten liegt. Von einer Volkswirtschafts-„Lehre" ist dabei
natürlich nicht die Rede; es handelt sich vielmehr lediglich um ein Besehen
und Ordnen dessen, was sich im Anschauungskreise des Kindes den
Sinnen und dem Bedenken darbietet. Der IV. Abschnitt betritt dann
das Gebiet der **Gesellschaftskunde** (**Soziastik**). Nachdem die Bedeutung der Association an den kleinsten und kleinen Gemeinschaften anschaulich gezeigt ist, dann die verschiedenen Gesellschaften nach ihren Haupt-
arten geordnet sind, gipfelt dieses Kapitel in der genaueren Betrachtung
der bürgerlichen Gemeinde und des Staates. Der V. Abschnitt — der
letzte — handelt von der **Lebensweise** und **Sitte**, zunächst in der
Heimat, aber verglichen mit dem Leben dreier andern Völker (aus der
heißen Zone, aus der kalten Zone und aus der Vorzeit). — Die höhern
Schulen mögen nach ihrem Bedarf diese Kapitel erweitern oder auch
andere Stoffe hinzufügen.*)

Bei der Neuheit der Sache mag es manchem wunderlich vorkommen,
daß im Jugendunterricht, und gar in der Volksschule, von diesen Dingen
geredet werden soll. Im Grunde ist aber nur das wunderbar, daß man
an diese Gegenstände der Unterweisung bisher nicht gedacht hat, da ihre
Behandlung nicht schwieriger ist als die der religiösen, geschichtlichen, geographischen und naturkundlichen Stoffe. Nehmen wir z. B. den II. Abschnitt. Die sechs Klassen der Arbeiten und die sechs Bedürfnisse, um die
sich jene drehen, lassen sich eben so leicht unterscheiden und behalten, als
die vier Klassen der Mineralien und die fünf Erdteile. Der Lehrer wird
aus jeder dieser Arbeitsklassen (gerade wie in der Naturkunde) einen oder
etliche bekannte Repräsentanten vorführen, — also etwa erinnern an: den
Offizier, den Richter, den Arzt, den Bergmann, den Lehrer, den Prediger —
und diese Namen neben andern ihres gleichen in richtiger Ordnung an
die Wandtafel schreiben. Nun gilt es, vergleichend zu besehen, für welches
Bedürfnis jeder dieser Stände zu sorgen, zu arbeiten hat. So in die
Bahn gebracht und durch Fragen geleitet, macht es selbst zehn- bis elf-
jährigen Kindern nicht die geringste Mühe, die Vergleichung durchzuführen;
dem Lehrer bleibt nur übrig, jeweilig den sachgerechten Ausdruck hinzu-
zubringen. Hieran reiht sich dann die für die Kinder so interessante wie
instruktive Schlußübung, alle ihnen bekannte Beschäftigungsarten in die

---

*) Es ist wohl kaum nötig zu bemerken, daß die obige Reihenfolge der Abschnitte
nur darlegen soll, wie der Lehrstoff auf der Oberstufe sich ordnet. Die Auswahl
für die Unter- und Mittelstufe ist eine Frage für sich.

sechs Rubriken einzuordnen. Dem Erwachsenen dünkt das eine leichte Auf=
gabe zu sein; für die Kinder ist sie es im ganzen auch, allein ohne Be=
sinnen geht es doch nicht, und manchmal muß sich der kleine Kopf recht
anstrengen. Ob das nun auch eine nützliche Lektion ist? Für die
theoretische Bildung ebenso nützlich wie das Betrachten, Vergleichen und
Ordnen der Naturkörper, oder wie das Besehen und Vergleichen der Erd=
teile. Für den praktischen Lebensbedarf aber ungleich nützlicher, zumal in
unsern sozial verwirrten Zeitläuften. Ein Kind, welches diese schlichte
Lektion durchgemacht hat, wird auch begriffen haben, daß jede dieser
Arbeiterklassen für ein notwendiges Bedürfnis tätig ist, und daß die
Offiziere, Richter, Ärzte, Lehrer, Prediger eben so gut „arbeiten" wie
die Bergleute, Schreiner, Kaufleute u. s. w. Es wird sich somit nicht
mehr einbilden, nur diejenigen seien „Arbeiter", welche vornehmlich mit
den Leibesgliedern tätig sind, oder nur die, welche beim Erwerb der
wirtschaftlichen Güter dienen, — auch sich nicht mehr weiß machen lassen,
nur die wirtschaftliche und etwa noch die Bildungsarbeit schafften „positive
Werte", und nur sie dürften „produktiv" heißen. — Nehmen wir noch
einen andern Abschnitt, den aus der Gesellschaftskunde, der vielleicht
am bedenklichsten aussieht. Bedenklicher ist er keineswegs, etwas schwieriger
allerdings, doch auch dies nicht in dem Maße, wie es scheint. Was das
Prinzip der Association ist und bedeutet, hat der Schöpfer dem Kinde
an seinem eigenen Leibe anschaulich gelehrt. Da sind — um aus diesem
Verein von Gliedern nur zwei hervorzuheben — die beiden Hände. Daß
eine Hand die andere wäscht, weiß es längst. Nun läßt der Lehrer auf=
zählen, was alles beide Hände in ihrer Verbindung verrichten können, und
dann vergleichen, wie viel davon ausfällt, wenn eine Hand allein schaffen
soll. Da ist es denn mit Händen zu greifen, daß 1 + 1 (im genossen=
schaftlichen Sinne) nicht 2 ausmacht, sondern manchmal sogar 4, 5 und
noch mehr. Sodann mag die Betrachtung zur Familie übergehen, um
zu besehen, wie viel es austrägt, wenn zwei Personen von verschiedener,
sich ergänzender Begabung zu einem gemeinsamen Werke — hier für alle
sechs Lebensbedürfnisse — sich verbinden. Wie auf diesem methodischen
Wege die Vorteile der Assoziation leicht und genügend begriffen werden
können, so ist es nicht minder leicht, im Verfolg desselben die fünf Haupt=
stücke, welche zum Wesen einer Gesellschaft gehören, anschaulich verstehen
zu lehren. Sie kehren bei jeder Gesellschaft wieder — nur vielleicht unter
anderm Namen. Man beginnt mit der kleinsten Genossenschaft, welche
das Kind kennt, — etwa mit der „Krankenauflage", zu welcher der Vater
gehört, oder mit einem Gesangverein. Wird dann etwa noch die Schul=
gemeinde hinzugenommen, wofern dieselbe nicht gar zu abnorm oder dürftig

organisiert ist, und vielleicht auch noch die bürgerliche Gemeinde: so können die Hauptstücke, die bei einer Gesellschaft zu merken sind, klar gefaßt sein. Und wenn sie gefaßt sind, so weiß sich ein 14jähriger Knabe selbst in den vielgestaltigen, verwickelten Einrichtungen des Staates besser zurecht zu finden, als viele Gebildete heutigen Tages, — jedenfalls besser, als das dickleibigste Weltgeschichts= oder Geographie=Buch, das je ein Volksschüler in den Händen gehabt hat, es zu lehren vermag. — Genug. Ob es möglich sei, den bezeichneten Lehrstoff verständlich zu behandeln, ist mir somit keine Frage mehr. Zum großen Teil bleibt der Stoff sogar in den Grenzen des nächsten Anschauungskreises.

Daß diese Ergänzung des bisherigen humanistischen Unterrichts nützlich sei, kann mir ebenfalls nicht mehr fraglich sein, weil ich behaupten muß, daß sie notwendig ist.

Die Notwendigkeit folgt mir erstlich aus dem Begriffe der Bildung. Zu den drei Bildungsobjekten gehört als mittleres das Menschenleben. Dasselbe stellt sich aber nach zwei Seiten dar: einmal so, wie es jetzt gestaltet ist, und sodann so, wie es in den vergangenen Zeiten sich entwickelt hat. Gehört etwas aus der Geschichte in den Jugend= unterricht, so wird noch eher etwas aus den gegenwärtigen mensch= lichen Verhältnissen und Zuständen hineingehören; denn die Gegenwart, sofern es sich um gefestigte Verhältnisse handelt, liegt dem Kinde näher als die Vergangenheit.

Zum andern ist diese Ergänzung deshalb notwendig, weil sie für den Geschichtsunterricht die fast unentbehrliche Unterlage bietet. Kann die Geschichte zur Orientierung auf ihrem Schauplatze einen vor- und mitgehenden geographischen Unterricht nicht entbehren, so noch viel weniger eine Unterweisung über die innern Verhältnisse des Menschen= lebens. Ohne eine solche Unterweisung bleibt beim Geschichtsunterrichte vieles im Halbdunkel stehen. Sollen diese dunkeln Stellen und Ausdrücke während des Erzählens aufgehellt werden, so sieht sich die Erzählung von Schritt zu Schritt aufgehalten und erreicht doch die volle Deutlichkeit nicht. Dasselbe Hemmnis begegnet der humanistischen Lektüre. Die Folge ist, daß die Schüler gewöhnt werden, mit halbverstandenen Begriffen zu operieren.

Zum dritten ist diese ergänzende Unterweisung notwendig, weil mit Hilfe der Geschichte allein, wie die Schule sie lehren kann, kein Kind und kein Erwachsener sich in den Verhältnissen des gegenwärtigen Menschenlebens zurechtzufinden weiß. Das Leben mit seinen vielgestaltigen Verhältnissen und verschlungenen Beziehungen kommt ihm vor wie ein verwirrtes Wolkengewimmel, worin weder Ordnung noch

Regel zu entdecken sei. Ein exakter Anschauungsunterricht in diesen Dingen läßt dagegen merken, daß hier ja Ordnung herrscht und Gesetze walten. Auch zeigt er den Weg, auf dem genauere Kunde davon zu erlangen ist.

Zum vierten endlich ist die Einfügung dieses humanistischen Lehrzweiges notwendig, um die beiden andern humanistischen Einzelfächer — Geographie und Geschichte — zurechtzurücken. Dieselben sind in der Tat beträchtlich verschoben. Der geographische Unterricht gebärdet sich, wie wenn die Schüler alle Reiche der Welt und ihre „Sehenswürdigkeiten" kennen lernen müßten, um in ihrem Vaterlande menschenwürdig leben zu können. Wenn aller Länder Flüsse und Flüßchen, Gebirge und Berge, Städte und Städtchen gewußt werden können, warum lehrt man nicht auch mit derselben Genauigkeit ihre Fauna, Flora und Gäa? In Wahrheit ist das eine so überflüssig wie das andere. Zudem sind die geographischen Lehrbücher mit manchen Stoffen überladen, die gar nicht hierhergehören, so daß ein solches Buch aussieht, wie der Auszug einer Reisebeschreibung. Handelt es sich denn darum, die Neugierde zu reizen oder die Wißbegierde zu nähren? Recht gestellt, kann die sogenannte politische Geographie in den Bildungsanstalten nichts anderes sein als ein Zweig der Kunde vom Menschenleben der Gegenwart, — gerade wie die physische Geographie (begrifflich) ein Zweig der Naturkunde ist; nicht mehr. Weil ein dunkles Gefühl merken ließ, daß in der beschreibenden Hälfte des humanistischen Unterrichts irgendwo eine leere Stelle sei, so hat die Geographie einen Teil dieses leeren Platzes okkupiert und dort nach Kräften sich ausgedehnt. Zwingt man sie, den übrigen Abschnitten des beschreibenden humanistischen Lehrgebietes neben sich Raum zu lassen, so wird sie sich schon auf die nötigen Einschränkungen besinnen. — Aber auch die Geschichte — die erzählende Hälfte des humanistischen Gebietes — muß sich einschränken lernen. Weil sie meinte, nur die Geographie als beschreibenden Teil der Kunde vom Menschenleben neben sich zu haben, und daher mit Recht als die lehrreichere Partie sich ansah, so hat auch sie über Gebühr sich breit gemacht. Die Ehre, die ihr gebührt, soll ihr ja verbleiben; allein auch sie wird gut thun, zwischen Neugierde und Wißbegierde zu unterscheiden. Wollen die Schüler aus der Geschichte — und aus der Geographie — mehr wissen, als die Bildungsanstalt, zu der sie gehören, lehren kann, so mögen sie nebenher Geschichtsbücher und Reisebeschreibungen lesen oder später eine Fachschule besuchen. Jedenfalls muß für die genannten Kapitel des beschreibenden humanistischen Realunterrichts Raum geschafft werden.

Über den Geschichtsunterricht habe ich aber noch einige besondere Bedenken. Es kommt mir fast vor, wie wenn dieser wichtige Lehrzweig

unter allen am wenigsten sichern didaktischen Grund unter den Füßen
hätte. Geschichte — Weltgeschichte — was steckt doch in diesem geräumigen
Abstraktum? Alles, was einer Entwickelung fähig ist, hat auch seine
Geschichte. Selbst in der Naturkunde (in der Geologie u. s. w.) weiß
man von einer Geschichte. Doch sehen wir davon ab, — das weitaus
breiteste und reichste Gebiet der Geschichte bleibt immer die Menschheit mit
ihren Angelegenheiten. Da gibt es eine Geschichte einzelner Menschen
(Biographien), — weiter eine Geschichte der einzelnen Staaten, vieler
Landschaften, Städte, Anstalten u. s. w., — eine Geschichte jeder Wissenschaft und jeder Kunst, eine Geschichte der Pädagogik, der Methodik, des
Schulwesens, — eine Geschichte des Handels, der Industrie, der Landwirtschaft, der Schiffahrt, eine Geschichte der Entdeckungen und Erfindungen,
selbst einzelner Werkzeuge (z. B. die interessante Geschichte des Pfluges von
Professor Rau) u. s. w. — eine Geschichte der Diplomatie, des Krieges,
der Waffen, — eine Geschichte der einzelnen Sprachen und Literaturen
u. s. w. u. s. w. Kurz: nimmt schon der Wissensstoff aus dem gegenwärtigen Menschenleben, wie die lange Reihe der humanistischen Wissenschaften zeigt, einen fast unübersehbaren Raum ein, so wächst die Erzählung von der Entwickelung aller dieser Dinge, die bereits Jahr-
tausende umfaßt, vollends zu einem ungeheuren Meere an. Aus der
„Weltgeschichte“ ein Schulpensum zu machen, kommt einem darum vor,
wie die Beschäftigung jenes Bübleins in der Legende, das mit einer
Muschel das Weltmeer in ein Sandgrübchen schöpfen wollte. Die Volksschule pflegt zwar statt „Weltgeschichte“ zu sagen „Geschichte des Vater-
landes und seiner Kultur“; allein damit ist man eigentlich keinen Schritt
weiter, denn in den Begriffen „Vaterland“ und „Kultur“ stecken doch
eben wieder alle jene Dinge, die vorhin aufgezählt wurden. Und doch —
Geschichtsunterricht soll und muß gegeben werden. Was nun auswählen?
Ich will offen gestehen, daß mein Überlegen noch keinen festen didaktischen
Boden gefunden hat. Die übliche Auswahl, welche etwa ein Drittel
Staatsgeschichte, ein Drittel Kriegsgeschichte und ein Drittel sogenannte
Kulturgeschichte auftischt, befriedigt mich nicht, — am wenigsten die „Kultur-
geschichte“, die gewöhnlich nur von etlichen Malern, Musikern und Poeten
zu erzählen weiß.*) Die kompendiarischen Abrisse (Leitfäden) der

---

*) Sind denn die Künstler es allein, welche Pioniere der Kultur zu heißen
verdienen? Die Kunst ist ja ein hübsches Partikelchen der Kultur, aber eben nur
ein Partikelchen. Nicht minder wertvolle und wesentliche Bestandteile der Kultur
und Kulturgeschichte sind doch auch die Fortschritte in den reinen Wissenschaften,
ferner die theoretischen und praktischen Fortschritte in allen Zweigen der Volkswirtschaft, in der Heilkunst, in der Erziehung und Bildung, auf dem religiösen Gebiete,

vaterländischen Geschichte, wie sie so häufig den Volksschülern in die Hände
gegeben werden, während doch der Lehrer voraussichtlich nicht die Zeit hat,
durch ausführliches mündliches Erzählen diese Skelette mit Fleisch und
Blut zu bekleiden, sind mir geradezu ein Greuel.

Wofern der Geschichtsunterricht in der Volksschule sich im wesentlichen
auf den Zweck beschränken muß, den Patriotismus pflegen zu helfen,
so werden wohl Staats- und Kriegsgeschichten mit zu dem ersten gehören,
was auszuwählen ist — vorausgesetzt, daß ihr Inhalt in aller Wahrheit
derart lauten kann, daß er nicht das Gegenteil von dem bewirkt, was
man beabsichtigt. Auch wird es richtig sein, in die Mitte dieser Erzählungen lebendige Persönlichkeiten — hervorragende Regenten, Staats-
und Kriegsmänner — zu stellen, damit die Geschichten so viel wie möglich
einen biographischen Charakter erhalten. Und da die Pflege der vaterländischen Gesinnung nicht warten kann, bis die Didaktik mit Sicherheit
eine allseitig bildende Auswahl zu bieten vermag, so bin ich an meinem
Teil bereit, vor der Hand die traditionelle und von den schulregimentlichen
„Autoritäten" empfohlene Weise mir gefallen zu lassen.*)

Nach einer Seite muß jedoch auch jetzt schon eine Ergänzung des
herkömmlichen Geschichtsstoffes gefordert werden. In dem Punkte bin ich
meiner Sache gewiß. Die Persönlichkeiten, welche auf dem staats- und
weltgeschichtlichen Theater auftreten, stehen nach ihrem Beruf, ihrer Lebens-
und Denkungsweise dem Kinde viel zu hoch und zu fern, als daß hier die
biographische Erzählung den wünschenswerten erziehenden Einfluß zeigen
könnte. Eine Biographie, die der Jugend vollaus dienen soll, muß nicht
nur nach möglichst vielen Seiten ein Musterbild vorhalten, sondern auch
zeigen, wie die Hindernisse, welche dem Nacheifern im Wege stehen, überwunden werden können — und das heißt mit andern Worten: die vor-
bildliche Person muß den Nachstrebenden sozial verwandt sein. Kurz:

---

in der Rechtspflege, in der staatlichen und bürgerlichen Verwaltung, und in der
Landeswehr. Wie ist es nun möglich, von Kulturgeschichte zu reden, und dabei
99% ihres Inhaltes zu übersehen? — Hier stoßen wir wieder auf die vor-
besprochene Lücke im humanistischen Gebiete des Schulunterrichts: in jener Lücke liegt
die Erklärung dieses Mangels in der Geschichte. Wäre die Kunde vom gegenwärtigen
Status des Menschenlebens nicht lediglich durch ihren trockensten Zweig, durch die
sogenannte politische Geographie, in den Schul-Lehrplänen vertreten gewesen, so würde
man in der Kulturgeschichte die wichtigsten Faktoren und Bestandteile der Kultur
nicht haben übersehen können.

*) Das will also heißen: wie der Schulunterricht jenes „Weltmeer" — das da
heißt „Geschichte" oder „vaterländische Geschichte" — fruchtbar ausbeuten kann, ist
für meine Didaktik noch ein schweres Problem. Wohl habe ich darüber nachgedacht;
aber das Ergebnis läßt sich hier, bloß im Vorbeigehen, nicht sagen.

eine gute Biographie darf den nacheifernden Willen nicht bloß spornen, sondern muß ihn auch frei machen. Insbesondere bedarf das Kind des gemeinen Mannes einer solchen frei machenden Hilfe. Die innern Bande, welche das Auf- und Vorwärtsstreben lähmen, mögen überall dieselben sein; allein die äußeren sind bei einem Kinde dieses Standes zahlreicher, als es glücklicherweise selber weiß. Darum verlange ich für die Jugend der Volksschule auch Biographien solcher Personen, die in derselben sozialen Schicht aufgewachsen sind und in ihrem Leben anschaulich erkennen lassen, wie gediegene Gesinnung und beharrliches Streben überall eine sichere Verheißung haben. Wenige, aber auserlesene Beispiele genügen. Ich denke z. B. an den lernhaften, patriotischen Nettelbeck, an den lern-eifrigen, gottesfürchtigen Stilling, dessen Jugend- und Lehrjahre Goethe zuerst herausgab, an den fleißigen, kunstsinnigen Stobwasser, der vom herumwandernden Klempnerjungen zu einem der angesehensten Fabrikanten in Berlin emporstieg, und an den Erbauer der ersten Eisenbahn, den Engländer Stephenson, der nie eine Schule betreten hatte und als unterster Handlanger beim Bergbau seine Karriere begann. Natürlich können solche ausführliche Lebensbeschreibungen nicht in der Schule durchgemacht werden. Sie gehören in die Schulbibliothek und müssen dort in mehreren Exemplaren vorhanden sein. Doch kann und muß der Lehrer dem Lesen der Schüler zu Hilfe kommen. Einmal so, daß er etliche Stunden dazu verwendet, um aus der Jugendzeit und dem spätern Leben dieser Männer einiges mündlich zu erzählen. So kommt das Lesen in Schutz und in das rechte Verständnis. Zum andern so, daß er in den andern Unterrichtsstunden bei passender Gelegenheit einzelne Züge aus diesen Lebensbildern in Erinnerung bringt. Ob die Biographien solcher Männer in die „Weltgeschichte" zu rechnen sind, mag dahingestellt bleiben; gewiß aber ist, daß dieselben für die Jugend der Volksschule nützlicher und nötiger zu lesen sind, als die der allermeisten Personen, welchen man gewöhnlich eine weltgeschichtliche Bedeutung zuschreibt.*)

---

## Dritter Grundsatz.

Nicht Lesen und Schreiben, überhaupt nicht der Sprach-unterricht, sondern die drei sachunterrichtlichen Fächer müssen die didaktische Basis des gesamten Unterrichts bilden.

---

*) Leider besitzen wir von den oben genannten vier Männern noch keine Lebens-beschreibung in solcher Form und Abrundung, wie man sie für die Jugend wün-schen muß.

Diese These will ein zweifaches behaupten.

Erstlich dies: Unter den Lehrfächern besteht ein Rangverhältnis. Alle sind notwendig, aber sie haben nicht alle gleichen Bildungswert. Welches die richtige Rangordnung ist, hat eine dreifache Gruppierung der Lehrfächer angedeutet: danach stehen die sachunterrichtlichen Fächer oben an. Daran schließt sich nun, wie der Ausdruck „Basis" sagen will, zweitens die praktische Folgerung: Wenn die andern Lehrfächer den Vorrang der sach-unterrichtlichen Fächer anerkennen und dieselben zur Basis nehmen, so leiden sie nicht nur nicht darunter, sondern gewinnen höchst schätzbare Vor-teile, sie stehen sich so am besten. Die Vorteile dieser Subordination sind bei den Fächern am bedeutendsten, welche an Bildungsgehalt dem Sachunterricht am nächsten stehen, also beim Sprachunterricht und seinen Fertigkeiten, doch auch bei den separaten Fertigkeiten noch bedeutend genug.

Unser dritter Grundsatz tritt einer ganzen Reihe von Irrtümern entgegen, welche bisher mehr oder weniger im Unterricht der Volksschule geherrscht haben.

Erstlich jener aus der ältesten Zeit herstammenden Ansicht und Lehr-praxis, welche sich in den oben beleuchteten traditionellen Redeweisen des großen Publikums und der höhern Schule festgesetzt haben — wonach die Volksschule zuerst und zumeist auf Lesen, Schreiben und Rechnen angewiesen sein soll. Hier werden also vornehmlich Fertigkeiten zur Basis des Unterrichts gemacht. Was bei diesem Prinzip herauskam und herauskom-men mußte — wie von eigentlicher Bildung nicht die Rede sein konnte, wie der Unterricht vielfach äußerst mechanisch war und den Kindern ver-leidet wurde, wie selbst die am eifrigsten betriebenen Fächer das Ziel nicht erreichten, was sie bei einer besseren Lehrweise erreichen können — das alles ist bekannt genug. Aber man muß sich ja merken, warum das alles so war, warum sogar beim Lesen, diesem Kernfache der alten Schule, die äußere Fertigkeit so langsam vorrückte und das Auffassen des Gelesenen so unbeholfen blieb, — nämlich deshalb, weil es an dem rechten Inhalt und an der voraufgehenden Veranschaulichung desselben durch das mündliche Lehrwort fehlte.

Zum andern tritt der dritte Grundsatz entgegen jener Ansicht, welche den Sprachunterricht zur Basis nahm. Dieselbe entstand dadurch, daß man den alten Fehler einsah und aus demselben herauszukommen suchte. Man sah auch ein, daß zur Basis nur ein Wissensfach dienen konnte. Indem aber an den eigentlichen Wissensfächern vorbeigegangen und der Sprachunterricht gegriffen wurde, machte man unglücklicherweise die Muttersprache zu einem Wissensfache, — was sie doch in der Volksschule nimmer sein kann. „Kenntnis der Sprachgesetze", „Sprachverständnis" — so lautete nun die Losung der neuen Richtung, und der wichtigste Inhalt ihrer Lehrbasis war die Grammatik. Der eigentliche Fehler liegt jedoch nicht in diesem Ausläufer, in dem Betreiben der Grammatik, sondern darin, daß man den Sprachunterricht zur Basis machte, — mit andern Worten: in der Selbständigkeit des Sprachunterrichts, in seiner Isolierung von den sachunterrichtlichen Fächern. Von den schlimmen Folgen dieses Prinzips wird weiter unten genauer die Rede sein.

Zum dritten steht unser Grundsatz entgegen der Ansicht, welche die „formale Bildung" zum Lieblingswort und Schibboleth gewählt hat. Sie ist häufig mit dem vorgenannten Irrtum verbunden und stammt teils aus gewissen Einseitigkeiten der pestalozzischen Anregung, teils aus den höhern Schulen, indem hier, wenn der Bildungswert der alten Sprachen verteidigt werden soll, vor allem ihre „formal" bildende Kraft hervorgehoben zu werden pflegt. Nicht darin liegt hier der Irrtum, daß man auf tüchtige formale Durcharbeitung des Stoffes dringt — das ist vielmehr ganz recht — sondern darin, daß zu sehr übersehen wird, wie die formale Schulung vor allem ein wissenswürdiges Material fordert. Die üble Folge ist dann, daß die formale Schulung in eine formalistische umschlägt.

Zum vierten bekämpft unser dritter Grundsatz die halb wahre, halb irrige Lehrweise, welche die Regulative und die brandenburgisch-schlesische Schule aufgebracht haben. Die Mängel der formalistischen Schulung wurden richtig erkannt, und die Regulative haben kräftig dagegen reagiert — in ihren theoretischen Bestimmungen. Die ausführenden Bestimmungen bleiben dagegen auf halbem Wege stecken. Die Religion ist zu einem selbständigen Lehrfache gemacht; allein die beiden andern Wissensfächer sind im Sprachunterricht untergebracht, so daß hier der Sprachunterricht die Basis bildet, zwar nicht die Grammatik, aber die sprachlichen Fertigkeiten. Überdies kommt der Religionsunterricht doch nicht zu seinem Rechte, — dem Raum nach wohl, und dem Material nach übermäßig; aber eben dieses Übermaß ist der guten Sache zum Fallstrick geworden. Auf einem Lehrgebiete, das mehr als alle andern den Geist erziehlich und formal bildend zu erfassen vermag, begann ein Memorier-Materialismus zu wuchern, wie ihn die Vorzeit nie gesehen hatte, so daß die erziehlichen und die formal bildenden Kräfte dieses Gegenstandes wie gefesselt waren. Dem entgegen sagt unser Prinzip: nicht die Religion allein, sondern alle drei sachunterrichtlichen Fächer sollen die Basis des Unterrichts bilden, — wobei Stoffauswahl, Lehrgang und Lehrverfahren so einzurichten sind, daß diese Fächer sich auch als das Hauptfeld der formalen Schulung erweisen können.

Zum fünften hat der obige Grundsatz einen Fehler im Auge, an welchem die separaten Fertigkeiten (Rechnen, Singen, Zeichnen) leiden, nämlich den, daß sie das aus den Wissensfächern Gelernte nicht genug berücksichtigen. Im Gesange geschieht das glücklicherweise schon vielfach; die religiösen Lieder schließen sich der biblischen Geschichte an; die Naturlieder der Naturkunde resp. dem natürlichen Jahreslaufe; die Vaterlands- und andern humanistischen Lieder der Geschichte u. s. w. Dieser Anschluß leistet beiden Teilen einen Dienst, indem einerseits die Wissensfächer den Inhalt der Lieder erklären helfen, und andererseits die Lieder den Inhalt der Wissensfächer in ein neues Licht stellen, auch denselben dadurch noch fester dem Gedenken einprägen. Beim Rechnen und Zeichnen ist eine solche engere Verbindung mit dem Sachunterricht ebenfalls möglich, wenn man sie nur suchen wollte.

Man sieht hieraus, daß der dritte Grundsatz gleichfalls eine bedeutende Tragweite hat und gute Dienste leisten kann — im Aufräumen wie im Aufbauen. Es will aber wohl gemerkt sein, daß dieser Grundsatz nur dann in seinem vollen Rechte gilt, wenn alle drei sachunterrichtlichen Fächer (Wissensfächer) selbständig betrieben werden. Geschieht dies nicht, so bleibt die Basis unvollständig, auf welche die andern Fächer sich stellen sollen. Zu den oben genannten Gründen für das selbständige Betreiben der Wissensfächer gesellt sich also hier ein neuer gewichtiger Grund: die Lehrfächer der zweiten und dritten Gruppe können nicht gedeihen, wenn die Wissensfächer nicht vollzählig und angemessen vertreten sind.

Die Vorteile, welche unser dritter Grundsatz verspricht, werden sich uns deutlicher zeigen, wenn wir jetzt die zweite und dritte Gruppe der Lehrgegenstände näher betrachten.

# B. Zweite Gruppe der Lehrgegenstände.

## Vierter Grundsatz.

Die Sprachbildung muß, wenn sie gediegen und gesund sein soll, ihrem Kern nach in und mit dem Sachunterricht erworben werden.

Wie man sieht, ist dies die praktische Anwendung des dritten Grundsatzes auf den Sprachunterricht: hier haben wir in der Tat die Hauptregel aus der Methodik des sprachlichen Lernens. Da dieselbe für den Sachunterricht eben so wichtig ist wie für den Sprachunterricht und überdies den vorhin erwähnten neuen (dritten) Grund für das selbständige Betreiben des Realunterrichts klar nachweisen kann, so hatte ich ihr in der ministeriellen Konferenz einen besondern Antrag gewidmet. Indem dessen Spitze sich vornehmlich wider die entgegenstehenden Bestimmungen der Regulative richten mußte, so lautete er so:

„Der Realunterricht darf nicht — wie die Regulative anordnen — im Sprachunterricht untergebracht werden,

sondern gerade umgekehrt:

der Sprachunterricht soll (seinem Kern nach) in und mit dem Sachunterricht gegeben werden; denn wenn der Sachunterricht didaktisch richtig erteilt wird, so ist die Hauptsache des Sprachunterrichts mit getan."*)

Die Sprachbildung wird hier an den Sachunterricht gewiesen — aber, was nicht übersehen sein will, an den methodisch-richtig erteilten Sachunterricht: da soll sie ihre Hauptnährquellen suchen. Es kommt also, wenn wir vom Sprachunterricht reden wollen, vor allem auf einen richtig geordneten Sachunterricht an.

Was heißt: „didaktisch richtig"?

---

*) Leider ist es mir in der Konferenz nicht vergönnt gewesen, diesen Antrag zu motivieren. Er ist auch nicht einmal ins Protokoll aufgenommen worden. Die Sache verlief so. In der Motivierung meines ersten Antrages (s. die Formel über die Lehrgegenstände) hatte ich im vorbeigehen schon angedeutet, daß dieser zweite An-

Es heißt: der Sachunterricht muß erstlich material vollständig sein, d. i. alle drei Wissensfächer umfassen. Er muß sodann formal vollständig sein, d. i. alle drei Seiten der Bildung im Auge haben, — also darauf gerichtet sein, daß der Schüler

erstlich sichere Kenntnisse erwirbt — in jedem dieser Fächer,

zweitens sachgemäß denken lernt — an jedem dieser Stoffe,

drittens sachgerecht reden lernt — an jedem dieser Stoffe.

Wo diese Ziele gelten, d. h. wo der Lehrstoff in dieser dreifachen Weise durchgearbeitet werden soll, da wird die nähere methodische Über-legung weiter darauf führen, daß schon jede Lektion bestimmte Lehr- und Lernoperationen fordert.

Fassen wir zunächst die Lehroperationen ins Auge.

Wie im wirtschaftlichen Leben nur derjenige es zu etwas bringt, wel-cher mit der Arbeitsamkeit die Sparsamkeit, mit dem Erwerben das Be-wahren verbindet, so gehören auch im Unterricht die beiden Tätigkeiten des Erwerbens und Bewahrens notwendig zusammen.

---

trag namentlich gegen die bekannte regulativische Formel: „der Realunterricht soll sich ans Lesebuch anschließen“, gerichtet sei, weil dieselbe in meinen Augen auch sagen wolle, daß der Realunterricht im Sprachunterricht untergesteckt werden solle; bei dieser Lehrweise komme aber nicht nur der Realunterricht, sondern auch die Sprachbildung zu kurz; darum müsse ich dringend wünschen, daß in dem neuen Lehrreglement jene Formel nicht mehr gebraucht werde. Als mein Antrag an die Reihe kam, bemerkte jedoch der Herr Minister: derselbe greife in die Methodik ein; die Konferenz aber habe es nur mit der Auswahl der Lehrgegenstände zu tun und könne daher auf eine Besprechung meines Antrages nicht wohl eingehen; doch wolle er (zur Beruhigung) beifügen, daß jener Satz (Anschluß des Realunter-richts an das Lesebuch) im Sinne dieser Konferenz nur den Umfang des realistischen Lehrstoffes abgrenzen, nicht aber die Methode bestimmen solle. — Allerdings griff mein Antrag in die Methodik ein, sogar sehr tief. Darin hatte der Herr Minister ganz recht, — auch darin, daß die Vorlage beim Realunterricht keine methodische Frage erwähnte. Es war mir aber eben so gewiß, daß es sich hier um einen Hauptmiß-griff des Regulativs (und der sogenannten schlesisch-brandenburgischen Schule) han-delte, und daß es deshalb schade sei, wenn derselbe nicht deutlich zur Sprache käme. Überdies konnte beim Religionsunterricht die Methode doch nicht übergangen werden. Da indessen nicht zu hoffen war, ohne eine ausführliche Auseinandersetzung dem Herrn Minister die Sachlage vollständig klar machen zu können, und auch keiner der Kollegen sich meines beanstandeten Antrages annahm: so blieb mir nichts an-deres übrig, als mich zufrieden zu geben.

Was in Berlin hätte gesagt werden müssen, folgt jetzt oben im Text, — na-türlich ausführlicher, als dort zulässig war.

Wie weit nun die seitdem erschienene Unterrichtsordnung (vom 15. Okt. 1872) in diesem wichtigen, oder vielmehr methodisch wichtigsten Punkte meinen Wünschen entspricht, wird der Leser im Verfolg unserer Untersuchung ohne weitere Fingerzeige selbst herausfinden.

Den Teil des Unterrichts, welcher dem Vorstellungserwerb dient, nennt man das Neulernen; den andern Teil, welcher den Zweck hat, das Erworbene zu bewahren, zu erhalten und zu befestigen, nennt man das Einprägen.

Sonach umfaßt der Unterricht zwei Haupttätigkeiten:

I. Das Neulernen;

II. das Einprägen. —

### I. Das Neulernen.

Alles Erkennen beginnt mit Wahrnehmungen und Anschauungen. Da letztere komplizierte Gebilde sind, so kommen sie im Kinde selten ohne die Hülfe des Lehrers deutlich zu stande. Die unterrichtliche Tätigkeit zur Vermittlung deutlicher Anschauungen nennen wir das Anschauen. (I. Lehroperation.) Die Objekte der Anschauung können zwei Gebieten angehören, der Außenwelt und der Innenwelt. Zu den Erscheinungen der Außenwelt gehören die Dinge, Eigenschaften und Vorgänge in der Welt der Materie; sie werden durch die Sinne wahrgenommen. Zu den Erscheinungen der Innenwelt gehören alle Vorgänge im Seeleninnern, die Gedanken, Gefühle und Willensentschlüsse. Sie werden uns kund durch das Bewußtsein. Demnach unterscheiden wir zwei Arten der Anschauungsvermittlung: a) Von solchen Stoffen, welche sinnlich vorführbar sind; b) von solchen Stoffen, welche nicht sinnlich vorführbar sind. In beiden Fällen verhält sich die Seele percipierend, sei es nun unmittelbar (sinnlich) oder mittelbar (phantasiemäßig). Das Resultat ist immer eine konkrete Vorstellung oder Anschauung. Hierbei darf der Unterricht aber nicht stehen bleiben. Die Anschauungen bilden gleichsam nur das Rohmaterial, welches umgeformt, veredelt und zu höheren Gebilden verarbeitet werden muß. Dies geschieht durch das Denken. (II. Lehroperation.) Es beginnt damit, daß zwei oder mehrere Dinge und Vorgänge miteinander verglichen werden, weil man entweder die gemeinsamen Merkmale erfassen oder die Beziehung der Objekte zu einander (kausale oder andere) erkennen will. Also ist der 1. Akt des Denkens das Vergleichen. Der 2. Akt besteht darin, daß das Gemeinsame — die gefundenen gemeinsamen Merkmale oder die erkannte Beziehung der Objekte zueinander — zusammengefaßt bzw. klar erfaßt und in der Form eines Begriffswortes oder einer Regel, einer Maxime, eines Spruches ꝛc. ausgedrückt wird.

Ist nun auch der Begriff seinem Inhalte nach schon fix und fertig, so ist er doch seinem Umfange nach noch beschränkt, da er nur zwei konkrete Fälle umfaßt. Er bedarf daher der Erweiterung. Überdies muß er inhaltlich erprobt, befestigt und geläufig gemacht werden. Beides geschieht dadurch, daß neue, vielleicht fremdartig scheinende Beispiele vorgeführt werden, damit der Schüler sich übe, das vorhin gelernte Allgemeine, welches auch in diesen Beispielen steckt, leicht und schnell wiederzuerkennen. Das ist die sogenannte Anwendung des Begriffs. (III. Lehroperation.) Demgemäß unterscheidet man beim Neulernen 3 Hauptoperationen:

1. Das Anschauen,
2. das Denken,
3. das Anwenden.

## II. Das Einprägen.

Auf jede Operation des Neulernens folgt eine Operation, welche dem Einprägen dient. So schließt sich an die Anschauungsoperation sofort ein Einprägen des Anschauungsstoffes und an die Denkoperation ein Einprägen des Denkergebnisses. Nur beim Anwenden fällt die Einprägungsübung fort, weil diese Operation, obwohl sie ihrem nächsten Zwecke nach ein Neulernen ist, doch in dieser ihrer Arbeit zugleich fort und fort den Denkakt wiederholt, mithin schon von selbst eine Einprägungsarbeit verrichtet. Anstatt der ausfallenden besonderen Memorierübung kann daher an dieser Stelle, wenn man will, eine Schlußreproduktion der gesamten Lektion als Prüfung vorgenommen werden — sei es mündlich oder schriftlich, im letzteren Falle vielleicht in der Form eines selbständigen Aufsatzes. —

Was im Vorhergehenden über die Hauptoperationen des Unterrichts gesagt ist, wird durch nachstehendes Schema veranschaulicht:

### I. Neulernen.*)

1. Anschauen (anschauliches Auffassen) des konkreten Stoffes.
2. Denken zur Erzeugung abstrakter Vorstellungen.
3. Anwenden des erworbenen Begriffs.

### II. Einprägen.

1. Einprägen des konkreten Stoffes.
2. Einprägen des Denkergebnisses.
3. Schlußreproduktion.

Den vorgenannten Lehroperationen entsprechen bestimmte Lerntätigkeiten des Schülers. Diese wollen wir jetzt kennen zu lernen suchen. Zwar soll schon auf der 1. Stufe des Neulernens, bei der Anschauungsvermittlung, neben dem Vortrag des Lehrers, wo er nötig ist, die Unterredung so viel als tunlich mitwirken; was die Kinder selbst finden können, soll ihnen nicht gegeben werden. Aber das Selbstfinden

*) Dörpfeld, Der didaktische Materialismus. 2. Auflage. S. 132 ff.

hat auch seine Grenzen. Manches kann nicht erraten und erschlossen werden; das muß eben gesagt werden. Die Kinder hören dann zu, während der Lehrer spricht. Ihre Lerntätigkeit ist also in diesem Falle das Hören. Auf den beiden folgenden Stufen des Neulernens verläuft der Unterricht durchweg in Frage und Antwort. Die Kinder finden hier viele Gelegenheit zum Reden.

Beim Einprägen des konkreten Stoffes kommt neben dem Hören und Reden eine neue Lerntätigkeit zur Anwendung: das Lesen. Die beiden letzten Stufen des Einprägens bieten die meiste Gelegenheit zum Reden, besonders die Schlußreproduktion, weil bei dieser die Tätigkeit des Lehrers am meisten zurücktritt. Auch das Schreiben kommt bei der letzten Operation zur Anwendung, da dieselbe sowohl schriftlich als mündlich geschehen kann. Es ergeben sich demnach folgende Lerntätigkeiten des Schülers:

1. Das Hören,
2. das Lesen,
3. das Reden und Schreiben.

Vorstehende Lerntätigkeiten sind zu einem methodisch-richtig erteilten Sachunterricht unentbehrlich; eine kurze Überlegung zeigt, daß sie auch für die Sprachbildung von der größten Bedeutung sind.

Das Hören ist das erste Mittel der Sprachbildung, sowohl hinsichtlich der Zeit, da es zur Anwendung kommt, als auch in Hinsicht auf seine Bedeutung für die Sprachbildung. Wer daran zweifelt, möge sich durch die Erfahrung belehren lassen. Wie sind doch durchweg die Kinder gebildeter Eltern beim Eintritt in die Schule den gleichaltrigen Genossen aus den ungebildeten Ständen an Sprachfertigkeit und Sprachkorrektheit überlegen. Woher rührt der Unterschied? Daher, daß diese Kinder ein besseres Sprechen hören als jene. Mager sagt daher mit Recht: „Das Kind des Pastors spricht besser als das Kind des Küsters, weil es besser sprechen hört." Die Bedeutung des Hörens für die Sprachbildung der Schüler springt noch deutlicher in die Augen, wenn wir darauf sehen, welche Hindernisse einer erfolgreichen Einwirkung der Redeübungen der Schüler auf ihre Sprachbildung im Wege stehen. Zwar ist der Schüler beim eigenen Reden in höherem Grade selbsttätig als beim Hören; nur findet er während des Unterrichts zu wenig Gelegenheit dazu. Ist die Hälfte der Unterrichtszeit dem mündlichen Unterricht gewidmet, und nimmt davon wiederum die Hälfte das Sprechen des Lehrers in Anspruch, so kommt bei einer Schülerzahl von 80 Kindern pro Klasse und völlig gleichmäßiger Berücksichtigung derselben jedes Kind der Oberklasse wöchentlich nur 6 Minuten zum Reden. Das ist sehr wenig und fällt gegenüber dem Hören des mustergültigen

Sprechens nicht sonderlich ins Gewicht. Auch liegt für einen Schüler im
Sprechen seiner Mitschüler kein großer Bildungswert, weil dasselbe
doch immerhin unvollkommen ist. Hingegen wird in der Sprache des
Lehrers allen Kindern ein gutes Sprachmuster zur Nachahmung dargeboten
und zwar so oft und so lange, daß dadurch ein nachhaltiger Einfluß auf
die Sprachbildung der Schüler gesichert ist. — Die Bedeutung des
L e s e n s für die Sprachbildung braucht in unserm Jahrhundert, welches
mit Recht ein lesendes genannt wird, kaum nachgewiesen zu werden. Bil=
det doch das Lesen nicht nur einen wesentlichen T e i l der Sprachbildung,
sondern auch ein wichtiges Mittel derselben. Indem der aufmerksame
Leser einen Schatz von wertvollen Vorstellungen sammelt, macht er sich
auch manche Wortformen und Redewendungen des Verfassers zu eigen;
ja er liest sich vielleicht so in die Form hinein, daß er sich dieselbe fast
völlig aneignet und dadurch seine Sprachfertigkeit wesentlich fördert.

Während dem Schüler beim Hören und Lesen die Sprache in muster=
gültiger Weise zur Anschauung gebracht wird, erhält er beim R e d e n und
S c h r e i b e n Gelegenheit, sich im Gebrauch der Sprache zu üben. Und
solche Übung tut not; sie allein macht den Meister, auch den Meister
in der Sprache. Nun ist zwar für die Schüler der Volksschule die Übung
im mündlichen Ausdruck viel wichtiger als die im schriftlichen —
aus manchen Gründen, die bei der Besprechung des 5. Grundsatzes ge=
nannt werden; doch hat auch letztere ihren besonderen Wert. Sie ist am
meisten geeignet, die Gedanken zu konzentrieren, das Nachdenken zu schärfen
und die sprachliche Form zu polieren.

Prüfen wir jetzt, ob der Sachunterricht, wie das Regulativ ihn vor=
schrieb, oder wie er herkömmlich war, diesen Anforderungen entsprach, ins=
besondere ob bei den einzelnen Lektionen die bezeichneten 3 Lerntätigkeiten
in ausreichendem Maße vorkamen.

### Erste Lerntätigkeit im Dienste der sprachlichen Bildung, — das Hören.

Das Hören setzt das mündliche Lehrwort voraus. Dieses kam nach
dem Volksschul-Regulativ schon im Religionsunterricht zu kurz. Die bib=
lischen Geschichten sollten zwar mündlich vorerzählt werden, allein die Er=
zählung sollte sich streng an das Bibelwort halten, im wesentlichen sich
keinerlei sachliche Erweiterungen und sprachliche Änderungen erlauben. Die
erste Hälfte dieser Vorschrift war vortrefflich; dem alten Schlendrian gegen=
über, der mit dem Lesen der Historien begann, war sie ein namhafter
Fortschritt. Allein die nachfolgende Beschränkung machte das mündliche
Lehrwort unfrei. Ein solch gebundenes Erzählen war kein eigentliches Er=

zählen mehr, sondern ein Recitieren: der Lehrer wurde zum pädagogischen Spediteur herabgewürdigt. —

Noch schlimmer erging es dem mündlichen Lehrwort und damit auch dem Hören in den andern sachunterrichtlichen Fächern. Die Realien waren beim Sprachunterricht untergebracht: der Lehrstoff stand im Lesebuche, und dabei war vorgeschrieben, daß der Lehrer nichts Weiteres zu tun habe, als die Lesestücke zu „erläutern" und zu „ergänzen." An die Stelle des mündlichen Unterrichts sollte also das Lesebuch treten; nicht eine lebendige Person, sondern ein Stück Papier sollte Lehrer sein, — der Schüler sollte nicht zunächst hören, sondern lesen. Mochte immerhin der Lehrer die Lesestücke genügend erläutern und ergänzen, so wurde doch das mündliche Lehrwort von seinem rechten Platze verschoben und beträchtlich verkürzt. Mit einem Wort: das Hauptlehrmittel des Neulernens, das freie, mündliche Lehrwort und damit auch die erste Lerntätigkeit im Dienste der sprachlichen Bildung, das Hören, sie kamen nicht zu ihrer vollen Geltung; der Unterricht begann mit der zweiten Lerntätigkeit, dem Lesen, unter Beifügung einiger Reste des mündlichen Lehrens. Wäre das recht gewesen, warum machte man es dann in der biblischen Geschichte nicht auch so? Warum begnügte man sich da nicht damit, in der Weise des alten Schlendrians die biblische Geschichte bloß lesen zu lassen und sodann einige Ergänzungen und Erläuterungen hinzuzufügen? Indessen die Regulative wußten sehr wohl, daß dieses Verfahren nicht das rechte war; sie ließen auch keinen Zweifel darüber, warum sie eine unzulängliche Lehrweise an die Stelle der rechten gesetzt hatten. Sie sagten: die (einklassige) Volksschule hat für den Realunterricht nicht viel Zeit übrig, deshalb muß sie auf Zeitersparnis sinnen. Es sei, — durfte aber diese Zeitersparnis darin gesucht werden, daß man die erste Lehr= und die erste Lernoperation beim Neulernen übersprang? Ich sage: Nein, und abermal nein. Die Volksschule hat ja wenig Zeit. Ihre kostbare Zeit wird aber verschwendet, wenn der Lehrstoff, der einmal ausgewählt ist, nicht regelrecht durchgearbeitet werden soll. Muß ja eine Beschränkung eintreten, so beschränke man das Quantum des Lehrmaterials, nicht die formale Durcharbeitung. In den theoretischen Erörterungen sprachen die Regulative viel und mit starken Ausdrücken von einer gründlichen Durcharbeitung, aber in den praktischen Bestimmungen legten sie ihr vielfach Zaum und Zügel an — teilweise schon im Religionsunterricht, insbesondere jedoch in den Realien. Daß der Realunterricht vor dem Erlaß der Regulative durchweg besser gewesen sei, läßt sich übrigens nicht sagen, wenn man bei der Wahrheit bleiben will. An manchen Volks= und Bürgerschulen mochte es der Fall sein; an den allermeisten einklassigen Volksschulen war es nicht der Fall. Die Wahrheit ist, daß man den rechten Weg nicht wußte — aus vielen Gründen, von denen unten näher die Rede sein wird; die Regulative haben nur diese Ratlosigkeit fixiert und für legitim erklärt.

### Zweite Lerntätigkeit im Dienste der sprachlichen Bildung — das Lesen.

Das Lesen tritt beim Sachunterricht in den Dienst des Einprägens. Letzteres kann auch durch die nochmalige mündliche Vorführung oder durch Repetitionsfragen geschehen; doch wird die Volksschule, welche auf Zeitersparnis zu denken hat, sich schon darum vornehmlich auf das Lesen angewiesen sehen, aber auch aus anderen Gründen. Einmal darf beim Einprägen der Lehrer schon etwas zurücktreten und dafür die Selbsttätigkeit des Schülers mehr in Anspruch nehmen. Sodann muß das Lesen ohnehin geübt werden. Geschieht die Leseübung an einem verständlich gemachten Wissensstoffe, so dient sie zwei Zwecken zugleich, dem sachlichen Lernen und der Sprachbildung. Zum dritten kann außer dem Schullesen auch das häusliche Lesen mit in Dienst genommen werden — wiederum für beide Zwecke. Die Hauptsache beim Einprägen ist somit ein gutes Lehrbuch — als charakteristisches Lehrmittel des Wiederholungslernens, also ein Buch für die Hand des Schülers.

Wie muß ein solches Wiederholungs-Lesebuch beschaffen sein? Es muß ein Lesebuch sein, das zugleich Lernbuch ist, oder ein Lernbuch, das zugleich Lesebuch sein kann. Hält man fest, daß es sich hier um die beiden Zwecke handelt: Einprägung des Wissensstoffes und Übung im Lesen, so wird einem bald klar, daß folgende drei Eigenschaften unerläßlich sind. Die Lern-Lesestücke müssen:

    a) inhaltlich genau berechnet, — aus dem Lehrplan heraus gearbeitet,

    b) in der Darstellung anschaulich-ausführlich,

    c) sprachlich leicht verständlich sein.

Über die erste Eigenschaft ist nicht not, etwas zu sagen, sie versteht sich von selbst. Gleichwohl lassen die allermeisten Lesebücher, deren sogenannte realistische Stücke als Lesestücke gelten können, sie vermissen. Anschaulich-ausführlich müssen die Lesestücke sein, nicht kompendienartig, einmal weil kurze, abrißartige Darstellungen das Gehörte nicht ausreichend wiederholen, sodann weil sie das Redenlernen an diesem Stoffe nicht genug fördern, und drittens weil sie keine rechten Lesestücke sind und daher der Leseübung nicht genug dienen. Leicht verständlich müssen die Lesestücke sein, d. h. ohne alle sprachlichen Schwierigkeiten, weil bei fremdartigen Ausdrücken und komplizierten Sätzen das Lesen zu häufig durch Erläuterungen unterbrochen werden muß, oder aber die Schüler an ein Verschlucken von Halbverstandenem, an ein oberflächliches, gedankenloses Lesen sich gewöhnen. Die sprachlichen Erklärungen halten die Hauptsache, das Lernen der Sache, auf. Lesestücke mit sprachlichen Schwierigkeiten gehören samt ihren Erläuterungen an einen andern Ort, in den belletristischen Teil des Lesebuches und in die Sprachstunde. Hier, in der Lesestunde für den Sachunterricht, sind sie ein Hindernis. Je einfacher, schlichter und verständlicher die Lesestücke aus den sachunterrichtlichen Fächern sind, desto besser sind sie.

Besitzen wir solche Lern=Lesebücher für den Sachunterricht? Im Religionsunterricht — ja: ein biblisches Historienbuch (nebst den dazu gehörigen Liedern und Sprüchen) kann als das Muster eines solchen Lehr- und Lesebuches gelten. Hier sind die vorgenannten drei Anforderungen in einem Maße erfüllt, wie man es nur wünschen kann. — Beim Realunterricht treten die Lehrbücher in zwei Formen auf: einmal als sogenannte „Leitfäden" — kompendienartig, systematisch, kurz, — sodann in der Gestalt der gewöhnlichen sogenannten „Lesebücher." Die eine Form bietet so wenig das, was wir brauchen, als die andern. Die „Leitfäden" besitzen von den drei notwendigen Eigenschaften eines Einprägungs-Lehrmittels nur die erste: ihr Inhalt ist genau berechnet, aus dem Lehrplane heraus gearbeitet; darin liegt ihre gute Seite. Aber anstatt der zweiten — anstatt einer anschaulich-ausführlichen Darstellung — zeigt der Leitfaden das gerade Gegenteil: er ist ein Auszug, kurz, gedrängt, trocken, skelettartig, abstrakt. Darin liegt sein Hauptfehler, der ihn für die Volksschule absolut unbrauchbar macht, gleichviel ob das dritte Erfordernis — leicht verständlich zu sein — erfüllt ist oder nicht. Der „Leitfaden" charakterisiert den Realunterricht, wie er vor den Regulativen in den bessern Schulen war. Man wollte einen selbständigen Realunterricht erteilen, vergriff sich aber dabei im Einprägungs-Lehrmittel, weil man das Vorbild der höhern Schulen zum Muster nahm. Ob der „Leitfaden" dort, auch in den unteren Klassen, wirklich am Platze ist, bleibe dahingestellt: die Volksschule kann ihn nicht gebrauchen. Die Real=Leitfäden erinnern auch immer stark an die Religions=Leitfäden (Katechismen). Wäre im Realunterricht ein kompendienartiger Abriß das Rechte, warum braucht man dann in der biblischen Geschichte anstatt des ausführlichen Historienbuches nicht auch einen geschichtlichen Auszug? Bekanntlich ist das aber noch niemandem eingefallen. Die Regulative hatten also recht, wenn sie im Realunterricht die kompendienartigen Leitfäden verwarfen; und doch hatten sie unrecht, weil sie dem Übel nicht auf den Grund gegangen

waren und deshalb in ihrer Kritik Wahres und Irriges vermengten. Daß
die Leitfäden einen selbständigen (d. i. einen regelrechten) Realunterricht
anstreben, ist nicht verkehrt, sondern vielmehr richtig; daß sie einen systematischen Realunterricht anstreben, ist zwar falsch, wenn „systematisch"
so viel heißen soll als „wissenschaftlich", — allein geordnet muß der
Unterricht in den sachunterrichtlichen Fächern ja sein. Was den Leitfäden
in erster Linie fehlt, was sie von vornherein unbrauchbar macht, das liegt,
wie gesagt, darin, daß sie nicht ausführlich und deshalb auch keine
Lese-Übungsbücher sind. Die Freunde des Leitfadens sollten ferner bedenken, daß der Realunterricht von unten auf betrieben sein will und wir
deshalb ein Reallesebuch schon vom 2. Schuljahr an fordern. Wer hier
aber einen Leitfaden an seine Stelle setzen will, macht sich zum mindesten
einer Torheit schuldig.

Das herkömmliche sogenannte „Lesebuch", welches die Regulative
als Real-Lehrbuch empfahlen, besaß von den drei notwendigen Eigenschaften
eines realistischen Lernbuches ebenfalls nur eine, die Ausführlichkeit der
Darstellung. Die beiden andern Eigenschaften — genaue Anpassung an
den Lehrplan und sprachliche Einfachheit — fehlten mehr oder weniger.
Woher diese Fehler stammten, läßt sich unschwer finden. Das Volksschul-
Lesebuch hatte seit langem, namentlich aber seit Ph. Wackernagels Eingreifen, zu sehr den Lesebüchern der höheren Schulen nachgeäfft. Man
ließ sich verleiten zu übersehen, daß in dem Buche, welches in der Volksschule „Lesebuch" genannt wurde, eigentlich zwei Bücher steckten resp.
stecken sollten: ein realistisches Lesebuch und ein belletristisches
(sprachliches), die nach sehr verschiedenen Grundsätzen bearbeitet sein wollen.
Die einen übersahen es, weil sie an ihrem Leitfaden ein ausreichendes
Einprägungs-Lehrmittel zu besitzen glaubten und daher das Lesebuch vornehmlich zu sprachlichen Zwecken gebrauchten. Die andern, welche den
Realunterricht in den Sprachstunden mitzubesorgen gedachten, konnten es
zwar eigentlich nicht übersehen; aber weil sie von vornherein auf eine
regelrechte Durcharbeitung des Realstoffes verzichteten, so übersahen sie es
doch — wenigstens in so weit, daß sie nicht scharf darüber nachdachten,
welche Eigenschaften die realistischen Lern-Lesestücke haben müssen. So geriet bei beiden Parteien das Lesebuch zu sehr unter den Gesichtspunkt
des sprachlichen Lernens: es bekam einen vorwiegend belletristischen
Charakter. „Klassische Lesestücke" — das wurde dort wie hier die Losung.
Unzweifelhaft ist diese Losung beim belletristischen Teile des Lesebuches ganz
am Platze; aber es liegt ebenso unzweifelhaft vor Augen, daß sie den
Teil, der dem sachlichen Lernen dient, schwer geschädigt hat. — Summa:
So wenig wie der sogenannte „Leitfaden", so wenig kann auch das her-

kömmliche sogenannte „Lesebuch" — dieses „Mädchen für alles" — als
das geeignete Einprägungs-Lehrmittel des Realunterrichts gelten.

Um in die rechte Bahn zu kommen, muß der realistische Lern-Teil
von dem belletristischen Teile streng gesondert*) und dann jener nach den
oben genannten drei Anforderungen bearbeitet werden.

### Dritte Lerntätigkeit im Dienste der sprachlichen Bildung — das Reden und Schreiben.

Zum Reden findet der Schüler auf allen Stufen des Unterrichts,
sowohl beim Neulernen als auch beim Einprägen, vielfache Gelegenheit.
Ein Blick auf die einzelnen Lehroperationen wird uns davon bald überzeugen. Fassen wir zunächst die erste Operation des Neulernens, das
Anschauen, ins Auge. Daß bei naturkundlichen Stoffen der Schüler auf
dieser Stufe fortwährend zum Reden Gelegenheit findet, versteht sich von
selbst, da der Unterricht sich in Frage und Antwort vollzieht. Doch wird
auch bei historischen Stoffen, obschon hier der Lehrer erzählen muß, sein
Vortrag häufig von Fragen durchflochten sein müssen, so z. B. wenn durch
kurze Repetitionsfragen nach Einzelheiten gefragt wird, entweder um diese
besser ins Gemerk zu bringen, oder um sich zu überzeugen, ob die Schüler
sie verstanden haben. Ferner wird der Lehrer alles das, was die Schüler
selbst erraten können, z. B. Stimmungen, Überlegungen, Willensentschlüsse
und Folgen derselben nicht selbst vortragen, sondern durch Fragen aus den
Schülern herauslocken. Jemehr nun der Lehrer fragt, desto mehr wird der
Schüler zum Reden veranlaßt.

Daß auch auf der 2. und 3. Stufe des Neulernens, beim Denken
und Anwenden, der Schüler fast beständig zum Reden angeregt wird,
braucht nicht erst nachgewiesen zu werden; denn wie das Denkergebnis
auf dem Wege der Frage und Antwort entwickelt wird, so wird auch der
Anwendungsstoff in der Regel auf dieselbe Weise gewonnen.

Die Hauptstelle für die Übung im freien Reden der Schüler sind
jedoch die drei Operationen des Einprägens.

Betrachten wir zunächst die erste Operation, die Wiederholung des
konkreten Stoffes. Abgesehen von der hier vorkommenden Leseübung muß
das Repetieren, damit es denkend geschehe, durch Fragen geschehen. Allerdings kann auch ein zusammenhängendes Wiedergeben kürzerer oder längerer
Abschnitte vorgenommen werden, jedoch nicht eher, als bis diese Abschnitte
fragend durchgenommen sind, und überdies nur von den fähigern Schülern

---

*) Ob die beiden Teile (oder Bücher) auch äußerlich zu scheiden sind, ist
keine pädagogische, sondern eine Buchbinderfrage.

und von der Mittelschicht, nicht von den schwächern Schülern. Bei diesen genügt es, wenn sie auf Fragen ausreichenden Bescheid geben können.

Was nun die Form der Frage anbetrifft, so ist diese keineswegs gleichgültig. Abgesehen von der Unterstufe, wo der Lehrer sich der geringen Fassungskraft der Schüler anbequemen muß, sind kurze Notizfragen und bloße Abwicklungsfragen nicht am Platze; die Fragen müssen vielmehr eine längere Antwort erfordern und das Nachdenken in Anspruch nehmen, kurz: es müssen judiziöse Wiederholungsfragen sein. (S. Denken und Gedächtnis, S. 98).

Wie man sieht, wird beim ersten Einprägungsstadium das Reden (Schreiben) der Schüler in bedeutendem Maße in Anspruch genommen.

Die zweite Einprägungsoperation hat es mit dem Wiederholen des Denkergebnisses zu tun. Ob dieses ein Bibelspruch oder ein Liedervers oder eine grammatische Regel ist, ob es wörtlich eingeprägt werden muß oder in freiem Ausdruck, ob dabei auch noch Fragen vorkommen oder nicht, immerhin ist es eine Übung im mündlichen Ausdruck. Daß hier auch eine schriftliche Wiederholung eintreten kann, sagt sich von selbst.

Die dritte Einprägungsoperation wird auch Schlußreproduktion genannt. Sie umfaßt, wie schon oben gesagt, die Wiederholung der ganzen Lektion mit Ausnahme der Anwendung, weil diese schon von selbst eine Einprägungsarbeit verrichtet. Bei denjenigen Fächern, wo der konkrete Stoff der einzelnen Lektionen verhältnismäßig klein ist, z. B. beim Rechnen, bei der Geometrie, der Grammatik, Naturlehre ꝛc., handelt es sich dann vornehmlich um Anwendungsfragen, die man in diesem Falle auch Aufgaben nennt. Bei ihrer Lösung, gleichviel ob sie mündlich oder schriftlich geschieht, findet also immer eine Übung im Reden oder Schreiben statt. Bei solchen Fächern, wo die Lektionen einen reichen konkreten Stoff haben, z. B. bei der bibl. Geschichte, vaterländischen Geschichte, Geographie und Naturbeschreibung, gilt die Schlußreproduktion als Endprüfung immer zunächst dem konkreten Stoff, jedoch so, daß die Denkergebnisse mit hineingezogen werden. Da diese Endreproduktion möglichst denkend geschehen soll, da sie ferner auch den schwächern Schülern nicht zu viel zumuten darf, muß sie in der Regel zuerst nach Fragen geschehen und zwar wiederum nach judiziösen Fragen. Jedoch ist nicht ausgeschlossen, daß jeweilig ein zusammenhängendes Wiedergeben vorgenommen werden kann. Wird die Übung mündlich vorgenommen, so stellt der Lehrer die Fragen — freie oder fixierte — mündlich. Damit sie auch schriftlich geschehen könne, müssen zugleich gedruckte Fragen vorhanden sein, auch deshalb, um das häusliche Wiederholen zu erleichtern.

Sind die geeigneten Reproduktions-Fragehefte vorhanden? Die Regulative fordern solche nicht. Obwohl sie viel von Durcharbeitung des Stoffes sprechen, so wird doch nicht einmal erwähnt, daß dazu auch fixierte Fragen nötig sind; und doch sind dieselben für diesen Zweck eben so notwendig, wie für die Einprägung ein Lesebuch und für das erste Verstehen das mündliche Lehrwort. Anderswo hat man das glücklicherweise längst eingesehen. Schon vor 40, ja vor 200 Jahren schon sind gedruckte Reproduktionsfragen in dem einen oder andern Fache vorgeschlagen und hier und da gebraucht worden. Heutzutage kann man bereits zahlreiche realistische Leitfäden antreffen, die mit Fragen versehen sind. Aber es fehlt noch viel daran, daß man überall ihre Notwendigkeit eingesehen hätte, — eine Tatsache, die mehr als irgend eine andere beweist, wie höchst langsam pädagogische Wahrheiten in Kurs kommen. Überdies sind die vorhandenen Fragen selten ihrem vollen Zwecke gemäß bearbeitet: einmal lassen sie neben den reinen Repetitionsfragen die eigentlichen „Aufgaben" vermissen, und sodann sind sie meistens unmittelbar unter die Lektionen des Lehrbuches gedruckt. Letzteres mag auf den untern Stufen, wo sie nur schlichte Wiederholungsfragen sein können, am Platze sein, zumal sie gewöhnlich nur auf die einzelne Lektion sich beziehen. Auf der Oberstufe dagegen, wo sie abschnittweise auftreten und eine selbständigere Reproduktion verlangt werden muß, empfehlen sich besondere Fragehefte.*) Einen so geordneten Sachunterricht hat die Schule bisher nicht gekannt — wenigstens nicht in den Realfächern, meist auch nicht auf dem religiösen Gebiete — weder vor den Regulativen, noch nach denselben, noch da, wo andere Lehrordnungen gelten: einmal waren die Lehrmittel nicht darauf eingerichtet, wie vor Augen liegt, und zum andern stand die übliche Weise des Sprachunterrichts im Wege, wie sich unten genauer zeigen

---

*) Eine genauere Begründung der hier kurz skizzierten drei Lehr- und Lernoperationen im Sachunterricht findet sich in meinen beiden Abhandlungen „über den naturkundlichen Unterricht in der Volksschule" Ev. Schulblatt 1872, Heft 1. u. 5. (Ges. Schr. IV, 1.)

Über die Anwendung dieser methodischen Grundsätze auf den Religionsunterricht siehe meine beiden Schriften: „Erstes und zweites Wort zum Enchiridion der biblischen Geschichte" (Ges. Schr. III, 2.) und: „Ein christlich-pädagogischer Protest wider den Memorier-Materialismus im Religionsunterricht" (Ges. Schr. III, 1. S. 29 ff.) — dazu die abschließende kritische Abhandlung: „Zur nochmaligen Auseinandersetzung mit dem Memorier-Materialismus," Ev. Schulblatt 1871 S. 72 ff. und S. 145 ff. (Ges. Schr. III, 1. S. 121.)

wird. Im realistischen Sachunterricht herrschte entweder (nach den preußischen Regulativen) der „Verbal-Realismus" (die Wortlernerei) — jener alte, aus dem Mittelalter stammende Irrtum, der den Sachunterricht beim Sprachunterricht einquartiert und dadurch das mündliche Lehrwort (das erste Lernstadium) sparen zu können glaubt, auch des rechten Real-Lesebuches entbehrt; oder die Leitfaden-Lernerei, bei der im besten Falle wenigstens das sichere Einprägen und die Sprachbildung zu kurz kommen.

Nehmen wir dagegen an, der Sachunterricht (in allen drei Wissensfächern) sei in der vorhin beschriebenen regelrechten Weise in Gang gebracht und mit den erforderlichen Lehrmitteln ausgerüstet: in welchem Verhältnis stehen nun Sachunterricht und Sprachunterricht zu einander?*)

Die drei Lehrmittel, welche der Sachunterricht zum gründlichen Durcharbeiten seines Stoffes gebraucht — das mündliche Lehrwort (behufs des anschaulichen Verstehens), ein geeignetes Lesebuch (behufs des festen Einprägens) und fixierte Reproduktionsfragen (behufs des denkenden Wiedergebens) — eben diese drei Lehrmittel muß auch der Sprachunterricht wünschen; denn die dabei vorkommenden Lernoperationen: Hören, — Lesen samt Memorieren — und freies Aussprechen (mündlich und schriftlich) — sind genau dieselben, auf welche auch der Sprachunterricht hingewiesen ist. Je mehr nun einem Lehrer an der Sachbildung gelegen ist, je eifriger er demgemäß die drei Lernoperationen treibt — namentlich das einprägende Lesen und das freie Reproduzieren, weil diese die meiste Zeit in Anspruch nehmen, — desto erfolgreicher arbeitet er zugleich für die Sprachbildung und zwar auf die beste Weise, welche die Sprachmethodik ersinnen kann. Und umgekehrt: je mehr einem Lehrer die Sprachbildung am Herzen liegt, je eifriger er demgemäß am Wissensstoffe die drei sprachlichen Übungen betreibt — nämlich durch das wohlpräparierte mündliche Lehrwort ein aufmerksames Hören weckt, tüchtig lesen läßt und fleißig das freie (mündliche und schriftliche) Aussprechen übt, — desto erfolgreicher arbeitet er zugleich für die Sachbildung und zwar auf eine Weise, welche die Methodik des Sachunterrichts nicht besser ersinnen kann. Wenn es sonst „Kunst" heißt, zwei Töpfe über einem Feuer kochen zu können, — hier, bei der Assoziation von Sachunterricht

---

*) Im Anschluß an die erwähnten Aufsätze über den naturkundlichen Unterricht ist in Heft 9 des Ev. Schulblattes auch das Verhältnis des Sachunterrichts zum Sprachunterricht ausführlich behandelt, sowie diejenigen Punkte der sprachlichen Schulung, welche der fünfte Grundsatz meint. Es sei mir gestattet, die hierher passenden Stellen von dort herüberzunehmen, da ich das damals Gesagte vor der Hand noch nicht besser zu sagen weiß.

und Sprachunterricht, ist es Natur. Doch dieses Bild sagt nicht genug.
Jeder dieser beiden Lehrzweige kann nicht besser für sich selbst sorgen, als
wenn er mit eifersüchtiger Liebe für den andern sorgt, — und kann nicht
schlimmer sich schaden, als wenn er in törichter Eigensucht von dem
andern sich isoliert. Kurz, Sachunterricht und Sprachunterricht gehören
zusammen wie rechtes Bein und linkes Bein, wie rechte Hand und linke
Hand, wie Mann und Weib, wie — Vernunft und Sprache. Vernunft und Sprache, denken und reden, Sachverstand und Wort sind zu
gleicher Zeit auf die Welt gekommen, — darum wollen sie auch zusammen
geschult sein.*)

Wie ganz anders beim isolierten, d. h. vom Sachunterricht gesonderten Sprachunterricht, — gleichviel, ob er sein Zentrum im belletristischen Lesebuche, oder in der Grammatik, oder in grammatischen (und
orthographischen) Exerzitien sucht. Dem Sachunterricht gehen dann alle
die Vorteile (behufs der Einprägung, der Reproduktion ꝛc.) verloren, welche
nur eine innig verbundene Sprachschulung ihm leisten kann, und auf die
er absolut rechnen können muß, wenn er etwas Nennenswertes leisten will.
Und umgekehrt: der Sprachbildung gehen alle die Vorteile verloren, welche
nur ein innig verbundener, regelrecht geordneter Sachunterricht ihm leisten
kann. Bisher war aber der Sprachunterricht, wie jeder weiß, wesentlich
isoliert: nur darauf waren sowohl seine Lehrmittel wie die des Sachunterrichts berechnet. So hinkte denn der Sachunterricht durch die Welt
auf seinem einen Beine und ebenso der Sprachunterricht auf seinem einen
Beine — jeder für seinen Kopf. War das eine zwiefache „Altersweisheit",
oder — sottise de deux parts? wie der böse Voltaire sagen würde.
Und da ließen die deutschen Schulleute schon vor 30 Jahren wohlbehaglich
sich vorsagen (von Curtman): auf dem pädagogischen Gebiete seien die
großen Entdeckungsreisen bereits alle gemacht.

Die Zweckmäßigkeit der bezeichneten Verbindung von Sachunterricht
und Sprachunterricht steht also fest. Genauer besehen, stellt sich der Gewinn, welcher dem Sprachunterricht insonderheit daraus erwächst, als ein
dreifacher heraus.

Der erste Vorteil, welchen er mit dem Sachunterricht gemein hat, ist
der, daß beiden Teilen ein bedeutender Zuwachs an Zeit zufließt: die
Zeit nämlich, die jedem Teil besonders gewidmet werden kann, kommt nun
auch dem andern fast ganz zu gute.

---

*) Wie es scheint, haben schon die alten Griechen die parallele Entwickelung
der Intelligenz und der Sprache (oder vielmehr das Verwachsensein beider) richtig
erkannt: im Griechischen bedeutet der Ausdruck logos sowohl „Vernunft" als „Wort."

Der zweite Vorteil, welcher den Sprachunterricht allein angeht, be=
steht darin, daß durch den sachlichen Stoff die sprachlichen Übungen q u a =
l i t a t i v gewinnen: sie werden inhaltlich gehaltvoller, darum auch inter=
essanter, teilweise sogar bedeutend zweckmäßiger. In letzterm Betracht will
ich nur daran erinnern, daß die Fragehefte der Wissensfächer die besten
Anleitungsmittel für Rede= und Aufsatzübungen sind, die man sich denken
kann: denn wenn es ans Reden oder Schreiben gehen soll, so ist bei
jeder Lektion der Inhalt bereits bekannt, und die Fragen geben die Dis=
position und den Gedankengang.

Der dritte Vorteil liegt darin, daß die auf diesem Wege erlangte
Sprachbildung in jedem Betracht gediegener, edler — oder sage ich lieber:
n a t u r w ü c h s i g = g e s u n d e r ist. Bei der augenfälligen Wichtigkeit dieses
Punktes wird eine genauere Betrachtung gerechtfertigt sein.

Die ersten Zierden der Sprache sind: Klarheit, Wahrheit, Reichtum
und Kräftigkeit.

Wie nahe die K l a r h e i t der Sprache zusammenhängt mit dem Ver=
ständnis der S a c h e, liegt so sehr auf der Hand, daß es keiner weiteren
Bemerkung bedarf. Um zur Klarheit der Rede zu gelangen, ist daher der
Weg durch das Verständnis der Sache nicht bloß der sicherste, sondern
auch der kürzeste und leichteste. — Die W a h r h e i t der Sprache, die immer
noch etwas mehr ist als eine äußere Zier, hängt zwar im tiefsten Grunde
von etwas anderm ab als von irgend einer sprachlichen und intellektuellen
Schulung. Allein es will nicht übersehen sein, daß das Sachlernen bei
mir nicht bloß heißt: Schulung der Intelligenz, sondern Schulung an den
Wissensfächern, — daß also hier die ethisch=religiösen Lehrstoffe samt ihrem
erziehlichen Einflusse mit eingerechnet sind. So weit nun überhaupt das
Unterrichtsverfahren auf die Wahrheit der Sprache Einfluß hat, ist dieselbe
jedenfalls da am besten geborgen, wo es im Denken und Reden auf Klar=
heit ankommt, also bei derjenigen Sprachbildung, die in und mit der
Sachbildung wächst. Umgekehrt, wo die Klarheit nicht in gleichem Maße
Hauptsache ist, wo irgend ein anderer Gesichtspunkt in den Vordergrund tritt —
also bei der Schulung an k ü n s t l e r i s c h e n (poetischen, rhetorischen, schildern=
den) Produktionen und an bloßen Sprach f o r m e n — da wird die Wahrheit
der Rede wenigstens nicht gepflegt, vielleicht ist sie sogar gefährdet. Ge=
rade in denjenigen Darstellungen, welche gewöhnlich am meisten für die
Sprachbildung empfohlen werden — in den poetischen, rhetorischen und
schildernden — gerade in diesen (geistlichen wie weltlichen) ist unter der
Firma der Begeisterung und Kunst von jeher gegen die Wahrheit der
Sprache mehr gesündigt worden als in der hausbackenen Prosa, die ihre
Ehre darin sucht, klar zu sein, und darum schlicht und recht sagt, was sie

zu sagen hat. Und da wir von der Volksschule reden, so darf auch wohl daran erinnert werden, daß die künstlerische (belletristische) Sprachform, die manchmal recht hochbeinig einherschreitet, unsern Kindern aus dem schlichten Volke doch nicht in den Mund geht, auch zu ihrem Gesichte nicht paßt. — Was weiter den Reichtum der Rede betrifft, so hängt wenigstens das solideste Sprachkapital — der Vorrat an sachgemäßen, präzisen Ausdrücken — in erster Linie von soliden sachlichen Kenntnissen ab. Die Sprache kann zwar möglicherweise ärmer sein als das sachliche Wissen — falls nämlich beim Sachunterricht die sprachliche Schulung vernachlässigt worden ist — nicht aber reicher; denn wo sie reicher scheint, da ist es eben nur Schein. Bei den anzusammelnden sachgemäßen Ausdrücken darf jedoch nicht vergessen werden, daß sie aus allen drei Wissensgebieten geschöpft sein wollen. Überdies besitzt jedes Wissensfach nicht bloß seine eigentümlichen Worte, sondern auch seine eigentümlichen Redefiguren und seinen eigentümlichen Stil. Hier haben wir also die Hauptquelle zu einer vielseitigen Bereicherung der Sprache. — Endlich die Kräftigkeit — wo ist ihr Nährgrund zu suchen? Zu einem Teile hängt sie unzweifelhaft von den vorgenannten drei Eigenschaften ab. Allein ihr eigentlicher Wurzelboden liegt doch an einer besonderen Stelle, — in dem Interesse, welches beim Reden mitwirkt, d. h. in der Energie, womit dieses Interesse alle Kräfte der Seele, insonderheit des Gemütes, zur Mitwirkung aufruft. Wie beredt macht die Liebe, die Freude, die Hoffnung, — und wie nicht minder der Zorn, der Schmerz, die Verzweiflung: und wie reden doch alle diese Gemütsstimmungen so verschieden. Wie eigentümlich beredt ist die schlaue Berechnung, die auf Umwegen ihren Zweck zu erreichen sucht, — und wie nicht .minder eigentümlich eindrücklich spricht der tapfere Wille, der geraden Weges auf sein Ziel losgeht. Wie ringt der klare Verstand mit den Worten, wenn es ihm darum geht, auch andern zu seiner klaren Anschauung zu verhelfen, — und wie anders wieder der Redner, der seine Zuhörer zu einem Entschlusse fortreißen will. Nun gibt es unter den verschiedenen Arten des Interesses auch ein Interesse an der Redekunst selbst; allein nicht dieses, das ästhetische, ist das wirksamste, sondern die Interessen sind es, welche aus den Sachen stammen: das wissenschaftliche, das praktische und vor allem das ethische. Vor 300 Jahren ist ein Mann zum Reformator der deutschen Sprache geworden, — aber nicht dadurch, daß er die Sprachkunst reformieren wollte, sondern dadurch, daß er mit allen Kräften seines gewaltigen Gemütes und Geistes um die Reform der höchsten Lebensgüter ringen mußte. Es hat auch eine Zeit in Deutschland gegeben, wo man meinte, die Kunst und insbesondere die Sprachkunst sei etwas für sich, etwas Selbständiges, und durch sorgsame

Pflege lasse sie sich auch allein für sich, getrennt von den nationalen, wissenschaftlichen, wirtschaftlichen ꝛc. Lebensinteressen, zur höchsten Blüte bringen. Diese Zeit heißt die „klassische"; aber die gesundeste war sie nicht. Es ist ein ehrenvolles Zeichen von Herders gesundem, echt deutschem Sinne, daß er zeitlebens wider diesen isolierten Kunst=Kultus kräftig reagierte.*)

Aber hat denn dieser Faktor der Sprachbildung, das Interesse, auch für die Schule eine Bedeutung? Läßt sich derselbe praktisch in Dienst nehmen? Gewiß. Ich erinnere an Jean Pauls treffendes Wort, das eben hierher gehört: „Das beste Sprachbuch ist ein Lieblingsbuch." Ein Buch, das zu einem Lieblingsbuche geworden ist — was es nie dauernd werden kann, wenn der Inhalt nicht interessiert — wird nicht nur wieder und wieder gelesen, sondern auch nach seinem Inhalte wieder und wieder durchdacht und bei jeder sich darbietenden Gelegenheit besprochen. Lesen, das Gelesene durchdenken und das Durchdachte besprechen und wieder besprechen — das heißt mit einem Worte: sich in der Sprache üben. Übung aber macht den Meister. Ich erinnere ferner an die bekannte Tatsache, daß Jeder über die Angelegenheiten seines Berufs am besten zu reden versteht, ebenso über irgend einen Lieblingsgegenstand. Diese Beispiele allein können schon den Weg zeigen — wenn nur festgehalten wird, daß das Interesse, welches geweckt und in den Dienst der Sprachbildung genommen werden soll, eben das Interesse an den Sachen ist. Man pflege also den Sachunterricht, dann schafft man dem Interesse seinen Wurzelboden, aber man pflege ihn in allen drei Wissensfächern, damit das Interesse von vielen Seiten angeregt werde und nun um so eher die Stelle finde, wo es seine Wurzeln tiefer einzuschlagen vermag; und man treibe ihn didaktisch richtig, d. h. so, daß der Lehrstoff nach allen drei Seiten der formalen Bildung durchgearbeitet werde: dann ist man auf dem rechten Wege.

Hat nun — angesichts der vorbeschriebenen dreifachen Vorteile — der obige (vierte) Grundsatz recht, wenn er behauptet: „Der Kern der Sprachbildung muß in und mit dem Sachunterricht erworben werden" —?

Man verstehe aber wohl. Es heißt: der „Kern", die Hauptsache. Damit ist also auch gesagt, daß dies nicht den ganzen Sprachunterricht ausmacht, — daß dazu noch etwas anderes gehört. Neben den Lesebüchern der Wissensfächer steht ja auch das belletristische Lesebuch

---

*) Vgl. die interessante Abhandlung über Herder und seine Zeitgenossen in den „Preußischen Jahrbüchern" (von H. v. Treitschke), Jahrgang 1872, Januar= und Februarheft.

da. Dieses Lehrmittel ist eben der Vertreter des andern Teiles der Sprach-schulung. Die Übungen, welche hier vorkommen, werden sich ebenso um das belletristische Lesebuch gruppieren müssen, wie die Übungen dort sich an die Wissens-Lesebücher anschließen. Was für Übungen dies (beim belletristischen Lesebuch) sind oder sein sollten, geht uns an dieser Stelle nicht an: nach dem obigen Grundsatze haben wir es direkt nur mit dem Teile der Sprachbildung zu tun, der in und mit dem Sachunterricht er-worben sein will. — Doch eine Bemerkung über das belletristische Lese-buch selbst darf ich nicht zurückhalten.

Daß in meinen Augen das sogenannte belletristische Lesebuch nicht das einzige, auch nicht das wichtigste Sprachlehrmittel ist, vielmehr den Lese- und Lehrbüchern der drei Wissensfächer mindestens dieselbe Wich-tigkeit für die Sprachbildung beigelegt werden muß — wird der Leser aus dem bisher Gesagten bereits bemerkt haben. Stände es aber mit dem belletristischen Lesebuche so, wie man gewöhnlich meint und wie der Bei-name andeutet, daß es nur eine Seite der Sprache, nämlich ihre künst-lerische Form, repräsentierte: so würde ich es (in der Volksschule) sogar hinter jene Wissens-Lesebücher zurückstellen — aus vielen Gründen, die hier nicht alle aufgezählt werden können. Glücklicherweise vertritt das so-genannte belletristische Lesebuch noch etwas anderes als eine besondere Form der Sprache — nämlich eine besondere Form des Sachunterrichts. Ich meine das so. Den Stoff können die belletristischen Produktionen nur entnehmen aus der Natur, aus dem äußeren und inneren Menschen-leben und aus dem religiösen Gebiete, — kurz, aus den drei Wissens-fächern. Er wird aber nicht so dargestellt, wie er dem objektiv be-trachtenden Verstande erscheint und wie das Real-Lesebuch ihn bietet, sondern wie er im Gemüte sich gespiegelt hat und in dieser sub-jektiven (ästhetischen oder ethischen) Betrachtung verarbeitet worden ist. Aus dieser Quelle, aus dem Gemüte, stammt auch seine künstlerische Form; und wenn dieselbe nicht daher stammt, so ist sie dem Stoffe nicht angewachsen, sondern ein Machwerk. Das schön-sprachliche Lesebuch, das von Rechts wegen einen besseren Namen haben sollte, repräsentiert somit (als Seitenstück zum Real-Lesebuche) zugleich eine besondere Aufgabe des Real-Unterrichts, nämlich die, den realistischen Stoff auch für die Gemütsbildung zu verwerten — d. h. unmittelbarer und kräftiger, als das Real-Lesebuch dies vermag. (Ähnlich verhalten sich die Kirchen-lieder, Sprüche, Betrachtungen und Gebete zum biblischen Geschichts-buche.) Nur in diesem Sinne — nur weil das belletristische Lesebuch eine besondere Seite des Sachunterrichts vertritt — nur darum steht es auch für die Sprachbildung neben dem Real-Lesebuche ebenbürtig da. Die künstlerische Form allein würde ihm diesen Rang, b. h. den tatsächlichen Einfluß auf die Sprachbildung, nicht verschaffen können. Wer den Gedanken — daß das belletristische Lesebuch seine Hauptaufgabe darin hat, die Gemütsbildung pflegen zu helfen — noch ein wenig weiter verfolgen will, wird auch wohl zu der Konsequenz kommen, daß dasselbe etwas anders behandelt sein will, als da geschieht, wo man es vornehmlich als Sprachlehrmittel betrachtet. Andrerseits will aber auch nicht übersehen sein, daß das belletristische Lesebuch (mit seiner subjektiven Betrachtungsweise) den vollen Einfluß auf die Gemütsbildung doch nur dann erreichen kann, wenn die Schulung in der objektiven Betrachtung, die das Real-Lesebuch vertritt, mit vollem Ernste vorauf und nebenher betrieben wird. — Faßt man das belletristische Lesebuch so auf, dann würde allerdings der obige Grundsatz fast fordern, daß auch der um dieses Lehrmittel sich gruppierende Teil des Sprachunterrichts hier mit erörtert werde. Sollte dies aber geschehen, so müßte auch der Einfluß dieses Literaturzweiges auf die Gemütsbildung und in weiterer Konsequenz die erziehliche Bedeutung des gesamten Unterrichts mit zur Sprache kommen. Aus naheliegenden Gründen darf ich jedoch dieses wichtigste Kapitel der Didaktik nicht mit hereinziehen. Es verlangt eine gesonderte Betrachtung.

Was der obige (vierte) Grundsatz positiv fordert, wird jetzt genügend beleuchtet sein.

Er hat aber auch eine kritische, protestierende Seite. Zur vollen Klarlegung seines Inhaltes wird diese ebenfalls noch besehen werden müssen.

Wie unser Grundsatz, indem er vorauf einen „didaktisch-richtigen" Sachunterricht fordert, auf diesem Gebiete einerseits den „Verbal-Realismus" und andererseits die Leitfaden-Manier bekämpft, — so geht er auf dem sprachlichen Gebiete vornehmlich der Isolierung des Sprachunterrichts zu Leibe. Jene Fehler im Sachunterricht müssen bekämpft werden, weil sonst eine richtig geordnete Sprachschulung nicht möglich ist. Hier haben wir es jedoch nur mit dem bezeichneten Fehler im Sprachunterricht zu tun. — Was ist unter „Isolierung" des Sprachunterrichts gemeint? Dieser Ausdruck will aus dem Gegensatze verstanden sein. Ich fordere, daß der Sprachunterricht in seinem wichtigsten, in seinem Hauptteile sich mit dem Sachunterricht verbünden solle. Eine sprachunterrichtliche Methodik, welche diese Forderung nicht prinzipiell, ganz und ohne Vorbehalt anerkennt — die ist somit der gemeinte Widerpart, die treibt isolierten Sprachunterricht. Natürlich kann diese Isolierung in mehrfachen Abstufungen und mit mancherlei Schattierungen auftreten. Der eine betrachtet vielleicht das belletristische Lesebuch als das Zentrum der

Sprachschulung, der andere die Grammatik, der dritte die orthographisch=
grammatisch=stilistischen Exerzitien, der vierte endlich hält diese drei Stücke
gleich wert u. s. w.; hier wird vielleicht die sprachliche Schulung beim
Sachunterricht nebenbei mit ins Auge gefaßt, dort kaum oder gar nicht
beachtet. Um diese Abstufungen und Schattierungen bekümmert sich mein
Grundsatz vor der Hand nicht; er faßt sie alle zusammen — als Lehr=
weisen, welche den Schwerpunkt der sprachlichen Schulung an einer von
dem Sachunterricht getrennten Stelle suchen.

Dieses, die Isolierung des Sprachunterrichts, klage ich als einen
Kardinal=Irrtum der herkömmlichen Sprachmethodik an — als einen
Irrtum, bei dem weder die Sachbildung noch die Sprachbildung gedeihen
kann, und der überdies die Quelle der meisten sprachmethodischen Einzel=
verirrungen gewesen ist.

Wie weit der isolierte Sprachunterricht sich vom rechten Wege verirrt
hat, läßt sich schon genugsam daran abmessen, daß ihm die drei großen
Vorteile verloren gehen, welche, wie oben erwiesen wurde, durch die Ver=
bindung mit dem Sachunterricht zu gewinnen sind: er entzieht dem Sach=
unterricht wie sich selber viele kostbare Zeit, — seine Übungen stehen an
Gehalt, Interesse und Zweckmäßigkeit zurück, — und der erzielten Sprach=
bildung fehlt die naturwüchsige Gesundheit.

Aber mehr. Auch in seinem verengten eigensten Gebiet hat jener
Irrtum eine so lange Reihe von Mißgriffen erzeugt, daß einem beim
Aufzählen fast der Atem ausgeht. Da treffen wir, wie die Schulge=
schichte berichtet: erstlich das (auf der Elementarstufe) unstatthafte Gramma=
tisieren, gleichviel ob an losen Redeteilen oder am Lesebuche, — sodann
die daran hängenden, viele Zeit verschlingenden grammatischen Übungen an
losen Redeteilen, — ferner die langwierigen Lese=Ergötzungen der Anfänger
an sinnlosen Silben und Wörtern, — weiter die mangelhafte Pflege der
Sprachfertigkeit, häufig verbunden mit Vernachlässigung des onomatischen
und lexikologischen Verständnisses, — weiter die Überschätzung der belle=
tristischen Lehrstoffe nach der sprachlichen Seite und wieder die Unter=
schätzung und verkehrte Behandlung derselben nach ihrer Bedeutung für die
Gemütsbildung, — weiter die Verkennung der Vorteile fixierter Repeti=
tionsfragen für die Sprachbildung, — weiter die mangelhafte Übung im
freien Reden u. s. w. u. s. w. Dazu rechne man noch die nicht ins
reine zu bringenden Kämpfe, welche die verschiedenen Methoden, Manieren
und Manierchen unter sich führten, während sie doch eigentlich nur darin
wetteiferten, wer die Isolierung (d. i. die Austrocknung) des Sprachunter=
richts am weitesten treiben könnte, und so eine Sprachbildung zuwege
brachten, der es mehr oder weniger überall gebrach — an Gewandtheit,

Verständnis und Reichtum, wie an Klarheit, Wahrheit und Kräftigkeit, und vielleicht nicht am wenigsten an der so eifrig erstrebten Korrektheit.

Wie gesagt, auch diese Einzelmißgriffe hat der Irrtum des isolierten Sprachunterrichts auf dem Gewissen. Die Sprachmethodik würde nie auf solche Ausschreitungen verfallen sein, wenn sie gewußt und festgehalten hätte, was der obige Grundsatz als die erste Regel im sprachlichen Lernen hervorhebt — die Wahrheit nämlich: daß nur diejenigen sprachlichen Übungen, welche zugleich um der Sachbildung willen nötig sind, den Kern, den eigentlichen Wertteil des Sprachunterrichts ausmachen. Schon die Verkennung dieser Wahrheit allein verurteilt den isolierten Sprachunterricht, wie er auch gestaltet sei — sofern er der Sprachunterricht, der eigentliche, sein und heißen will. Und sie verurteilt ihn als eine Verirrung von solcher Großartigkeit, daß sie nur noch in der Verirrung des „Verbal=Realismus" ihresgleichen hat, — genau besehen aber dieselbe noch übertrifft, da der isolierte Sprachunterricht in der Tat nichts anderes ist, als der aus dem Mittelalter herübergeschleppte, nur etwas neumodisch ausstaffierte „Ur=Humanismus."*)

Über die Einzelmißgriffe, welche aus diesem Grundirrtum entsprungen sind, braucht man nun keine Worte mehr zu verlieren. Wie das Gezweig des Baumes von selber fällt, wenn der Stamm abgehauen wird, so sind von jenen Verirrungen die einen samt den andern abgethan, wenn das Prinzip der Isolierung verworfen ist. Damit kann denn auch das endlose Streiten und Sorgen, womit der isolierte Sprachunterricht die Leute plagte, zu seiner Sabbathruhe gelangen, — und nach so vieler Mühe darf man ihm ein solch seliges Ende wohl gönnen.

Mit der Annahme des vierten Grundsatzes und der damit vollzogenen Verwerfung des isolierten Sprachunterrichts ist allerdings noch nicht jedwede methodische Detailfrage erledigt. Das Überlegen findet noch Arbeit genug, namentlich in der Beschaffung neuer Lehrhülfsmittel. Ebenso wird das Disputieren hinlänglich Raum und Gelegenheit behalten. So z. B. ist direkt noch nicht ausgemacht, ob und wie viel grammatischer Stoff in die Volksschule gehöre, — auch nicht, welcherlei und wie viele separate (vom Sachunterricht und dem belletristischen Lesebuche abgetrennte) Sprachübungen unentbehrlich seien. Indirekt ist freilich genug gesagt. Wenn das neue Prinzip einmal Fuß gefaßt hat, so werden sich seine Konsequenzen

---

*) Über den „Ur=Humanismus" und seinen nächsten Nachfolger, den „Verbal-Realismus", vgl. v. Raumer, Geschichte der Pädagogik I. S. 322ff. — und die zweite der oben erwähnten Abhandlungen (Ev. Schulblatt 1872, Heft 5: Geschichtlich-kritische Betrachtung des naturkundlichen Unterrichts).

schon melden. So viel darf von vorn herein als entschieden gelten: einen besonderen Lehrgang in der Grammatik kann die Volksschule unter allen Umständen nicht gebrauchen. Wer ihr den zumutet, hat dem obigen Grundsatze noch nicht ins Herz gesehen. Sind ja einige grammatische Notizen nötig, so müssen sie gelegentlich herangezogen werden. Auch das ist ausgemacht: je weniger grammatischen Stoff und je weniger Separat-Übungen eine Schule bedarf, desto besser steht sie sich. Wer daher nach dem höhern Ziele strebt — nach einer gründlichen Sachbildung und einer naturkräftig gesunden Sprachbildung — der wird die grammatischen Notizen wie die Separat-Übungen auf das äußerste Minimum zu reduzieren suchen; ja er wird nicht einmal Lust haben, über das Quantum dieser Dinge viel zu disputieren. Und in der Tat, wer da weiß, wie viel noch zu überlegen und zu arbeiten ist, bevor die Hauptsache in den rechten Gang kommen kann, und wie viel Arbeit sie kostet, wenn der rechte Gang gefunden ist: der tut gewiß wohl, das Kopfzerbrechen und Disputieren über Nebensachen denen zu überlassen, welche darauf eingerichtet sind, an den wichtigen Fragen schnell vorbeizuschlüpfen, um für die minutiösen desto mehr Zeit zu haben.

Um dem bezeichneten Grundirrtum im hergebrachten Sprachunterricht noch etwas tiefer in die Seele zu schauen, wird es dienlich sein, auch einen Blick darauf zu werfen, in welchem Maße die verschiedenen sprachmethodischen Parteien daran beteiligt sind.

Dieser Parteien lassen sich vornehmlich vier unterscheiden. Unter ihnen bildet die Frage, ob Grammatik getrieben werden soll oder nicht, den hervorragendsten Streit- und Unterscheidungspunkt. In der Isolierung des Sprachunterrichts aber sind alle einig, vornehmlich die drei ältern, während die vierte (neuere) schon die Richtung zum Bessern einschlägt.

Die erste Partei — die jedoch stark im Aussterben begriffen zu sein scheint — charakterisiert sich dadurch, daß sie grundsätzlich auch die Wissensseite der Sprache mit berücksichtigt wissen will und zwar namentlich deshalb, um sie für die formale (logische) Schulung zu verwerten. Unter der Wissensseite der Sprache verstehen diese Methodiker — wenigstens die älteren — jedoch eigentlich nur die Grammatik. Es sind also die grundsätzlichen Grammatisten — die Grammatisten der strikten Observanz. — Daran reihen sich als zweite Partei die praktischen Grammatisten, die Grammatisten der laxen Observanz. Auch sie treiben Grammatik, aber nicht die formale Schulung ist dabei ihr Zweck, sondern lediglich die praktische Sprachbildung. Die Grammatik um ihrer selbst d. h. um der logischen Schulung willen zu treiben, haben sie bereits aufgegeben. Aber sie glauben, daß dasjenige Maß von Sprachverständnis

4*

und sprachlicher Korrektheit, welches zur praktischen Sprachbildung erforder=
lich ist, ohne ein gewisses Maß grammatischer Kenntnisse nicht erreicht
werden könne. — Die dritte Partei hat auf die Grammatik ganz oder
fast ganz verzichtet. Sie treibt aber mit Fleiß sprachliche Exercitien
— jedoch isolierte, an abgerissenen Wort= und Satzformen, dazu vorwie=
gend schriftlich — nach sogenannten praktischen Leitfäden. Es ist die
Partei der „reinen Praktiker", wie sie sich gern nennen hören, —
oder wie ich sage: der Kleinkrams=Praktik, des sprachlichen Gamaschen=
dienstes. Das sind die sprachmethodischen Parteien älteren Datums.
Bleiben wir vorab bei ihnen stehen.

Der Fehler, welcher diesen drei Richtungen gemein ist, — der Grund=
fehler, die Isolierung des Sprachunterrichts, — der verurteilt sie auch
gemeinsam. Eine gänzliche Sonderung des sprachlichen Lernens vom Sach=
unterricht ist selbstverständlich unmöglich; auch kann jeweilig in einigen
Punkten (z. B. beim Aufsatzschreiben) geflissentlich eine Verbindung ange=
strebt worden sein. Allein um solche einzelnen Verbindungen handelt es
sich hier nicht, sondern um das Prinzip mit allen seinen Konsequenzen.
Weiterhin haben sie das gemeinsame Geschick, daß sie bei einer Steigerung
des Realunterrichts, die vor der Tür steht, alle in die Sackgasse ge=
raten; denn wenn sie auf ihren isolierten Sprachunterricht so viel Zeit
verwenden wollen wie bisher, so bleibt für den Sachunterricht viel zu
wenig Raum übrig. — Was nun die grundsätzlichen Grammatisten von
weiland insonderheit im Auge hatten — die formale Schulung durch die
Grammatik — war als Zweck löblich, aber im Mittel vergriffen sie sich:
denn die rationelle Durcharbeitung der sachlichen Lehrstoffe gewährt eine
umfassendere und zugleich gesundere formale Schulung. Offen zu reden,
so sind mir die alten Grammatisten der strikten Observanz, namentlich
auch der strebsame J. R. Wurst, immer Respektspersonen gewesen. Sie
irrten gröblich, aber sie irrten denkend und — verzeihlich. Sie wollten die
Volksschule, welche bis dahin fast nur ein Fertigkeitslernen kannte, zu einer
Bildungsanstalt emporheben und wußten, daß es dazu eines Wissensstoffes
bedarf; weil aber damals die realistischen Wissensfächer noch nicht in ihr
Recht eingesetzt waren, so griffen sie, durch die höhern Schulen verleitet,
zu dem Wissensstoffe der Sprache. Dieser Irrtum, der weiland relativ
sogar eine Ehre war, kann aber heutzutage nicht einmal mehr verzeihlich
heißen. — Was die Grammatisten der laxen Observanz insonderheit an=
streben, ein gewisses Maß von Sprachverständnis für den praktischen Be=
darf, — und was alle drei Parteien vereint anstreben, ein gewisses Maß
von Korrektheit im Sprachgebrauch, — dafür ist durch die sprachlichen
Übungen an den sachlichen Stoffen nicht bloß gut gesorgt, sondern besser. —

Weiter aber müssen die Grammatisten beider Spezies sich sagen lassen, daß sie im Sprachunterricht just denselben Fehler begehen, den sie im Religionsunterricht an den dogmatisierenden Theologen tadeln, — nur einen noch ungerechtfertigteren, weil die Sprache vorwiegend eine Kunst ist und als Kunst gelehrt sein will. Diesem Selbstgericht sind die Verehrer der Sprachexerzitien (an abgerissenen Worten und Sätzen) glücklich entgangen; dafür aber werden sie sich sagen können, daß unter allen geistlosen und langweiligen Beschäftigungen, womit je die Kinder geplagt worden sind, sie gerade die allergeistlosesten und langweiligsten erfunden haben. — Zu allem Überfluß ist den grundsätzlichen Grammatisten auch innerhalb ihres eigenen Prinzips noch ein Versehen begegnet, — und die beiden andern Parteien, die eben nur die Nachtreter jener sind, haben diesen Fehler getreulich nachgemacht. Als man nämlich behufs einer besseren formalen Schulung die Wissensseite der Sprache heranzog, griff man leider nur den Teil derselben heraus, der von den Sprachformen handelt, die Grammatik — und das ist gerade der, welcher sich in der Volksschule am wenigsten für diesen Zweck empfiehlt. Der zugänglichste und fruchtbarste Teil der Sprachlehre dagegen, die Betrachtung des Sinnes der Redeteile — die Onomatik (Synonymen, Wortfamilien und Tropen) und die Lexikologie — blieb so gut wie unbenutzt liegen. Hat man später (namentlich auf Dr. Magers Anregung) auch die Onomatik mehr berücksichtigt, so ist das löblich; allein da dieselbe isoliert, getrennt vom Sachunterricht, betrieben wird, so ist der Fehler doch nur halb verbessert, und die Lexikologie kommt dazu immer noch zu kurz. Bei demjenigen Sprachunterricht dagegen, der in und mit dem Sachunterricht gegeben wird, sind Onomatik und Lexikologie schon um des Sachverständnisses willen nötig, — sie können nicht verabsäumt werden. Da aber werden sie auch naturgemäß betrieben und dienen zwei Zwecken zugleich — der Sachbildung und der Sprachbildung.*) — So viel zur Beleuchtung der drei älteren sprachmethodischen Richtungen.

Zu Anfang der vierziger Jahre trat eine vierte auf. Ihre Parole lautete: „Der Sprachunterricht muß sich an das Lesebuch anschließen." Offenbar fängt hier eine Verbesserung an, — allein es ist immer nur eine halbe oder gar eine Drittels-Verbesserung. Die Losung klingt zwar wie ein Protest gegen den isolierten Sprachunterricht; aber genau besehen, ist er nur gegen die Übungen an abgerissenen Redeteilen gerichtet, denn die positive Forderung meint nicht den Anschluß an den Sachunterricht, sondern den Anschluß an ein Sprachganzes. Auf diesen (durch die H. H. Mager, Hülsmann, Hiecke, Ph. Wackernagel, Kellner,

*) Vgl. die angeführten Abhandlungen (Ev. Schulblatt 1872, Heft 1, 5 u. 9).

Otto u. a. gelegten) Grund stellten sich auch die preußischen Regulative und die ihnen vorauf und zur Seite gehende „schlesisch-brandenburgische Schule". Das war wohlgetan; denn den älteren sprachmethodischen Richtungen gegenüber lag in jener Parole ein wichtiger Fortschritt vor. Die anfänglich sehr fleißige schlesisch-brandenburgische Schule verbesserte dieselbe auch noch, indem sie die ergänzende, voller klingende Losung: „vereinigter Sach- und Sprachunterricht" aufbrachte. Auf den ersten Blick könnte man meinen, dem vorbesprochenen Grund- und Kardinalfehler des bisherigen Sprachunterrichts gegenüber sei hier das völlig Richtige gefunden und gesetzt. Dem Wortlaute nach beinahe ja, aber dem Sinne nach noch lange nicht; und es ist immer schlimm, wenn der Inhalt hinter dem Titel zurückbleibt. Die Regulative wollten ja keinen regelrechten Real-unterricht, und selbst im Religionsunterricht legten sie dem mündlichen Lehrworte eine Fessel an. So weit nun kein regelrechter Sachunterricht da war, so weit war auch kein regelrechter Sprachunterricht möglich. Die Losung „vereinigter Sach- und Sprachunterricht" war eben nicht aus der Einsicht hervorgegangen, daß zum richtigen Sprachunterricht vor allem ein richtig geordneter Sachunterricht nötig ist, sondern aus der (irrigen) Ansicht, die Volksschule habe für einen regelrechten Sachunterricht keinen Raum, könne ihn auch entbehren, auch der Sprachunterricht könne ihn entbehren. Im Munde und im Sinne der Regulative und der schlesisch-branden-burgischen Schule hieß also jene Losung in Wahrheit so: Aus Not muß der Realunterricht im Sprachunterricht untergebracht werden, und weil dies einmal nicht anders geht, so muß der Sprachunterricht sehen, wie er sich das zu nutze machen kann. Man hat sich also erst eine Not geschaffen, und dann hat man aus dieser Not eine Tugend zu machen versucht, — das ist die ganze Verbesserung, — womit jedoch nicht geleugnet sein soll, daß die schlesisch-brandenburgische Schule auf diesem Boden manche praktische Arbeit getan hat, die auch der richtige Sprach-unterricht gebrauchen kann. Um zu dem wirklich Richtigen zu gelangen, muß die Theorie dieser Schule auf den Kopf gestellt werden — das heißt: erst helfe man der Not im Sachunterricht ab, das ist die nötigste Tugend; dann hat man der zweiten Tugend, dem rechten Sprach-unterricht, den Weg gebahnt. Zu der schlesisch-brandenburgischen Schule steht unsere Theorie demnach so. Wie wir oben, beim Realunterricht, sahen, daß die Parole „Anschluß des Realunterrichts an das Lesebuch" — wie annehmbar sie klingt — doch in jenem Munde den Schalk im Rücken hat, nämlich den Realunterricht beim Sprachunterricht als Kost-gänger einlogieren will: so haben wir jetzt, in der Betrachtung des Sprachunterrichts, gesehen, daß bei der Parole: „vereinigter Sach-

und Sprachunterricht" dasselbe gilt — daß sie nämlich mit einem unvollkommenen Sachunterricht sich begnügen will und darum auch nicht zum
richtigen Sprachunterricht gelangen kann. Beide Losungen müssen entschieden verworfen werden, wenn man die hinterstelligen Irrtümer los
werden will. Anstatt der ersten Losung ist zu sagen, wie oben geschehen:

> „der Sachunterricht bedarf als Einprägungs=Lehrmittel
> eines Lern= und Lesebuches, — aber eines solchen, welches
> die früher genannten drei charakteristischen Eigenschaften an sich
> trägt;" —

und anstatt der zweiten Losung ist zu sagen, wie oben ebenfalls geschehen:

> „man sorge für einen regelrechten Sachunterricht, dann wird
> die Hauptsache für die Sprachbildung mitgethan."

Einem möglichen Mißverständnisse möchte ich schließlich durch ein paar
Worte begegnen. Es könnte die Meinung aufgetaucht sein, die hier vertretene Weise des Sprachunterrichts wolle auch darauf sich stützen, daß die
Volksschule für einen vollständig isolierten Sprachunterricht keine Zeit
habe. Die Volksschule ist allerdings in sehr beschränkte Verhältnisse gestellt;
deshalb muß ein Lehrverfahren, das ihr sich anbietet, in diese Schranken
sich zu schicken wissen. Das ist nun in der Tat bei dem meinigen der
Fall. Allein im Prinzip hat diese Lehrweise mit den äußeren Schulverhältnissen, seien sie günstig oder ungünstig, nichts zu tun. Sie
empfiehlt sich vielmehr für alle Verhältnisse, auch für die günstigsten, auch
für die untern Klassen der höhern Schulen. Sie prätendiert, die naturgemäße zu sein, — die einzige, welche eine allseitige, vollkräftige
und gesunde Sprach= und Sachbildung verbürgt.*)

---

*) Wie dem aufmerksamen Leser nicht entgangen sein wird, macht sich für die
Praxis der Schwerpunkt meiner Theorie namentlich in dem fühlbar, was der
vierte Grundsatz zur Sprache bringt — in jener bestimmten methodischen Einrichtung
des Sachunterrichts, welche er voraussetzt, und in der bestimmten methodischen
Einrichtung des Sprachunterrichts, welche er fordert. Hier tritt auch die
Differenz zwischen ihr und derjenigen didaktischen Ansicht, welche in den „Allgemeinen
Bestimmungen" (vom 15. Okt. 1872) zum Ausdruck gekommen ist, am breitesten
hervor. Die „Allgemeinen Bestimmungen" vertreten im Realunterricht und Sprachunterricht im wesentlichen diejenigen didaktischen Anschauungen, welche außerhalb der
„regulativischen Schule" seit dreißig Jahren das durchschnittliche didaktische Gemeingut
bildeten. Leider ist seit dem Erlaß der Regulative dort mehr wider dieselben räson-
niert, als zu dem ererbten Besitze hinzugelernt worden. — Glücklicherweise hat die
neue Lehrordnung durch die Einführung eines selbständigen Realunterrichts, wie ihn
unser erster Grundsatz fordert, dem weiteren Fortschritte wenigstens die Bahn frei
gemacht und damit, wie ich verstehe, zugleich die Praxis genötigt, diesen Fortschritt zu suchen. Ein Mehreres ließ sich zwar wünschen, aber nicht erwarten. Die

## Fünfter Grundsatz.

Im Sprachunterricht hat sich die Hauptsorge auf ein geläufiges und sicheres **Können** — im Reden, Lesen und Schreiben — zu richten.

In der Fassung, wie er hier steht, wird dieser Grundsatz bei der Mehrzahl der heutigen Schulmänner schwerlich auf Widerspruch stoßen, zumal er die bekannte Streitfrage, wie es mit der Sprachlehre (Grammatik u. s. w.) gehalten werden solle, einstweilen außer Disput setzt. Es scheint mir daher nicht nötig zu sein, auf die Begründung näher einzugehen. Nur das Eine will ich bemerken: bei mir ruht er auf der allgemeinen Grundanschauung, daß in der Volksschule die Sprache nicht als Wissensfach sondern als Kunst gelehrt sein wolle.

Ein anderes aber ist die theoretische Anerkennung eines Grundsatzes, ein anderes die praktische Durchführung. So weit mein Auge reicht, kommen in der Durchführung des obigen Grundsatzes fast überall zwei schlimme Fehler vor.

Der erste liegt in einer verkehrten Rangordnung der drei sprachlichen Lehrziele (der drei Stücke, welche zusammen die Sprachbildung ausmachen): Sprachfertigkeit, Sprachverständnis und Sprachrichtigkeit;

Gesetzgebung muß mancherlei Rücksichten nehmen: der Generalstab hat nicht für ein ideales, sondern für ein gegebenes Terrain, und nicht für ideale, sondern für die wirklichen Truppen seine Dispositionen zu treffen. Wenn diejenigen didaktischen Einrichtungen, welche der vierte Grundsatz teils voraussetzt, teils fordert, zur Geltung kommen könnten, so würde das zwar in meinen Augen eine große, unübersehbar große Wohltat sein; allein — Wohltaten lassen sich nun einmal nicht oktroyieren. Neue Gedanken wollen von innen her frei erfaßt und assimiliert sein.

Übrigens sind die Bestimmungen der neuen Lehrordnung über die Volksschule durchweg so verständig getroffen und gewähren so viele Freiheit, daß der Lehrerstand sich wohl damit zufrieden geben kann. Der Vorwurf, daß die Lehrziele der Volksschule zu hoch gegriffen seien, beruht nach meinem Bedünk meistens auf einer optischen Täuschung. Das alte Regulativ setzte nämlich nur die Ziele der einklassigen Schule fest und überließ es dann den mehrklassigen, danach ihr Maß zu nehmen. Die neue Unterrichtsordnung dagegen normiert (aus bekannten Gründen) die Lehrziele der günstiger gestellten (mehrklassigen) Schulen und überläßt es dann den andern, danach ihr Maß zu nehmen. Wenn nun einzelne Schulen sich überladen, so sind sie selber und die Unterbehörden daran schuld. — Überdies bringen die „Allgemeinen Bestimmungen" in ihrer Gesamtheit so viele dankenswerte Reformen — namentlich in der Präparanden- und Seminarbildung, in der Errichtung der Mittelschulen (obwohl deren Lehrplan allerdings zu hoch gegriffen ist), in der Lehrer- und Rektorprüfung u. s. w. — daß man wohl sagen darf, seit der Einführung der Seminarien habe der preußische Lehrerstand kein solch wertvolles Geschenk aus dem Unterrichtsministerium erhalten. (Vgl. den Artikel: „Die neuen Unterrichtsordnungen für das preußische Volksschulwesen", Evang. Schulblatt, Heft 1, 1873.)

— genauer gesagt, darin: daß über der großen Sorge für die Sprachrichtigkeit die Sprachfertigkeit zu sehr vernachlässigt wird.

Der zweite liegt in einer verkehrten praktischen Rangordnung der
Sprachorgane (genauer: der Mundsprache und Schriftsprache).

Dem ersten Fehler stelle ich die Forderung entgegen:

   1. Unter den drei Stücken, welche die praktische Sprachbildung
      ausmachen — Verständnis, Fertigkeit, Richtigkeit — muß der
      Fertigkeit die meiste Zeit und Kraft gewidmet werden.

Meine Gründe sind folgende.

Fürs Erste stützt sich diese Forderung darauf, daß es sich bei der
Sprachschulung um eine Kunst handelt. Bei dem Erlernen einer Kunst
heißt aber die erste Regel: üben und wieder üben, weil das Können zur
Fertigkeit gesteigert werden muß, — und diese Regel will zweimal
betont sein, weil neben den seelischen Kräften auch leibliche Organe zu
schulen sind. Da nun bei der Sprachbildung neben den geistigen Kräften
vier Organe geübt sein wollen: Ohr, Zunge, Auge und Hand, —
so kann es nicht zweifelhaft sein, daß diese Übung viel, sehr viel Zeit
erfordert.

Zum Andern: Wenn ein kleines Kind seine ersten Versuche im
Gehen macht, so wird keine verständige Mutter sofort schon an der
Haltung und an der Beinstellung regeln wollen. Sie weiß, daß die
Losung hier heißen muß: marschieren! marschieren! — d. h. Fertigkeit,
das Übrige wird sich finden. Ähnlich ist's beim Erlernen einer Sprache —
nicht bloß in den Anfängen, sondern auf jeder Stufe der Kunst. Tritt
bei freien Produktionen das Sprachgesetz mit seiner Korrektur auf, bevor
die Leistung, auf die es sich anwendet, zu einer gewissen Sicherheit gelangt
ist, so geht es ihm wie einem Briefe, dessen Adresse nicht ermittelt
werden kann, — es findet kein Gehör. Es liegt somit im Interesse der
Sprachrichtigkeit selbst, daß die Fertigkeit einen Vorsprung erhalte. Noch
mehr liegt dies im Interesse des gesamten Sprachvermögens. Denn wenn
das Sprachgesetz auch nicht so sehr zu früh kommt, daß es nicht beachtet
wird, doch aber zu früh, um leicht befolgt werden zu können, und obendrein scharf hinter dem Schüler her ist, auf jedes Wort und jeden Satz
lauert: so wagt dieser endlich gar nicht mehr, den Mund aufzutun.
„Das Gebot ist heilig, recht und gut,“ — allein es vermag keine Kraft
zu erzeugen; diese muß anderswoher kommen. Warten die Sprachgesetze
nicht ab, bis die Sprachkraft in genügendem Maße vorhanden ist, so
lähmen sie dieselbe. Um so wichtiger sind daher diejenigen Übungen, die
gleichsam an der Hand der Sprachgesetze geschehen, weil das Richtige
unmittelbar vor Augen steht — das Lesen, Memorieren und Ab-

schreiben. — Hier, wo das Gesetz nicht mehr als ein fremdes, äußeres, sondern konkret, verleiblicht auftritt, kann mit der Gewandtheit zugleich die Korrektheit eingeübt werden. Aber auch hier gilt die obige Regel: bei jeder Lektion muß das Können, das richtige Können so lange geübt werden, bis es geläufig und sicher geht, — bis es zur Fertigkeit geworden ist.

Drittens: In dem Maße, wie die Sprachfertigkeit wächst, kommt sie auch dem übrigen Lernen zu gut, — wenn anders das Sprachverständnis nicht vernachlässigt worden ist. Namentlich gilt dies von der Lesefertigkeit. Diese ist gleichsam ein Hülfsinstrument für das übrige Lernen. Von der Sprachkorrektheit läßt sich das nicht sagen — am wenigsten von der grammatischen und orthographischen, womit die Schulen sich gerade die meiste Mühe machen.

Und endlich darf auch wohl gesagt werden, daß die Sprachgewandtheit (in Verbindung mit dem nötigen Sprachverständnis) für Einen, der nicht Literat werden will, mehr praktischen Bildungswert hat als die Sprachrichtigkeit, — zumal als die orthographische, die gerade deshalb so viele Mühe macht, weil sie vorwiegend mechanisch gelernt werden muß und gerade da zu Fehlern verleitet, wo sie selber nicht Vernunft und Regel annehmen will.

Die obige Regel hat somit guten Grund.

Fragt man, wie sie in der Lehrpraxis ausgeführt sein wolle, so ist kurz zu sagen: Die Fertigkeitsübungen müssen den Kern der Sprachschulung bilden und die andern begleitend sich anschließen. Wenn das geschieht, so braucht man nicht zu befürchten, daß das Sprachverständnis und die Sprachkorrektheit zu kurz kämen. Denn da die Sprachbildung vornehmlich an den Wissensfächern erworben werden soll, so wird die Hauptarbeit für das sprachliche Verständnis durch das erste Stadium des Sachunterrichts im voraus besorgt. Und da die Fertigkeitsübungen vornehmlich in das Lesen und Memorieren fallen, wo das Richtige vor Augen steht, so wird hier auch die Hauptarbeit für die sprachliche Korrektheit mitgetan. So gilt also beim Sprachunterricht, wie auch anderwärts: Wer am ersten nach der Hauptsache trachtet, dem fällt im übrigen immer vieles von selber zu.

Werfen wir auch noch einen Blick darauf, wie die verschiedenen sprachunterrichtlichen Parteien zu der aufgestellten Forderung stehen.

Wie leicht zu zeigen, kommen die Fertigkeitsübungen bei allen mehr oder weniger zu kurz. Die Grammatisten — die prinzipiellen wie die praktischen — haben sich dadurch den Weg versperrt, daß die Grammatik den Fertigkeitsübungen die nötige Zeit raubt. Die Freunde der

grammatiſchen und orthographiſchen Exerzitien-Leitfäden ſind in dem-
ſelben Falle, weil ſie zu einſeitig die Sprachrichtigkeit im Auge haben,
— wobei ſie obendrein der zweiten Einſeitigkeit ſich ſchuldig machen, daß
ihre Übungen vorwiegend ſchriftliche ſind. Alle drei Parteien leiden
aber überdies gemeinſam unter dem ſelbſterwählten Hemmnis — und das
iſt wohl das ſchlimmſte — daß ihnen alle die Vorteile entgehen, welche
der Sprachfertigkeit aus der richtigen Verbindung des Sach- und Sprachunterrichts zufließen. — Am nächſten ſteht der obigen Forderung die
„ſchleſiſch-brandenburgiſche Schule", indem ſie wenigſtens eine Art von
Verbindung zwiſchen Sach- und Sprachunterricht anſtrebte. Was ihr
fehlte, brauche ich nach den früheren Erörterungen nicht genauer aus-
einanderzuſetzen.

Es iſt aber noch ein gewiſſes äußeres Hindernis zu erwähnen, welches
der rechten Rangordnung der ſprachlichen Lehrziele im Wege ſteht.

Bekanntlich fallen die Mängel in der Sprachkorrektheit meiſtens
markierter ins Ohr oder ins Auge, als die in der Sprachfertigkeit
und im Sprachverſtändnis. Auch laſſen ſich jene — namentlich grammatiſche und orthographiſche — leichter und unzweifelhafter konſtatieren
als dieſe. Daher hat ſich das Urteil des Publikums dahin mißleiten
laſſen, orthographiſche und grammatiſche Fehltritte viel höher anzurechnen
als die Mängel in den andern Stücken der Sprachbildung. Nur jene
gelten als eigentliche „Sprachfehler" — als Sprachſünden, die nicht
vergeben werden können; dieſe dagegen läßt man ohne viele Umſtände
paſſieren und deckt ſie, gleich den angebornen Gebrechen, gern mit dem
Mantel der Liebe zu. Das heißt aber nichts anderes als: nur die
grammatiſche und orthographiſche Korrektheit iſt ein notwendiges Erfordernis
und ein ſicheres Zeichen der Bildung; Sprachfertigkeit und Verſtändnis
ſind es nicht. Liegt dieſem Urteile nicht ein völlig ſchiefer Begriff der
Bildung zu Grunde? Wird da nicht das weniger Wichtige an die Stelle
des Wichtigeren geſetzt? Aber nicht genug. Grammatik und Orthographie
bezeichnen doch nur einen Teil deſſen, was zur Sprachkorrektheit gehört,
nämlich den, wo die Fehler auch in der Schriftſprache zum Vorſchein
kommen. Wo bleibt aber der rein phonetiſche Teil der Sprachrichtigkeit — die lautreine, deutliche, feine Ausſprache, die ſinngemäße
Betonung und der gefällige Vortrag? Sie müſſen ſich, gerade wie die
Sprachfertigkeit und das Sprachverſtändnis, in dem großen Kapitel der
zwar löblichen, aber nicht weſentlichen Stücke der Sprachbildung unter-
bringen laſſen. So das Modeurteil des Publikums. Das iſt ein ſchwerer
Bann, der auf dem Sprachunterricht laſtet. — Derſelbe wird aber noch
dadurch verſtärkt, daß es nicht wenige Schulreviſoren gibt, die jenes

konventionelle Mückenseigen und Kamelverschlucken des Publikums getreulich nachahmen, indem sie auf grammatische und orthographische Fehler eifrig Jagd machen, während die Mängel in der rein phonetischen Sprachkorrektheit wie die in der Sprachfertigkeit und im Sprachverständnis wie nichts zu gelten scheinen. Weil nun einmal der verkehrte Maßstab im Gebrauch ist — wie jedermann weiß — so steht der Lehrer, auch der, welcher das normale Verhältnis der sprachlichen Lehrziele kennt, immer in Gefahr, dem schiefen Urteil des Publikums und der Revisoren zu lieb, das Recht zu beugen. Es gehört in der That ein nicht geringes Maß von Charakterfestigkeit dazu, wenn einer dieser Versuchung nicht unterliegen soll. Um so nachdrücklicher muß daher die pädagogische Theorie, welche keine Person anzusehen braucht, auf das Richtige dringen, damit der Sprachunterricht endlich von diesen Banden frei werde. Das Richtige ist aber dadurch noch nicht richtig ausgedrückt, daß gesagt wird: das Eine soll man tun und das Andere nicht lassen; — es muß vielmehr heißen: dem Wichtigeren soll die meiste Zeit und Kraft gewidmet werden, und die Schulrevisoren sollen danach auch zuerst fragen.

———

Der zweite Fehler, welcher es nicht zur vollen Durchführung des obigen (fünften) Grundsatzes kommen läßt, betrifft die praktische Rangordnung der Sprachorgane — (genauer: der Mundsprache und Schriftsprache).

Dem gegenüber lautet die richtige Regel:

2. Nicht den schriftlichen, sondern den mündlichen Sprachübungen muß die meiste Zeit und Kraft gewidmet werden und zwar auf allen Stufen.

Bekanntlich ist die Sprache ursprünglich bloß Mundsprache gewesen, — also eine Kunst, die nur auf Übung des Ohres und Mundes beruht. Seitdem die Schriftsprache hinzugekommen, werden auch noch Auge und Hand in Anspruch genommen. Die Sprachbildung, wie wir heutzutage sie verstehen, hat es daher mit vier Organen, mit vierfachen Übungen zu tun.

Wie jene geschichtliche Herkunft der Sprache andeutet, und wie Erfahrung und Psychologie genauer lehren, sind die wichtigsten Sprachorgane das Ohr und der Mund. Mit ihnen muß bei jedem neugebornen Menschenkinde das sprachliche Lernen immer zuerst anfangen, wenn es schnell und leicht von statten gehen und zur vollen Kunst führen soll. Wo der Sprachunterricht das erste Organ, das Ohr, verschlossen findet, da ist nicht bloß die Zunge merklich gebunden, sondern Auge und Hand find es mehr oder weniger auch. Nur sehr langsam und beschwerlich rückt der Taubstumme im Lesen, Sprechen und Schreiben vor, und selbst im schriftlichen Gedankenaustausch bringt er es nie zur vollen Gewandtheit. Damit ist denn genugsam gewiesen, daß die gesamte Sprachbildung, die Mundsprache wie die Schriftsprache, auch bei den Vollsinnigen in den beiden Organen der Tonsprache wurzelt, von dort ihre eigentliche Triebkraft empfangen muß — und zwar nicht bloß beim Anfangslernen, sondern auf allen Stufen.

Was folgt nun hieraus für die Lehrpraxis? Vorab die allgemeine Regel, daß es sich beim Erlernen einer Sprache — sei es die Muttersprache oder eine fremde — vornehmlich darum handelt, die Sprachformen in Ohr und Zunge zu bringen, oder mit andern Worten: daß der Pflege der Mundsprache auf allen Stufen die meiste Zeit und Kraft gewidmet werden muß. Man verstehe mich aber recht. Die Schule hat beide, die Mundsprache und die Schriftsprache, zu lehren, und zwar beide so gut, wie sie es vermag. In Ansehung des Zieles kann deshalb von einer Zurückstellung der Schriftsprache nicht die Rede sein, und das um so weniger, da in den schriftlichen Übungen auch eine eigenartige Zucht für die Mundsprache steckt. Allein es handelt sich hier um den Weg, um das Wie des Lehrens. Und da will die Regel sagen: damit die gesamte Sprachbildung zu ihrer Vollkraft komme, eben darum muß auf allen Stufen zuoberst die Mundsprache gepflegt werden.

Bei der Ausführung dieser Regel stößt aber die Schule auf ein schlimmes Hindernis. Wenn davon in den methodischen Schriften so gut wie gar nicht die Rede ist, so beweist dies eben, daß man die vorbezeichnete Wahrheit noch nicht deutlich erkannt hat. Mit diesem Hindernisse verhält es sich so.

Weil die Sprache, hier die Mundsprache, eine Kunst ist, so fordert sie wie alle andern Künste viele Übung. Wenn jemand ein Musikinstrument spielen lernen und es darin zu einer nennenswerten Fertigkeit bringen will, so muß er Tag für Tag eine namhafte Zeit aufs Üben verwenden. Die wenigen Unterrichtsstunden, welche der Lehrer gibt, sind zur Erzielung der Fertigkeit wie für nichts zu rechnen. Was würde nun herauskommen, wenn die Musikübung sich auf diese paar Lehrstunden beschränkte? — Das wende man auf die Pflege der Mundsprache, der mündlichen Sprachfertigkeit, an — denn es handelt sich, wie wir oben gesehen haben, zuerst und zumeist um die Fertigkeit. Ohne Zweifel läßt sich auch hierin nur dann etwas Namhaftes erreichen, wenn tagtäglich die Zunge geübt wird — gerade wie dort die Finger. Wie ist das aber möglich zu machen — in einer Schule, die 80 bis 90

bis 100 Kinder zählt? Der Gelegenheiten zur Redeübung finden
sich hauptsächlich drei: einmal bei den Besprechungen in den verschiedenen
Lehrgegenständen, sodann beim Lesen und drittens beim Vortragen des
Auswendiggelernten. Was den ersten Fall betrifft, so kommt in einer
vollen Schulklasse das einzelne Kind so selten an die Reihe, daß dieses
Sprechen als eine Übung in der Redefertigkeit kaum in Anschlag zu
bringen ist. Nicht anders verhält es sich mit der Redeübung in den
Lesestunden und beim Vortragen des Memorierten: das einzelne Kind
kommt zu selten an die Reihe. Rechnet man alles zusammen,
was diese drei Gelegenheiten austragen können, so mag zwar das, was
durch das Gehör (und beim stillen Lesen durchs Auge) für die Sprachbildung gewonnen werden kann, recht schätzbar sein: allein, was dabei zur
Lösung der Zunge bewirkt wird, gilt kein Haar breit mehr, als was
die musikalischen Lehrstunden zur Erzielung der Fingerfertigkeit bewirken.
Sieht man sich nun nach andern Hülfsmitteln um, die unmittelbar in der
Schule zur Anwendung kommen können, so bietet sich weiter nichts dar
als das Chorsprechen bei den genannten drei Gelegenheiten. Diese
Chor-Redeübungen sind nicht zu verachten; allein sie haben ihre bestimmten
Grenzen, und wenn sie nicht mit Geschick und Vorsicht geleitet werden, so
können sie auf Betonung, Aussprache und Vortrag höchst unästhetisch
wirken. Der allbekannte singende „Schulton", dem selten eine Schule
entgeht, rührt vornehmlich von übel geleitetem Chorsprechen her. Kann
also die Chorübung ebenfalls nur in beschränktem Maße dienen, so ist
klar, daß innerhalb der Schulstunden keine durchschlagenden Redeübungen
möglich sind.

Wo soll man sie denn finden? Einfach da, wo der Musiklehrer
die musikalischen Fertigkeitsübungen zu suchen hat, — der Sprachlehrer
muß dem Schüler zumuten, zu Hause sich ordnungsmäßig im Reden zu
üben, nämlich — durch Lesen und durch Memorieren. Das Lesen
muß durchaus laut geschehen; das Memorieren wenigstens halblaut. Diese
privaten Übungen fordern vom Schüler ein selbstwilliges Handanlegen und
ausdauernden Fleiß, und sie beanspruchen ihr gehöriges Maß Zeit; sie
sind es darum auch allein, von denen eine durchschlagende Wirkung auf
die mündliche Sprachgewandtheit erwartet werden kann. Am wichtigsten
ist das Memorieren, weil es die Wort- und Redeformen fester einprägt
als das bloße Lesen. Wer es verschmäht, diese beiden Hausübungen in
Dienst zu nehmen, oder es nicht versteht, sie nach ihrer vollen Bedeutung
in Gang zu bringen, wird in der Mundsprache nie etwas Nennenswertes
leisten, meist auch nicht in der Schriftsprache. Mündliche und schriftliche
Sprachfertigkeit zehren von einem und demselben Kapitale, — von dem

eingesammelten Vorrat an Wort- und Satzformen. Jene setzt aber einen höhern Grad von Herrschaft über diesen Sprachschatz voraus, d. h. sie fordert, daß die Redeformen nicht bloß dem Denken, sondern auch der Zunge geläufig sind, und das wird nur da der Fall sein, wo sie nicht bloß vermittelst des Auges (durch das stille Lesen), sondern auch durch Ohr und Mund eingeübt sind. Wer daher für die mündliche Sprachgewandtheit gesorgt hat, der hat die Hauptarbeit für die schriftliche bereits mitgetan. Die letztere kann dagegen bis auf einen gewissen Grad da sein — weil hier das Besinnen mehr Raum hat, — während an der ersteren noch viel gebricht.

Die Sprachlehrer haben von jeher geahnt, daß Lesen und sprachliches Memorieren die wichtigsten Sprachexerzitien seien. Allein es fehlt viel daran, daß die ganze Bedeutung derselben begriffen und dieser Bedeutung gemäß gehandelt worden wäre. Wie sehr es an der vollen Erkenntnis fehlte, zeigen die sprachmethodischen Schriften. Ihre Zahl ist Legion und sie wissen viel zu raten und zu regeln. Wird aber irgendwo klar und mit dem gebührenden Nachdruck gesagt, daß bei der Sprachbildung zuerst und zumeist auf die Fertigkeit hingearbeitet werden muß, — und dann ferner gesagt, daß die Sprachfertigkeit vornehmlich in der Pflege des lebendigen Wortes, in der Übung des Ohres und Mundes wurzelt? — Gesetzt indessen, beide Wahrheiten seien ja bekannt gewesen, so würde die Praxis doch den rechten Punkt nicht haben treffen können, weil man nicht genug beachtete, daß die in der Schule vorkommenden mündlichen Übungen bei weitem nicht ausreichen, um die wünschenswerte Redefertigkeit zu erzielen, — auch nicht ausreichen sollen, weil sie andern Zwecken zu dienen haben.

Was die Methodik nicht hat lehren können, wird da und dort wohl ein sicherer pädagogischer Takt von selbst getroffen und geübt haben. Im großen und ganzen ist jedoch die Schulpraxis andere Wege gegangen. Die Tatsache liegt jedem vor Augen, der sie sehen will, da das, was die Schüler an mündlicher Redegewandtheit aus der Schule mitbringen, weit hinter dem zurückbleibt, was wünschenswert und möglich ist. Selbst im Lesen — selbst in der bloßen Lesefertigkeit wird durchweg noch lange nicht das erzielt, was erzielt werden könnte. Einen handgreiflichen Beleg dafür liefern die Aufnahmeprüfungen in den Seminarien. Die jungen Leute, welche sich dem Schulamt widmen, werden doch in der Regel zu den gefördertsten Schülern gehört haben und gleichsam die Elite bilden: nichtsdestoweniger wird in den Seminarien noch immer über die mangelhafte Lesefertigkeit bei den Aspiranten geklagt. — In solchen Schulen, wo weitläufige sprachliche Leitfäden im Gebrauche sind, und demgemäß in den Schulstunden wie zu Hause viele Zeit auf schriftliche Übungen verwendet wird, — da kann man schon von vornherein annehmen, daß der Schwerpunkt der sprachlichen Schulung nicht in den mündlichen Fertigkeitsübungen liegt. — Wiederum finden sich Schulen, wo man auf den ersten Blick meinen sollte, hier seien jene beiden Wahrheiten — daß die Fertigkeitsübungen und zwar die mündlichen überwiegen müßten — in eifriger Ausführung begriffen: die Kinder lesen und sprechen anscheinend recht geläufig. Allein bei näherem Besehen zeigt sich, daß die vermeintliche Geläufigkeit nichts als Hast, Eilfertigkeit und Oberflächlichkeit ist. Es wird lediglich darauf los gelesen und gesprochen, Hals über Kopf, über Stock und Stein; hier wird ein Buchstabe vergessen oder verwechselt, dort eine ganze Silbe im Stich gelassen; roh und rauh stürmt die Stimme daher, ohne Betonung, ohne Ausdruck; — und ob die Schüler verstehen, was sie lesen, darauf kommt erst recht nichts an. Die ganze Kunst des Lehrers besteht darin, dem Mundwerk den Zügel schießen zu lassen. Gewiß sind auch das häusliche Lesen und Memorieren nicht ernstlich in Pflicht genommen worden; denn wenn das geschehen wäre, so würde der Lehrer auch gewußt haben, daß die Schulübungen vornehmlich dafür da sind, um die Sprache in Zucht zu nehmen. So liegt also bei dieser Sprachlehrmanier der Schwerpunkt keineswegs da, wo er liegen soll, sondern in der Oberflächlichkeit, Eilfertigkeit und Roheit.

Dieses letztere Beispiel kann übrigens auch darauf aufmerksam machen, daß die rechte mündliche Sprachgewandtheit nicht so leichten Kaufs und gleichsam im Fluge zu erhaschen ist. Für die Praxis gibt es viel zu überlegen. Hier sei nur an ein paar Punkte erinnert.

Vorab ist zu erwägen, wie die (mündlichen) Fertigkeitsübungen sich zu den Übungen für das Sprachverständnis und die Sprachrichtigkeit zu stellen haben. In der Hauptsache wurde dieses Verhältnis oben bereits angedeutet: jene sollen gleichsam den Grundstock bilden, diese als Begleitübungen auftreten. Der Ausdruck „Begleitübungen“ sagt aber auch, daß sie den Fertigkeitsübungen nicht von der Seite weichen, mit ihnen Hand in Hand gehen sollen. Weiter wurde das Verhältnis dahin bestimmt, daß die Schul-Sprachstunden vorwiegend dem Sprachverständnis und der Sprachrichtigkeit zu dienen haben, während für die Fertigkeit insbesondere der häusliche Fleiß in Anspruch genommen werden muß.

Die praktische Ausführung wird sich näher so gestalten.

Bei jedem neuen Lesestücke ist zuerst für das sachliche und sprachliche Verständnis zu sorgen und sodann die phonetische Richtigkeit in Ohr und Zunge zu bringen. Jenes geschieht durch das freie mündliche Wort —

(in den Wissensfächern durch das erste Lernstadium, sodann durch die nötigsten sprachlichen Erläuterungen, vielleicht auch durch Vorlesen), — dieses durch eine erste Leseübung (in der Schule). Sitzt nun der Schüler so weit fest im Sattel und Bügel, dann muß aber auch zu Hause ein herzhaftes Einüben vor sich gehen — zunächst um ein gewandtes, von allem Stocken und Stottern freies Lesen zu gewinnen, und sodann, falls der Stoff zum Memorieren sich eignet, um die Wort- und Redeformen noch fester ins Gedächtnis und in die Zunge zu bringen. Wörtliches und judiziöses Memorieren wechseln miteinander ab; auf den untern Stufen wird jenes vorherrschen müssen, auf den obern Stufen dieses. Daß das häusliche Lesen (und Memorieren) nicht gedankenlos geschehe, dafür hat das voraufgegangene Erklären gesorgt; — und daß es nicht mit völlig verhängtem Zügel geschehe, dafür muß einmal die voraufgegangene Schul-Leseübung bürgen und sodann die scharfe phonetische Kontrolle beim nachfolgenden Probelesen (und Vortragen). Auf der Oberstufe kann dieses Probelesen nicht an jeder einzelnen Lektion geschehen: einmal würde die Einzellektion nicht Raum genug bieten, und zum andern fehlt es der Schule an Zeit, um das Probelesen so oft vornehmen zu können. Hier müssen daher mehrere Lektionen zusammengenommen werden — etwa so, daß in der einen Woche die biblischen Lesestücke der letzten drei Wochen, in der folgenden die realistischen und in der dritten die belletristischen eines solchen Zeitraums an die Reihe kommen.

So notwendig die so geordneten häuslichen Lese- und Memorierübungen sind, und so unzweifelhaft ihr Erfolg ist, wenn Ernst und Zähigkeit dahinter sitzen, ebensowenig dürfen aber auch bestimmte Schwierigkeiten übersehen werden. Schwierig ist schon, diese Übungen in gesicherten Gang zu bringen und darin zu erhalten. Noch schwieriger dürfte es sein, zu verhüten, daß durch das häusliche Lesen und Memorieren die eingeübte phonetische Richtigkeit (in Aussprache, Betonung und Ausdruck) nicht geschädigt werde. Daß zur Verhütung dieser Schädigung eine sorgfältige Kontrolle beim Probelesen (und Vortragen) nötig ist, wird sich jeder selbst sagen. Aber dieses Mittel reicht allein nicht aus. Man muß sich auf andere Hülfen besinnen, — auf erleichternde praktische Handgriffe.

Ich will mir erlauben, zum Schluß auf einen solchen Handgriff aufmerksam zu machen. Nach meiner Schätzung ist er eins der wirksamsten Hülfsmittel zur Erzielung der richtigen Betonung und des sinngemäßen Ausdrucks beim Lesen und Vortragen.

Hat der Leser sich jeweilig darüber besonnen, wo das Haupthindernis steckt, welches in der Volksschule dem Streben nach diesem Ziele im Wege steht? Nach meiner Ansicht ist ein solches Hindernis, ein verzweifelt hartnädiges, in der Tat vorhanden, und — — die Schule selbst ist es, welche dasselbe erzeugt. Ich meine dies. Nehmen wir an, der Lehrer lese jedes Lesestück gut vor, — nehmen wir weiter an, seine Korrektur sei dem lesenden Kinde stets auf der Ferse: dennoch kann er dadurch nicht verhindern, daß die Kinder vorwiegend ein mangelhaftes Lesen hören, weil sie eben zumeist ihresgleichen hören. Die Schule steht sich gleichsam selber im Licht und im Wege. Am schlimmsten ist dies natürlich auf den unteren Stufen; allein auf der Oberstufe ist es auch noch schlimm genug, — in einer Hinsicht sogar noch schlimmer, weil das Verkehrte sich bereits in Ohr und Zunge festgesetzt hat. Man kann sich den Einfluß des bezeichneten Übelstandes noch etwas deutlicher machen, wenn man das Schönschreiben und Singen mit in Vergleich zieht. Beim Schönschreiben wird bekanntlich dafür gesorgt, daß die Vorschrift dem Schüler beständig und möglichst nahe vor den Augen ·stehe; denn man weiß nur zu gut, daß nicht viel dabei herauskommen würde, wenn er bloß zu Anfang einen Blick auf die Vorschrift werfen und von da ab lediglich an seinen eigenen unvollkommenen Schriftzügen sich bilden sollte. Ebenso ist bekannt, daß bei den Gesangübungen die Geige oder des Lehrers Stimme fleißig mithelfen muß, wenn die Töne richtig und rein herauskommen sollen. Selbst bei einem wohl eingeübten Liede, wo die besseren Sänger sich vielleicht auf der Tonhöhe erhalten können, werden sie gewöhnlich doch zuletzt durch die andern mit heruntergezogen. Gerade so verhält es sich mit dem Lesen und Vortragen, — vollends beim Chorsprechen. Es handelt sich hier somit darum, ein Mittel zu finden, welches beim Lesen und Vortragen ungefähr das leistet, was beim Schreiben die vor Augen stehende Vorschrift und was beim Singen die begleitende Geige leistet. Es gibt ein solches Mittel: der Lehrer muß beim Lesen und Vortragen fleißig sich beteiligen — und zwar in der Weise, daß er mit dem Schüler satzweise abwechselt. (Unter „Satz" ist der einfache Satz gemeint; bei Gedichten wird nach Zeilen abgewechselt, bei Psalmen nach Parallelzeilen.) Diese Beteiligung des Lehrers übt erstlich die Wirkung, daß die unterbrechenden Korrekturen seltener nötig werden, weil das lesende oder vortragende Kind vielfach unwillkürlich in die richtige Betonung hineingezogen wird. Zum andern die, daß die Schüler fortwährend auch ein mustergültiges Lesen und Vortragen hören. Zum dritten macht sich von Anfang an der höchst schätzbare Nebenvorteil bemerkbar, daß die Kinder besser verstehen, was gelesen und rezitiert wird, und daher auch bedeutend aufmerksamer sind. Bei den religiösen und andern das Gemüt ansprechenden Stücken ist die Steigerung der Aufmerksamkeit geradezu frappant. — Wer sich diese Wirkungen nicht im voraus vorstellen kann, der versuche es einmal mit der empfohlenen Manier etwa ein Vierteljahr lang, — aber nicht je und dann, sondern mit möglichster Konsequenz. Nach diesem Versuche — des bin ich gewiß — werden ihm die vorteilhaften Erfolge nicht mehr zweifelhaft sein. Die volle Wirkung kann natürlich erst dann sich zeigen, wenn von unten auf in dieser Weise verfahren und dadurch der Verbildung des Gehörs möglichst gewehrt wird.

Allerdings macht dieses Verfahren starke Anforderungen an die Lunge des Lehrers. Es darf aber nicht übersehen werden, daß das im andern Falle häufiger erforderliche Korrigieren ebenfalls nicht ohne Mühe abgeht. Überdies kann der Lehrer sich jeweilig durch die größeren Schüler vertreten lassen.*)

*) Viele Lehrer haben bei ihren Bemühungen, ein gutes Lesen und Vortragen zu erzielen, noch mit einem von außen stammenden Hindernisse zu kämpfen. Es ist um so schlimmer, als sich schwer etwas dawider tun läßt, und um so bedauerlicher, als es von einer Stelle kommt, woher die Schule nur Förderung erwarten sollte. Kurz gesagt: es stammt aus der traditionellen Manier des pfarramtlichen Religionsunterrichts, — d. h. daher, daß dort nicht ebenfalls mit allen Mitteln auf ein deutliches, wohlbetontes Vortragen gedrungen wird. Der tiefere Grund des Übels liegt ohne Zweifel in dem Übermaß des Lernstoffes. Es gibt wohl wenige Pfarrer, die sich mit einer mäßigen Erweiterung und vertieften Betrachtung des in der Schule Gelernten begnügen. In der Regel muß eine beträchtliche Zahl von Sprüchen, Kirchenliedern, Psalmen und andern größeren Schriftabschnitten hinzugelernt werden, nicht selten auch ein voluminöser Katechismus. Mitunter gilt auch dieses Quantum noch nicht für ausreichend: dann kommen oben drauf ein paar Hefte dogmatischer oder kirchengeschichtlicher Diktate, welche die Kinder schreiben und memorieren müssen. Diese Häufung des Lernstoffes hat nun vorab die Folge, daß das Memorieren nicht gehörig vorbereitet werden kann. In der Schule gilt als Regel, daß jedes neue Memorierpensum erst sprachlich erläutert und gut eingelesen werden muß. Dazu fehlt aber unter den vorgenannten Umständen dem Pfarrer die Zeit. Die unabwendbare weitere Folge ist dann, daß die Lernstücke von den meisten Kindern oberflächlich und mit fehlerhafter Betonung memoriert werden. Wollte der Pfarrer nachträglich, beim sogenannten Überhören, das Rezitieren in die rechte Bahn bringen, so würde er bald merken, daß er zu spät käme: denn wenn zum vorbereitenden Lesen die Zeit gefehlt hat, so wird sie zu dem schwierigeren nachträglichen Umlernen erst recht fehlen. In der Tat liegt aber die Sache so, daß diesen Pfarrern an einem guten Vortragen nicht viel gelegen ist, denn sie würden sich sonst durch die übermäßige Häufung nicht selbst den Weg versperren. — Das beklagte Übel würde sich einigermaßen vermindern lassen, wenn die Pfarrer den obigen Vorschlag — beim Rezitieren satzweise resp. zeilenweise mitzusprechen — annehmen wollten. Die volle Wirkung kann dieses Mittel freilich nur dann tun, wenn der Lehrstoff auf das richtige Maß beschränkt wird. Welches das richtige Maß ist, läßt sich unschwer sagen: die Zeit muß ausreichen, daß jedes Pensum erst sprachlich erläutert und eingelesen, dann erklärend und erbaulich durchgesprochen, und nach dem Einprägen sinnig vorgetragen werden kann.

# C. Dritte Gruppe der Lehrgegenstände.

## Sechster Grundsatz.

Auch in den rein formunterrichtlichen Fächern müssen ihre eigentümlichen Beziehungen zum Sachunterricht sorgfältig beachtet und zum Besten beider Teile unterrichtlich verwertet werden.

Bekanntlich sind die meisten Lehrgegenstände nicht zuerst durch die theoretische Reflexion vom Bildungsbegriff aus in die Schule gekommen, sondern durch die Wünsche und Forderungen des sogenannten praktischen Lebens. Diese Herkunft der Lehrfächer hat auf die Auswahl des Stoffes und die methodische Behandlung stark eingewirkt. Wie die Stoffauswahl vorwiegend nach den praktischen Zwecken sich richtete, so steuerte auch die Behandlung möglichst gerade und eilig auf dieses Ziel hin. Daß darüber die Bildung zu kurz kommen mußte, ist fast selbstverständlich; genau besehen, war aber auch das praktische Bedürfnis nicht zum Besten bedient.

Das Gesagte gilt namentlich auch vom Rechnen, Singen und Zeichnen. Der Gesang z. B. ist ursprünglich dadurch in die Schule gekommen, daß die Kirche ihn beim Gottesdienst nötig hatte. Demgemäß wurden damals nur Kirchenlieder eingeübt, — keine Volkslieder; eben so wenig dachte man an vorbereitende und begleitende Stimm- und Treffübungen. — Das Rechnen trat anfänglich nur in der Form des Tafelrechnens auf; denn diejenigen Gewerbe, welche mit dem Kopfrechnen nicht ausreichten, waren es, welche den Rechenunterricht forderten. Daher kam es auch, daß die meisten Mädchen gewöhnlich nicht daran teil nahmen. Um das Kopfrechnen bekümmerte die Schule sich deshalb nicht, weil dieses als das Rechnen des Hausgebrauchs galt, welches, wie man meinte und sah, sich wie das Marschieren und Laufen so zu sagen von selbst lerne. Aus dem Umstande, daß das Kopfrechnen fehlte, in Verbindung mit dem andern Umstande, daß den meisten Schulen, weil sie einklassig waren, ein reicher Stoff zu stillen Beschäftigungen willkommen war, — daraus schreibt es sich her, daß so viel mit großen Zahlen operiert wurde, und jeder Abschnitt eine viel größere Zahl von Übungsaufgaben enthielt, als an und für sich nötig gewesen wäre. Mit jener historischen Herkunft —

daß nämlich die höhern Gewerbe es waren, welche den Rechenunterricht gefordert hatten — hängt ferner die Eigentümlichkeit zusammen, daß die angewandten Rechenaufgaben vorwiegend aus dem Kaufs- und Verkaufsverkehr genommen waren.

Seitdem das pädagogische Denken selbständiger geworden ist, hat die traditionelle Weise des Lehrens mannigfache Verbesserungen erfahren. Dieselben sind jedoch vornehmlich der Methode zu gute gekommen, weil die stärkste Anregung dazu, die pestalozzische, sich fast ausschließlich auf das Lehrverfahren und den Lehrgang richtete. Die andere Hälfte der Didaktik, die von dem Lehrstoffe und dem innern Zusammenhange der Lehrfächer handelt, hat nicht gleichen Schritt gehalten. Die darauf zielenden Anregungen, die namentlich von Herbart und Schleiermacher ausgingen, sind zwar nicht unwirksam geblieben, allein die nachbessernde Reflexion machte sich mehr mit Detail-Zurechtstellungen, mit Abtun oder Zutun an diesen und jenen Stellen, zu schaffen. Überdies ließ man sich nicht selten durch didaktische Scheinbegriffe vom rechten Wege ablenken, — so z. B. durch das Spukwort „Zentrum", indem man meinte, daß unter den Lehrfächern eins zum Zentralfache gemacht werden müsse, und nun der Eine dies, der Andere jenes dazu auserkor. (Daher der unsterbliche Kampf der „Humanisten" und „Realisten", daher das Übermaß des religiösen Lehrstoffes im preußischen Volksschulregulativ von 1854, daher die Redeweise, daß die Volksschule vornehmlich Lesen und Schreiben zu treiben habe, u. s. w.) Kurz, es fehlten die Gedankengriffe ins Große und Ganze, und darum ist es zu einer vollständigen und geschlossenen Theorie des Lehrplans nicht gekommen. Unter diesem Mangel haben vornehmlich die Realien und der Sprachunterricht gelitten — wie droben eingehend besprochen worden ist. Aber er macht sich auch bei den drei Fächern, von denen jetzt die Rede sein soll, noch merklich fühlbar: auch hier läßt die Stoffauswahl wie der dadurch bedingte Zusammenhang mit den andern Lehrfächern viel zu wünschen übrig. Auf diese Lücke zielt der obige (sechste) Grundsatz. Er hebt zwar nur eine der einschlägigen Wahrheiten hervor, — die, welche alle drei Fächer gebrauchen können. Was für jedes derselben insonderheit zu bedenken ist, geht uns für jetzt nichts an.


## Rechnen.

Vorab möchte ich bezüglich der Stoffauswahl etwas bemerken, was nicht direkt mit dem obigen Grundsatz zusammenhängt, aber ihm doch den Weg bahnen hilft.

Das Operieren mit großen Zahlen (und schwerfälligen Brüchen) und die damit zusammenhängende Vernachläßigung des Kopfrechnens lasse ich bei Seite liegen. Wir wollen annehmen, daß diese Mängel bereits im Aussterben begriffen sind. Ich denke an die angewandten Aufgaben. Schlagen wir ein Rechenbuch auf, eins für die Oberstufe, wo die Anwendung auf die sachlichen Verhältnisse in den Vordergrund tritt. Da finden wir gewöhnlich nach ziemlich umfangreichen Kapiteln von der geraden, umgekehrten und zusammengesetzten Regeldetri und der sogenannten Kettenregel eine Reihe von wiederum recht umfangreichen Abschnitten, welche sich als „Rechnungsarten des bürgerlichen Lebens" ankündigen: Warenrechnung, Gewinn- und Verlustrechnung, Zins- und Zinseszinsrechnung, Rabattrechnung, Gesellschaftsrechnung, Mischungsrechnung, Wechselrechnung und geometrische Aufgaben (ehemals auch noch Münzrechnung). Die sachlichen Verhältnisse sind also bestimmt genannt. Welcher Art sind sie? — Läßt sich sagen, daß hier in der Tat die Rechenvorkommnisse des gesamten „bürgerlichen" Lebens vertreten seien — gleichmäßig vertreten seien? Vielleicht soll aber „bürgerlich" so viel als „wirtschaftlich" heißen; — wohlan, sind auch nur die des wirtschaftlichen (gewerblichen) Lebens alle und gleichmäßig vertreten? — Was jene Kapitel (von der Warenrechnung an bis zur Wechselrechnung) bieten, gehört überwiegend dem Kauf- und Verkaufsverkehr und hier weiter überwiegend dem des höhern Gewerbestandes an. Unstreitig sind diese Rechenbücher der Volksschule in dem genannten Stücke viel zu sehr denen der höhern Schulen ähnlich.*) (Dasselbe fanden wir oben bei den Lesebüchern.) Mit welchen Ständen hat es die Volksschule vorwiegend zu tun? Die ländliche mit Kindern von Bauern, kleinen Handwerkern und Tagelöhnern; die städtische mit Kindern von Handwerkern, Fabrikarbeitern und andern abhängigen Handarbeitern. Läßt sich nun behaupten, daß jene Rechenbücher für das Gros dieser Schüler eingerichtet seien? Gewiß nicht; einmal lassen sie die Schüler zu viel an solchen sachlichen Verhältnissen rechnen, die über deren Sphäre hinaus liegen, und zum andern kommen die Arten der Aufgaben zu wenig vor oder fehlen sogar gänzlich, mit denen sie es später

---

* Diese Erscheinung will aus der Schulgeschichte erklärt sein, sonst würde der Volksschule unrecht geschehen. Vor 50 Jahren gab es noch wenige Lehranstalten, die für den höheren Gewerbestand insonderheit bestimmt waren. Aus den sozialen Schichten, welche sich jetzt zur Realschule halten, besuchten damals viele Kinder bis zum Ende ihrer Schulzeit die Volksschule, — wenigstens in hiesiger Gegend. Natürlich wollten diese namentlich im Rechnen tüchtig gefördert sein. Darauf verstand sich auch die Volksschule, und es gelang ihr um so besser, da sie wöchentlich sieben bis acht und noch mehr Rechenstunden ansetzte. Von daher stammt der oben bezeichnete Zuschnitt der Rechenbücher.

zu tun haben werden. Allerdings soll die Volksschule nicht Fachschule sein — weder für den Ackersmann, den Weinbauer, den Gärtner, noch für den Bergmann, den Fuhrmann und die einzelnen Spezies der Handwerker, am allerwenigsten für den höhern Industrie- und Handelsstand. Wohl aber soll das Rechenbuch auf die soziale und wirtschaftliche Sphäre, in welcher die Schüler leben, angelegt sein, — und wenn das, dann muß eine große Zahl der Aufgaben in den obengenannten Kapiteln ausfallen und durch Aufgaben anderer Art ersetzt werden. Man wende mir nicht ein, daß ja genug Aufgaben vorkämen, wo es hieße: ein Bauer, ein Schreiner, ein Schmied u. s. w. kauft oder verkauft dies oder das; denn es sind meistens einfache Regeldetriaufgaben, wo die sachliche Spezialität nichts zu bedeuten hat, und es daher eben so gut heißen könnte X oder Y oder ein gewisser Jemand. Soll das Rechenbuch die wirklichen Bedürfnisse recht packen, dann ist auch nötig, daß es auf die speziellen Bedürfnisse, auf landwirtschaftliche, handwerkliche Spezialitäten eingehe, — will sagen, daß auch solche Aufgaben mit vorkommen müssen. Ein landwirtschaftliches, handwerkliches ꝛc. Fach-Rechenbuch wird es darum noch lange nicht, eben so wenig wie es ein Fach-Rechenbuch für den Handelsstand wird dadurch, daß einige Aufgaben aus der Warenrechnung, Gesellschaftsrechnung, Wechselrechnung ꝛc. mit vorkommen. Beispiele der gewünschten Aufgaben aus den einzelnen Fächern werde ich nicht anzugeben brauchen; man kann sich dieferhalb bei den landwirtschaftlichen ꝛc. Fach-Rechenbüchern und bei den Gewerbsleuten Rats erholen. Doch will ich an ein paar Rechenbedürfnisse erinnern, die allen gemeinsam sind. Was den Ackerwirten und Handwerkern am häufigsten fehlt, ist dies, daß sie nicht im stande sind, in ihren Verhältnissen genaue Reinertrags-Rechnungen anzustellen und darnach die Preise ihrer Waren zu bestimmen. Hier muß ihnen die Schule zu Hülfe kommen; und ich denke, das ließe sich wohl ausführen, wenn man sich daran geben wollte. Eine ähnliche Kalamität lastet auf der Hauswirtschaft, weil die Hausfrauen zu wenig befähigt und daher auch zu wenig geneigt sind, ordentliche Haushaltungsbücher zu führen und daraus monatliche und jährliche Übersichten auszuziehen. Mich dünkt, auch hier könnte die Schule Anleitung geben; und ich denke, diese Form des angewandten Rechnens sei so nützlich und nötig wie irgend eine andere. Daß eine solche Rechenarbeit zum Teil in das Gebiet der Aufsatzübungen hinübergreift, sagt nichts wider ihre Zweckmäßigkeit.

Wenden wir uns jetzt näher zu dem obigen Grundsatze.

Er fordert, daß das Rechnen — so viel tunlich — zu den sachunterrichtlichen Fächern in Beziehung trete. Das heißt genauer: wo in der Naturkunde, Geographie und Geschichte irgend Etwas zur Berechnung sich eignet, da soll man nicht versäumen, es heranzuziehen. Der Grundsatz empfiehlt somit noch eine andere, weitergehende Ergänzung des Rechenstoffes als die vorhin bezeichnete. Dieser nachbarliche Verkehr zwischen dem Rechnen und den Wissensgebieten ist für beide Teile vorteilhaft. Der Vorteil der Wissensfächer besteht darin, daß dort die betreffenden Verhältnisse durch das Hineinleuchten der Zahlen klarer, anschaulicher werden. Es ist ein eigentümlich Ding um die Zahl: es wohnt ihr eine eigenartige Leuchtkraft bei. Bei den Zahlen hört nicht nur — wie man zu sagen pflegt — die „Gemütlichkeit" auf, sondern auch das Nebeln und Schwebeln; sie bringen Klarheit, Bestimmtheit, — wie sich unten genauer zeigen wird. Der Vorteil des Rechenunterrichts besteht darin, daß er mannigfaltiger, belebter, interessanter wird.

Einige Beispiele. Sie werden einerseits zeigen, was für Stützen die Zahlen und Berechnungen den Wissensfächern gewähren, und andererseits merken lassen, daß es an Stoff zum Rechnen dort nicht fehlt, wenn man ihn suchen will.

In der Geographie wird gelegentlich darauf die Rede kommen, daß gewisse Großstädte (wie New-York, Amsterdam, London, Hamburg, Stettin, Mainz u. s. w.) nicht von ungefähr so emporgeblüht sind. Historische oder zufällige Gründe bleiben hier bei Seite; es handelt sich jetzt um die geographische. Um auf diesen geographischen Hebel hinzudeuten, sagt das Lehrbuch oder der Lehrer etwa: die und die Stadt liegt an einem schiffbaren Flusse, jene andere an der Mündung eines schiffbaren Nebenflusses in einen Hauptfluß, und eine dritte noch günstiger an der Mündung eines schiffbaren Flusses ins Meer. Nehmen wir an, der Schüler erhalte auch noch einige andere erläuternde Bemerkungen. Er werde ferner darauf aufmerksam gemacht, daß es Orte gibt, die in neuerer Zeit, seitdem die Eisenbahnen aufgekommen sind, ebenfalls zu Großstädten emporzuwachsen beginnen, obwohl sie an keinem schiffbaren Wasser liegen, — ja, daß man jetzt zuweilen an einem Eisenbahnknotenpunkte eine nicht unbedeutende Stadt findet, wo vor 20 bis 25 Jahren nur eine öde Heide war. Wird der Schüler nach diesen oder ähnlichen Erörterungen begreifen, was er begreifen soll? Er wird allerdings verstehen, daß in der geographischen Lage jener Städte eine bedeutende Begünstigung, eine wirtschaftliche Potenz stecken müsse. Aber klar, anschaulich klar ist ihm die Sache noch lange nicht — aus dem einfachen Grunde, weil er die Wirkung dieser Potenz nicht abschätzen kann; und das kann er darum nicht, weil ihm der Maßstab zur Abschätzung fehlt. Es muß eben die Zahl hinzutreten. Man sage ihm nun: wenn eine Pferdekraft auf

dem Landwege 1000 kg  befördern kann, so befördert sie auf der Eisen=
bahn 10,000 kg und auf dem Wasser 60,000 kg (Roscher, Volks=
wirtschaft I. S. 97.) Schon diese kurze Zahlennotiz — wobei die Zeit
noch nicht in Anschlag gebracht ist — wird die Gedanken des Schülers
wie ein heller Blitz durchzucken. Doch das reicht noch nicht: es muß auch
g e r e c h n e t werden. Man lasse etwa vorab die einfache Rechnung machen,
wie viele Pferde nötig seien, um auf Landwegen die und die Schiffslast und
die und die Last eines Eisenbahngüterzuges zu befördern. Sodann for=
muliere man Aufgaben, welche die Kosten dieser verschiedenen Transport=
weisen anschaulich machen, — und wie viel demnach ein Handelsmann an
Fracht spart, wenn er gewisse Lasten anstatt auf Landwegen per Eisenbahn
oder per Schiff versenden kann. So würde sich das genannte geographische
Verhältnis noch durch einige andere Berechnungen illustrieren lassen; allein diese
wenigen Zahlen und Aufgaben reichen schon hin, um dasselbe in einem
Maße durchsichtig zu machen, wie es bloße Worte nie vermocht hätten. —

Ein Beispiel aus der Geschichte. Dort wird gelegentlich von den
Lasten die Rede sein, die in unserm Vaterlande weiland den hörigen Bauer
gedrückt haben. Was ist nun zu tun, um dem Schüler die Lage dieser
Volksklasse anschaulich zu machen? Die Aufzählung und Erläuterung der
verschiedenen Namen für alle jene Aufgaben, Verpflichtungen u. s. w.
reichen nicht aus; es würde dabei auch nicht durchzukommen sein, da dieser
Dinge so viele sind und ihre Benennung eine so verschiedene ist, daß (wie
die Historiker sagen) das Deutsche Reich an 700 solcher Ausdrücke liefern
könne. Zuvörderst wird der Lehrer also gewisse allgemein übliche Lasten
herausheben müssen: a) j ä h r l i c h vorkommende, als da sind: der
Zehnten, — die Hand= und Spanndienste (mit zwei oder mehr Händen,
mit Tier und Geschirr, in älterer Zeit schon drei Tage wöchentlich), —
die Zinshühner und Zinseier, — die Weideberechtigung des Gutsherrn
nach der Ernte für seine Schafe, — Wildschaden, — b) in größern
Zeiträumen vorkommende, als: das Besthaupt und Laudemium, — Bauten=
und Botendienste, — das Loskaufungsgeld der etwa auswandernden Kinder,
— die Beisteuer bei der Heirat eines Kindes des Gutsherrn, — das
Recht der Herrschaft, widerwärtige Untertanen zwingen zu können, ih.
Gut zu verkaufen und, wenn sich kein Käufer fand, es für zwei Drittel
der Taxe zu übernehmen, — der Zwang, dem Herrengut gewisse Waren
abzukaufen, wenn sonst kein bequemer Absatz sich fand u. s. w. Sodann
aber müssen Zahlen heran und Berechnungen, sei es auch nur bei
den regelmäßigen Lasten. Das letzte Ziel der Rechnung wird sein, die
damalige Lage des hörigen Bauers mit der wirtschaftlichen und bürger=
lichen Lage eines heutigen Kleinbauers, der sein Gut gemietet hätte oder

..., und mit der eines jetzigen Fabrik-
... Zahlen in Vergleich zu stellen. Wie weit es mög-
... Belastungen im Durchschnitt zu veran-
... nicht. Die dermalige Militärpflicht wird
... durch die damit erkaufte größere Sicher-
... jene Rechnung vorerst noch unvollkommen
... Zahlen reichen, so weit geben sie jedenfalls mehr
... — In ähnlicher Weise können und müssen durch
... veranschaulicht werden: die Vorteile der ver-
... der Post, — die Beschwerung des Verkehrs durch die
... vielleicht auch einige Posten aus der Kosten-
... u. s. w. Die benötigten Zahlen lassen sich in
... wirtschaftlichen und statistischen Büchern und Zeitschriften
... Mühe wird das Zusammensuchen und Verarbeiten
...

... Naturkunde können die Zahlen manchen nützlichen
... Wie in den vorgenannten Fächern, so ist auch hier jedoch
... verwickelte Rechenaufgaben gesucht werden. Im Gegenteil:
... besser; denn kann auch schon auf der Mittelstufe damit
... Es handelt sich eben weniger darum, neue Gelegen-
... aufzuspüren, als darum, durch die Zahlen auf die
... ein neues Licht fallen zu lassen. Die Zahlen
... ganz genau zu sein; für den Hauptzweck reicht
... Schätzung aus, nur muß sie durch eine Zahl
... ein Beispiel, was schon auf der Mittelstufe
... fassen gewöhnlich zuerst nur für diejenigen
... sich durch ihre farbige Blumenkrone bemerk-
... die auch durch ihre steife, sperrige Gestalt
... gehen sie daher meist teilnahmlos vorüber.
... Eigentümlichkeit des Blütenstandes aufmerksam ge-
... diese Pflanzen etwas respektvoller anzusehen.
... die Zahl hinzutreten; denn diese Form des
... zum Zählen auf. Da zählt man auf einem
... Stiele, auf einem dieser Stiele etwa 18
... macht also in Summa auf dem einen
... gerechnet) $20 \times 18 = 360$ Blüten. Besitzt nun
... so gibt das insgesamt (durchschnittlich)
... Blüten. (An einer stattlichen Angelica fanden wir
... Blüten.) Wie reißen die Kinder die Augen auf, wenn
... kommen! Macht man sie nun auch noch auf die hüb-

schen, gefiederten Blätter aufmerksam, wodurch manche Doldenarten sich aus-
zeichnen, dann wird diese Familie sich nicht mehr über Mangel an Re-
spekt beklagen können. — Auch bei den Korbblütlern und in etlichen andern Fällen läßt sich ein solches Zählen nutzbar anbringen. — Ein ganz
besonderes und zwar ein wissenschaftliches Interesse gewinnt die Zahl bei
den wechselständigen Laubblättern. Hier scheint dem oberflächlichen Blicke
nur Unregelmäßigkeit zu herrschen, und doch ist hier bekanntlich ein mathe-
matisches Gesetz im Spiele. An den Schuppen der Nadelholzzapfen kündigt es sich auch durch augenfällige Spiralen an; ebenso an den Kelch-
blättern der Flockenblume. (Die augenfälligen Spiralen sind freilich nur
die scheinbaren; die richtigen müssen erst gesucht werden.) — Im Tier-
reiche bieten zum Rechnen Anlaß: der Nutzen der Haustiere, — die
außerordentliche Vermehrung mancher Insekten und ihre Verheerungen im
Pflanzenreiche; die Vertilgung schädlicher Insekten durch die Vögel und
andere Tiere; der schnelle Flug der Brieftauben im Vergleich zu andern
Geschwindigkeiten; die Menge der gefangenen Heringe, Stockfische u. s. w.;
die Fischzucht, die Austernzucht u. s. w. Im Mineralreiche: die Menge
und der ausgedehnte Nutzen der Steinkohlen, des Eisens, des Erdöls, des
Salzes. — In der physischen Geographie haben die bessern Lehrbücher schon von jeher zum Rechnen angeregt, z. B. mit Hülfe des Karten-
netzes (der Grade) die Entfernung zweier Orte zu berechnen, a) die auf
demselben Meridian liegen, b) die auf denselben Parallelkreisen liegen, c)
die auf verschiedenen Längen- und Breitenkreisen liegen. — Reichen Rechen-
stoff würde insbesondere die Physik liefern, wenn der Volksschulunterricht
hier tiefer eingehen könnte. Einiges wird sich bei mehrklassigen Schulen
doch wohl heranziehen lassen.

Es wäre nun noch die Frage zu erwägen, ob diese Zahlen und
Aufgaben in das Rechenbuch oder in die Lehrbücher der Wissensfächer gehören. Manche Zahlen gehören selbstverständlich in die betreffenden Lehr-
oder Hülfsbücher der Wissensfächer. Im übrigen ist meine Meinung
diese: einen Teil jener Aufgaben bringe man ins Rechenbuch, aber in einen
gesonderten Abschnitt. Wenn dann im Realunterricht gerechnet werden soll,
so lassen sich die bezüglichen Aufgaben schnell finden. Auch können dann
die einzelnen Partieen dieses Abschnittes leichter repetiert werden. Daneben
muß der Lehrer auch noch andere Zahlen und Aufgaben sammeln und zum
Gebrauche bei der Hand haben.

## Gesang.

Im Singen ist das, was der obige Grundsatz fordert, glücklicherweise
bereits allgemein ausgeführt. Der praktische Takt hat hier ohne Hülfe

der Theorie das Richtige getroffen. Wie es keinem Lehrer einfällt, bloß Stimm- und Treffübungen vorzunehmen, so denkt auch keiner mehr daran, bloß Kirchenlieder singen zu lassen. In den Schulgesangheften sind gewöhnlich alle Arten der Lieder vertreten. Aus dem religiösen Gebiet: Kirchenlieder und andere Gesänge religiösen Inhalts; aus dem Naturgebiet: Frühlings-, Sommer-, Herbst- und Winterlieder u. s. w.; aus dem Gebiet des Menschenlebens: Vaterlands- und Heimats-, Jugend- und Freundschafts-, Wander- und Standeslieder u. s. w.

Wann und wodurch in der Schule dem kirchlichen Volksliede das weltliche zur Seite getreten ist, läßt sich unschwer besehen. Am meisten hat dazu die Einführung des (belletristischen) Lesebuchs beigetragen. Seitdem das Lesebuch in Gebrauch kam, wurden auch dessen Lieder gesungen. Natürlich: die Poesie ruft von selbst den Gesang herbei.

Worin besteht aber der Zuwachs an Bildungskraft, den die Schule durch das belletristische Lesebuch und das freie Volkslied erhalten hat? Wer dort lediglich an die (ästhetische) Sprachveredlung und hier lediglich an die musikalische Schulung denkt, der kennt bloß die Hälfte des Gewinnes und obendrein nur die geringere Hälfte. Um richtig zu sehen, müssen wir den Standpunkt der Betrachtung etwas höher nehmen. Wie droben (bei der Erörterung des vierten Grundsatzes) erwähnt wurde, gehören zu den drei Wissensfächern auch drei Lesebücher — d. h. ein naturkundlich-humanistisches Real-Lesebuch und ein biblisch-historisches Lesebuch. Das sind zunächst sachliche Lernbücher, aber als solche zugleich die wichtigsten Sprachbücher. Als Sach-Lernbücher haben sie den Zweck, das im mündlichen Unterricht Gehörte und Geschaute in anschaulicher Klarheit befestigen zu helfen; als Sprachbücher sollen sie den Schüler lehren, über das Gelernte klar und wahr und sachgemäß sich auszusprechen. In diesem Betracht sind sie also Lehrmittel der objektiv darstellenden Sprache. Ihnen zur Seite tritt das belletristische Lesebuch, als Vertreter der volkstümlich-schönen Literatur, — immer aber hinzugedacht, was aus dem religiösen Gebiete hierher gehört: Kirchenlieder, Psalmen und volkstümlich-lehrhafte Sprüche (und Abschnitte) der Heiligen Schrift. Wie hoch man nun auch schätzen mag, was die Sprachbildung daraus profitieren kann, — höher steht ein Zweites. Die volkstümlich-belletristische Literatur, und zumal ihr Kern — die Poesie — ist nämlich inhaltlich der Ausdruck dessen, wie die gesamte Außenwelt (der drei Wissensgebiete) sich subjektiv im Gemüte spiegelt. Je tiefer der Gemütseindruck gewesen, desto edler und wirksamer wird auch der Ausdruck sein. Die Bildung des Gemütes also — des Gemütes in seinen edelsten Anlagen und Bedürfnissen — das ist die höhere Aufgabe dieses Literaturzweiges. Dieser Aufgabe zu gut, nicht bloß um des sprachlichen Klingklangs willen, der das Ohr kitzelt, wurde ihm der künstlerische Schmuck verliehen. Damit ist auch die höhere Bedeutung des Gesanges genannt. Das gesungene Lied ist verdoppelte Poesie, — der Ausdruck des Gemütes in Wort= und Tonsprache zugleich. Aber noch mehr: die Gedanken und Empfindungen, welche in der Wortsprache der Einzelne sich selbst und andern ins Herz sagen kann, die können in der Tonsprache viele vereint sich selber und andern ins Gemüt singen. In Summa ergibt sich also: der Unterricht in den drei sachunterrichtlichen Gebieten, dessen Kern in der sachlichen und sprachlichen Durcharbeitung dieses Stoffes besteht, erhält von zwei Seiten her eine wesentliche Unterstützung und von jeder Seite in doppelter Weise. Auf der einen Seite stellen sich ihr die Zahl (das Rechnen) und die geschärftere Auffassung der Form (das Zeichnen) zu Dienst, um das objektive Verständnis der Außenwelt zu fördern; und auf der andern Seite die Poesie und der Gesang, um den Eindruck der Außendinge auf das Gemüt zu klären, zu veredeln und zu befestigen.

In letzterem Betracht kommt nun freilich alles darauf an, welchen innern Gehalt — Gemütsinhalt — die Poesie und die Gesänge haben. Von dem belletristischen Lesebuche ist hier nicht zu reden; aber hinsichtlich der Liedersammlungen kann ich doch die Bemerkung nicht zurückhalten, daß manche derselben zwischenein recht fade, wertlose Ware kolportieren. Mitunter mag die gefällige oder beliebte Melodie verleitet haben, den Text mit parteiischem Auge anzusehen. Wenn irgendwo, dann würde gerade unter den Schul-Liedersammlungen eine kritische Jagd auf poesielose oder leere Klingklangs-Texte eine reiche Beute versprechen. *)

## Zeichnen.

Wie der obige Grundsatz auf das Zeichnen angewandt sein will, wird nach dem Gesagten bereits vollständig deutlich sein.

Das methodische Überlegen hat sich mit dem Zeichnen viel zu schaffen gemacht; — es war eins der Fächer, auf welche sich die von Pestalozzi und seinen Schülern ausgehende Anregung mit Vorliebe warf. Nicht minder haben die praktischen Bedürfnisse gewisser Gewerbe stark auf den Zeichenunterricht eingewirkt. Wie beim Rechnen

---

*) Einen sehr verdienstvollen, mit sicherem Blicke ausgeführten Streifzug in das Gebiet der Kindergärten-Lieder liefert das „Jahrbuch des Vereins für wissenschaftliche Pädagogik", (1872, S. 172—285) herausgegeben von dem Vorsitzenden des Vereins, Professor Dr. Ziller in Leipzig, in dem Aufsatze von W. Götze: „Die Volkspoesie und das Kind."

und Singen, so reichen auch hier diese beiden Gesichtspunkte allein nicht aus, um einen allseitig bildenden Lehrgang herzustellen. Wo der methodische Gesichtspunkt vorwaltet, da bleibt das Zeichnen zu lange in erdachten, sinnlosen Figuren stecken; und wo die gewerblichen Bedürfnisse den überwiegenden Einfluß bekommen, da droht der Stoff nicht minder einseitig und langweilig zu werden. Arabesken und andere ornamentale Phantasieformen mögen in manchen Fachschulen am Platze sein; in den Bildungsanstalten dürfen sie sich wenigstens nicht vordrängen. (Was eine gewisse traditionelle Unmethode tut, die eben darauf loszeichnen läßt, oder — was noch häufiger ist — die Zeichenkunst im Schattieren und Auspinseln anstatt im Formenbilden sucht, davon rede ich gar nicht.) Was unter der Leitung jener beiden Gesichtspunkte geleistet werden kann, liegt in dem üblichen Zeichenunterrichte vor. Man darf ihm, wo er in guten Händen ist, das Zeugnis nicht versagen, daß die fleißigen Schüler wirklich das lernen, was der Lehrer sie lehren will. Aber bei einem andern, höhern Maßstabe fällt das Zeugnis nicht so günstig aus. Seiner Natur nach müßte das Zeichnen bei den Kindern aller Altersstufen als eine der fesselndsten, liebsten — und seiner Bestimmung nach als eine der bildendsten Lernbeschäftigungen sich erweisen. Läßt sich das in Wahrheit von dem üblichen Zeichenunterricht sagen? Meine Erfahrung sagt nein. Unter der alleinigen Herrschaft des methodischen und des Nützlichkeitsprincips muß jedes Lehrfach notwendig einen geist- und seelenlosen Charakter annehmen, — so etwa, wie das reine Zahlenrechnen, wie die Stimm- und Treffübungen, die musikalischen Fingerübungen und die reine (unangewandte) Mathematik ihn zur Schau tragen. Es müßte ein Wunder sein, wenn da den Schülern die Sache so gefiele, daß sie sich auch in den Freistunden gern damit beschäftigten, und wenn überdies die volle Bildungskraft sich zeigen sollte. Mathematik und Zeichnen haben bekanntlich viel Verwandtes; diese innere Verwandtschaft scheint sich auch in ihrem äußeren Geschick bekunden zu wollen: bei steif-schulgerechter Behandlung üben sie auf die meisten Schüler wenig Anziehungskraft aus, während sie, wie ich fest glaube, bei einer wahrhaft sachgerechten Behandlung durchweg sehr beliebte Fächer werden würden.

Es kann mir natürlich nicht einfallen, zu fordern, daß das methodische Prinzip nicht vollaus mitsprechen, oder das Nützlichkeitsprinzip völlig abtreten sollte. Was ich meine, ist einfach dies, daß diese beiden Prinzipien noch einem dritten neben sich Raum gönnen müssen — dem, welches der obige Grundsatz ausspricht. Der will sagen: der Stoff zum Zeichnen soll — so viel als tunlich — aus den drei Wissensgebieten genommen werden; — genauer: die dort vorkommenden körperlichen Dinge, welche behufs des anschaulichen Verstehens ohnehin in Abbildungen oder in natura vorgezeigt werden müssen, sollen auch zu Zeichenübungen benutzt werden.

Die Vorteile, welche die Anwendung dieses Grundsatzes dem Zeichnen gewährt, sind dieselben, die vorhin beim Rechnen und Singen angeführt wurden. Zum ersten wird dadurch der Unterricht in den sachunterrichtlichen Fächern befruchtet: die Gestalten der dort vorkommenden körperlichen Dinge werden durch das Zeichnen schärfer aufgefaßt und fester eingeprägt. Zum andern gewinnt der Zeichenunterricht selbst an Interesse und bildender Kraft. Die erstere Wirkung läßt sich schon daran spüren, daß die Schüler mit ungleich größerem Interesse eine Figur zeichnen, die einen wirklichen, bekannten Gegenstand darstellt, als eine solche, die ein reines Phantasiegebilde ist.

An Stoff kann es nicht fehlen; er bietet sich überreich dar. Aus dem Pflanzenreiche werden außer einigen vollständigen Gestalten zu berücksichtigen sein: die Blattformen, Blumenkronformen, Fruchtformen und die Formen des Blütenstandes u. s. w. (Mitunter in vergrößertem Maßstabe.) Aus dem Tierreich wieder einerseits vollständige Gestalten, sodann auch einzelne charakteristische Organe, namentlich die Formen der Bewegungsglieder. Vom menschlichen Leibe außerdem: das Skelett, — vielleicht auch die Lunge und das Herz mit den Hauptaderstämmen. — In der Geographie ist die Benutzung des Zeichnens bereits seit langem in Übung. Sie kann aber noch ergänzt werden. Wenn es sich verlohnen soll, von der Natur eines fremden Landes und dem Leben seiner Bewohner zu erzählen, dann muß das erzählende Wort durch geeignete Abbildungen (von Pflanzen, Tieren — Trachten, Wohnungen, Gerätschaften, Waffen u. s. w.) unterstützt sein. Das gibt dann auch wieder Stoff zum Zeichnen. — Bekanntlich muß der Unterricht in der Geschichte (und der biblischen Geschichte) ebenfalls auf die Unterstützung solcher veranschaulichenden Bilder rechnen können. Ich denke aber nicht zunächst an Darstellungen geschichtlicher Szenen, sondern an etwas, das nötiger ist, — Abbildungen des statistischen Materials: Trachten, Hausgeräte, Arbeits- und Kriegswerkzeuge, Musikinstrumente, Fahrzeuge zu Wasser und zu Lande, Bauten, Befestigungswerke, Kultussachen u. s. w. Damit ist denn dem Zeichnen auch hier ein reicher Stoff zur Auswahl geboten.

Die Frage, wie dieser Zeichenstoff aus den Wissensfächern in den methodischen Zeichenlehrgang sich einordnen lasse, gehört nicht zu meiner Aufgabe. Das mag der Methodiker überlegen. Ein paar Bemerkungen will ich mir doch gestatten — für diejenigen, welche in dieser Frage mit einigen Bedenken nicht ins reine kommen können. Zunächst wollen sie sich daran erinnern lassen, daß sie an andern Stellen bereits längst das tun, was hier gefordert wird. Im Gesang z. B. — hat da je einer sich großes Kopfbrechen darüber gemacht, ob neben den Stimm- und Treff-übungen auch für die Kirchen- und Volkslieder Platz wäre? Und der Klavierlehrer — läßt er nicht neben den Etüden und Fingerübungen auch Sonaten, Lieder u. s. w. spielen? Ferner: wenn in der Unterklasse alle Buchstaben, welche die Kleinen lesen, auch sofort geschrieben werden, — und wenn durch alle Klassen hindurch viele schriftliche Arbeiten vorkommen, bei denen die Schönheit der Schriftzüge nicht als die Hauptsache gilt, — hat das jemals eine Schule unterlassen aus Besorgnis, es möchte dadurch der Schönschreibe-Kursus aus dem Geleise geraten? Was man nun an diesen Stellen weiß und tut, das tue man auch im Zeichenunterricht, dann ist derselbe auf dem rechten Wege. In der Unterklasse hat die gesunde Praxis ihn in der Tat bereits betreten: die meisten neueren ABC-Bücher enthalten auf einigen angehängten Blättern auch Figuren zu Zeichen-übungen — aber nie sinnlose Phantasieformen, sondern Bilder bekannter Gegenstände. So ist's recht. Es muß viel gezeichnet werden — mehr als in den besondern Zeichen-Lehrstunden geschehen kann, auch anderes als dort gezeichnet wird — namentlich auf den unteren Stufen. Daß immer auf Papier gezeichnet werde, ist nicht nötig; wofür ist denn die Schiefer-tafel da? Soweit sie dem Schreiben dient, soweit mag sie auch dem Zeichnen dienen. Natürlich dürfen die entsprechenden Lehrmittel (die Zeichenvorlagen) nicht fehlen: einmal in der Form der Wandtabellen und daneben als Anhang zum Reallesebuch. Kurz: man verpflanze die gesunde Praxis der Unterklasse in angemessener Weise auch auf die oberen Stufen, dann ist das, was der obige Grundsatz im Zeichnen fordert, erfüllt. *)

---

*) Die pädagogische Zeitschrift „die Realschule", herausgegeben vom Real-schuldirektor E. Döll in Wien, brachte in Nr. 4, 1871, einen Artikel über das Zeichnen in den Realschulen und Gymnasien von Professor Simony, der sich ebenfalls für eine Ergänzung, Belebung und Verwertung des Zeichenunterrichts in dem oben dargelegten Sinne ausspricht. Leider ist mir derselbe erst vor einigen Tagen — durch Zufall, wie man zu sagen pflegt — zu Gesicht gekommen. Er mußte mir um so interessanter sein, als der Herr Verfasser von andern Erfahrungen her zu dem neuen Prinzip geführt worden ist, und um so willkommener, als er dasselbe auch für die höheren Schulen vertritt. Es ist mir eine besondere Freude, hier zum Schluß auf diesen vortrefflichen Aufsatz aufmerksam machen zu können.

Zum Schluß ein kurzer, übersichtlicher Rückblick — anstatt eines Inhaltsverzeichnisses.

Die Betrachtung ging davon aus, daß in jeder Bildungsanstalt der Unterricht einerseits material vollständig sein und andrerseits eine möglichst vielseitige Durcharbeitung dieses Materials erstreben muß. Auf die daraus sich ergebenden Fragen — soweit sie den Lehrplan angehen — nämlich: was zu dieser materialen Vollständigkeit gehöre, und wie die verschiedenen Lehrfächer sich zu einander zu stellen haben, damit die geforderte Durcharbeitung des Stoffes (die sogenannte formale Bildung) möglich werde — wurde zunächst mit einer kurzen schematischen Formel geantwortet. Sie lautete:

Der Lehrplan der Volksschule muß umfassen:

A. Die sachunterrichtlichen Fächer: Naturkunde, Menschenleben (in Gegenwart u. Vergangenheit), Religion;

B. Die Sprache (Muttersprache) mit ihren Fertigkeiten: reden, lesen, schreiben;

C. Die formunterrichtlichen Fächer: Rechnen, Zeichnen, Gesang.

Was diese Formel schematisch anzudeuten sucht, ist deutlich herausgestellt in den folgenden sechs thesenartigen Grundsätzen.

A. 1. Der Lehrplan muß qualitativ vollständig sein.
   Daraus folgt: der sachunterrichtlichen Fächer müssen drei sein.

2. In jedem der drei sachunterrichtlichen Gebiete müssen die Zweigdisziplinen, soweit möglich, zu einer einheitlichen Schulwissenschaft zusammengefaßt werden, woraus denn auf jeder Stufe von unten auf, so viel tunlich, etwas Ganzes zu lehren ist.

3. Nicht Lesen und Schreiben, überhaupt nicht der Sprachunterricht, sondern die drei sachunterrichtlichen Fächer müssen die didaktische Basis des gesamten Unterrichts bilden.

B. 4. Die Sprachbildung muß, wenn sie gediegen und gesund sein soll, ihrem Kern nach in und mit dem Sachunterricht erworben werden.

5. Im Sprachunterricht hat sich die Hauptsorge auf ein geläufiges und sicheres Können — im Reden, Lesen und Schreiben — zu richten.

C. 6. Auch in den rein formunterrichtlichen Fächern müssen ihre eigentümlichen Beziehungen zum Sachunterricht sorgfältig beachtet und zum Besten beider Teile unterrichtlich verwertet werden.

Dörpfeld, Grundlinien.                                                    6

## ad 1.

Sind die sachunterrrichtlichen Fächer nicht alle drei vertreten, so leiden auch die andern darunter, und die Bildung bleibt wesentlich un= vollständig.

„Angemessen vertreten" heißt: jedes nach dem Maße seines Bil= dungs= und Erziehungswertes. Bleibt das eine oder das andere Fach unter dem Maß, oder fällt es gar aus, so bekommt die Bildung — und vielleicht auch der Charakter — ein schiefes Gesicht.

Zur materialen Vollständigkeit des Lehrplans gehört darum in erster Linie, daß die sachunterrichtlichen Fächer vollzählig und angemessen vertreten sind.

## ad 2.

Wird diese Regel — etwas „Ganzes" zu geben — nicht befolgt, so kommt keine Einheit in den Anschauungs= und Gedankenkreis des Schülers.

Überdies verirrt sich der Unterricht sonst leicht in liebhaberisches Be= vorzugen einzelner Zweige, — welchem ersten verkehrten Schritte dann in der Regel zwei andere Fehler auf dem Fuße folgen: Übermaß des Lehr= stoffes und unelementares, pseudo=wissenschaftliches Lehrverfahren. Beide Verkehrtheiten sind auch die schlimmsten Hindernisse einer gründlichen Durch= arbeitung.

## ad 3.

Dieser Grundsatz hebt das Verhältnis unter den Lehrfächern hervor, welches alle zu einer Einheit verbindet: die sachunterrichtlichen Fächer sind und müssen sein die Basis der übrigen. (Was er generell ausspricht, wird in den folgenden speziell angewandt: durch den vierten und fünften Grundsatz auf den Sprachunterricht, durch den sechsten auf Rechnen, Singen und Zeichnen.)

So will es die Natur der Sachen und die Natur des menschlichen Geistes. So nur ist eine allseitige Durcharbeitung der Wissensstoffe mög= lich; so nur können auch die übrigen Fächer recht gedeihen.

Hier, im dritten Grundsatze und seinen Konsequenzen, liegt der eigentliche Schwerpunkt meiner Theorie. Auch die voraufgehenden Grundsätze erhalten durch ihn eine neue Stütze. Sodann tritt hier am deutlichsten hervor, wo diese Theorie mit traditionellen oder modernen Ansichten in Konflikt gerät, und was sie an den üblichen Lehr= mitteln auszusetzen hat. Hier vor allem muß ihre Richtigkeit sich bewähren.

Nicht Lesen und Schreiben (und Rechnen), so behauptet unsere These, darf man zum „Zentrum" des Volksschulunterrichts machen wollen, wie eine gewisse Tradition meint, — auch nicht den Sprach=

unterricht insgesamt, wie Neuere geraten haben, — auch nicht den
Religionsunterricht, wie das (frühere) preußische Regulativ bestimmte, — auch nicht (in den höheren Schulen) die fremden Sprachen,*)
wie die zünftigen „Humanisten" raten, — auch nicht die Naturwissenschaften und die Mathematik, wie die zünftigen „Realisten" empfehlen. Der Gedanke, welcher allen diesen Mißgriffen zum Grunde liegt
— der, daß es nützlicher sei, ein einziges Fach gründlich durchzuarbeiten,
als viele ungründlich — hat allerdings recht, nämlich diesem selbst-
erwählten verkehrten Gegensatze gegenüber. Will er sich aber zum obersten
leitenden Prinzipe des Lehrplans machen, so ist er grundfalsch. Überhaupt
sind die Stichworte „Zentrum" und „Konzentration" — in diesem Sinne
— entschieden abzuweisen, sie leiten irre; denn nicht in einem, sondern
in allen vorkommenden Fächern soll gründlich gelernt werden. Steht
dem irgendwo das Quantum des Lehrstoffes im Wege, so beschränke
man es — unbedenklich, unerbittlich, bis aufs Minimum.

Das Richtige sagt die obige These: die sachunterrichtlichen Fächer
müssen die Basis des gesamten Unterrichts bilden, aber alle drei zusammen, — und zwar die Basis, nicht ein nach Willkür gewähltes
„Zentrum". Ich habe mich auf die Natur der Lehrgegenstände und auf
die Natur des menschlichen Geistes berufen. Ein Blick auf die Lehrgegenstände lehrt, daß die Wissensgebiete schon von Natur die Basis
der übrigen bilden, indem diese ihren sachlichen Inhalt mittelbar oder unmittelbar aus den Wissensgebieten erhalten. Und ein Blick auf die Organisation des Geistes lehrt, daß diese andern Lehrfächer neben ihrem
Selbstzwecke auch eine bedeutsame, teilweise höchst bedeutsame Aufgabe im
Dienst der sachunterrichtlichen Fächer haben. Voran der Sprachunterricht,
— ich meine aber zunächst die Sprache der objektiven Darstellung (in
der Wissenschaft und im geselligen und geschäftlichen Leben); daran reihen
sich einerseits: die belletristische Literatur (die Sprache des sub-
jektiven Innenlebens) und der Gesang, andrerseits: das Rechnen und
Zeichnen. Es sind gleichsam fünf Lichter, welche die drei sachunterrichtlichen Fächer umstehen und deren Gebiet je von einer besonderen Seite
her durchleuchten, — oder fünf Organe — denn jedem dieser Fächer entspricht eine besondere Beanlagung des Geistes, zum Teil auch des Leibes
— welche die Wissensstoffe in eigentümlicher Weise für die Gesamtbildung
verarbeiten und verwerten.

*) Damit soll keineswegs bestritten sein, daß der fremdsprachliche Unterricht in
einem andern Sinne und besonders innerhalb des humanistischen Wissensgebietes
eine bevorzugte, zentrale Stellung einnehmen dürfe. Das betrachte ich vielmehr als
ausgemacht.

6*

Unser Wort „Basis" greift somit viel weiter als die Ausdrücke „Zentrum" und „Konzentration" in dem herkömmlichen Sinne. Was diese wünschen, ist dort sicher aufgehoben, und eine Reihe anderer wertvoller Wahrheiten dazu. Sodann aber — und das hätte von vornherein Entscheidung und Siegel geben können: das Verhältnis unter den Lehrfächern, welches der obige Grundsatz hervorhebt, ist nicht ein solches, was die didaktische Überlegung um gewisser guter Zwecke willen ersonnen hat, sondern ein durch die Natur der Dinge und die Natur des Geistes gegebenes. Man kann es ignorieren, unbenutzt lassen, auch ihm zuwider handeln; aber es läßt sich — wie jedes Naturgesetz — nicht aufheben, auch nicht ungestraft ignorieren. Ist das rechte Weisheit, die vom Schöpfer gelegten Grundgesetze zu suchen, und das die rechte Praxis, vor allem eigenen Ersinnen diese Grundgesetze zu befolgen: dann hat der obige Grundsatz, wie ich meine, einen guten Weg eingeschlagen.

Aber noch eins will nicht übersehen sein. Die Lehrfächer der zweiten und dritten Gruppe (Sprache, Rechnen u. s. w.) können auch für sich selbst nur dann recht gedeihen, wenn sie dem Sachunterricht recht dienen. Leisten sie diesen Dienst nicht, wollen sie isoliert bleiben, so werden sie trocken, mager, geraten in leeren Formalismus und wer weiß, in was für kuriose Verirrungen — wie insonderheit in der Geschichte des Sprachunterrichts abschreckend zu sehen ist. — Darin liegt aber auch eine gewichtige Rückfolgerung. Sollen diese Fächer dem Sachunterricht dienen und von daher ihren belebenden Inhalt empfangen, so müssen doch zuvor die sachunterrichtlichen Fächer im Lehrplane vertreten sein. Hier haben wir also einen neuen, einen dritten unabweisbaren Grund für das, was die an die Spitze gestellte erste These fordert. Legen wir den Finger darauf. Also — damit es im Lesen und Schreiben frisch vorwärts gehe und etwas Rechtes geleistet werde, eben deshalb soll man diese Fertigkeiten nicht zum Zentrum des Elementarunterrichts machen, — eben deshalb soll man den Sachunterricht voraus aufnehmen und ihm diese zentrale Stellung geben. Dasselbe wird vom Sprachunterricht insgesamt aufs dringlichste gefordert; dasselbe auch vom Rechnen, Singen und Zeichnen.

Eine merkwürdige Verknüpfung der Lehrgegenstände! Das Gedeihen des Sachunterrichts ist gebunden an die Hülfe der andern Fächer, zumal der sprachlichen; — und umgekehrt: die formale Bildung, wenn sie eine gesunde und vielseitige sein soll, ist gebunden an die materiale Vollständigkeit des Unterrichts, insbesondere an die Vollzähligkeit der sachunterrichtlichen Fächer; — und wiederum: alle Fertigkeiten können nur dann gedeihen und ihren vollen Bildungsbeitrag liefern, wenn sie die Sachgebiete, aber alle drei, sich zur Basis, zum Wurzelboden dienen lassen.

Ein willkürlich zusammengetragener Haufen von Lehrfächern — die sich nach Belieben so oder so zählen, so oder anders rücken, vermehren oder vermindern lassen, — ist somit noch lange kein Lehrplan, wenigstens kein solcher, wie die Schule ihn verlangen muß. Unsere schematische Lehrplansformel, die droben an der Spitze steht, möchte dagegen dafür angesehen sein, daß sie ein Gebäude zeichnet, welches in der Zahl und Ordnung seiner Teile eine fest geschlossene Einheit hat, aus der auch kein Stein verrückt oder herausgenommen werden kann. Der Schlüssel zu dieser Ordnung aber liegt eben in dem dritten Grundsatze.

## ad 4.

Was der vorige Grundsatz generell gefordert hat, wird jetzt auf den Sprachunterricht angewandt. Hier ist die wichtigste Stelle dieser Anwendung; denn ohne eine enge Vereinigung von Sach- und Sprachunterricht ist namentlich für die Realien in der Volksschule kein Gedeihen zu hoffen, — für die Sprachschulung selbst aber auch nicht.

Welche bedeutende Änderungen in den realistischen und sprachlichen Lehrmitteln damit gefordert sind, und wie viel im Lehrverfahren umgelernt werden muß, hat die Erörterung droben ausführlich dargelegt.

(Diejenige Seite der Sprachbildung, welche durch das belletristische Lesebuch vertreten wird, ist immer nur beiläufig erwähnt worden. Hätte sie nach Gebühr beleuchtet werden sollen, so würde nach meiner Auffassung auch der Einfluß dieses Literaturzweiges auf die Gemütsbildung und in weiterer Konsequenz die erziehliche Bedeutung des gesamten Unterrichts haben zur Sprache kommen müssen. Bei der Wichtigkeit dieses Teiles der Didaktik schien mir eine bloß gelegentliche Erörterung geradezu unschicklich zu sein. Er verlangt eine gesonderte, selbständige Betrachtung.)

## ad 5.

Diese Wahrheit mußte deshalb mit herangezogen werden, weil der Sprachunterricht dem Sachunterricht nur dann den vollen Dienst leisten kann, wenn bei der sprachlichen Schulung vornehmlich das Können, die Fertigkeit, betont wird. Wiederum aber läßt sich im Können nicht das volle Maß erreichen, wenn nicht vorauf das lebendige Wort, die Mundsprache, gepflegt wird; denn — „Sprache" kommt her von „sprechen", nicht von „schreiben".

der Theorie das Richtige getroffen. Wie es keinem Lehrer einfällt, bloß Stimm- und Treffübungen vorzunehmen, so denkt auch keiner mehr daran, bloß Kirchenlieder singen zu lassen. In den Schulgesangheften sind gewöhnlich alle Arten der Lieder vertreten. Aus dem religiösen Gebiet: Kirchenlieder und andere Gesänge religiösen Inhalts; aus dem Naturgebiet: Frühlings-, Sommer-, Herbst- und Winterlieder u. s. w.; aus dem Gebiet des Menschenlebens: Vaterlands- und Heimats-, Jugend- und Freundschafts-, Wander- und Standeslieder u. s. w.

Wann und wodurch in der Schule dem kirchlichen Volksliede das weltliche zur Seite getreten ist, läßt sich unschwer besehen. Am meisten hat dazu die Einführung des (belletristischen) Lesebuchs beigetragen. Seitdem das Lesebuch in Gebrauch kam, wurden auch dessen Lieder gesungen. Natürlich: die Poesie ruft von selbst den Gesang herbei.

Worin besteht aber der Zuwachs an Bildungskraft, den die Schule durch das belletristische Lesebuch und das freie Volkslied erhalten hat? Wer dort lediglich an die (ästhetische) Sprachveredlung und hier lediglich an die musikalische Schulung denkt, der kennt bloß die Hälfte des Gewinnes und obendrein nur die geringere Hälfte. Um richtig zu sehen, müssen wir den Standpunkt der Betrachtung etwas höher nehmen. Wie droben (bei der Erörterung des vierten Grundsatzes) erwähnt wurde, gehören zu den drei Wissensfächern auch drei Lesebücher — d. h. ein naturkundlich-humanistisches Real-Lesebuch und ein biblisch-historisches Lesebuch. Das sind zunächst sachliche Lernbücher, aber als solche zugleich die wichtigsten Sprachbücher. Als Sach-Lernbücher haben sie den Zweck, das im mündlichen Unterricht Gehörte und Geschaute in anschaulicher Klarheit befestigen zu helfen; als Sprachbücher sollen sie den Schüler lehren, über das Gelernte klar und wahr und sachgemäß sich auszusprechen. In diesem Betracht sind sie also Lehrmittel der objektiv darstellenden Sprache. Ihnen zur Seite tritt das belletristische Lesebuch, als Vertreter der volkstümlich-schönen Literatur, — immer aber hinzugedacht, was aus dem religiösen Gebiete hierher gehört: Kirchenlieder, Psalmen und volkstümlich-lehrhafte Sprüche (und Abschnitte) der Heiligen Schrift. Wie hoch man nun auch schätzen mag, was die Sprachbildung daraus profitieren kann, — höher steht ein Zweites. Die volkstümlich-belletristische Literatur, und zumal ihr Kern — die Poesie — ist nämlich inhaltlich der Ausdruck dessen, wie die gesamte Außenwelt (der drei Wissensgebiete) sich subjektiv im Gemüte spiegelt. Je tiefer der Gemütseindruck gewesen, desto edler und wirksamer wird auch der Ausdruck sein. Die Bildung des Gemütes also — des Gemütes in seinen edelsten Anlagen und Bedürfnissen — das ist die höhere Aufgabe dieses Literaturzweiges. Dieser Aufgabe zu gut,

# II. Die unterrichtliche Verbindung der sachunterrichtlichen Fächer.

Die „Theorie des Lehrplans" hat bei These 1 dargelegt, daß alle dort aufgeführten Fächer (die drei sachunterrichtlichen Fächer, die Sprache (Muttersprache) und die formunterrichtlichen Fächer) im erziehenden Unterricht (d. i. in jeder allgemeinen Bildungsanstalt) als selbständige Disziplinen vertreten sein müssen.

Der Ausdruck „selbständig" soll heißen: jede dieser Disziplinen muß als ein wesentlicher Bestandteil des Lehrplans betrachtet und deshalb ganz ihrer Natur gemäß gelehrt werden. Jene These war insbesondere gegen die Ansicht der früheren Regulative (und der sogenannten schlesischbrandenburgischen Schule) gerichtet, wonach die Realien nicht selbständig, sondern in und mit dem Sprachunterricht behandelt werden sollten.

„Selbständig" heißt bei mir aber nicht isoliert, abgesondert, wie wenn jede Disziplin unbekümmert um die andern ihren Weg gehen dürfte. Es wird ja besser sein, eine Disziplin isoliert zu lehren, als gar nicht; allein diese Lehrweise ist noch nicht die rechte, die beste — nicht die, welche dem jetzigen Stande der pädagogischen Wissenschaft entspricht. Die Pädagogik, welche wissenschaftlichen Grund gesucht d. h. ihre Theorie nicht bloß aus der Erfahrung und Geschichte, sondern auch aus der Psychologie, der Ethik und der Kulturwissenschaft herausgearbeitet hat, muß fordern, daß sämtliche Unterrichtsfächer in vielseitige und möglichst vorteilhafte Verbindung gebracht werden, — freilich nicht nach puren Einfällen, sondern wohlberechnet, planmäßig, nämlich so, daß sie sich gegenseitig unterstützen und mit vereinten Kräften auf das eine große Erziehungsziel hinstreben. In den „Grundlinien zur Theorie des Lehrplans" ist dieses didaktische Problem auch in Angriff genommen; darin besteht eben der Hauptzweck dieser Arbeit. In derselben wird in These 3 gefordert (und in These 4—6 näher ausgeführt), daß der Sprachunterricht und die formunterrichtlichen Fächer (Rechnen, Zeichnen, Gesang) in den drei sachunterrichtlichen Fächern ihre Basis suchen müssen.

und Singen, so reichen auch hier diese beiden Gesichtspunkte allein nicht aus, um einen allseitig bildenden Lehrgang herzustellen. Wo der methodische Gesichtspunkt vorwaltet, da bleibt das Zeichnen zu lange in erdachten, sinnlosen Figuren stecken; und wo die gewerblichen Bedürfnisse den überwiegenden Einfluß bekommen, da droht der Stoff nicht minder einseitig und langweilig zu werden. Arabesken und andere ornamentale Phantasieformen mögen in manchen Fachschulen am Platze sein; in den Bildungsanstalten dürfen sie sich wenigstens nicht vordrängen. (Was eine gewisse traditionelle Unmethode tut, die eben darauf loszeichnen läßt, oder — was noch häufiger ist — die Zeichenkunst im Schattieren und Auspinseln anstatt im Formenbilden sucht, davon rede ich gar nicht.) Was unter der Leitung jener beiden Gesichtspunkte geleistet werden kann, liegt in dem üblichen Zeichenunterrichte vor. Man darf ihm, wo er in guten Händen ist, das Zeugnis nicht versagen, daß die fleißigen Schüler wirklich das lernen, was der Lehrer sie lehren will. Aber bei einem andern, höhern Maßstabe fällt das Zeugnis nicht so günstig aus. Seiner Natur nach müßte das Zeichnen bei den Kindern aller Altersstufen als eine der fesselndsten, liebsten — und seiner Bestimmung nach als eine der bildendsten Lernbeschäftigungen sich erweisen. Läßt sich das in Wahrheit von dem üblichen Zeichenunterricht sagen? Meine Erfahrung sagt nein. Unter der alleinigen Herrschaft des methodischen und des Nützlichkeitsprincips muß jedes Lehrfach notwendig einen geist- und seelenlosen Charakter annehmen, — so etwa, wie das reine Zahlenrechnen, wie die Stimm- und Treffübungen, die musikalischen Fingerübungen und die reine (unangewandte) Mathematik ihn zur Schau tragen. Es müßte ein Wunder sein, wenn da den Schülern die Sache so gefiele, daß sie sich auch in den Freistunden gern damit beschäftigten, und wenn überdies die volle Bildungskraft sich zeigen sollte. Mathematik und Zeichnen haben bekanntlich viel Verwandtes; diese innere Verwandtschaft scheint sich auch in ihrem äußeren Geschick bekunden zu wollen: bei steif-schulgerechter Behandlung üben sie auf die meisten Schüler wenig Anziehungskraft aus, während sie, wie ich fest glaube, bei einer wahrhaft sachgerechten Behandlung durchweg sehr beliebte Fächer werden würden.

Es kann mir natürlich nicht einfallen, zu fordern, daß das methodische Prinzip nicht vollaus mitsprechen, oder das Nützlichkeitsprinzip völlig abtreten sollte. Was ich meine, ist einfach dies, daß diese beiden Prinzipien noch einem dritten neben sich Raum gönnen müssen — dem, welches der obige Grundsatz ausspricht. Der will sagen: der Stoff zum Zeichnen soll — so viel als tunlich — aus den drei Wissensgebieten genommen werden; — genauer: die dort vorkommenden körperlichen Dinge, welche

behufs des anschaulichen Verstehens ohnehin in Abbildungen oder in natura
vorgezeigt werden müssen, sollen auch zu Zeichenübungen benutzt werden.

Die Vorteile, welche die Anwendung dieses Grundsatzes dem Zeichnen
gewährt, sind dieselben, die vorhin beim Rechnen und Singen angeführt
wurden. Zum ersten wird dadurch der Unterricht in den sachunterricht=
lichen Fächern befruchtet: die Gestalten der dort vorkommenden körper=
lichen Dinge werden durch das Zeichnen schärfer aufgefaßt und
fester eingeprägt. Zum andern gewinnt der Zeichenunterricht
selbst an Interesse und bildender Kraft. Die erstere Wirkung läßt sich
schon daran spüren, daß die Schüler mit ungleich größerem Interesse eine
Figur zeichnen, die einen wirklichen, bekannten Gegenstand darstellt, als
eine solche, die ein reines Phantasiegebilde ist.

An Stoff kann es nicht fehlen; er bietet sich überreich dar. Aus
dem Pflanzenreiche werden außer einigen vollständigen Gestalten zu
berücksichtigen sein: die Blattformen, Blumenkronformen, Fruchtformen und
die Formen des Blütenstandes u. s. w. (Mitunter in vergrößertem Maß=
stabe.) Aus dem Tierreich wieder einerseits vollständige Gestalten,
sodann auch einzelne charakteristische Organe, namentlich die Formen der
Bewegungsglieder. Vom menschlichen Leibe außerdem: das Skelett, —
vielleicht auch die Lunge und das Herz mit den Hauptaderstämmen. —
In der Geographie ist die Benutzung des Zeichnens bereits seit langem
in Übung. Sie kann aber noch ergänzt werden. Wenn es sich verlohnen
soll, von der Natur eines fremden Landes und dem Leben seiner Bewohner
zu erzählen, dann muß das erzählende Wort durch geeignete Abbildungen
(von Pflanzen, Tieren — Trachten, Wohnungen, Gerätschaften, Waffen
u. s. w.) unterstützt sein. Das gibt dann auch wieder Stoff zum
Zeichnen. — Bekanntlich muß der Unterricht in der Geschichte (und
der biblischen Geschichte) ebenfalls auf die Unterstützung solcher ver=
anschaulichenden Bilder rechnen können. Ich denke aber nicht zunächst an
Darstellungen geschichtlicher Szenen, sondern an etwas, das nötiger ist, —
Abbildungen des statistischen Materials: Trachten, Hausgeräte, Arbeits=
und Kriegswerkzeuge, Musikinstrumente, Fahrzeuge zu Wasser und zu
Lande, Bauten, Befestigungswerke, Kultussachen u. s. w. Damit ist denn
dem Zeichnen auch hier ein reicher Stoff zur Auswahl geboten.

Die Frage, wie dieser Zeichenstoff aus den Wissensfächern in den
methodischen Zeichenlehrgang sich einordnen lasse, gehört nicht zu meiner
Aufgabe. Das mag der Methodiker überlegen. Ein paar Bemerkungen
will ich mir doch gestatten — für diejenigen, welche in dieser Frage mit
einigen Bedenken nicht ins reine kommen können. Zunächst wollen sie
sich daran erinnern lassen, daß sie an andern Stellen bereits längst das

Lebensgängen und Begebenheiten die in denselben wirkenden unsichtbaren Kräfte und Gesetze erkennen zu lassen: Gottes Heilsabsicht und Walten und der Menschen Gesinnung, wie sie sich in ihrem Dichten, Trachten und Verhalten kund gibt. Die wesentlichen, entscheidenden Objekte des Erkennens sind also hier nicht-sinnlicher Art, geistige und übersinnliche. Nun kommen aber in diesen Darstellungen, wie man sieht, auch viele äußere Objekte vor, mancherlei Notizen, die begrifflich

der wissenschaftlichen Pädagogik bietet aber das oben genannte Hauptwerk Zillers. Wer zu erfahren wünscht, wie die Pädagogik sich ausnimmt, wenn sie mit wissenschaftlichem Sinn auf- und angefaßt wird, kann dies hier in einem Musterwerke sehen, wie die pädagogische Literatur kein zweites besitzt. Mit vollem Rechte durfte der Verf. auf dem Titel auch auf die praktisch-reformatorische Bedeutung seiner Arbeit hinweisen. Von den Kennzeichen, welche das Buch als eine wahrhaft wissenschaftliche Leistung qualifizieren, will ich nur eins hervorheben. Eine Unterrichtslehre, welche den Anforderungen der Psychologie genügen soll, hat namentlich ein schwieriges Problem vor sich. Es besteht darin, die verschiedenen Lehrgegenstände einer allgemeinen Bildungsanstalt (Volksschule, Realschule, Gymnasium) als ein Ganzes zu erfassen, oder genauer gesagt: nachzuweisen, welche Lehrfächer erforderlich sind, damit sie eben so ein Ganzes bilden wie die Glieder des Leibes, von denen keins fehlen darf, wenn der Gesamtzweck erreicht werden soll, — und wie dann diese Lehrfächer, dem gesamten Bildungs- und Erziehungszwecke gemäß, zu einander in Beziehung gesetzt werden müssen. Man sehe nun die vorhandenen allgemeinen Unterrichtslehren darauf an, was sie zur Lösung dieses Problems leisten, ja, ob sie dieselbe auch nur anstreben. Die landläufige Pädagogik — selbst die, welche Regulative und Reglements schreibt — scheint nicht einmal zu ahnen, daß es ein solches Problem gebe. Angesichts solcher Behaglichkeit und Selbstgenügsamkeit kommt es einem vor, als ob Männer wie Herbart und Mager nicht in Deutschland, sondern in einem andern Erdteile gelebt hätten. In Zillers Werk ist das genannte Problem mit dem vollen Ernst, den die Wissenschaft fordert, wieder angefaßt und seiner Lösung um ein Beträchtliches näher geführt. Die volle Lösung hat natürlich noch gute Weile: sie kann nicht eines Mannes Aufgabe und Werk sein, — vollends nicht, wenn es sich darum handelt, was demgemäß in der Lehrpraxis geschehen muß.

Wer sich zuvörderst mit einigen Hauptgedanken der Zillerschen Didaktik bekannt machen will, lasse sich die treffliche Schrift eines seiner Schüler empfohlen sein: „Pädagogische Vorträge über die Hebung der geistigen Thätigkeit" von Dr. O. Willmann, jetzt Prof. an der Universität in Prag (Leipzig 1869. A. Gräbner). Vgl. über dieselbe auch: Ev. Schulblatt 1874. Nr. 18.

In der praktischen Ausprägung der theoretischen Grundsätze bestehen zwischen der Zillerschen Ansicht und der meinigen einige Differenzen, — teils in der Auswahl des Lehrstoffes auf den einzelnen Stufen, teils im Lehrverfahren. Von diesen Abweichungen ist indessen hier nicht zu reden. Ich deute auch bloß deshalb darauf hin, um zu bemerken, worin sie, so viel ich sehe, ihren tieferen Grund haben, — nämlich darin, daß nach meiner Auffassung die Natur der Lehrgegenstände mehr befragt werden muß, als es in der Herbartschen Schule bisher zu geschehen pflegte.

andern Lehrfächern angehören. So werden (in Abrahams Leben) erwähnt aus der Geographie: Mesopotamien, Kanaan, Ägypten, der
Jordan und seine Aue, Bethel, Sodom ꝛc.; ferner aus der Naturkunde: Gold, Silber, Erdpech, Salz — Wald, Weideplätze, Brot,
Wein, — Kamele, Esel, Rinder, Ziegen, Schafe, Milch, — die Sterne,
indirekt auch das Klima ꝛc.; ferner aus der Ethnographie: Wander-
züge, Nahrungsmittel, Kleider, Zelte, Waffen, — Formen der Begrüßung,
des Kaufvertrages und der Eheschließung, — Begräbnis, gottesdienstliche
Verrichtungen (Opfer) ꝛc. Ähnlich wie bei den Erzählungen aus Abrahams
Leben verhält es sich bei den meisten andern biblischen Geschichten; nur
treten die darin vorkommenden Außendinge nicht immer so zahlreich und
mannigfaltig auf wie dort.

Auch in den übrigen Lehrstoffen des Religionsunterrichts, in den
Sprüchen, Liedern und Gebeten ꝛc., wird häufig auf Dinge oder Vorgänge aus der Natur und dem äußern Menschenleben hingewiesen. Es
geschieht dies in zweifacher Weise. Einmal so, daß dieselben objektiv,
d. i. ohne bildliche Umdeutung, zu einer religiösen Betrachtung verwendet
werden (z. B.: „die Himmel erzählen die Ehre Gottes und das Fir-
mament verkündigt seiner Hände Werk"; — „sehet die Vögel unter dem
Himmel an ꝛc."); zum andern so, daß sie, in subjektiver Auffassung,
als Sinnbilder von Dingen und Vorgängen einer höheren Ordnung dienen
(z. B. in den Gleichnissen vom Weinberge, von den zehn Jungfrauen ꝛc.).
Hierher gehören auch diejenigen Fälle, wo solche religiöse Bilder bereits
als stehende Ausdrücke in die Sprache übergegangen sind (z. B. be-
kehren, erleuchten, Salbung, Wiedergeburt ꝛc.).

Wir sehen somit, daß der Religionsunterricht, zumal die biblische
Geschichte, ziemlich eng mit jenen realistischen Fächern, mit der Geographie
und Naturkunde, desgleichen mit der Ethnographie, verknüpft, d. h. von
zahlreichen realistischen Notizen durchwebt ist.

Darf die Didaktik diese Tatsache, diese natürlich gegebene Verbindung
der Lehrfächer, ignorieren? kann sie es? Gewiß nicht. Sie muß ebensowohl die Natur des Objektes, der Lehrstoffe, berücksichtigen, als die Natur
des Subjektes, des Geistes; wo nicht, so schafft sie sich selber Hindernisse
und läßt sich obendrein die Vorteile entgehen, welche ihr die Natur in
die Hand geben will. „Naturgemäß" lehren heißt auch: der Natur
der Lehrstoffe (und ihrer inneren Verbindung) gemäß lehren.

Es ist zwar hier noch nicht der Ort, die Ausführung dieser
didaktischen Forderung zu zeigen; dies wird erst dann geschehen können,
wenn auch die Psychologie und Ethik, die noch wichtige neue

Gesichtspunkte aufdecken werden, gehört worden sind. Allein wir werden doch einen flüchtigen Blick auf die praktischen Konsequenzen der gefundenen Tatsache werfen dürfen, nicht um schon bestimmte methodische Anweisungen zu geben, sondern um aus der Praxis heraus unsere theoretische Untersuchung ein wenig zu illustrieren.

Denken wir uns in eine Religionsstunde, deren Lehrmaterial auch eine größere oder kleinere Anzahl solcher Notizen enthält, die begrifflich andern Lehrfächern angehören. Die Frage, wie diese auswärtigen Stoffe zu behandeln sind, sieht sich der Lehrer somit dicht vor die Füße gelegt. So viel ist im voraus klar: was den Kindern nicht bereits bekannt ist — und dessen wird namentlich auf den untern Stufen viel sein — muß jedenfalls erklärt werden, so weit das Verständnis der Geschichte, des Liedes ꝛc. es erfordert; aber dieses Erklären muß kurzerhand geschehen, weil es sonst zu viel Zeit in Anspruch nehmen, das Interesse auf Außendinge lenken, kurz, dem Auffassen der Hauptsache mehr schaden als nützen würde.

Allein wie dann, wenn die eingewebten naturkundlichen ꝛc. Notizen eine umständliche Erläuterung nötig machen — eine so umständliche, daß dieselbe nicht mehr als bloßes Einschiebsel behandelt werden kann? In einigen Fällen, namentlich bei inhaltsvollen Gleichnissen (wie die oben angeführten, oder die sieben Gleichnisse Matth. 13 ꝛc.) wird es gestattet, vielleicht auch geraten sein, die Außenstoffe in der Form einer Einleitung in die religiöse Betrachtung durchzusprechen.*) In allen übrigen Fällen, wo eine eingehende Beleuchtung erforderlich ist, wird nichts anderes übrig bleiben, als in der Religionsstunde bloß das allernötigste zu erklären und dann für die weitere Durchsprechung die nächstfolgende Realstunde zu Hülfe zu rufen. „Eine Realstunde? warum denn eine solche? warum nicht die nächste Religionsstunde?“ Wer so fragt, hat sich, wie ich meine, die Sachlage noch nicht völlig klar gemacht. Was in diesen „hergeliehenen“ Realstunden gelehrt werden soll, ist zwar zunächst bestimmt, dem Religionsunterricht zu dienen; allein sachlich gehört es eben nirgend anders hin als in den Realunterricht und wird von diesem auch zu irgend einer Zeit um seiner selbst willen vorgenommen werden müssen. Es handelt sich also nicht darum, daß der Realunterricht Zeit verlieren soll, sondern lediglich darum, daß er die betreffenden Lektionen dahin lege, wo sie auch dem Religionsunterricht zu gute kommen

---

*) Ähnlich wie man, insbesondere auf den unteren Stufen, den Gedichten (Volksliedern, Kirchenliedern ꝛc.) eine Vorbesprechung widmen muß, — in der Art, daß das poetische Wort gleichsam aus den eigenen Gedanken des Schülers herauswächst.

können, und dem wird, wenigstens auf den unteren Stufen, nichts im Wege stehen.

Diese Gelegenheiten, wo der Realunterricht dem Religionsunterrichte förmlich die Hand reicht, wollen wir uns merken.

Findet aber in den übrigen vorerwähnten Fällen nicht das um gekehrte Verhältnis statt? So ist es in der Tat. Denn wenn die in dem religiösen Lehrstoffe vorkommenden Außendinge innerhalb der Religionsstunden erklärt werden, sei es im vorbeigehen oder in der Form der Einleitung, so arbeitet der Religionsunterricht damit zugleich für den Realunterricht, und das ist in Wahrheit nicht unbeträchtlich. Wenn der Realunterricht dies recht bedenken will, so wird er finden, daß er alle Ursache hat, sich für diesen Dienst zu bedanken. Zu solchem Bedenken gehört aber auch, daß man sich frage, ob der Realunterricht diesen ihm gleichsam von selbst zufließenden Kenntnissen gegenüber nicht auch eine Aufgabe habe. Ich wenigstens denke, daß eine solche vorliegt, nämlich die, dafür zu sorgen, daß diese Kenntnisse auch bewahrt und verwertet werden. Es wäre ja offenbar Torheit, ein bereits ge wonnenes Kenntniskapital, wie unansehnlich es scheinen mag, unbenutzt liegen zu lassen; denn nicht benutzen läuft schließlich mit vergessen und verlieren auf eins hinaus. Kein Brocken darf umkommen. Was folgt daraus? Zunächst wenigstens dies, daß der Lehrer sich die religiösen Lehrstoffe jeder Stufe genau darauf ansehe, welche Notizen aus den ver schiedenen Realzweigen darin vorkommen und in welchem Grade die Schüler in den Religionsstunden damit bekannt werden. Was sich dabei als brauchbares Wissen ausweist, muß er dann sorgsam verzeichnen und in dem Lehrgange der betreffenden Realzweige an den rechten Stellen ein ordnen, damit es dort rechtzeitig repetiert und zweckmäßig verwertet werde.

Bisher haben wir nun diejenigen wechselseitigen Handreichungen zwischen den beiden Lehrgebieten ins Auge gefaßt, welche entweder frei willig (ohne absichtliches Zutun) geleistet werden, oder aber durch die Sachlage so deutlich gewiesen sind, daß sie sich sozusagen von selbst verstehen.

Vielleicht dürfen wir aber noch einen Schritt weiter gehen.

Erinnern wir uns daran, daß die Vorteile, welche das menschliche Leben aus den Fortschritten der Volkswirtschaft zieht, sämtlich darauf beruhen, daß das von der Natur Gegebene durch volkswirtschaftliche Über legung und Kunst vermehrt, veredelt und ausgetauscht, kurz, in möglichster Weise ausgebeutet wird. Gilt dieses Gesetz bloß dort? Sollte das besprochene natürlich gegebene Verhältnis zwischen dem Religionsunterricht und dem Realunterricht sich nicht ebenfalls durch Überlegung und Kunst

noch mehr ausnutzen laſſen, als es durch die vorerwähnten einfachen Handreichungen geſchieht, und zwar ſo, daß die Vorteile immer beiden Teilen
zu gute kommen? Ich denke Ja. Überlegen wir nur! Der oben erwähnte Fall, wo der Realunterricht dem Religionsunterrichte durch eine
Lektion zu Hülfe kam, ohne doch ſich ſelbſt zu benachteiligen, kann uns zu
dem weiteren methodiſchen Fortſchritte den Weg zeigen.

Es kommen nämlich nicht ſelten auch ſolche Fälle vor, wo eine eingehende Beſprechung der in den religiöſen Lehrſtoff eingeflochtenen Außendinge zwar nicht unbedingt nötig iſt, aber wenn ſie ſtatt fände, doch
das religiöſe Verſtändnis und Intereſſe merklich fördern würde. Ein
Beiſpiel. In Joſephs Geſchichte hören die Kinder, daß Pharao geträumt
habe, er ſähe aus dem Waſſer (Nil) fette und magere Kühe, volle und
magere Ähren aufſteigen. Wenn dieſes „Aufſteigen aus dem Waſſer“
auch nur ein Traumgeſicht iſt, ſo muß es doch den Kindern wunderlich,
ja ſpaßhaft vorkommen. Natürlich beeilt ſich der Lehrer, ihnen zu zeigen,
daß das, was für uns darin ſpaßhaft ſcheint, ſich für die Ägypter in
vollen Ernſt verwandelt: indem dort in der Wirklichkeit — und zwar
jedes Jahr — fette Kühe und volle Ähren, oder aber magere Kühe und
magere Ähren aus dem Nil aufſteigen. Es mag ſein, daß ſich dieſe
Erklärung nötigenfalls kurzer Hand in die Erzählung einſchieben läßt,
allein das Verſtändnis der ganzen Geſchichte — man denke an die
Deutung und Erfüllung der Träume x. — und das Intereſſe an
ihr würde doch beträchtlich ſich ſteigern, wenn ein vollſtändiges Bild der
geographiſchen, naturkundlichen und ethnographiſchen Verhältniſſe Ägyptens
gegeben werden könnte. Da nun dies innerhalb der Religionsſtunde weder
geſchehen kann, noch darf, was liegt nun näher, als daß der Realunterricht dafür eintrete. Und was hindert daran? Was er tun ſoll,
gehört ja ohnehin zu ſeiner Aufgabe; und er kann es an keiner geeigneteren
Stelle tun, als gerade hier. Wenn alſo da, wo in Joſephs Geſchichte
zuerſt von Ägypten die Rede iſt, bei Joſephs Eintritt in Potiphars
Haus, ſofort in der nächſten Realſtunde eine Beſchreibung von der Boden-
beſchaffenheit, der Natur und dem Volksleben dieſes Landes gegeben wird,
ſo hat der Lehrer alles zur Hand, was er zur realiſtiſchen Erklärung der
folgenden Ereigniſſe (bis in Moſes Zeit hinein) bedarf. Es muß dem
Leſer ſelbſt überlaſſen bleiben, den methodiſchen Gedanken, welchen dieſes
Beiſpiel veranſchaulichen will, weiter zu verfolgen. Wer ſich die bibliſche
Geſchichte näher anſieht, wird der Gelegenheiten viele auffinden, wo die
Realfächer dem Religionsunterricht ſolche Hülfsdienſte leiſten können.

Es wird jetzt am Platze ſein, näher zu beſehen, wie die Realfächer ſelbſt bei dieſen ihren freundſchaftlichen Hülfsdienſten fahren.

Vorab ist zu merken, was auch früher schon hervorgehoben wurde, daß sie dabei völlig auf ihrem eigenen Gebiete bleiben und nur solche Arbeit tun, die ihnen ohnehin obliegt. So weit wäre also noch alles in Ordnung. Es fragt sich aber weiter, ob ihnen nicht dadurch ein Nachteil erwächst, daß sich diese Hülfslektionen nach dem Lehrgange eines fremden Faches richten müssen. Ohne Zweifel will diese Frage reiflich erwogen sein, um so mehr, da auch die vaterländische Geschichte derartige Handreichungen von der Naturkunde, der Geographie zc. wünscht. Nichts desto weniger muß ich den Leser bitten, die abschließende Untersuchung darüber bis dahin verschieben zu dürfen, wo auch die Psychologie und Ethik gehört worden sind. Angenommen indessen, jene Realfächer fühlten sich (auf der Oberstufe) in ihrem Lehrgange gestört und belästigt, so würde doch auch in Rechnung zu bringen sein, daß sie durch die innerhalb der Religions- stunden vorkommenden Erläuterungen von realistischen Dingen eine Art von Kompensation erhalten. Doch es gibt noch mehr in Rechnung zu bringen. Genauer besehen, büßen die bezeichneten Realfächer durch ihre Hülfsdienste an die biblische (und vaterländische) Geschichte nicht nur nichts ein, sondern erwerben sich obendrein noch höchst schätzbare Vorteile und zwar solche, die auf anderem Wege nicht zu erreichen sind. Von zwei Seiten her gewinnt nämlich ihr Unterricht an Interesse für die Schüler. Die eine Wirkung vermittelt sich auf folgende Weise. Indem bei jenen Hülfslektionen nur solche Dinge aus der Naturkunde und Geographie betrachtet werden, welche mit dem wirklichen Menschenleben zusammenhängen oder in dasselbe eingreifen, so erhalten die Schüler von denselben nicht bloß eine theoretische Kenntnis, sondern mehr oder weniger auch eine angewandte. Wie sehr aber durch jede Art von Anwendung das Wissen belebt und flüssig gemacht wird, und wie sehr dies in weiterer Folge das Lerninteresse steigert, ist bekannt. Die andere Wirkung rührt daher, daß das Interesse, welches die historischen Personen und Ereignisse in dem Schüler erweckt haben, sich nun mehr oder weniger auch auf die mit denselben in Verbindung stehenden Außendinge überträgt. Von welcher weitgreifenden Bedeutung diese beiden Quellen des Interesses für die Methodik sind, wird die psychologische Betrachtung später genauer darlegen. Mit der Frage, von der wir ausgingen, steht es also in Wahrheit so, daß jene Realfächer wünschen müssen, von der biblischen (und vaterländischen) Geschichte recht häufig zu solchen Hülfsdiensten aufgerufen zu werden.

Dem Leser wird mit Recht aufgefallen sein, daß in der vorstehenden Betrachtung, welche von der Beziehung des Religionsunterrichts zur Naturkunde handeln sollte, auch immer schon die Geographie mit erwähnt wurde, die doch nur teilweise zur Naturkunde gehört, und oben=

drein die Ethnographie, welche ausschließlich in das humanistische
Gebiet gehört. Was darin formell ungebührlich ist, wolle man freundlich
übersehen — und dann meine Gründe sich sagen lassen. — Besinnen
wir uns zuvörderst auf den Ausgangspunkt unserer Untersuchung. Unter
den Außendingen, welche in der biblischen Geschichte (und ihren Begleit=
stoffen) vorkommen, fanden wir bekanntlich jene drei Realfächer sämtlich
vertreten, und zwar die Ethnographie in besonders reichem Maße. Die
Überlegung, wie diese Außendinge unterrichtlich zu behandeln seien, führte
uns dann zu den Hülfslektionen, welche jedes dieser realistischen Fächer zu
leisten hat. Da aber das, was über die eine Art dieser Hülfslektionen
zu sagen war, im wesentlichen auf alle paßte, so konnte es um der
Kürze willen nur geraten sein, sie ohne weiteres in der Betrachtung zu=
sammen zu fassen. Das ist der eine Grund. Dazu kommt eine andere
Erwägung, die uns den eigentlichen, den entscheidenden Grund aufdecken
wird. Wo die biblische Geschichte darauf führt, solche realistische Hülfs=
lektionen herbeizuwünschen, da wird man häufig finden, daß die Hand=
reichung eines Faches allein nicht ausreicht, — daß vielleicht alle drei
etwas von ihrem Stoffe beisteuern müssen. Es wird dies namentlich
dann vorkommen, wenn eine solche Hülfslektion eine ganze Periode der
Geschichte beleuchten helfen soll. Das Zusammenwirken der drei Realfächer
beruht aber in diesem Falle nicht — wie es scheinen könnte — auf einem
bloß zufälligen Unterrichtsbedürfnis; es besteht vielmehr ein inneres,
wesenhaftes Band zwischen denselben. Ein paar Andeutungen werden
es uns klar legen. Das menschliche Leben läßt sich nicht ausreichend ver=
stehen, wenn nicht auch einigermaßen die Unterlage gekannt ist, von
der es getragen d. i. bedingt und beeinflußt wird. Diese Unterlage ist
zwiefacher Art. Zuoberst sind es die mehr oder weniger gefestigten
(stabilen) Verhältnisse innerhalb des menschlichen Lebens selbst,
in denen sich das Tun und Treiben der Menschen bewegt: die Sitten,
die Lebensweise, die Nationalität, sodann die Verhältnisse der Wirtschaft,
der Bildung, der Rechtspflege ꝛc. Mit diesem, dem humanistischen Teile
der Unterlage, beschäftigt sich bekanntlich einerseits die Ethnographie,
andrerseits die menschliche (sog. politische) Geographie. Zum
andern wird das menschliche Leben (samt diesen seinen gefestigten Ver=
hältnissen) bedingt und beeinflußt durch die Naturverhältnisse, in
denen es steht. Mit ihnen beschäftigt sich einerseits die natürliche
(mathematische, physische und topische) Geographie, andrerseits die
übrige Naturkunde. Aus methodischen Gründen gruppieren sich diese
(zwei humanistische und zwei naturkundliche) Wissensgebiete im Schul=
unterricht etwas anders als in den Fachwissenschaften, nämlich in drei

Fächer. Auf der einen Seite haben wir: erstlich die Ethnographie, die freilich bisher fast ganz vernachläßigt wurde, und zweitens die Schulgeographie, worin (wie auch bisher schon üblich war) die topische und menschliche (politische) Geographie zusammengefaßt sind. Auf der andern Seite stehen (als ein Ganzes gefaßt) die sämtlichen Zweige der Naturwissenschaft, zu welcher auch die mathematische und physische Geographie gehören. Hier zeigen sich also wieder die dreierlei „Außendinge", welche wir in der biblischen Geschichte antrafen. Dasselbe Band, welches diese zwei= resp. dreierlei Lehrstoffe mit dem menschlichen Leben und seiner Geschichte verbindet — das der Kausalität, des Warum und Woher — dasselbe bindet diese drei Lehrfächer auch untereinander zusammen. — Weiter unten, bei der Naturkunde, wird genauer davon zu reden sein.

Wir betrachten den Religionsunterricht jetzt

b) in Beziehung zu der Kunde vom Menschenleben. Begrifflich gehören bekanntlich in dieses Wissensgebiet — das humanistische — folgende Zweigfächer: die sog. Profangeschichte (die sich in der Volksschule vornehmlich auf vaterländische Geschichte beschränkt), die menschliche Geographie und die Ethnographie. Bei diesen exakten Lernstoffen sind aber auch ihre Begleitstoffe nicht zu übersehen — nämlich die verwandten Stücke des belletristischen Lesebuches (Gedichte, Märchen, Sagen, Erzählungen 2c.).

Da die Geographie und Ethnographie, soweit sie in Beziehung zum Religionsunterricht stehen, vorhin bei den naturkundlichen Außendingen schon mit berücksichtigt worden sind, so haben wir es hier bloß mit der Geschichte zu tun.

Vergleicht man den Religionsunterricht — zumal seinen elementaren Grundstoff, die biblische Geschichte — mit dem Unterricht in der Profangeschichte, so fällt sofort in die Augen, daß beide Lehrfächer viel Verwandtes haben. Diese Verwandtschaft zeigt sich an drei Stellen: im Stoffe, in der Lehrform und in den Lehrzwecken.

Als Stoff wird dort wie hier, wenn man vom Unterschiedlichen absieht, das Menschenleben vorgeführt. Es handelt sich um Personen, um ihre Taten und Schicksale, um ihre Gesinnung und ihren Charakter. Sofern nun das Wesen dieser Personen, ihre persönliche Ausrüstung (Gesinnung, Charakter, Tatkraft, Begabung 2c.) betrachtet werden soll, liegt das Lehrobjekt wesentlich auf geistigem (psychologischem) Gebiete.

In der Lehrweise zeigt sich die Verwandtschaft zwischen dem Religionsunterricht und der Profangeschichte darin, daß der Stoff dort wie hier vornehmlich in der Form der Erzählung auftritt.

Das wichtigste Stück der Verwandtschaft beider Lehrgebiete liegt ohne Zweifel in dem, was sie in ihren Zwecken Gemeinsames haben. Das oberste Ziel des Unterrichts ist dort wie hier allgemein ausgedrückt: Begründung und Pflege einer sittlichen Gesinnung, genauer eine religiös-sittliche Gesinnung. Innerhalb dieses allgemeinen Zweckes lassen sich aber, nach Anleitung der Psychologie und Ethik, auch bestimmte Einzelaufgaben erkennen, die beiden Lehrfächern gelten. Es sind folgende: Teilnahme an den Mitmenschen zu erwecken, an ihrem Wohl und Wehe, an ihrem Tun und Erleben, an ihrem Wachsen oder Verkümmern; das echt Menschliche erkennen zu lehren aus den verschiedenen Formen und Lebenslagen (Nationalität, Stand, Beruf x.), in denen es auftritt; das sittliche Urteil zu bilden und zu schärfen, über alles aber den Blick nach oben zu richten, zu dem Schöpfer aller Dinge, dem Geber aller Güter, dem Lenker aller Geschicke.

Zwischen beiden Lehrzweigen bestehen freilich auch Unterschiede — im Stoffe wie im Zwecke. Während die biblische Geschichte vornehmlich auf Gesinnungsbildung zielt, nimmt die Profangeschichte auch bestimmte intellektuelle Lehrzwecke mit auf. Demgemäß richtet die biblische Geschichte den Blick vorwiegend auf die innere und hier wieder speziell auf die religiös-sittliche Seite des Menschenlebens, wogegen die Profangeschichte auch die äußere, die Kulturseite, kennen lehren will, woraus dann folgt, daß sie in das innere Leben nicht so tief eingehen kann, als es dem Religionsunterrichte möglich ist.

Untersuchen wir jetzt, was uns durch die vorstehende Betrachtung für die unterrichtliche Verbindung der beiden Lehrfächer angeraten wird.

Die Fähigkeit, sich im Gebiete des inneren Lebens zurechtzufinden, psychische Vorgänge und Zustände richtig aufzufassen, Gesinnungen, Charaktere und Handlungen ethisch zu beurteilen, muß, wie wir sahen, vornehmlich durch den Religionsunterricht herausgebildet werden. Der Geschichtsunterricht wirkt zwar ebenfalls auf diese Befähigung hin, allein er bedarf ihrer mehr, als er zu ihrer Steigerung beizutragen vermag. Er ist somit darauf angewiesen, daß der Religionsunterricht ihm für diesen Bedarf vorarbeite, ihm gleichsam sein erworbenes Licht zum Verstehen psychologischer und ethischer Dinge leihweise herüberreiche. Das tut dieser auch in der Tat, und zwar unaufgefordert: die Schüler bringen eben die an den religiösen Stoffen gewonnene psychologische und ethische Erkenntnis mit in die Geschichtsstunde. Die einzelnen Bestandteile dieser Erkenntnis lassen sich zwar nicht so darlegen und aufzählen, wie man ein erworbenes empirisches Wissen stückweise vorzeigen kann; wenn jene Erkenntnis aber da ist, so gibt sie sich auch kund, namentlich in der

Befähigung des Schülers, das über psychologische und ethische
.. ..ete zu verstehen und sich selbst darüber auszusprechen. Ob-
.. .. diese Handreichung des Religionsunterrichts dem Geschichts-
...te ungefordert zufließt, so kann und soll dieser doch auch selber
.. tun — nämlich dieses Zuflusses sich versichern und ihm ver-
:ten. Am besten geschieht dies wohl so, daß der Lehrer bei den
.ngeschichtlichen Lektionen sich besinnt, wo im Religionsunterricht ähn-
:e (oder auch entgegengesetzte) psychologische und ethische Tatsachen vor-
.ekommen sind, — Beispiele von Gottvertrauen, Standhaftigkeit, Pflicht-
treue, Wahrhaftigkeit, Demut, Friedfertigkeit x., von Berührungen und
sittlich verwickelten Lebenslagen x. — und dann an diese vergleichungs-
weise erinnert, um damit die dort gewonnene Einsicht wachzurufen und
herüberzuleiten. Dabei sind zugleich aus den bereits gelernten Bibelsprüchen, Kirchenliedern x. kurze klassische Aussprüche mit heranzuziehen.

Das wäre die Handreichung des Religionsunterrichts an den Geschichtsunterricht. Weiter unten (bei 2b) werden wir auch eine um-
gekehrte Handreichung antreffen.

## 2. Die Kunde vom Menschenleben.

a) In Beziehung zur Naturkunde (Geographie und Ethno-
graphie). — Wie beim Religionsunterricht die biblische Geschichte, so gilt
in der „Kunde vom Menschenleben" die Profangeschichte als der
elementare Grundstoff. (Übrigens sage ich für meine Person anstatt
„Profangeschichte" oder „Weltgeschichte" am liebsten schlechtweg Kulturgeschichte; denn in den erziehenden Unterricht gehört aus der Geschichte
von Rechts wegen nichts anderes, als was kulturhistorische Bedeutung hat.)
Die belletristischen Begleitstoffe, welche zu dem ernsten Lernstoffe des
humanistischen Gebietes gehören, wird der Leser schon selber hinzudenken.

Sieht man die profangeschichtlichen Erzählungen näher an, so kann
einem nicht entgehen, daß in denselben, gerade wie in den biblischen, eine
beträchtliche Zahl von ethnographischen, geographischen und naturkundlichen
Notizen eingewebt ist. Die ethnographischen gehören zwar begrifflich ganz
in das humanistische Gebiet, und die geographischen zum Teil ebenfalls;
allein der inneren Seite der Geschichte gegenüber müssen wir sie doch
hier als „Außendinge" betrachten und behandeln. Was die naturkundlichen Notizen betrifft, so könnte es auf den ersten Blick scheinen, als
ob derselben nicht sogar viele vorkämen. Man sehe aber näher zu. Sie
treten häufig nur in flüchtiger Andeutung auf, oder sind unter dem versteckt, was aus den äußeren Verhältnissen des Menschenlebens erwähnt
wird. Wenn es z. B. in einer Erzählung heißt, daß die Kreuzfahrerheere

7*

mehr durch das ungewohnte Klima, als durch die Feinde aufgerieben worden seien, so weist doch dieser Satz deutlich genug auf ein Stückchen physischer Geographie hin, das herangeholt werden muß. Ähnlich ist's, wenn neue Erfindungen (z. B. die des Glases, des Schießpulvers, der Taschenuhren, der Luftpumpe, des Porzellans 2c.) erwähnt werden. Überhaupt erinnern alle Verbesserungen in der Schifffahrt, der Industrie, des Handels, des Transportwesens, der Nahrung, Kleidung und Wohnung, des Kriegswesens 2c. durch die dabei nötigen Werkzeuge, Stoffe, Waffen 2c. auch stets an die Quelle — Natur und Naturkunde — der sie entsprungen sind. Vielleicht darf man sogar sagen: wenn es in einer geschichtlichen Erzählung an solchen Hinweisungen auf die Ethnographie, Geographie und Naturkunde fehlt, so hat sie den realen Boden unter den Füßen verloren und fährt hoch in den Wolken daher, d. h. sie ist abstrakt, auszugartig, farblos; und umgekehrt: je anschaulicher und genauer die Geschichte erzählt werden soll, desto mehr müssen die Personen, Handlungen und Ereignisse so dargestellt werden, wie sie in der Wirklichkeit mit der äußeren Welt verwachsen gewesen sind. Nicht zu vergessen ist, daß in den hierhergehörigen belletristischen Lesestücken ebenfalls Hinweisungen auf die bezeichneten Außendinge vorkommen.

Was die unterrichtliche Behandlung dieser in der Profangeschichte (und ihre Begleitstoffe) eingewebten ethnographischen, geographischen 2c. Notizen und insbesondere die dadurch nötig werdenden realistischen Hülfslektionen betrifft, so ist droben (bei der biblischen Geschichte) darüber bereits ausführlich gesprochen worden. Ich muß mir erlauben, darauf zu verweisen. Nur einige erweiternde Bemerkungen seien noch beigefügt. Was dort über die Vorteile dieser realistischen Hülfslektionen gesagt wurde, namentlich über die wichtigen Vorteile, welche den helfenden Fächern selbst daraus erwachsen, gilt hier, wo der historische Horizont beträchtlich weiter wird, in verstärktem Maße. Daraus folgt, worauf auch droben schon hingewiesen wurde, daß jene drei Realzweige um ihrer selbst willen wünschen müssen, recht häufig zu solchen Hülfsleistungen veranlaßt zu sein. — Meine methodische Reflexion zieht übrigens noch weitergehende Folgerungen daraus. Ich will dieselben andeuten, obwohl sie sich an dieser Stelle noch nicht ausreichend motivieren lassen. Steht es um jene „Hülfslektionen" so, daß die helfenden Fächer selbst sie wünschen müssen, so verdienen sie auch vom Standpunkt dieser Fächer einen andern Namen, nämlich den, daß sie die besten sind, die sich hier erdenken lassen, also die methodisch normalen. Das heißt dann mit andern Worten: die Geographie, Ethnographie und teilweise auch die Naturkunde müssen — wenigstens auf den unteren Stufen — ihren Lehrgang so suchen, daß

sie sich, so viel als möglich, an den Lehrgang des Gesinnungsunterrichts oder der ethischen Fächer (der biblischen Geschichte
und „Kulturgeschichte") anschließen resp. dort ihre Anknüpfungs-
punkte finden, so daß also eine neue realistische Lektion nicht wie von
ungefähr in die Schule hineinfällt (nämlich nach einem Lehrgange, den
nur der Lehrer, nicht aber der Schüler begreift), sondern durch das Lern-
bedürfnis der Schüler selbst gefordert und gewiesen wird.*)

---

*) Man wird mich hier fragen wollen, ob denn schon auf den untern Stufen
die Profan-, d. i. die Kulturgeschichte vorkommen könne und solle. Gewiß, gerade
so gut wie Singen und Springen, Zeichnen und Schreiben, Rechnen und Lesen ꝛc.
Hätten wir für die oberen Stufen ein nach Inhalt und Form so wohl geeignetes
und wohlpräpariertes Material aus der Profangeschichte, wie wir für die untern
Stufen ein solches besitzen, so würde die Pädagogik mehr Lob verdienen, als sie jetzt
beanspruchen darf. Manche Leser werden hier denken, ich sei am phantasieren; aber
ich phantasiere nicht, ich rede wahre und vernünftige Worte. Verständigen wir uns!

Auf den unteren Stufen wird die Profangeschichte vorab durch die biblische
Geschichte vertreten. Doch muß von der Kulturseite her eine Ergänzung beigefügt
werden. Als eine solche gelten mir für das 1. und 2. Schuljahr die sog. freien
Erzählungen, wie man sie den Kindern zu bieten pflegt: Märchen und andere
Geschichten, aber nach der strengsten, sorgfältigsten Auswahl. Diese biblischen und
profangeschichtlichen Stoffe verbunden mit dem, was das Kind aus seinem Er-
fahrungskreise vom äußeren Menschenleben weiß, bieten Gelegenheit und Anlaß
genug zu ethnographischen Besprechungen und Belehrungen, ebenso dafür, um
zwischen der Geschichte und Naturkunde einen Verkehr einzuleiten. Die Geographie
hält sich auf dieser Stufe ganz im heimatlichen Anschauungskreise des Kindes, gerade
wie seine Beine.

Im 3. und 4. Schuljahre rate ich, im biblischen Geschichtsunterricht die Geschichte aus dem Patriarchenzeitalter weit breiter auftreten zu lassen, als es bisher
üblich war, so breit und ausführlich, wie es das Verständnis der Schüler vertragen
will. Hier beginnt nun auch der geographische Unterricht, der Geschichte das Geleit
zu geben, nachdem eine Orientierung über die Erdteile vermittelst des Globus vor-
ausgegangen ist. Von der kulturgeschichtlichen Seite her ergänzt sich die biblische
Geschichte wieder durch freie Erzählungen (namentlich auch durch Sagen aus
der heimatlichen Geschichte). Vor allem aber gebührt ein geräumiger Platz jenem
Muster einer kindermäßigen Einführung in die Kulturgeschichte, dem weltbekannten
Robinson Crusoe. (Nach der von Professor Ziller bevorworteten Graebnerschen
Volksausgabe, 1,25 M.) Daß wir in der Geschichte Robinsons in der Tat ein
solches klassisches Muster, namentlich für ethnographische Belehrungen, vor uns
haben, hat schon vor hundert Jahren einer gesagt, der sich auf dergleichen verstand
und durch den auch Campe zuerst auf diese Perle der pädagogischen Literatur aufmerksam wurde. Leider hat der Schulunterricht dieses unersetzliche Lehrmittel meistens
dem Privatgebrauche der Kinder überlassen und es damit sozusagen auf die Straße
geworfen.

Der Leser wird jetzt ungefähr verstehen, wie ich mir den Geschichtsunterricht
auf den unteren Stufen denke.

b) In Beziehung zum Religionsunterricht. — Oben (unter 1 b) wurde dargelegt, wie der Geschichtsunterricht und der Religionsunterricht einerseits nach Stoff, Lehrform und Zweck nahe verwandt, andrerseits aber in Stoff und Zweck auch wieder verschieden sind, und dann daraus abgeleitet, wie dieses Verhältnis der beiden Fächer zu einander unterrichtlich benutzt werden kann — und zwar zunächst zu Gunsten des Geschichtsunterrichts.

Jetzt haben wir — umgekehrt — zu fragen, wie sich dasselbe für den Religionsunterricht fruchtbar machen läßt. Die Antwort wird nun kurz sein können.

Während — wie oben gezeigt worden ist — vom Religionsunterricht her dem Geschichtsunterrichte vornehmlich ethisches Licht, d. i. Verständnis und Urteil in ethischen Dingen, zufließt, bietet umgekehrt der Religionsunterricht dem Geschichtsunterrichte vornehmlich ethischen Stoff — ich meine: lehrhafte geschichtliche Beispiele (menschlicher Handlungen, Charaktere, Gesinnungen 2c.) zur Benutzung an.

Diese Beispiele muß der Lehrer sich merken und in den Religionsstunden an den geeigneten Stellen zur Vergleichung heranziehen. Ebenso hat er sich aus den Reden der historischen Personen und aus den belletristischen Lehrstücken klassische Aussprüche über ethische Objekte (Sentenzen, Sprichwörter 2c.) zu sammeln und im Religionsunterricht (neben den Bibelsprüchen, Kirchenliedern 2c.) zu verwenden.

Ohne Zweifel sind die genannten wechselseitigen Handreichungen der beiden ethischen Lehrfächer bereits mehr oder weniger in den Schulen in Übung. Ob aber in allen? Jedenfalls können diese Dienste, wie ich glaube, noch planmäßiger benutzt werden, als es bis jetzt geschieht.

### 3. Die Naturkunde.

a) In Beziehung zur Kunde vom Menschenleben. — Das Verhältnis zwischen diesen beiden Lehrfächern ist bereits oben (unter 2 a) zur Sprache gekommen, aber nur von der Seite des Geschichtsunterrichts her, und zwar veranlaßt durch ein unabweisbares praktisches Bedürfnis desselben. Die in den geschichtlichen Erzählungen vorkommenden naturkundlichen und geographischen Notizen waren es, welche uns auf die zu wünschende unterrichtliche Verbindung zwischen den genannten Lehrgebieten aufmerksam machen.

Indem jetzt unsere Betrachtung von der Naturkunde auszugehen hat, werden wir imstande sein, jenes Verhältnis tiefer zu erfassen.

Wir fragen demnach: worin hat das Bedürfnis einer unterrichtlichen Handreichung der Naturkunde an die Geschichte seinen tiefern Grund?

Eine Verwandtschaft des Lehrstoffes und was daraus folgt, wie wir es bei den beiden ethischen Fächern fanden, liegt hier nicht vor. Jener Grund muß also anderswo gesucht werden. Er liegt, wie auch früher schon angedeutet wurde, darin, daß die Natur die materielle Unterlage des Menschenlebens bildet, zunächst des äußeren, aber dadurch mehr oder weniger auch des inneren.

Diese objektive Abhängigkeit des einen Gebietes von dem andern ist es, welche wir jetzt näher betrachten wollen.

Bei dem äußeren Menschenleben ist die Abhängigkeit von der Natur so augenfällig wie weitgreifend. Die Volkswirtschaft, das umfassendste der menschlichen Arbeitsgebiete, hat es bekanntlich mit dem Erwerb, der Veredelung und Ausbreitung von Naturgütern zu tun; und was die übrigen Arbeiten (für Landesschutz, Rechtsschutz, Leibespflege, Bildung und Seelenheil) an äußern Mitteln (Werkzeugen, Stoffen 2c.) bedürfen, müssen sie eben von dorther sich darreichen lassen.

Überdies ist das Menschenleben auch von dem allgemeinen Naturleben abhängig, von der Bodenbeschaffenheit, dem Klima und den kosmischen Verhältnissen; und endlich noch die Seele von ihrer Behausung, dem Leibe. —

Die Wirkungen dieser Abhängigkeit erstrecken sich von der Außenseite her auch mehr oder weniger auf die Gestaltung des inneren, geistigen Lebens. Die Bewohner der Gebirgsgegenden zeigen sich im Denken und Empfinden, im Reden und Handeln, vielfach anders als die der Ebenen, und beide wieder anders als die Schiffahrt treibende Bevölkerung der Küsten und Inseln. Sogar bis in die feinere Sphäre der Künste und Wissenschaften wirkt dieser Einfluß hinein: denn wie allbekannt, sind die Orientalen in Kunst und Kunstgeschmack von den Europäern merklich verschieden. Selbst unter den europäischen Völkern ist ein solcher Unterschied wieder wahrnehmbar; man denke z. B. nur an den zwischen italienischer und deutscher Musik. Auch die Verschiedenheit der Sprachen und Nationalitäten gehört, ihrer letzten materiellen Ursache nach, hierher. — Angesichts dieses bedeutenden Einflusses der Natur auf das äußere Menschenleben (die Zivilisation) und von da auf die feinere Kultur, müßte es fast wie ein Wunder erscheinen, wenn derselbe auch nicht in den tiefsten und entlegensten Regungen des Geistes, im religiös-ethischen Denken und Empfinden, sich noch spürbar zeigen sollte. Und in der Tat — er zeigt sich auch da noch. Es kann z. B. nicht Zufall sein, daß die Kirchenreformation gerade in Deutschland zum Durchbruche gekommen ist; auch nicht, daß die Masse der romanischen Völker dem (auf formenreiche Gottesdienste und auf das Autoritätsprincip sich stützenden) Katholizismus anhänglich geblieben ist, während die germanischen Stämme überwiegend der (auf einfacheren Kultus und auf persönliche Selbständigkeit angelegten) Reformationskirche sich zugeneigt haben.\*)

Es ist eine Tatsache von der großartigsten Bedeutung, vor der wir stehen. Eine wunderbare Seite der Weltordnung tut sich unsern Blicken auf. Alle humanistischen Wissenschaften, mit Ausnahme der formalen: Logik und Ethik, müssen sich durch diese Wahrheit, durch die Tatsache der Abhängigkeit des Menschenlebens von der Natur lehren lassen, wenn sie auf ihrem Gebiete sich zurechtfinden wollen: so die Psychologie, die Sprachwissenschaft, die Ethnographie, die Jurisprudenz, die Gesellschafts=wissenschaft, die Staatswissenschaft, die Volkswirtschaftslehre, die Geschichte (d. i. die Kunde von der Entwicklung aller Seiten des Menschen=lebens) ꝛc.\*\*) Auch die Pädagogik.

Sehen wir nunmehr zu, was für unsere vorliegende Betrachtung aus jener Tatsache folgt.

Zuvörderst erklärt sich jetzt — was wir im Vorbeigehen uns merken wollen — warum die profangeschichtlichen (und biblischen) Erzählungen so stark mit Notizen von geographischen und naturkundlichen Außendingen durchwebt sind. Weil das menschliche Tun und Erleben auf einem gegebenen landschaftlichen Boden geschieht und nun durch die Beschaffenheit dieses Bodens, durch die dort vorkommenden Naturmittel und durch das allgemeine Naturleben bedingt wird, so muß die Erzählung von diesem Handeln und Erleben in dem Maße, als sie genau sein will, auch diese Bedingungen mit erwähnen. — Ebenso erklärt sich nun, woher es

---

\*) Unwillkürlich muß man auch daran denken, daß — umgekehrt — die neueren politischen Revolutionen stets von romanischem Boden, von Frankreich, aus=gegangen sind. Sehr treffend pflegte daher Dr. Mager die französische Revolution von anno 1789 als „zurückgetretene" Reformation zu bezeichnen.

\*\*) Hervorragende Beispiele dieser Forschungsweisen sind u. a.: „Die medi=zinische Psychologie" von Lotze, „Vorlesungen über die Wissenschaft der Sprache" von Max Müller, „Geschichte der Zivilisation in England" von Buckle, über=setzt von Ruge, „Der Mikrokosmos" von Lotze, worin die Aufgabe, welche sich Herder in seinen „Ideen zur Philosophie der Geschichte" gestellt hatte, mit den reicheren Mitteln der neuern Wissenschaft wieder aufgenommen ist. In dem ge=nannten Werke von Buckle, welches übrigens unvollendet geblieben ist, hat sich leider die Forschung stark in materialistische Anschauungen verirrt. Wie nahe diese Gefahr hier liegt, ist bekannt. Aber gewöhnlich spielt auch eine andere, von der psychologischen Seite kommende Täuschung mit hinein. Wenn nämlich eine weit=greifende Wahrheit in ihrer ganzen Großartigkeit zuerst dem geistigen Blicke sich erschließt, so kann ihr Licht dermaßen blendend wirken, daß das Auge eine Zeit lang für andere, ebenso gewisse Wahrheiten wie blind wird. Freilich ist diese letztere Verirrung auch auf anderen Gebieten häufig genug vorgekommen.

kommt, daß die sprachlichen Darstellungen von geistigen Dingen und Vorgängen so reichlich mit Gleichnissen und bildlichen Ausdrücken
versehen sind. Auch die Gedanken (Vorstellungen) und die Sprache werden
durch die Natur bedingt. Hier ist zunächst dies gemeint: die ersten und
meisten Vorstellungen werden durch die Sinne vermittelt; es sind Anschauungen von der Außenwelt; ebenso bildet die Sprache zunächst Ausdrücke für die Sinnendinge. Gewinnt dann die Seele allmählich auch
Vorstellungen abstrakter Art und von geistigen (psychologischen) Dingen
und Vorgängen, so muß sie zur Bezeichnung derselben sich mit vergleichenden
sinnlichen Ausdrücken behelfen, oder auf äußere Dinge als Bilder hinweisen (Gleichnisse).

Ziehen wir jetzt — in unserer Betrachtung wieder vorwärts blickend —
die unterrichtliche Folgerung aus jener großen Tatsache. Ihr
Fundamentalsatz lautet: Das Menschenleben kann ohne Kenntnis seines
natürlichen Wurzelbodens nicht ausreichend verstanden werden; mit anderen
Worten: Der Geschichtsunterricht (auch der biblische) schwebt zum
guten Teil in der Luft, wenn er nicht auf einen ihn begleitenden und
erklärenden Unterricht in der Naturkunde (Geographie und Ethnographie) sich stützen kann. Damit ist denn dem naturkundlichen Unterricht
eine bestimmte neue Aufgabe zugewiesen, nämlich neben seiner ersten Aufgabe, die Natur an sich kennen zu lehren, auch die, die Einwirkung
der Natur auf das (vergangene und gegenwärtige) Menschenleben verständlich zu machen, so weit er es vermag.

Mit dieser zweiten Aufgabe erhält daher der naturkundliche Unterricht
gleichsam auch ein humanistisches Lehrziel.

Wie diese beiden Aufgaben in eine leidliche Einheit gebracht werden
können, muß hier als eine ungelöste Frage stehen bleiben. Daran mag
die Praxis sich versuchen. Mir lag nur ob, zu zeigen, daß die eine
Aufgabe nicht weniger verbindlich ist als die andere. Über die zweite will
ich noch ein paar Bemerkungen beifügen.

Sie macht zunächst bestimmte Ansprüche an die Stoffauswahl.
Dieselbe muß sich danach richten, was die einzelnen Partieen (Perioden
und Lektionen) der Geschichte samt ihren belletristischen Begleitstoffen zu
ihrem Verständnis bedürfen. Doch darf auch nicht vergessen werden, was
zum Verständnis des gegenwärtigen Menschenlebens erforderlich ist. —
Aber die richtige Stoffauswahl allein genügt noch nicht. Denn wenn
diese Stoffe das volle Licht geben sollen, was von ihnen erwartet wird,
so müssen sie im Lehrkurse auch da auftreten, wo der betreffende Geschichts-
abschnitt an der Reihe ist. Das heißt also: der naturkundliche Unterricht
muß wenigstens mit diesem Teile seines Stoffes samt der Geographie

und Ethnographie auch dem Lehrgange des Geschichtsunterrichts folgen, resp. seine Lektionen dort anknüpfen. Auf den unteren Stufen, etwa bis zum 10. Jahre, wird dem auch nichts im Wege stehen. Hier muß jedenfalls dahin gestrebt werden, daß die „Hülfslektionen" der Naturkunde, Geographie 2c. mit den isolierten in einen innigen normalen Lehrgang sich verschmelzen. Sind wir einmal so weit, so wird die Zeit schon lehren, was auf der Oberstufe geschehen kann.

b) In Beziehung zum Religionsunterricht. — Was im vorigen Abschnitt über das Verhältnis der Naturkunde (samt der Geographie 2c.) zum Geschichtsunterricht gesagt wurde, gilt, wie wir früher schon hörten, auch von ihrem Verhältnis zum Religionsunterricht, soweit dieser der naturkundlichen 2c. Hülfslektionen bedarf. Ein weiteres darüber zu sagen, wird nicht mehr nötig sein.

Aber ein Bedenken, welches bisher zurückgehalten wurde, wird jetzt gehört werden müssen. Es ist dies. Wenn es für die drei Realfächer schon schwierig ist, einem der ethischen Fächer unterrichtlich zu dienen, werden denn die Schwierigkeiten nicht allzusehr gehäuft, wenn dieselben nun nach zwei fremden Lehrgängen sich richten sollen? Darauf sei einstweilen folgendes geantwortet. Wenn von jenen realistischen Lehrzweigen Hülfsdienste gewünscht werden, so wird doch erstlich nichts von ihnen verlangt, was sie nicht leisten können, und zweitens nichts, was ihnen selbst Nachteil bringt. Ansprüche, die über diese Regel hinausgehen, müssen eben unbefriedigt bleiben. Das halte man ein für allemal fest. — Aber weiter. Wir haben oben gesehen, wie nahe die beiden ethischen Lehrgebiete (biblische Geschichte und Profangeschichte) verwandt sind: ihr Lehrstoff ist wesentlich geistiger Art, ihre Lehrform ist die Erzählung, dem Zwecke nach stellen sie zusammen den Gesinnungsunterricht dar. Ihnen gegenüber erkannten wir in der Naturkunde, Geographie und Ethnographie ebenfalls eine Gruppe verwandter Lehrzweige: sie bilden zusammen die Kunde von den Außendingen. Wenn nun die Lehrfächer der Außendinge dem Gesinnungsunterricht eine Handreichung leisten sollen, so müssen die Zweige desselben (die biblische und die Profangeschichte) sich gefallen lassen, als zusammengehörig, als eine Art Einheit aufgefaßt zu werden; keiner von ihnen darf bei den gewünschten Hülfen ein Vorrecht vor dem andern beanspruchen wollen. Sie müssen sich also auch damit zufrieden geben, daß die helfenden Realfächer selbst die rechten Stellen suchen und wählen, wo sie ihren Dienst anbringen und ihre Belehrungen anknüpfen können. Ob diese Stellen nun das eine Mal innerhalb der biblischen Geschichte, oder das andere Mal in der Profangeschichte, oder ein drittes Mal gar in den poetischen Begleitstoffen liegen, das ist für die Realfächer ebenfalls gleichgültig: sie dienen, so viel sie vermögen, nicht mehr und nicht minder. — Sodann sei noch an ein anderes erinnert. Es wird sich vor der Hand darum handeln, zunächst auf den unteren Stufen die zweckmäßige Verbindung dieser Lehrstoffe zu versuchen. Erst wenn man hier den Weg gebahnt und Erfahrungen gesammelt hat, wird es an der Zeit sein, auch auf den obern Stufen das Problem in Angriff zu nehmen; ich meine: im großen; im kleinen kann auch sofort schon manches überlegt und probiert werden.*)

Werfen wir zum Schluß auch noch einen Blick auf die Frage, ob die Naturkunde in sich selbst eine berufliche Beziehung zum Religions-unterricht habe. Das hat sie in der Tat, zwar nicht unmittelbar zum religiösen Lehrstoffe, aber zum religiösen Lehrziele: sie hat, wie sich zeigen wird, die Gabe und darum auch die Aufgabe, bei der Pflege der religiösen Gesinnung wirksam mitzuhelfen.

An und für sich trägt allerdings die Natur keine ethischen Ideen in sich, denn aus einem „Sein" läßt sich kein „Sollen" ableiten, auch keine religiösen Ideen, denn Stoff ist Stoff und nichts mehr, wie kunstvoll er auch geformt sei; und von einer „gütigen Natur" zu reden, wenn man ihr Haupt leugnet, ist Blödsinn. Allein wo sie mit religiösem Sinne betrachtet wird, da gibt sie doch reichlich Anlaß zu religiösen Gedanken und Empfindungen, wie sie der Psalmist in die Worte zu-sammenfaßt (Ps. 104, 24):

> Herr, wie sind Deine Werke so groß und viel,
> Du hast sie alle weislich geordnet,
> Und die Erde ist voll Deiner Güter.

In diesem klassischen Ausspruche sind die Hauptgesichtspunkte, welchen die religiöse Naturbetrachtung zu folgen hat, stufenweise gegeben. Es soll an den Werken der Schöpfung betrachtet werden:

ihre Großartigkeit und Mannigfaltigkeit — ver-kündend des Schöpfers Allmacht,

ihre Harmonie und Schönheit — verkündend des Schöpfers Weisheit,

ihre Abzweckung auf das Menschenleben — verkündend des Schöpfers Güte.

---

*) Sehr beachtenswerte praktische Winke über die Verbindung dieser Lehrstoffe (wie der Lehrfächer insgesamt) auf den unteren Stufen findet man in dem sog. „Seminarbuch" der Ziller schen Seminar-Übungsschule, — welches in dem „Jahr-buche des Vereins für wissenschaftliche Pädagogik" (1875) auch dem weiteren Kreise dargeboten wird. Ich muß um so mehr darauf aufmerksam machen, da die An-weisung, meines Wissens bis jetzt die einzige ihrer Art ist.

Aber was ist das? Sind die hier hervorgehobenen drei Seiten der Natur nicht auch gerade diejenigen, welche der richtige naturkundliche Unterricht, wie wir ihn kennen, schon ohnehin, abgesehen von einem religiösen Lehrzwecke, zu betrachten hat? In der Tat, so ist es.

Jedes Beschauen der Natur beginnt mit dem Blick auf ein Ganzes, wie es gerade in die Augen fällt, auf das Objekt in seiner Totalität, sei es eine Landschaft, oder der Sternenhimmel, oder eine einzelne Pflanze, oder eine physikalische Erscheinung. So das unabsichtliche Beschauen draußen, so das absichtliche beim Unterricht. Erst vom Ganzen her kommt man zur Unterscheidung und Betrachtung der Teile, der Einzelheiten. Da nun das Große und Mannigfaltige, was in einem solchen Ganzen liegt, schon dem ungeschulten Auge auffällt, so kann man auch sagen, daß der Unterricht von diesem Eindrucke ausgeht. Aber im weiteren sind es nicht aparte Lektionen, welche sich mit dieser Auffassung zu beschäftigen haben, sondern der Blick dafür erweitert und schärft sich eben durch den Verfolg des Unterrichts. Jene erste Seite der Natur, ihre **Großartigkeit und Mannigfaltigkeit**, kommt daher im gesamten Unterricht von selbst zu ihrem Rechte. — Die Betrachtung der zweiten Seite der Natur dagegen, ihrer Schönheit und Harmonie, oder der Gesetzmäßigkeit in ihren Formen und Vorgängen, sie ist es, womit der Unterricht zu seiner eigentlichen Arbeit eintritt, sowohl in der Naturbeschreibung, wie in der Naturlehre. Was die dritte Seite der Natur fordert, geht dann mit dieser Arbeit Hand in Hand: es ist die teleologische oder Zweckbetrachtung, die den Blick darauf richtet, wie die Natur die Unterlage des Menschenlebens bildet.

So finden wir denn, daß der naturkundliche Unterricht den Religionsunterricht schon dadurch wirksam unterstützt, daß er seine eigenen Aufgaben recht und ganz zu erfüllen sucht. Denn wenn der Schüler von der Anschauung der Großartigkeit des Universums zu dem Erkennen seiner weisen Ordnung und weiter zu dem Begreifen seiner Abzweckung auf das Menschenleben vordringt, so werden Blick und Haupt sich unwillkürlich erheben und das Herz zu der Frage treiben: „Wer hat alle diese Dinge geschaffen und führet ihr Heer bei der Zahl heraus" (Jes. 40, 26)? „Wer hat alles nach Maß, Zahl und Gewicht geordnet" (Weisheit 11, 22)? Und warum alles dem Menschen zu gut? Insbesondere ist es die letztere, die teleologische Naturbetrachtung, welche unwiderstehlich zur theologischen überleitet. Die ersten beiden Seiten der Natur, welche dem religiös empfänglichen Sinne des Schöpfers Allmacht und Weisheit vormalen, wirken überwiegend imponierend; ihr Eindruck ist vornehmlich der der Ehrfurcht. Die dritte dagegen, die Beziehung auf das Menschenleben, läßt auch einen Blick in des Schöpfers Herz werfen — in ein Herz, das in seiner Güte eine Welt darum gibt, um das Menschenherz zu sich zu ziehen.

Wo die Sache selbst so vernehmlich redet, da bedarf es nicht vieler Worte von seiten des Lehrers, um den naturkundlichen Unterricht zugleich zu einem religiösen zu machen. Es wird sich wesentlich nur darum handeln, dem Eindruck einen angemessenen Ausdruck zu geben, d. h. ihn zu klären und zu befestigen. Und dafür ist ein klassischer Ausspruch aus den Psalmen und den andern biblischen Schriften oder aus dem Gesangbuch und dem belletristischen Lesebuch das beste, was man wünschen kann.

Die Untersuchung darüber, was die Natur der Lehrgegenstände über unser Thema zu sagen hat, soll hier schließen.

.

---

## Ergänzungen zu dem vorstehenden Aufsatze.*)

### 1.

Die erste ergänzende Bemerkung will versuchen, die Hauptgedanken des vorstehenden Aufsatzes kurz und übersichtlich zusammenzustellen.

Damit uns keine Beziehung zwischen den Wissensgebieten entginge, mußten dort sechs gesonderte Betrachtungen vorgenommen werden. Nachdem diese Beziehungen nunmehr sämtlich klar vorliegen, werden wir auch daran gehen können, sie verwandtschaftlich zu ordnen. Die Sache wird sich dann merklich einfacher darstellen.

Erinnern wir uns zuvörderst, wie sich die Lehrobjekte selbst behufs ihrer unterrichtlichen Verknüpfung gruppierten. Aus den drei Wissensgebieten wurden zwei Gruppen:

A. die **ethischen** Fächer:
   die bibl. Geschichte und die Kulturgeschichte,
      verwandt nach Stoff, Form und Zweck.

B. die **Außendinge**:
   Naturkunde, Schulgeographie und Ethnographie,
      welche drei Fächer hier deshalb zusammenstehen, weil sie zusammen
      die stabile Unterlage des Menschenlebens kennen und ver-
      stehen lehren sollen.

*) Schulblatt, Jahrgang 1875. Nr. 5.

Im Anschluß an diese Gruppierung der Lehrobjekte lassen sich ihre verschiedenen Verknüpfungen übersichtlich so zusammenstellen:

I. Die gegenseitigen Handreichungen **innerhalb der ersten Gruppe**: zwischen der biblischen Geschichte einerseits und der Kulturgeschichte (Profangeschichte) andrerseits.

Die Ausführung bietet keinerlei Schwierigkeiten. Denn da die Handreichungen von jeder Seite gleichsam von selbst — aus dem eigenen Lehrgange heraus — angeboten werden, so handelt es sich bloß darum, daß sie gemerkt, in einen festen Plan gebracht und dann benutzt werden.

II. Die gegenseitigen Handreichungen zwischen der **ersten** und der **zweiten** Gruppe: zwischen den (verbündeten) ethischen Fächern einerseits und der Naturkunde, Geographie und Ethnographie andrerseits. ·

Die Handreichungen von den ethischen Fächern her — Zuschüsse zur Kenntnis der Außendinge und klassische Aussprüche für die religiöse Betrachtung der Außenwelt — bieten sich wiederum freiwillig, aus dem eigenen Lehrgange heraus, an. Die didaktische Überlegung hat somit abermals nichts weiter zu tun, als das Angebotene sich zu merken und es planmäßig zu ordnen; das übrige ist Sache des Lehrverfahrens. Von eigentlichen Schwierigkeiten kann also auch hier keine Rede sein.

Die Handreichungen von den Außendingen her müssen allerdings teilweise künstlich vermittelt werden, nämlich dadurch, daß diese Fächer sich (so viel als tunlich) dem Lehrgange der ethischen Fächer anbequemen. Hier ist eben die schwierige Stelle des Problems, aber auch die einzige. Man darf indessen nicht übersehen, daß die Natur der Sachen dem Bedürfnisse des Unterrichts schon halbwegs entgegenkommt. Die Ethnographie gehört ohnehin begrifflich zum humanistischen Gebiet und muß also wünschen, so viel als möglich in der Nähe der geschichtlichen Stoffe zu bleiben. Mit der Geographie verhält es sich ähnlich, weshalb es in den besseren Schulen auch bereits altbekannte Praxis ist, den geographischen Unterricht mit dem geschichtlichen tunlichst Hand in Hand gehen zu lassen.

Die Naturkunde ist freilich ihrem Stoff nach von den ethischen Fächern zu verschieden, als daß sie sich einem Anschluß an den Lehrgang derselben leicht fügen könnte. Allein im Schulunterricht hat sie doch einen starken Zug zu diesen Fächern hin. Einmal dadurch, daß ihr auch die wichtige Aufgabe zugewiesen ist, (in Verbindung mit der Geographie und Ethnographie) die stabile Unterlage des Menschenlebens kennen und verstehen zu lehren, eine Aufgabe, die ohne Zweifel zum großen Teile liegen bleiben müßte, wenn eine Verbindung des naturkundlichen Unterrichts mit dem geschichtlichen ganz und gar unmöglich wäre. Zum andern dadurch, daß die naturkundlichen Lektionen (wie alle andern Außendinge), wenn sie mit interessanten geschichtlichen Personen und Begebenheiten in Verbindung treten, auch selbst an Interesse gewinnen und darum solche Gelegenheiten herbeiwünschen müssen. Zunächst werden die unteren Stufen das Feld sein, wo versucht werden muß, wie weit eine ständige Verknüpfung zwischen den naturkundlichen und geschichtlichen Lektionen möglich ist.

## 2.

Ohne Zweifel wird der Leser im Verlauf unserer Abhandlung immer mehr inne geworden sein, daß die gewohnte Schulpraxis dem Problem von der Verbindung der Wissensgebiete doch nicht so fern steht, wie es ihm anfänglich scheinen mochte. Die überlegsame Schularbeit hat sich in der Tat schon in mancherlei Weise daran versucht. Es geht im Unterricht wie auf andern Arbeitsfeldern: die Erfahrungseinsicht und der praktische Takt schreiten häufig der Wissenschaft und der Kunsttheorie eine Strecke weit voraus. Freilich bleiben jene auf dieser Fortschrittsbahn gewöhnlich schon bald irgendwo stecken: es fehlt ihnen die Übersicht, oder die Erkenntnis des Zieles, auf das sie lossteuern müssen, oder was es sonst sein mag; genug, sie müssen eben warten, bis die Theorie nachkommt und ihnen weiter hilft.

Sehen wir uns das, was von der Lehrstoff=Verknüpfung bereits bekannt und in Übung ist, jetzt etwas näher an. Es wird sich dadurch, wie ich hoffe, auch das weniger Bekannte noch deutlicher zu erkennen geben.

Welcher nachdenksame Lehrer hätte sich nicht veranlaßt gefunden, bei Personen und Ereignissen der biblischen Geschichte auch an Personen und Ereignisse aus der Profangeschichte zu erinnern, und ebenso umgekehrt? So wird er z. B. bei dem ersten christlichen Märtyrer Stephanus erinnert haben an irgend einen bekannten Blutzeugen aus der Reformations= zeit (im Bergischen an Adolf Klarenbach, in Holstein an Heinrich von Züphen zc.); bei der Uneinigkeit und Zerrissenheit Israels zur Richterzeit und nach Salomo an die Uneinigkeit und Zerrissenheit Deutschlands zur Zeit der ersten Römerkriege, des 30jährigen Krieges, des Rheinbundes zc.; bei Elias, der einsam und doch unerschrocken den Autoritäten und der Majorität seines Volkes gegenübertrat, an den Wittenberger Mönch, der nicht minder unerschrocken in Worms vor Kaiser und Reich stand; bei Davids und Jonathans Freundschaft an die in Schillers „Bürgschaft" behandelte Sage aus der griechischen Geschichte; bei Absaloms Empörung (hier im Bergischen) an die Geschichte des bergischen Grafen Adolf VIII.

und seiner ungeratenen Söhne ꝛc. Nicht minder werden in den Schulen, wo ein solcher Verkehr der historischen Tatsachen in Übung war, auch gelegentlich lehrhafte S p r ü ch e , L i e d e r v e r s e u. dergl. zwischen den beiden ethischen Fächern ausgetauscht worden sein.

Fragen wir jetzt nach dem Verkehr der G e o g r a p h i e , E t h n o = g r a p h i e und N a t u r k u n d e (Gruppe B.) mit jenen geschichtlichen Fächern (Gruppe A.).

Was die G e o g r a p h i e betrifft, so kann man sich heutzutage kaum eine Schule vorstellen, in der es versäumt würde, bei den biblischen und kulturgeschichtlichen Erzählungen die Kinder auch mit dem Schauplatz der-selben (wenigstens den Hauptzügen nach) geographisch bekannt zu machen.

Die E t h n o g r a p h i e , obwohl sie im Lehrplan bisher nicht genannt zu werden pflegt, wird ebenfalls nicht ganz leer ausgegangen sein; denn da in der biblischen Geschichte z. B. von Zöllnern, Silberlingen, Kelter, Schleuder, Panzer, Kriegswagen ꝛc. die Rede ist, oder in der Profan-geschichte von Hansestädten, Meistersängern, Rittern, Landsknechten, Helle-barden ꝛc., so mußte doch den Schülern über diese Dinge etwas gesagt werden. An ein Bewahren und Ordnen dieser gelegentlich ausgestreuten Kenntnisse war freilich nicht zu denken; denn dafür würden gesonderte Lehrstunden nötig gewesen sein.

Am meisten wird es den ethischen Fächern an einer Handreichung von seiten der N a t u r k u n d e gefehlt haben. An Anlaß und Anregung dazu hat es indessen nicht gefehlt; denn wenn z. B. in der biblischen Geschichte die Dattelpalme, der Ysop, der Früh- und Spätregen u. dergl. erwähnt werden, so kann der Lehrer doch nicht umhin, darüber Auskunft zu geben. Es wird dies ohne Zweifel auch geschehen sein, aber innerhalb der Ge-schichtsstunde und daher, wie es recht war, möglichst kurz. Um genaueren Bescheid geben zu können, hätte eine n a t u r k u n d l i ch e L e h r s t u n d e zu Hülfe gerufen werden müssen. An diesen Ausweg mögen aber die wenigsten Lehrer gedacht haben, oder wenn doch, so werden sie der Meinung gewesen sein, das schicke sich für einen regelrechten Schulgang nicht; und es ist wahr: in die Schablone der isolierten Lehrgänge paßt es auch nicht.

Wie viel auch an der unterrichtlichen Verbindung der Wissensfächer noch fehlen mag, so viel haben wir gesehen: in denjenigen Schulen, die nicht allzusehr in den alten Gleisen stecken geblieben sind, ist sie d e m A n f a n g e n a ch bereits im Gange, und stellenweise vielleicht m e h r a l s dem Anfange nach. Was zu tun ist, um ans diesem Anfange etwas Vollendeteres zu machen, hat unsere erste Abhandlung von ihrem Stand-punkte aus zu erkunden versucht. Daraus wird so viel klar geworden sein: erstlich muß der bereits vorhandene Verkehr zwischen den Wissensgebieten planmäßig geordnet werden. Das ist das Nötigste. In dem Maße, wie man darin vorrückt, werden sich dann auch wohl die rechten Wege zeigen, um denselben ausgedehnter und reicher machen zu können.

Die Leser mögen vielleicht denken, daß diese zweite Nachbemerkung hier schließen könnte. Denn wie weit die gangbare Lehrpraxis in der Verknüpfung der Wissensfächer vorgeschritten ist, steht uns wenigstens den Umrissen nach vor Augen; und was noch zu tun übrig ist, hat die mitgeteilte Abhandlung dargelegt. Nach meinem Sinne sind wir indessen noch lange nicht am Schlusse: gerade die Hauptsache ist noch zurück. Der eigentliche Zweck dieser Nachbemerkung soll nämlich darin bestehen, die Frage „von der Verbindung der sachunterrichtlichen Fächer“ von einer neuen Seite besehen zu lehren. Wer das Bedürfnis hat, die verschiedenen Lehroperationen nicht bloß handwerksmäßig, sondern nach ihrem begrifflichen Zusammenhang zu erfassen — und das sollte man bei jedem Schulmann voraussetzen dürfen — und auch Geduld genug besitzt, der nachstehenden, leider etwas zu gedrängten Erörterung aufmerksam folgen zu können, wird sich durch interessante Aufschlüsse überrascht finden.

Die verschiedenen Verknüpfungen der Lehrstoffe, welche wir bisher kennen gelernt haben, sind keineswegs die einzigen, welche im Unterricht vorkommen müssen; sie bilden nur eine Art derselben. Es gibt eben noch eine zweite und sogar noch eine dritte Art. Natürlich denke ich dabei nicht an die Verbindung des Formunterrichts (Sprache ꝛc.) mit den sachunterrichtlichen Fächern, sondern immer an solche Lehroperationen, die auf dem Gebiete liegen, von dem wir reden, also innerhalb des Sachunterrichts. Zu dem Thema unserer vorigen Abhandlung gehörten sie zwar nicht, das war bestimmt begrenzt; sie werden von demselben vielmehr als bekannt und geübt vorausgesetzt. Und in der Tat sind sie auch in der Lehrpraxis mehr oder weniger in Übung, mehr sogar als jene erste Art.

Sollten unter den geneigten Lesern etliche in der Fassung und Laune sein, sich einen Spaß erlauben zu können, so möchte ich ihnen einen solchen vorschlagen. Ich meine den — bevor sie weiter lesen, mit ihren psychologischen Kenntnissen und Einsichten selber ein kleines Examen vorzunehmen, d. i. sich an einer psychologischen Aufgabe zu versuchen, die ich ihnen vorlegen will. Diese Aufgabe ist eben die, welche wir jetzt vor uns haben, nämlich: nunmehr auch die zweite und dritte Art der Lehrstoff-Verknüpfungen aufzuspüren und dieselben dann mit der bereits besprochenen ersten Art begrifflich in Reih und Glied zu bringen, d. i. ihre gemeinsame Bedeutung für die Bildung nachzuweisen. Wer meine „Grundlinien“ (und die früheren Aufsätze über den naturkundlichen Unterricht) kennt, dem würde ich auch mit einigen Winken zu Hülfe kommen können; da aber nach der Schulordnung das Zuflüstern und Vorsagen nicht gilt, so werde ich wohl davon abstehen müssen. Es sei also angenommen, daß die, welche die Freude des Selbstfindens begehren, hier das Blatt bei Seite legen und sich auf eigene Faust auf die Entdeckungsreise begeben.

Nun zur Sache.

———

Vor Zeiten — und sie liegen noch nicht sehr weit hinter uns — war es in den meisten Schulen üblich, die einzelnen Zweige des Religions-Unterrichts (biblische Geschichte, Bibellesen, Kirchenlied, Psalmen, Katechismus, Perikopen) ganz abgesondert voneinander zu behandeln; jeder dieser Zweigstoffe ging seinen aparten Weg. Die einsichtigeren Schulmänner erkannten jedoch allmählich, daß es unter diesen verschiedenen Lehrzweigen ein elementares Zentralfach gebe, und daß dieses die biblische Geschichte sei, und infolge dieser Erkenntnis wurden sie dann immer mehr inne, daß jene Separierung der Lehrstoffe ein Übel, eine Vergeudung von Zeit und Kraft und obendrein eine Plage der Schüler sei, kurz, daß die Schule gerade in dem wichtigsten Lehrgebiete bisher zu einer jammerhaften Stückwerkstreiberei verurteilt gewesen war. So fing man denn an zu überlegen, wie sich aus dieser Vielförmigkeit etwas Einfacheres, aus der Zersplitterung etwas Einheitliches, aus dem Stückwerk etwas Ganzes gestalten lasse. Zunächst wurde damit begonnen, die zu lernenden Lieder, Sprüche und Psalmen mit der biblischen Geschichte zu verbinden, d. h. dieselben dem geschichtlichen Lehrgange an den passenden Stellen einzuordnen. Damit war schon viel gewonnen, ein bedeutungsvoller Schritt zum Besseren geschehen, wenn auch der Katechismus und die Perikopen, aus unbesehbaren staats- und kirchenregimentlichen Gründen, ihre gesonderten Lehrgänge noch beibehalten mußten.

Wir wollen nun einstweilen nicht untersuchen, wie weit die dermalige Lehrpraxis auf dem Wege der religionsunterrichtlichen „Emanzipation" — soll heißen: der Unterwürfigkeit unter die Gesetze der Pädagogik — bereits vorgedrungen ist, sondern fragen, was wir in der begonnenen Verbindung der religiösen Lehrzweige begrifflich vor uns haben. Nichts anderes als ein Exempel der zweiten Art der Lehrstoff-Verknüpfung, die wir aufspüren wollten. Was hier im Religionsunterricht angestrebt wird, muß auch in den beiden andern Wissensgebieten angestrebt werden. Die allgemeine Regel dafür habe ich in der zweiten These der „Grundlinien" bereits ausgesprochen. Sie lautet:

„In jedem der drei sachunterrichtlichen Gebiete müssen die Zweigdisziplinen, soweit möglich, zu einer einheitlichen Schulwissenschaft zusammengefaßt werden, woraus denn auf jeder
Stufe von unten auf, so viel tunlich, etwas Ganzes zu
lehren ist."

Im Religionsunterricht hat die gesunde Lehrpraxis, wie wir
vorhin sahen, bereits in diese Bahn eingelenkt: die zu lernenden Lieder,
Sprüche, Psalmen und Gebete sind in den elementaren Geschichtsgang eingereiht. Dabei darf aber nicht stehen geblieben werden; es gilt, der Zersplitterung völlig ein Ende zu machen. Bei der großen Wichtigkeit
dieses Lehrgegenstandes wäre es auch gar zu schade, wenn die Herstellung
der richtigen Lehrweise noch lange auf sich warten lassen sollte. Kein
Wissensgebiet ist auch dafür so günstig gestellt wie das religiöse; denn es
sind hier keine Lehrstoffe vorhanden, welche sich gegen die Verbindung mit
dem Zentralstoffe sträuben, wenn nicht aus fremden, unpädagogischen
Gründen solche hineingebracht werden. Im Gegenteil, die Sachen kommen
dem Suchen nach dem Richtigen entgegen. Für die religiöse Erkenntnis,
welche aus dem äußeren Geschichtsstoffe reflexionsmäßig gewonnen werden
soll, bieten die Sprüche, Lieder, Psalmen und Gebete schon den fertigen
Ausdruck dar, einen Ausdruck, der verständlich, erbaulich und schön zugleich
ist, also alle wünschenswerten Eigenschaften in sich vereinigt. Diese klassische
Form kommt aber überdies dem Behalten des Inhaltes hülfreich entgegen; denn wenn die gewonnene Erkenntnis im Gedenken befestigt werden
soll, so kann es dafür kein bequemeres Mittel geben als das wörtliche
Einprägen solcher klassischen Aussprüche. Wie wird nun der Religionsunterricht, wenn er nach dem obigen Grundsatze möglichst einheitlich geordnet ist, aussehen? Ich will sein Bild skizzieren; was um der Kürze
willen ausgelassen werden muß, wird der Leser unschwer ergänzen.

Die biblische Geschichte ist das Zentralfach, d. i. dasjenige Fach,
welches den Lehrgang bestimmt. Die einzelnen Lektionen sind durch
die Einzelgeschichten gegeben, die jedoch nötigenfalls (namentlich auf den
unteren Stufen) in kleinere Pensen zerlegt werden müssen. Jede geschichtliche Lektion bildet samt den hinzutretenden didaktischen Stoffen (Spruch,
Lied ꝛc.) ein Lehrganzes, welches wir eine religionsunterrichtliche „Lehreinheit" heißen wollen. Um eine solche „Lehreinheit" herzustellen, muß
das betreffende Geschichtspensum darauf angesehen werden, welche religiöse
oder sittliche Wahrheit darin (für diese Stufe) veranschaulicht ist
resp. sich durch eine kurze Besprechung veranschaulichen läßt; aber wohlgemerkt: welche für diese Stufe hier am besten veranschaulicht ist; denn
diese Wahrheit soll dem geschichtlichen Stoffe nicht äußerlich angehängt

8*

werden, sondern aus demselben herauswachsen, und der Schüler soll sich ihren „klassischen" Ort ebenso sicher merken als ihren klassischen Ausdruck. Beide Stücke, der erste Veranschaulichungsstoff und das rechte Wort zum Aussprechen, gehören beim jugendlichen Verständnis genau so notwendig zusammen, wie bei einem Gewebe der Aufzug (die „Kette") und der Einschlag. Ist nun die Wahrheit, welche aus einer geschichtlichen Lektion hervorgehoben werden soll, festgestellt, so gilt es, den rechten Ausdruck für sie zu suchen, einen biblischen Spruch oder einen Liedervers oder beides, aber wiederum wohlgemerkt: den besten (für diese Stufe), den, der für diese Wahrheit ebenso gut klassisch heißen kann als der betreffende geschichtliche Stoff. Findet sich in Bibel und Gesangbuch das gesuchte passende Wort nicht, während vielleicht der Katechismus ein solches (in kurzem Ausdruck) bietet, so kann dieses letztere an die Stelle treten oder auch zur Ergänzung beigefügt werden. Wie man sieht, tritt der Katechismus nur in Konkurrenz mit Bibel und Gesangbuch auf; mehr darf er vor der Hand nicht beanspruchen wollen. Im Verfolg wird von Zeit zu Zeit, etwa alle Monate oder wie es sonst paßt, eine Lehrstunde angesetzt, um auf die gewonnenen religiösen Wahrheiten zurückblicken und dieselben, soweit es möglich und rätlich ist, übersichtlich zu ordnen (gerade wie z. B. auch in der Naturkunde). Nach größeren Zeiträumen, am Schlusse eines Jahres- oder Stufenkursus, mögen für diesen ordnenden und repetierenden Rückblick mehrere Lehrstunden verwendet werden. Diese ordnend-repetierenden Lektionen wollen aber nicht mit den geschichtlichen Repetitionen verwechselt sein; sie vertreten vielmehr etwas von dem, was der hergebrachte Katechismusunterricht bezweckte. Natürlich wird für dieselben nichts Neues memoriert: was wörtlich zu lernen war, ist bereits gelernt; doch mag immerhin, wenn's gerade paßt, die eine oder andere einschlägige Stelle aus dem Katechismus gelesen (und gut eingelesen) werden. Bei der übersichtlichen Zusammenfassung eines Jahreskursus kann es jedoch (auf der Oberstufe) treffen, daß auch eine längere Katechismusstelle dazu dienlich ist, z. B. Luthers Auslegung der Glaubensartikel oder die bekannte erste Frage des Heidelberger Katechismus ꝛc., diese mag dann auch wörtlich memoriert werden. Für eine isolierte Behandlung der Perikopen hat diese Lehrordnung selbstverständlich keinen Platz. Die laufende Lektüre der didaktischen biblischen Schriften sucht sich möglichst dem geschichtlichen Lehrgange anzuschließen. Auf diese Weise erhalten wir, wie man sieht, einen geschlossenen, einheitlichen Lehrgang des Religionsunterrichts, in welchem überall ein Glied das andere trägt und stützt, der also in Wahrheit „etwas Ganzes vom Evangelio"*) bietet und

*) Wonach der alte Prälat Oetinger schon so sehnsüchtig ausschaute. Der angeführte Ausdruck stammt von ihm.

zwar auf jeder Stufe. Will jemand fragen, ob dabei nicht doch der
Katechismus zu kurz komme, so ist erst zurückzufragen, ob dabei die hergebrachte Katechismuslernerei (mit ihren langstieligen Katechisationen) gemeint
sein soll, oder das, was der Katechismusunterricht eigentlich bezweckt,
nämlich ein übersichtliches und begrifflich=klares Erfassen
der religiösen Wahrheiten, soweit es in den Jugendjahren möglich
ist. Jenes kommt allerdings sehr zu kurz, und es wäre zu wünschen, daß
recht bald nichts mehr davon übrig bliebe. Für dieses dagegen ist nicht
bloß gut gesorgt, sondern viel besser als auf dem hergebrachten Wege.
Schon die Behandlung jeder einzelnen Geschichtslektion (von unten auf)
dient diesem Zwecke, und die ganze Ordnung des Unterrichts ist darauf
berechnet, wozu insbesondere auch dies gehört, daß Anschauung, Erbauung
und Reflexion stets dicht beisammen sind.

Dieses schöne Ziel wird sich indessen wohl so bald noch nicht erreichen
lassen. Einmal stehen noch äußere Hindernisse im Wege: die schulregimentlichen Vorschriften, welche an dem isolierten Katechismusunterricht
und dem besondern Perikopenlehrgange festhalten, und der alte kirchliche
Aberglaube an die wunderthätige Macht, welche in dem Memorieren eines
möglichst großen Haufens rein doktrinärer Katechismussätze stecken soll.
Diese Hindernisse müssen erst beiseite getan sein. Zum andern gilt es,
eine elementare christliche Heilslehre (Glaubens- und Sittenlehre)
herzustellen, welche einerseits an den biblischen Geschichtsgang genau
anschließt, andrerseits in Bibelsprüchen, Liederversen, Gebeten
und etlichen liturgisch gearteten Katechismusstellen ihren
Ausdruck findet und dritterseits jeder Stufe ein angemessenes, be-
quemes Pensum zuweist, so jedoch, daß jede Stufe etwas Ganzes erhält. Endlich aber muß der Lehrerstand sich mittlerweile für einen so
gearteten Religionsunterricht auch persönlich rüsten, d. h. sich um die
Aneignung des entsprechenden Lehrverfahrens bemühen.

In der Kunde vom Menschenleben (oder dem humanistischen
Wissensgebiete) fordert der obige Grundsatz, daß aus den drei Lehrzweigen:
Geschichte, Geographie und Ethnographie auf jeder Stufe etwas Ganzes
gelehrt werde, oder mit andern Worten, daß in jedem Stufenkursus jedes
dieser drei Zweigfächer angemessen vertreten sei. Das ist seine Minimal-
Forderung, die Bedingung und Voraussetzung jedes weiteren Fortschrittes.

Soll aber der Begriff „etwas Ganzes" zur vollen Wahrheit werden,
nämlich nicht bloß ein äußerliches Nebeneinanderstehen, sondern ein inneres
Verbinden der drei Lehrzweige stattfinden, so muß man auch die zweite
Forderung anhören, daß der Erzählstoff als Zentralfach gelte, d. i.
den Lehrgang bestimme, woran dann die beiden andern Zweigfächer (Geographie und Ethnographie) sich anlehnen.

Wie der Leser bemerkt, stoßen wir hier auf dasselbe, was droben und in der Abhandlung die erste Art der Stoffverknüpfung ebenfalls verlangte. Dort wurde diese Lehrweise auch dann für nötig befunden, wenn man das Geographische und Ethnographische zu den Außendingen rechnet; hier wird sie empfohlen, weil diese Stoffe begrifflich zum humanistischen Gebiete gehören. Was von zwei verschiedenen Seiten her betont wird, muß auch wohl doppelt wichtig sein.

Daß im humanistischen Gebiete der innere Zusammenschluß der Lehrstoffe schwieriger ist als im Religionsunterricht — und warum er es ist — liegt auf der Hand. Im Religionsunterricht konnte er daher schon innerhalb der einzelnen Lektionen hergestellt werden. Im humanistischen Gebiete wird es in der Regel nur in dem Rahmen größerer „Lehreinheiten", die etwa zwei und mehr Wochen in Anspruch nehmen, geschehen können. Auf das Wie näher einzugehen, ist hier nicht der Ort. Nur sei daran erinnert, daß die übliche Lehrpraxis, wie wir oben sahen, beim geographischen Unterricht bereits in diese Bahn eingelenkt hat, wenigstens in den besseren Schulen. Am Ziele sind wir aber noch lange nicht. Das bekunden insonderheit die landläufigen geographischen Leitfäden, die ein Lernmaterial aufhäufen, das weit über das Maß hinausgeht, was die Volksschule gebrauchen kann. Es stammt dieser Schwindel aus der Zeit, wo man um die bildende Durcharbeitung des Lehrstoffes sich wenig Sorge machte, aus einer Zeit, die noch weit vor den Stiehlschen Regulativen liegt.

Von der Ethnographie ist freilich in den hergebrachten Lehrgängen nicht die Rede gewesen. Man wird sich aber wohl allgemach darum bekümmern lernen müssen.

Diejenigen Leser, welchen meine „Grundlinien" und das „Repetitorium der Gesellschaftskunde" unbekannt geblieben sind, werden vielleicht nicht wissen, wie ich mir diesen Lehrzweig denke. Darüber ein paar Worte. Ethnographische Stoffe kommen in jeder Schule vor, auch wo nichts davon auf dem Lehrplane steht. Einmal enthalten bekanntlich alle Erzählungen (die biblischen, profangeschichtlichen und belletristischen) in der Regel ein beträchtliches Stück der Ethnographie. Für diesen ethnographischen Bestandteil der Geschichte haben ehemals die Gelehrten bei der alten (griechischen, römischen ꝛc.) Geschichte den Namen „Archäologie" (Altertumskunde) aufgebracht und scheinen ihn jetzt auch nicht wieder los werden zu können. Zum andern kommt die Ethnographie in der Schule vor als Bestandteil und Ergänzung der Geographie, neben der Länderkunde unter dem Namen „Völkerkunde", enthaltend Beschreibungen der Sitten, der Lebensweise, der wirtschaftlichen, gesellschaftlichen ꝛc. Verhältnisse in andern Zonen und Gegenden. Zum dritten kommt sie vor im sogenannten Anschauungs-

unterricht, indem dort nicht bloß von den naturkundlichen und geo=
graphischen, sondern auch von den menschlichen Dingen, die im Gesichts=
kreise des Kindes liegen, die Rede ist. Sonderbarerweise wird diese dritte
Quelle ethnographischer Belehrung, die Erfahrung, die man auf der
Unterstufe so gut zu benutzen versteht und die in der Tat die wichtigste
ist, auf den folgenden Stufen gar nicht weiter beachtet. — Was fängt
nun die übliche Lehrpraxis mit den ethnographischen Stoffen an, die ihr
von den genannten drei Seiten her zufließen? Nichts. Sie werden ein=
fach auf einen Haufen geschüttet, wie wenn sie zu weiter nichts nütze
wären als die Neugierde zu befriedigen. Eine neue Sonderbarkeit! Sie
sind ja zu etwas nütze, zu vielem. Einmal dazu: diejenige Seite des
Menschenlebens kennen und nach dem Maße dieses Kennens auch verstehen
zu lehren, welche der Geschichtsunterricht mit seinen Mitteln nicht verständ=
lich machen kann, die gefestigten Verhältnisse des Menschenlebens;
und obendrein dazu: dem Geschichtsunterricht als Leuchte zu dienen.
Als eine bloße Summe von Notizen können die ethnographischen Kenntnisse
natürlich dies nicht leisten; sie müssen auch begrifflich geordnet
werden, und dazu ist eine aparte Betrachtung erforderlich. Wem Ziel und
Weg soweit klar ist, der wird auch einsehen, daß die auf der Unterstufe
(im sog. Anschauungsunterricht) begonnenen ethnographischen Lektionen —
Betrachtung der stabilen Verhältnisse des Menschenlebens auf Grund der
Erfahrung — durch alle folgenden Stufen fortgeführt werden müssen,
und zwar gerade so gut, wie der in der Heimatskunde begonnene geo=
graphische Unterricht auf den folgenden Stufen fortgesetzt wird. Diese
ethnographischen Lektionen auf dem Boden der Erfahrung und zum Zweck
der begrifflichen Orientierung bilden den Kern dieses Lehrzweiges. Das
ethnographische Material, was aus den beiden andern Quellen, Geschichte
und Geographie, herzufließt, kann hier vortrefflich verwertet werden, indem
es Gelegenheit gibt, die heimatlichen Lebensverhältnisse mit denen in
früheren Zeiten und denen in andern Zonen und Gegenden zu vergleichen
und so das Verständnis in allen Richtungen zu klären. Damit wird dann
aus der Ethnographie ein Anfang der Ethnologie. Eine Zusammen=
stellung des Lehrstoffes jener Kernlektionen auf der Oberstufe findet man
im „Repetitorium der Gesellschaftskunde."*)

In der Naturkunde fordert der obige Grundsatz ebenfalls, die
Einzeldisziplinen (Mineralogie, Botanik, Zoologie, Sternkunde, physische
Geographie, Physik) als eine einheitliche Schulwissenschaft zu
fassen und demgemäß auf jeder Stufe etwas Ganzes daraus zu lehren.

*) Näheres hierüber findet sich in der Schrift: „Die Gesellschaftskunde eine not=
wendige Ergänzung des Geschichtsunterrichts." 3. Aufl. C. Bertelsmann, Gütersloh.
(Ges. Schriften IV, 2.)

Wie oben beim humanistischen Gebiete bemerkt wurde, kann diese Forderung „etwas Ganzes auf jeder Stufe" in einem nächsten oder Minimalsinne und in einem höher liegenden, strengeren Sinne genommen werden. Der Minimalsinn ist der, daß in jedem Stufenkursus jedes dieser Zweigfächer angemessen vertreten sei mit der selbstverständlichen Einschränkung: so weit die Fassungskraft der Schüler es gestattet. Damit ständen die Einzeldisziplinen zwar vorab nur äußerlich nebeneinander; allein sie sind doch, wie man sieht, schon bedeutend näher zusammengerückt, und das will um so mehr sagen, da es die Vorbedingung jedes weiteren Fortschrittes in der Verbindung dieser Lehrstoffe ist. Der strengere Sinn jener Forderung geht dahin, daß auch eine innere Verbindung der Einzeldisziplinen angestrebt werde, d. i. eine solche, welche allmählich einen Einblick in den Zusammenhang des Naturlebens erschließt. Daß dies das letzte, höchste Ziel des gesamten naturkundlichen Unterrichts ist, wird niemand bestreiten; denn die wirkliche Natur will nicht als ein Gebäude mit isolierten Zimmern gedacht sein, sondern als ein lebendiges Ganzes, in welchem jedes Glied durch die andern bedingt und bestimmt wird. Wie viel die Volksschule von dieser Aufgabe übernehmen kann, mag dahingestellt bleiben; die Frage ist aber wichtig genug, um sich dem Nachdenken anbieten zu dürfen; in der Zukunft muß sie jedenfalls irgend einmal ins reine gebracht werden.

Bisher kannte die Volksschule nur eine völlig isolierte Behandlung der naturkundlichen Disziplinen; und je eifriger man sich auf dieses Lehrfach legte, desto mehr schien das schlechte Beispiel der höheren Schulen als Muster zu gelten: die einzelnen Disziplinen wurden gleich den Kursen wie Stockwerke aufeinander getürmt. Etwas Ganzes sollte der Schüler ja bekommen, aber erst nach Verlauf der gesamten Schulzeit; auf jeder Stufe bekam er bloß ein Bruchstück. Bekanntlich hat auch ein namhafter Fachgelehrter, Professor Roßmäßler, in einer besonderen Schrift wider eine solche Behandlung der Naturkunde sich ausgesprochen und genau in Übereinstimmung mit unserm obigen Grundsatze verlangt, daß schon auf jeder Stufe etwas Ganzes gelehrt werde. Möge nun die Volksschule sich rüsten, vorab wenigstens den Minimalsinn der Forderung auszuführen, d. h. den Lehrplan so einrichten, daß innerhalb jedes Stufenkursus aus allen Zweigfächern, die den Schülern zugänglich sind, etwas mit vorkommt. Einstweilen wird derselbe auch der Lehrpraxis genug zu tun machen. Der weitergehende, strengere Sinn der Forderung, die Einzeldisziplinen nicht bloß näher zusammenzurücken, sondern wirklich zu verbinden, stößt aber auf nicht geringe Schwierigkeiten. Nach diesem Sinne müßte nämlich versucht werden, schon die kleineren „Lehreinheiten" (Pensen) so zu komponieren, daß sie einen Blick in den Zusammenhang des Naturlebens vermitteln. Das würde an sich auch nicht unmöglich sein; allein es fragt sich, ob der Vorteil auf der einen Seite nicht einen größeren Nachteil auf der andern Seite hervorruft, d. i. ob das Fortrücken im Verständnis des einzelnen Faches, das doch ein gewisses Beharren bei derselben Sache fordert, nicht durch solche Unterbrechungen zu sehr aufgehalten wird. Ich mache mit Fleiß auf dieses Bedenken aufmerksam. Es ließe sich manches darüber sagen, für und wider, sowie über den Vermittlungsvorschlag, am Schlusse eines Kursus ein paar solcher zusammenfassenden Lektionen vorzunehmen, wenn dazu hier der Ort wäre. Wer diese höhere Aufgabe im Auge behalten will, der denke daran an den Stellen, wo die Naturkunde den geschichtlichen Fächern eine Handreichung zu leisten hat; dort wird sich häufig Gelegenheit finden, an ihrer Lösung sich versuchen zu können.

So hätten wir denn auch die zweite Art der Lehrstoff-Verknüpfung kennen gelernt, die Verbindung der Einzeldisziplinen innerhalb eines und desselben Wissensgebietes.

In diese zweite Art will indessen noch eingerechnet sein, daß bei jedem Wissensgebiet auch die verwandten Stücke des belletristischen Lesebuches herangezogen werden müssen. Es ist dies deshalb nicht mit erwähnt worden, weil ich voraussetze, der Leser werde schon selbst daran denken. In einer vollständigen Theorie des Lehrplans würde es in das Kapitel von der Verbindung des Sprachunterrichts mit dem Sachunterricht gehören. Vgl. meine „Grundlinien".

Nun die dritte Art der Lehrstoff-Verknüpfung.

Die tagtägliche Schulpraxis soll uns zu derselben hinführen. Angenommen, wir kennten weder die erste noch die zweite Art der Lehrstoff-Verknüpfung, sondern lediglich eine vollständig isolierte Behandlung jedes einzelnen Lehrzweiges. Was hat nun der Unterricht innerhalb eines solchen Lehrzweiges, heiße er Pflanzenkunde oder Raumlehre oder biblische Geschichte ꝛc., zu tun? Zunächst handelt es sich bekanntlich darum, den Schüler die dort vorkommenden Objekte (Dinge, Verhältnisse und Vorgänge) kennen zu lehren, oder wie wir sonst sagen: ihn klare Anschauungen von denselben gewinnen zu lassen. Dabei kann aber der Unterricht nicht stehen bleiben. Es gilt, wie man zu sagen pflegt, vom Kennen zum Erkennen, vom Wissen zum Verstehen aufzusteigen. Was ist aber das Objekt dieses Erkennens oder Verstehens? Antwort: der Zusammenhang der Dinge, Verhältnisse und Vorgänge. In der Erkenntnis dieses Zusammenhanges lassen sich zwei Formen unterscheiden. Bei der einen werden die Dinge geordnet, gruppiert, und zwar nach ihrer Verwandtschaft oder Ähnlichkeit. Hier entstehen die ordnenden oder Klassenbegriffe,

die Begriffe der Art, Gattung, Familie, Ordnung, Klasse ꝛc. Wenn
im Unterricht gefragt wird: Was ist dieses Ding ꝛc.? so handelt es
sich eben um diese erste Art des Erkennens oder Denkens, um die
Auffassung der äußeren Verwandtschaft der Dinge. Bei der andern Form
des Erkennens richtet sich das Denken auf die Beziehungen der Dinge
zu einander. Da dieser Beziehungen mancherlei sind, so wollen wir bloß
die weitgreifendste, wichtigste hervorheben, die der Kausalität. Wenn
im Unterricht gefragt wird: warum? (woher? wozu?) so handelt es sich
eben um das Erkennen eines ursächlichen Verhältnisses.

Wie fängt es nun der Lehrer an, um das Denken der einen und
der andern Art in Gang und ans Ziel zu bringen? Man verstehe die
Frage recht; ich meine, wie er schulgerecht verfahren muß, d. h. so,
daß er nicht „in Worten kramt", nicht fertige Definitionen und Erklärungen
vorsagt, sondern die Schüler selbst suchen und finden lehrt. Wir wählen
zunächst ein Beispiel der ersten Art des Erkennens. Angenommen, der
geometrische Anschauungsunterricht stehe etwa vor der Aufgabe, den Begriff
„Parallelogramm" zu vermitteln. (Die höher liegenden Begriffe: ebene,
begrenzte Fläche und Viereck, seien als bekannt vorausgesetzt.) Wollte der
Lehrer zu dem Ende bloß ein einziges Exemplar dieser Gattung, etwa
ein Rechteck, dem Schüler vorführen, so würde er nicht zum Ziele kommen;
denn wenn der Schüler auch dieses Exemplar vollständig beschriebe, so
würde er doch nicht wissen, welche der gefundenen neuen Eigenschaften gerade
gemerkt sein wollen. Es muß somit noch ein zweites Exemplar dieser
Gattung daneben gestellt werden. Wenn es dann heißt: vergleiche diese
beiden Vierecke und merke die gemeinsamen Stücke, so sind Weg und Ziel
bestimmter gewiesen. Wäre indessen das zweite Exemplar ein Quadrat,
so würde der Schüler doch nicht ans Ziel gelangen, sondern über dasselbe
hinauslaufen; denn außer dem richtigen Merkmal würde er auch das ungehörige mit fassen, daß diese beiden Vierecke lauter rechte Winkel haben.
Der Lehrer muß also an Stelle des Quadrats ein anderes Exemplar,
etwa den Rhombus, setzen, oder aber den Rhombus als drittes Exemplar hinzuzeichnen. Um das Vergleichen zu vereinfachen, wird er natürlich
den ersteren Weg wählen. Jetzt ist das zu suchende gemeinsame (und
wesentliche) Merkmal leicht zu finden: der Schüler erkennt, daß diese
beiden Vierecke verwandt sind und worin sie verwandt sind. Nunmehr erfährt er auch vom Lehrer den gemeinsamen Namen (Begriffs-
namen). Die Lehroperation darf indessen hier noch nicht abschließen: es
bleibt noch der Schlußakt übrig, den gewonnenen begrifflichen Blick zu
prüfen und zu erweitern. Zu dem Ende wird auch das dritte und weiter
das vierte Parallelogramm noch vorgeführt mit der Aufgabe, auch diese

schnell zu untersuchen und das richterliche (begriffliche) Urteil über sie zu sprechen. Das Resultat ist, daß diese gleichfalls in die neue Genossenschaft aufzunehmen sind. Ähnlich muß überall verfahren werden, wo das Erkennen von der Anschauung zu Begriffen aufsteigen soll; nur hat die Schule wegen der großen Zahl der zu lernenden Begriffe nicht die Zeit, jeden mit derselben Genauigkeit und Umständlichkeit zu behandeln.

Wählen wir jetzt auch ein Beispiel desjenigen Denkens, welches auf das Erkennen eines Kausalitätsverhältnisses gerichtet ist. Das zu suchende unbekannte Objekt sei die Schwerkraft (samt ihren Wirkungsgesetzen). Zunächst gilt es wieder, Anschauungen vorzuführen, hier also solche Vorgänge, in welchen die Schwerkraft sich wirksam zeigt. Der Lehrer erinnert demnach etwa an den fallenden Stein und läßt noch andere Beispiele fallender Körper nennen. Aus diesen Erscheinungen geht nun soviel hervor, daß hier eine verborgene Ursache im Spiel sein muß; auch läßt sich feststellen, in welcher Richtung diese Kraft wirkt. Aber — jetzt erinnert der Lehrer an eine andere Art von Erscheinungen: an den Luftballon, die Seifenblase, den Rauch ꝛc., die alle in die Höhe steigen. Wie nun? Die einen Körper fallen, streben dem Mittelpunkt der Erde zu, die andern bewegen sich in der entgegengesetzten Richtung. Wie sollen diese so verschiedenen Erscheinungen zusammengebracht, auf eine und dieselbe Ursache zurückgeführt werden? Der Schüler wird schwerlich selbst auf den Gedanken kommen, daß hier ein Medium, die Luft, im Spiel ist, da doch selbst der gelehrte Aristoteles nicht auf diesen Gedanken kam. Um zu demselben hinzuführen, müssen daher wieder neue Erscheinungen herbeigeholt werden. Der Lehrer erinnert demnach etwa an das, was vorgeht, wenn man in ein Gefäß, worin ein wenig Öl ist, noch Wasser gießt: das Wasser sinkt nach unten, das Öl steigt nach oben. Er kann ferner daran erinnern, wie sich der Korkstöpsel benimmt, wenn man ihn unter das Wasser drückt und dann los läßt. An diesen neuen Beispielen werden die Schüler bei einiger Nachhülfe unschwer begreifen lernen, daß das Sinken des Wassers und das Steigen des Öles (und ebenso das Steigen des Korkstöpsels) nichts anderes ist als der Ausgang eines Kampfes zwischen einer größeren und einer geringeren Schwere, in welchem die stärkere Kraft gesiegt hat und nun die schwächere zurücktreibt, nämlich vom Mittelpunkte der Erde weg in die Höhe; daß also den beiden äußerlich so verschiedenen Erscheinungen doch eine und dieselbe Ursache, die Schwere, zu Grunde liegt. Mit dieser Erkenntnis ist dann auch der Schlüssel gefunden, der jenes erste Rätsel, das Emporsteigen des Luftballons in der Luft, aufschließt.

Es mag an diesen beiden Lehrproben genug sein. Was sie zeigen sollen, wird der Leser schon gemerkt haben. Fassen wir es in einen kurzen

Spruch zusammen. Wo immer innerhalb eines Lehrzweiges auf Grund der Anschauung ein Denken (Reflektieren) in Gang kommen soll, um von den bloßen Kenntnissen zur Erkenntnis aufzusteigen, sei es in der einen oder andern Richtung, da kann kein einziger Schritt vorwärts geschehen, wenn nicht zwei oder mehrere Anschauungen zusammen vor das geistige Auge gestellt werden. Bei einer einzigen, isolierten Anschauung, solange sie isoliert bleibt, steht das Denken so gut still wie die Verdauungstätigkeit des Magens, wenn er keine Speise bekommt, oder wie ein Körper sich nicht chemisch verwandeln kann, wenn kein zweiter hinzutritt. Die Hülfe, welche der Lehrer bei den Denkoperationen leistet, besteht vornehmlich darin, daß er die zu betrachtenden Objekte so auswählt, wie sie, bei richtiger Nebeneinanderstellung, von Schritt zu Schritt Licht geben können, und dieselben dann in dieser Auswahl und Zusammenstellung dem Schüler vorführt. Wenn der Schüler diese Hülfe entbehren müßte, so befände er sich immer in der Lage des allererften Forschers, der die lichtgebenden Objekte erst mühsam zusammenzusuchen hat und obendrein manchen vergeblichen Gang machen muß, bevor er die rechten findet. Der Unterricht soll dem Schüler diese vergeblichen Gänge ersparen und ihn so auf kürzerem und bequemerem Wege zum Ziele führen. Und daß dies möglich ist, darin liegt eben der große Vorteil, welchen die voraufgegangene Kultur den nachfolgenden Geschlechtern gewährt.

Wir sehen also, daß auch innerhalb jedes einzelnen Zweigfaches ein Zusammenrücken (Verbinden) der Lehrobjekte stattfinden muß, wenn man nicht bei bloßen Kenntnissen stehen bleiben will. Das ist eben die dritte Art der Lehrstoff-Verknüpfung, die noch aufzuspüren war.

Wir haben sie gefunden inmitten der tagtäglichen Schularbeit als etwas, das, nur unter anderm Namen, von jeher gekannt und geübt worden ist, wenigstens da, wo man gewußt hat, daß die Lehrkunst noch etwas anderes sei als das Handwerk des geistigen Wurststopfens. Eine andere Frage ist freilich die, wie es im Schulstande um die Geschicklichkeit in der reflektierenden Durcharbeitung des Stoffes steht. Darin wird wohl noch viel gelernt werden müssen; und das weiß niemand besser als der, welcher sich dieses Lernen hat angelegen sein lassen, denn er weiß auch, daß man darin niemals auslernt. Kein Wunder daher, daß diejenigen Lehrer, welche solche Lern- und Lehrarbeit scheuen und doch gern etwas Augenfälliges leisten möchten, sich möglichst aufs mechanische Wurststopfen legen und demgemäß diejenigen Fächer bevorzugen, wo diese Kunst am leichtesten anzubringen ist. Eins der untrüglichsten Symptome dieser didaktischen Armseligkeit liegt vor Augen in der Überwucherung der Geographie, wie sie landläufig betrieben wird, und in der Liebhaberei so vieler Lehrer an diesem geistlosen Aufhäufen von Namen, Zahlen und andern isolierten Notizen. Man denke jedoch nicht, daß die Wurstmethode sich nicht auch in andern Lehrzweigen mit Glanz produzieren könnte; selbst die Physik läßt sich sehr gut dazu mißbrauchen. Davon mag aber ein anderes Mal die Rede sein.

So haben wir denn die drei Arten der Lehrstoff-Verknüpfungen kennen gelernt, wenigstens soweit, um zu wissen, daß sie da sind und da sein müssen. Stellen wir sie uns noch einmal übersichtlich vor die Augen, jetzt aber in umgekehrter Reihenfolge.

Ein Verbinden der Lehrstoffe muß stattfinden:
1. innerhalb jedes einzelnen Zweigfaches;
2. zwischen den Zweigfächern jedes Wissensgebietes;
3. zwischen den drei Wissensgebieten.

---

Es wird nicht nötig sein, darauf aufmerksam zu machen, daß jedes dieser drei Sätzchen noch viel zu untersuchen übrig läßt, zumal wenn es gelten soll, die Schulpraxis in ihrem ganzen Umfange nach diesen Wahrheiten zu gestalten. Doch unsere orientierende Betrachtung ist noch nicht am Ziele. Ins Herz, ins Innerste haben wir diesen drei Sätzen noch nicht geschaut. Ihr Vollsinn tritt erst dann hervor, wenn man sie in ihrem Zusammenschluß erkannt, ich meine: den psychologischen Grund ihrer Zusammengehörigkeit begriffen hat. Ohne tieferes Eingehen in die Psychologie läßt sich das freilich nicht erreichen; doch will ich versuchen, wenigstens einige Andeutungen darüber zu geben.

In jenen drei Sätzen werden die drei Arten der Lehrstoff-Verknüpfungen charakterisiert und abgegrenzt nach dem äußeren Bereiche, welchem die zu verbindenden Stoffe angehören. Wie die Reihenfolge zeigt, nehmen die Sphären eine immer größere Ausdehnung an: Zweigfach, Wissensgebiet, Gesamtwissen (Welt). Durch diese engere und weitere Umrahmung sind alle Lehrstoff-Verknüpfungen, die innerhalb des Sachunterrichts vorkommen können, so bestimmt bezeichnet wie kurz zusammengefaßt — alle ohne Ausnahme — (natürlich abgesehen von der Verbindung des Sachunterrichts mit dem Sprach- und dem übrigen Formunterricht, wovon meine „Grundlinien" gehandelt haben). Wie verhalten sich nun jene drei Sphären innerlich zu einander? Darf man sich dieselben vielleicht als drei konzentrische Kreise denken? Dieses Gleichnis macht zwar ihren verschiedenen Umfang anschaulich, allein im übrigen trifft es doch nicht zu. Wir haben es wohl mit dreierlei Kreisen zu tun, aber nicht mit

dreien, sondern mit vielen; denn innerhalb des größten, des Gesamt-
kreises liegen erstlich drei mittlere (die drei sachunterrichtlichen Fächer), und
innerhalb jedes mittleren wieder so viel kleinere, als jedes Wissensgebiet
Zweigfächer besitzt. Es läßt sich für den nächsten Bedarf ein besseres und
zwar ein vollständig zutreffendes Gleichnis von den verschiedenen Lehrstoff-
Verknüpfungen (d. i. vom unterrichtlichen Gedankenverkehr) finden. Man
denke an den wirtschaftlichen Verkehr — an den gesamten wirtschaftlichen Verkehr eines Landes, das aus drei eigentümlich ausgestatteten
Provinzen besteht, von denen jede wieder mehrere eigenartige Landschaften einschließt. Da haben wir erstlich den Güterverkehr innerhalb
jeder einzelnen Landschaft — (unsere erste Art der Stoff-Verknüpfung
oder des Gedankenverkehrs); zum andern den, welcher zwischen den Landschaften jeder Provinz stattfindet — (unsere zweite Art des Gedankenverkehrs); und endlich den, welcher zwischen den Provinzen des Landes
stattfindet — (unsere dritte Art des Gedankenverkehrs).

In diesem Gleichnisse ist bereits verstohlenerweise ein lichtgebender
Gedanke mit eingeführt, auf den ich im vorbeigehen den Finger legen
will: anstatt „Lehrstoff-Verknüpfung" wurde „Gedankenverkehr" gesagt.

Wer das Wesen des Gedankenverkehrs begriffen hätte, dem
würde nicht not sein, über die innere Zusammengehörigkeit der obigen drei
Sätze noch viel zu hören.

Gehen wir weiter. Stellen die drei Arten der Lehrstoff-Verknüpfung
vielleicht zugleich drei Stufen (Grade) derselben dar, so daß sie sich etwa
auch dadurch unterscheiden, daß die erste Art am leichtesten oder am
nötigsten, jede folgende aber schwieriger oder weniger nötig ist?
Diese Frage läßt sich eigentlich erst am Schlusse erledigen. Da aber
unsere bloß orientierende Betrachtung dort nicht mehr darauf eingehen
kann, so will ich hier wenigstens behauptungsweise ein Wort darüber sagen.
Innerhalb jeder der drei Sphären kommen sowohl schwierige wie leichte
Fälle vor, ebenso solche, die dringend nötig, und andere, die weniger nötig
sind. Die Kreise selbst geben somit über diese Punkte keine generelle Entscheidung; dieselben müssen vielmehr von Fall zu Fall beurteilt werden.
Es ist also klar, daß die drei Sphären nicht als Stufen (in diesem Sinne)
aufzufassen sind. (Natürlich habe ich bei der Frage von schwer und leicht
nur daran gedacht, ob die betreffende Operation für den Schüler schwer
oder leicht sei. Denn was der Lehrer zu tun hat, um die nötigen
unterrichtlichen Vorbereitungen zu treffen, und ob ihm das viel oder wenig
Mühe macht, gehört in einen ganz andern Gedankengang.)

Eilen wir jetzt zu der Stelle, wo unsere Frage, wie sich die drei
Arten der Lehrstoff-Verknüpfung innerlich zu einander verhalten, ins reine

gebracht werden kann, zu dem Begriffe des Gedankenverkehrs, wie die Psychologie denselben verstehen lehrt. (Ich rede aber bloß vom reflexionsmäßigen Gedankenverkehr; wie sich die Phantasie dazu verhält, wie weit sie mit hineingreift oder etwas Besonderes ist, muß um der Kürze willen außer Betracht bleiben.) Zweierlei ist's, was wir dabei ins Auge fassen müssen: den psychischen Vorgang und den Zweck desselben.

Ich knüpfe an das an, was oben über die erste Art der Lehrstoff-Verbindung (innerhalb jedes einzelnen Zweigfaches) gesagt wurde. Wie wir dort sahen, bezweckt dieselbe, die Erkenntnis des Zusammenhanges der Dinge in seinen zweierlei Formen zu erschließen. Die Empirie, d. i. die Wahrnehmung (Anschauung), sieht und weiß davon noch nichts; sie hat es nur mit den Einzeldingen zu tun, sei es in ihrer völligen Isolierung, oder wie sie äußerlich (in räumlichem Nebeneinander und in zeitlichem Nacheinander) verbunden sind: die Empirie sammelt bloß Kenntnisse. Um zu etwas Höherem, zu Erkenntnissen zu gelangen, oder objektiv ausgedrückt: um den Zusammenhang der Dinge zu erfassen, muß eine neue Seelentätigkeit stattfinden. Wir nennen sie Reflexion (Denken, Überlegen ꝛc.).

Was der Unterricht zu tun hat, um die Reflexion einzuleiten, haben wir droben, in den beiden Lehrbeispielen, ebenfalls gesehen: der Lehrer muß für jeden Fall aus den Objekten eine sorgfältige Auswahl treffen und diese ausgewählten Objekte (Dinge, Verhältnisse, Vorgänge) zusammen vor das geistige Auge der Schüler bringen. Ob dieselben bereits bekannt waren oder jetzt erst durch die Anschauung gewonnen wurden, ist gleichgiltig. So die erste Vorbereitung. Diese vorgeführten Objekte müssen nun schärfer und in Beziehung aufeinander besehen werden, nämlich darauf hin, ob in ihnen sich Merkmale befinden, vermöge deren sie logisch zusammengehören, sei es nach der Gleichheit (und Ähnlichkeit), oder nach der Kausalität ꝛc. Hat der Schüler diese Merkmale und ihre Zusammengehörigkeit erfaßt, so ist die Reflexion im wesentlichen vollzogen. Denn die noch folgende Bezeichnung des erkannten Verknüpfungs-Verhältnisses (durch ein Begriffswort oder durch einen Satz) und die schließliche Prüfungsaufgabe sind bloß unterrichtliche Zutaten. Man muß sich den Reflexionsvorgang aber recht ins Psychologische übersetzen, d. h. ihn rein psychisch denken. Die Außendinge sind für die Seele nicht eher da, bis sie eine Vorstellung davon gewonnen hat. Was wir im Blick auf die Außenwelt „Objekte" und „Merkmale" nennen, heißt im Blick auf die Seele „Vorstellung"; und was wir „Verbindung der Lehrstoffe" genannt haben, ist in Wahrheit nichts anderes als Verbindung der Vorstellungen = Gedankenverbindung, Gedankenverkehr.

Weil die Seele ein einfaches, ein absolut einfaches Wesen ist, so hat sie das Streben, das Chaos der ihr zuströmenden Kenntnisse (Vorstellungen) einheitlich, möglichst einheitlich zu ordnen, womöglich nach einem Prinzip, um von diesem einen Punkte aus das Ganze übersehen und beherrschen zu können; — oder mit andern Worten: sie kann nicht ruhen, bis die erworbenen Vorstellungen nach ihrer logischen Zusammengehörigkeit untereinander verbunden sind. Was einmal als zusammengehörig erkannt ist, bleibt auch in der Seele (in irgend einem Maße) verbunden. Sich auf eine früher erworbene Erkenntnis besinnen, heißt nichts anderes, als die betreffenden zusammengehörigen Vorstellungen wieder zusammen ins Bewußtsein rufen.

. Über die Natur des wunderbaren „Bandes", welches die Gedankenwelt zusammenhält und zugleich in Bewegung setzt, kann hier das Genauere nicht gesagt werden. Das so unübersehbar wechselvolle Seelengetriebe auf ein Prinzip zurückgeführt zu haben, aus dem alle psychischen Erscheinungen erklärt werden können, ist bekanntlich Herbarts Verdienst. Er hat damit in der Welt des Geistes eine Entdeckung gemacht, der an Großartigkeit höchstens die von Kopernikus, Kepler und Galilei vorbereitete und von Newton klar gestellte Entdeckung des die Körperwelt zusammenhaltenden und bewegenden Gravitationsgesetzes an die Seite gestellt werden kann. Man sieht also ungefähr, wie es um die Operation des Reflektierens (Denkens) in Wirklichkeit steht. Ist ihr psychologisches Grundgesetz erkannt, sei es auch nur annähernd, so sieht dieser geheimnisvolle Vorgang viel, viel einfacher aus, als man ihn vorher sich vorstellte. Lehrstoff-Verknüpfung (in der bezeichneten Art und Weise), Vorstellungsverbindung, Reflexion, Denkoperation, reflexionsmäßige Durcharbeitung des Lehrstoffes, Gedankenaustausch, geistreiche Einfälle haben, Erfindungen machen, Forschungen anstellen, poetische Gedanken schaffen, pikante Witze produzieren ꝛc. ꝛc., das alles ist wesentlich ein und derselbe psychische Vorgang: Verknüpfung zusammengehöriger Vorstellungen.

Was hier zunächst von der Lehrstoff-Verknüpfung innerhalb des einzelnen Zweigfaches gesagt worden, gilt — wie die zuletzt angeführten mancherlei Ausdrücke schon andeuten sollten — dem Hauptsinne nach auch von derjenigen der mittleren und größeren Sphäre des Sachunterrichts. Ich sage: dem Hauptsinne nach, weil eine kleine Einschränkung nötig ist. Es muß nämlich unterschieden werden, ob eine solche Verknüpfung schon unmittelbar einen Teil einer Reflexion bildet — sei es die Einleitung dazu oder eine Wiederholung des prüfenden und klärenden Schlußaktes in neuer Form, — oder aber ob sie zunächst nur irgend welche empirische Anschauungen klären oder ergänzen oder beleben soll, also dem reflektiven Denken bloß **mittelbar** (vorbereitend) dient. So z. B. gehört der Anschluß der Geographie an die Geschichte vorab zu der letzteren Art, indem die geographische Anschauung die geschichtliche wesentlich ergänzt, und umgekehrt die interessantere Geschichte das geographische Lernen merklich belebt. Und doch gehört die Verbindung dieser beiden Lehrzweige nicht ausschließlich dahin, weil sie auch mancherlei exakte Reflexionen einleiten kann und soll. Man denke z. B. an die geographischen Ursachen, welche bei dem Untergang des französischen Heeres in Rußland (1812) mitgewirkt haben, oder an den Zusammenhang zwischen dem Nomadenleben der Patriarchen und den klimatischen und andern geographischen Verhältnissen Mesopotamiens und Kanaans. Ähnlich verhält es sich mit der wechsel-seitigen Handreichung, welche die Ethnographie und Geschichte einander leisten können. Alle übrigen Lehrstoff-Verknüpfungen des mittleren und weitesten Kreises im Sachunterricht sind fast **ausschließlich reflektiver** Art. Es würde so hübsch wie nützlich sein, auf Grund einer Durch-musterung sämtlicher Lehrstoff-Verknüpfungen hier eine recht stattliche Anzahl von Beispielen der einen und der andern Art vorzuführen; ich muß das aber für eine andere Gelegenheit versparen. Mittlerweile mögen die Leser, die es gelüstet, sich selber schon an diese Arbeit geben. Für die Lehrpraxis möchte ich indessen bei dieser Gelegenheit eine frühere Bemerkung nochmals betonen. Ein Zusammenschütten oder Aneinanderkoppeln verschiedener Lehrstoffe, wie sie einem just in den Sinn und in die Hände kommen, ist noch lange nicht das, wovon hier die Rede war. Ich rede von der Lehrstoffverbindung, welche der **Reflexion** unmittelbar oder mittelbar dient. Hoffentlich ist dabei auch das mitbegriffen worden, daß zu diesem Zwecke das Material mit Reflexion — sage: mit Reflexion — aus-gewählt sein will.

Wie sich die Lehrstoff-Verknüpfungen der drei Sphären innerlich (dem Wesen nach) zu einander verhalten, wird dem Leser nunmehr verständlich sein. Sie haben alle einen und denselben **Zweck:** den **Zusammen-hang der Welt und des Weltlaufes** zu erschließen. Sie gehören dem psychischen Vorgange nach alle (mittelbar oder unmittelbar) zu der-jenigen Seelentätigkeit, die wir **Reflexion** (Denken, reflektierendes Durcharbeiten) nennen; außer ihnen gibt es kein Reflektieren mehr (im Sachunterricht). Sie stellen auch keine **Grade** der Reflexion dar, weder hinsichtlich der Schwierigkeit noch hinsichtlich des Bedürfnisses; auf allen Stufen, von unten auf, können und müssen Lehrstoff-Verknüpfungen sowohl aus der einen wie aus der andern Sphäre vorkommen. Was sie unter-scheidet, ist lediglich etwas Äußerliches, Unwesentliches, das, was der Aus-druck „Kreise" anzeigen soll, nämlich welchen Lehrfächern die zu verbindenden Objekte angehören. Wenn wir daher früher diese dreierlei Lehrstoff-Verknüpfungen als drei „Arten" bezeichneten, so geschah das nur behufs der ersten Orientierung. Der Ausdruck „Art" ist hier nicht am Platze, da ein wesentlicher Unterschied zwischen ihnen nicht besteht. Sie sind vielmehr alle von ein und derselben Art, oder genauer gesagt: durch ihr Zusammensein wird die eine Art der Seelentätigkeit konstituiert, die wir (im Unterschied von der Empirie) Reflexion oder denkendes Durcharbeiten des Lehrmaterials nennen. Eine einzelne Sphäre für sich allein stellt also nicht ein bloßes Weniger dar, sondern ein Bruchstück, nämlich ein Bruchstück eines organischen Ganzen.

Über Natur, Wesen und Umfang der Lehrstoff-Verknüpfungen hat die vorstehende Erörterung, soviel es in der Kürze möglich war, Licht zu geben gesucht.

Es erübrigt, zum Schluß auch auf ihre vielseitige praktische Wirksamkeit oder auf die speziellen pädagogischen Aufgaben einen näheren orientierenden Blick zu werfen.

***

Die erste dieser Leistungen im Bildungs- und Erziehungswerke, wozu die planmäßigen Lehrstoff-Verknüpfungen berufen und befähigt sind, ist die, welche oben stets als ihr nächster Zweck bezeichnet wurde: die Erkenntnis des Zusammenhanges der Welt und des Weltlaufes zu erschließen. Es wird also genügen, diese erste Leistung hier einfach aufzuzählen. Sie kommt, wie man sieht, dem Teile der Bildung zu gut, welchen wir Intelligenz nennen.

Der Ausdruck „Erschließung des Zusammenhanges der Dinge" lautet so, wie wenn nur das auffassende (theoretische) Erkennen gemeint sein solle; es muß daher bemerkt werden, daß das praktische (angewandte, ausführende, künstlerische) Erkennen stets mit zu denken ist.

Der zweite Bildungsertrag gehört ebenfalls zur Intelligenz. Er entsteht und wächst in und mit dem ersten und steht demselben an Wert mindestens gleich. Es ist ein Bestandteil der Bildung, für den ich keinen geläufigen technischen Ausdruck weiß; da die Sache aber den allgemeinsten Umrissen nach jedermann bekannt ist, so läßt sie sich doch verständlich und deutlich bezeichnen. Ich meine nämlich: die Steigerung der Fähigkeit des Geistes im reflektiven Denken, also die Steigerung dessen, was man in seiner ursprünglichen Gestalt „Beanlagung", „Begabung" nennt, und in der ausgebildeten Gestalt, wenn dieselbe hervorragend ist, „Talent", „Genie" 2c. heißt. Vielleicht könnte man diesen zweiten Bildungsertrag, im Vergleich zu jenem ersten, als die „intensive" Stärke

der reflektiven Intelligenz bezeichnen. Doch auf die Worte kommt vorder=
hand nicht viel an; besehen wir die Sache. Worin besteht, worauf
beruht die intensive Stärke (Fähigkeit) des reflektierenden Denkens? Die
nächsten Vorbedingungen oder Unterlagen weiß schon der gewöhnliche Ver=
stand zu nennen, indem er sich an einem bekannten Gleichnisse orientiert.
Worauf beruht die Leistungsfähigkeit des merkantilen Geschäftsmannes,
abgesehen von der Größe seines Vermögens? Auf zwei Stücken: darauf,
daß seine Kapitalien einerseits sicher und andrerseits disponibel sind.
So verhält es sich auch mit der intensiven Stärke der Intelligenz: sie
steigt in dem Maße, als die erworbenen Vorstellungen ein sicheres und
zugleich disponibles Besitztum der Seele bilden, oder mit andern Worten:
daß sie einerseits fest und treu im Gedenken haften und andrerseits
nicht minder beweglich, d. i. zum Aufsteigen ins Bewußtsein (zum Ge=
brauche) bereit sind. Wie gesagt, soweit hat die populäre Auffassung das
Rechte getroffen; aber mehr weiß sie auch nicht. Wollte sie dabei sich
beruhigen, so würde sie die bekannte Hypothese aufstellen, hier seien zwei
psychische Kräfte im Spiele: die Gedächtniskraft und die Produktionskraft
(Verstand), gerade wie weiland Aristoteles auf die unleugbare Tatsache,
daß einige Körper zur Erde fallen, während andere in die Höhe steigen,
die Hypothese baute, die einen Körper seien absolut schwer, die andern
absolut leicht, was ganz dasselbe ist, wie wenn man sagen wollte: die
einen folgen der Anziehungskraft, die andern einer gewissen Abstoßungs=
kraft. Wir müssen tiefer forschen, die Psychologie befragen, aber wohl=
gemerkt: die Psychologie, welche wirklich etwas vom Seelenleben weiß,
dann wird sich auch finden, wie die genannten beiden Bedingungen der
Reflexionsfähigkeit mit der Lehrstoff=Verknüpfung zusammenhängen.

Wie steht es um die erste dieser Bedingungen, um die Sicherheit
des Kenntnisbesitzes oder um das feste, treue Behalten der Vorstellungen
im Gedenken (Gedächtnis)? wovon hängt es ab? Wer hier schnell auf
das sogenannte „Memorieren" raten und dasselbe lobpreisen wollte, dem
könnte es leichtlich gehen wie dem armen Mücklein, das auf das Licht
losstürzt und sich die Flügel verbrennt. Der Ausdruck „memorieren" ge=
hört zu den unklaren und darum zu den Bexierwörtern; er stammt aus
einer Psychologie, welche den psychischen Vorgang, der damit bezeichnet
werden soll, nicht analysiert hat. „Memorieren" in dem gewöhnlichen
Sinne, wobei insonderheit an das Einprägen von sprachlichen Darstellungen,
Vokabeln, Zahlen, Reihen ꝛc. gedacht wird, was an seinem Orte nützlich
und notwendig sein kann, ist ein Begriff, der einen wesentlichen oder
Hauptbestandteil und einen unwesentlichen oder Nebenbestandteil enthält.
Der Hauptbestandteil ist das „wiederholen"; der Nebenbestandteil

liegt darin, daß hier nur solche Vorstellungsverknüpfungen eingeprägt werden, welche äußerlich (nicht logisch) verbunden sind, z. B. Wort und Wort, Ding und Name, Ding und Zahl 2c. Wir haben hier also nur eine Art des Repetierens. Das Wiederholen kann und muß aber auch bei denjenigen Vorstellungsverknüpfungen stattfinden, die wir logische oder reflektive nennen, d. i. die den inneren Zusammenhang der Objekte darstellen, kurz, auch alle Denkoperationen müssen wiederholt werden. Das ist die zweite Art oder richtiger: die zweite Anwendung des Repetierens, — die leider wegen des traditionellen Hinstarrens auf jene erste und wegen der landläufigen Unwissenheit in psychologischen Dingen (trotz des vielen Parlierens von Psychologie) sehr vernachlässigt wird. Beide Anwendungen des Wiederholens zusammen geben erst den ganzen Begriff des Memorierens.

Nun stellt aber dieses ganze Memorieren (in seinen beiden Anwendungen) doch wieder nur eine Art des Einprägens dar; „einprägen" jetzt in dem weiteren Sinne genommen, wonach dadurch der Vorstellungsbesitz sicher, fest, zuverlässig gemacht werden soll. Es gibt eben noch eine andere Art, und sie ist noch wichtiger als jene erste (das zwiefache Wiederholen oder Memorieren). Wir wollen sie suchen. Sie steht uns näher vor den Augen, als vielleicht viele Leser ahnen. Da aber eine ausführliche psychologische Erörterung, wie sie zu einer regelrechten und überzeugenden Beweisführung erforderlich wäre, hier nicht möglich ist, so soll uns ein Gleichnis aushelfen, d. i. die Augen öffnen.*) Man denke an das, was der Baumeister tut, um bei einem Holzbau das Fachwerk durch künstliche Konstruktion fest, sicher, zuverlässig zu machen. Da werden senkrecht stehende und wagerecht liegende und schräge stehende Balken so zusammengefügt, daß sie sich durch die Vereinigung gegenseitig halten und stützen. So will auch der Gedankenbau errichtet sein: die Vorstellungen müssen nach den verschiedensten Richtungen sachlich-logisch verknüpft oder mit andern Worten: der Lehrstoff muß in den (durch den Zusammenhang der Sachen gewiesenen) verschiedenen Richtungen reflexionsmäßig durchgearbeitet werden, dann hält das Erkenntnisgebäude fest zusammen. In Summa — dem Leser werden wohl bereits die Augen aufgegangen sein: die unterrichtlichen Verbindungen der Lehrstoffe innerhalb der drei Sphären, wie wir sie in der voraufgegangenen Untersuchung kennen gelernt haben, sie bilden in ihrer Gesamtheit zugleich die zweite Art des „Einprägens",

---

*) Eine eingehendere Untersuchung findet sich in meiner Schrift: „Beiträge zur pädagogischen Psychologie", 1. Heft: Denken und Gedächtnis. Gütersloh, C. Bertelsmann. (Ges. Schriften I, 1.)

die wir aufspüren wollten. (Ich gebrauche hier den populären Ausdruck „einprägen", der aber nicht mit „memorieren" übersetzt werden darf, in überlegter Absicht, auch mit Fug und Recht, obwohl damit die ganze Sachlage noch nicht klar gestellt ist. Das Genauere wird sich bald zu erkennen geben.)

Wie steht es, so müssen wir weiter fragen, um die zweite Vorbedingung der „intensiven" Stärke der Intelligenz: um die Disponibilität des Kenntniskapitals, oder um die Freiheit und Beweglichkeit der Vorstellungen? worauf beruht sie? Ein Exempel. Da kann es geschehen, daß einer in der einen Ecke seines Kopfes Salpeter, in der andern Schwefel und in der dritten die nötige Portion Holzkohlen auf Lager hat, und doch kann es sein, daß dieser anscheinend wohl versorgte Kopf nie damit zustande kommen würde, das Pulver zu erfinden. Aber warum nicht? Der Hausmanns-Verstand wird antworten: „Weil ihm die Erfindungskraft fehlt." Richtig, nur hätte ebensogut gesagt werden können: weil ihm ein gewisses X fehlt. Die Psychologie antwortet dagegen, vorab lakonisch-trocken: weil in diesem Kopf die drei Ingredienzien des Pulverbegriffes nicht zusammenkommen wollen. „Aber warum können sie das nicht?" Weil ihnen die Beweglichkeit, der selbsttätige Assoziationstrieb fehlt. „Aber warum fehlt ihnen diese Eigenschaft? — läßt sich denn den Vorstellungen dieser Trieb einpflanzen?" Gewiß. „Aber wie fängt man das an?" Nun halt, lieber eifriger Frager; einen Augenblick Geduld und Besinnung, damit du nicht zu spät kommst, wenn du so schnell läufst. Wie wäre es, wenn die Brille, die du suchst, dir bereits auf der Nase säße? In der Tat, so ist es. Ich will es dir zeigen.

Der Ausdruck „im Gedächtnis haben" zeigt nur an, daß es möglich sei, die betreffenden unbewußten Vorstellungen wieder ins Bewußtsein zu rufen; ob sie einem zur rechten Zeit wirklich einfallen, bleibt vorderhand ungewiß. Erst beim „sich erinnern" offenbart es sich, was von dem Möglichen jetzt wirklich werden konnte. Ist sonach das „sich erinnern können" das Maß für den Erkenntniswert des Gedächtnisinhaltes, so folgt daraus auch, daß einzig und allein die Beweglichkeit der Vorstellungen (das „bereit- oder geneigt-sein" zum Bewußtwerden) den Punkt bildet, wo über die intensive Stärke der Intelligenz entschieden wird. Worauf beruht aber die Beweglichkeit der Vorstellungen? Schon die gewöhnliche Erfahrung lehrt — und es kann auch jeden Augenblick beobachtet werden — daß eine frühere Vorstellung nur dann wieder ins Bewußtsein tritt (einem wieder „einfällt"), wenn sie von einer andern, die gerade bewußt ist, geweckt (aufgerufen, herangezogen) wird, auch in der sogen. Phantasietätigkeit und im Traum, also niemals von selbst, mag sie früher für sich allein so oft wiederholt (repetierend memoriert) worden sein, als sie will. Das Wecken einer Vorstellung durch eine andere kann aber nur dann geschehen, wenn entweder beide früher einmal „zufällig" zusammen im Bewußtsein gestanden haben (durch das räumliche Nebeneinander oder durch die zeitliche Reihenfolge zusammengebracht), wovon hier nicht weiter zu reden ist, oder wenn die Objekte dieser beiden Vorstellungen in einer logischen Beziehung zu einander stehen. Hier sind nun wieder zwei Fälle möglich: diese logische Beziehung ist entweder noch nicht gemerkt worden, oder doch. Im ersten Falle kann es geschehen, daß sie hinterher plötzlich sich zu erkennen gibt (z. B. wenn einem eine bildliche Vergleichung einfällt), wobei es dann aussieht, wie wenn diesmal die auftauchende Vorstellung eben doch „von selbst" sich melde. Es verhält sich aber in der Tat anders, wovon aber hier auch nicht weiter geredet werden darf, weil es nicht zu unserer Untersuchung gehört. Nehmen wir nun den andern Fall an, wo die logische Beziehung gemerkt worden ist. Hierbei hat dann auch das stattgefunden, was wir Reflexion oder reflexionsmäßige Verknüpfung der Vorstellungen heißen. In einer solchen logischen Verknüpfung werden aber die Vorstellungen durch ein doppeltes Band zusammengehalten, nämlich erstlich dadurch, daß bei jenem Merken die beiden Vorstellungen nebeneinander im Bewußtsein gestanden haben (also durch das vorhin erwähnte „mechanische" Band verknüpft sind), und zweitens dadurch, daß sie logisch zusammengehören. (Käme gar ein Repetieren hinzu, so würde die Verbindung noch mehr verstärkt.) Vermöge dieser mehrfach stärkeren Verbindung können diese Vorstellungen nun auch mit gesteigerter Leichtigkeit einander wecken, oder mit andern Worten: sie sind bedeutend freier, beweglicher, d. i. zum Erkenntnisgebrauch geeigneter, als die bloß „mechanisch" verknüpften. Das wäre schon Vorteils genug; aber es kommt noch ein anderer, noch vorteilhafterer Umstand hinzu. Die Reflexion verknüpft nämlich nicht bloß eine kleine oder längere Reihe von Vorstellungen, worauf sich das mechanische Gedächtnis beschränken muß, sondern sie spinnt über das gesamte Vorstellungsgebiet ein förmliches Netz von Verbindungsfäden und zwar ein geordnetes, übersichtliches, so daß alle Vorstellungen, die von diesem Netze berührt werden, einander wecken können. Rechnet man alle diese günstigen Verhältnisse zusammen — einmal die größere Stärke, welche jede einzelne logische Verknüpfung an und für sich besitzt, und zum andern die außerordentliche Mannigfaltigkeit der hier möglichen Verknüpfungen — dann ist es sozusagen mit Händen zu greifen, wie sehr die Beweglichkeit der Vorstellungen von ihrer logischen Verknüpfung abhängt.

Wenn wir nun droben sagten: die Reflexion sei das beste Mittel, um die Vorstellungen "einzuprägen", nämlich so, daß sie sich gegenseitig halten und stützen, so haben wir jetzt erkannt, daß sie zugleich das beste Mittel ist, die Vorstellungen frei, beweglich, assoziationsbereit zu machen. Wer daher für das eine richtig sorgt, hat damit das andere schon gleichfalls besorgt; denn die logischen "Bande", welche einerseits die Vorstellungen im Gedenken befestigen, sind andrerseits gleichsam die elektrischen Leitungsdrähte, durch welche sie sich gegenseitig in das Bewußtsein rufen. Jetzt wird der Leser wissen, wie man den Vorstellungen die Beweglichkeit, den Assoziationstrieb, einpflanzt; er hat es eben früher schon gewußt, nur wußte er nicht, daß — er es wußte. Unser obiges Gleichnis aus der Körperwelt — vom Holzbau — sehen wir nun hier, in der Statik und Mechanik des Geistes, vollständig auf den Kopf gestellt. Während dort in eben dem Maße, als das Fachwerk fester zusammengefügt wird, das Ganze samt seinen Teilen starrer und unbeweglicher wird, so ist hier, beim Erkenntnisbau, diese zweite Wirkung die entgegengesetzte: je kunstgerechter und vielseitiger die Vorstellungen logisch verknüpft werden, desto freier und beweglicher werden sie. Beide Wirkungen, das reflexionsmäßige "Einprägen" und das Beweglichwerden, beruhen auf derselben Ursache, gerade wie es auf derselben Ursache beruht, daß der Stein fällt und der Luftballon steigt.

Noch etwas schärfer gesehen und streng psychologisch geredet, müssen wir sagen: wir haben es nicht mit zweierlei Wirkungen zu tun, sondern mit einer und derselben; sie wird nur, weil man sie nach zwei verschiedenen Gesichtspunkten betrachten kann, verschieden bezeichnet. (Man denke an das, was oben über "im Gedächtnis haben" und "sich erinnern" bemerkt wurde.) Diese verschiedene Betrachtung und Bezeichnung ist aber auch nützlich, namentlich dazu, um sich noch etwas klarer zu machen, wie die Reflexion (oder die logische Verknüpfung der Vorstellungen) sich zu dem sogen. "mechanischen" Memorieren (dem Wiederholen äußerlich verbundener Vorstellungen) verhält. Beim "mechanischen" Memorieren findet gleichfalls nicht bloß ein "Einprägen", sondern auch ein "Beweglich-machen" der Vorstellungen statt. Allein beide Wirkungen stehen nicht in gleichem Verhältnis zu einander, wenn es erlaubt ist, so zu reden. Die Vorstellungen werden nämlich hier nur in einer Richtung beweglich gemacht, in der Richtung, in welcher sie aufeinander folgen, (wie denn z. B. ein memoriertes Gedicht oder Musikstück 2c. sich gut vorwärts reproduzieren läßt, aber nicht rückwärts). Diese Einseitigkeit hat nun nicht selten die positive üble Folge, daß die einzelnen Vorstellungen einer solchen Reihe sich um so schwerer in eine reflexionsmäßige Bewegung bringen laſſen, je feſter ſie in der einen Richtung eingeprägt worden ſind, (wie bekanntlich die üble Katechismuslernerei leider ſo handgreiflich zeigt).*) Man darf übrigens — nebenbei geſagt — hieraus nicht den übereilten Schluß machen: das „mechaniſche“ Memorieren ſei wenig nütze und müſſe daher im bildenden Unterricht möglichſt beſchränkt werden. Das wäre beinahe ſo, wie wenn jemand dächte, weil der Daumen ſich zu den übrigen Fingern wie 1 zu 4 verhalte, darum ſpiele er bei den Handgriffen auch nur eine kleine, etwa eine Viertels- oder Fünftelsrolle. Torheit! Vorab darf nicht vergeſſen werden, daß der Bereich des „mechaniſchen“ Memorierens ein ſehr ausgedehnter iſt: er begreift in ſich das Lernen von Vokabeln, Zahlen, Melodien, ſprachlichen Darſtellungen, geographiſchen Kartenbildern, mathematiſchen Formeln, chemiſchen Formeln ꝛc. ꝛc. Sodann iſt zu merken: das „mechaniſche“ Memorieren iſt eine dienende Operation. Für ſich allein leiſtet es für die Intelligenz wenig; aber wenn es ſich der Reflexion dienend unterordnet, ſo leiſtet es viel, nicht aus eigenem Vermögen, ſondern weil nun die Reflexion ein neues Hülfsinſtrument erhält. Der richtige Schluß aus dem oben Geſagten lautet mithin ſo: das „mechaniſche“ Memorieren darf nichts für ſich ſein wollen, ſondern muß ſich ganz und gar in den Dienſt der Reflexion ſtellen.

Es mag einem, der im pſychologiſchen Denken wenig geſchult iſt, anfänglich ſchwer fallen, ſich die dargelegte Verkettung des Gedankenverkehrs klar vorzuſtellen. Auch liegen Mißverſtändniſſe nahe. Man darf z. B. nicht meinen: daß der Unterricht ſich die Aufgabe ſtellen müßte, jede Vorſtellung mit allen andern einzelnen Vorſtellungen zu verbinden. Das würde ja auf eine Ungeheuerlichkeit hinauslaufen. Es handelt ſich vielmehr zunächſt um die Bildung kleiner, wohl zuſammengefügter Vorſtellungsgruppen, die im Gedankenleben ungefähr das bedeuten, was im wirtſchaftlichen Leben die Städte ſind, nämlich Verkehrsmittelpunkte. Indem dann dieſe Zentralorte des geiſtigen Verkehrs wieder unter ſich in Verbindung geſetzt werden, vielleicht anfänglich nur bei einigen wenigen ihrer Beſtandteile, ſo ſpinnt ſich auf dieſe Weiſe doch ein vollſtändiges Netz von Verkehrswegen und Leitungsdrähten über das ganze Gedankengebiet, vermöge deſſen nun auch jede einzelne Vorſtellung zu allen andern hingelangen kann, wenn ihr das dient.

***

*) Ein paar Fragen zum weiteren Nachdenken. Warum zeigt ſich die genannte üble Folge mehr bei ganzen Liedern und andern längeren Gedichten, als bei einzelnen Strophen, Sentenzen und kurzen Sprüchen? Warum beim Katechismus häufiger und ſtärker als bei den meiſten andern ſprachlichen Darſtellungen?

Summa: die „intensive" Stärke der (reflexiven) Intelligenz, also auch ihre Steigerung, beruht ausschließlich auf der reflexionsmäßigen Verbindung der erworbenen Vorstellungen und Vorstellungsgruppen. Was man sonst Erfindungstalent, Witz, Gedankenfülle, poetische Produktivität, Geistesreichtum, Genialität ꝛc. nennt, hat dem Lernen nach keine andere Grundlage als eben diese; und soweit der Geist überhaupt etwas lernen kann, müssen auch diese Fähigkeiten lernbar sein.

Wie man sieht, erhält die Frage von der Lehrstoff-Verknüpfung ein desto ernsteres Gesicht, je näher man an sie herantritt.

Aber auch die vorbesprochenen beiden Aufgaben dieser Lehrweise stellen noch nicht ihre ganze Wirksamkeit dar. Es ist noch ein Drittes zu nennen, und im wahren Verstande ist dieses das Bedeutsamste, das Beste: ihr Einfluß auf den ethischen Erziehungszweck, die Einwirkung auf Gesinnung und Charakter. Ich möchte gern auch darüber einige orientierende Bemerkungen beibringen. Allein es scheint schwer zu sein, in der Kürze etwas Gemeinverständliches über diesen Punkt zu sagen. Die hergebrachte pädagogische Anschauung bringt hier zu wenig Verständnis entgegen. Dieser Mangel hat mehrere Gründe, die übrigens nicht lediglich der Pädagogik zur Last fallen. Der eine Grund ist der, daß die Schularbeit, durch allerlei Umstände verleitet oder genötigt, mehr nach dem Meßbaren, den Kenntnissen, trachtet als nach der weniger meßbaren Erkenntnis, und wieder mehr nach der Steigerung des objektiven Erkennens als nach der Steigerung der intensiven Stärke der Intelligenz, und endlich überhaupt mehr auf die Bildung der Intelligenz ihre Aufmerksamkeit richtet als auf die Gesinnungs und Charakterbildung. Der andere Grund liegt darin, daß die pädagogische Anschauung, durch die hergebrachte Isolierung der Lehrfächer verleitet, die unterrichtliche Pflege der Gesinnung zu ausschließlich dem Religionsunterricht zuweist und deshalb zu wenig danach fragt, wie weit die Gesinnungs und Charakterbildung überhaupt und der Einfluß des Religionsunterrichts insbesondere von der Einrichtung des gesamten Unterrichts abhängig sind. In der Tat, unsere Pädagogik hat hier eine große, sehr große Lücke. [Es läge nahe, auf einige augenfällige Symptome derselben zu verweisen, ich denke übrigens nicht an die sog. Roheitsstatistik u. dgl., sondern an etwas ganz anderes; allein ich möchte unsere ruhige, objektive Untersuchung nicht gern durch kulturpolitisch-pädagogische Haderfragen verunreinigen.] — Es kann mir nicht einfallen, jene Lücke durch ein paar abgerissene Bemerkungen verstopfen zu wollen. Selbst eine förmliche Abhandlung würde die Frage vom Einflusse der LehrstoffVerknüpfung auf Gesinnung und Charakter nicht erschöpfend behandeln können. Um so mehr sei daher auf Zillers „Grundlegung" hingewiesen, worin (nach Herbarts Vorgang) der gesamte Unterricht dem ethischen Erziehungszwecke unterstellt wird. Einen besseren Wegweiser in dieser Beziehung gibt es zur Zeit in der pädagogischen Literatur nicht.

Nur einen Hauptgedanken will ich zur Orientierung in dieser Frage hinwerfen, den dann der Leser nach Belieben weiter verfolgen mag.

Die Gesinnung, sittlich oder unsittlich, ruht auf Erkenntnis und Gemüt, worin Erfahrung und Gewöhnung mit eingerechnet sind, und offenbart sich im Willen. Das Wort „Wille" ist aber ein Abstraktum: es faßt in sich die unzählbare Summe aller einzelnen, oft sehr wirren Willensregungen (Wünsche, Begehrungen, Vorsätze ꝛc.). So wenig in der Seele ein einiges Ding „Erkenntnis" existiert, sondern nur eine Vielheit von einzelnen (gut oder schlecht oder gar nicht verbundenen) Vorstellungen, so wenig existiert in ihr ein einiges Ding „Wille", sondern eine Vielheit und Mannigfaltigkeit von einzelnen (wohl oder übel oder gar nicht zusammenhängenden) „Willen". Der Begriff „Gesinnung" weist aber darauf hin, daß in dieser Vielheit und Mannigfaltigkeit der Begehrungen eine Einheit, eine Harmonie statthaben könnte. Soweit diese Einheitlichkeit nicht vorhanden ist, soweit gleicht ein solcher Mensch einem Wesen, worin mehrere Geister hausen. Ist sie ja in gewissem Maße vorhanden, so fragt es sich, ob sie von sittlichen Prinzipien beherrscht wird und denselben dient oder nicht; in dem einen Falle nennen wir die Gesinnung eine sittliche, in dem andern Falle eine unsittliche. In dem ethischen Erziehungszwecke, d. i. in der Gesinnungs- und Charakterbildung nach sittlichem Muster, sind demnach dem Unterrichte zwei Aufgaben gestellt, eine allgemeine und eine besondere. Die allgemeine fordert, daß er, soviel in seinen Mitteln liegt, dahin strebe, in die Willensregungen Einheit und Harmonie zu bringen. Nun ruhen aber die Willensaktionen auf den Gemütszuständen und diese wieder auf den Vorstellungen (einschließlich der Erfahrungen, Erlebnisse und Gewöhnungen), woraus folgt, daß die genannte Forderung zuvor verlangt, in die Vorstellungen Einheit und Harmonie zu bringen. So sehen wir uns also behufs der Gesinnungs- und Charakterbildung vorab genau auf denselben Weg gewiesen, den die Erkenntnisbildung vorschrieb: Verknüpfung der Vorstellungen (worin aber die religiös-ethischen mit enthalten sind) zu einem einheitlichen Ganzen. Nun die besondere Aufgabe, welche der ethische Erziehungszweck stellt. Hier erst tritt das Neue auf, was dieser Zweck zu dem bereits Gewiesenen hinzubringt. Sie lautet dahin: den gesamten Unterricht (Lehrplan, Pensenverteilung, Lehrverfahren und was sonst noch dahin gehören mag) so einzurichten,

daß die mannigfachen Verknüpfungen der Lehrstoffe alle mit vereinter,
konzentrierter Kraft auf das eine, höchste Ziel hinwirken, in diesem geordneten Seelenganzen den ethischen Ideen zur Herrschaft zu verhelfen. Sollen aber die ethischen Vorstellungen und Gefühle herrschen,
so müssen sie möglichst stark sein (in sich und durch Allianzen); und sollen
die übrigen ihnen gern, pünktlich und ohne „Friktion" gehorchen, so
müssen sie für diesen Dienst einexerziert, d. i. durch ihre Verbindung
mit jenen dazu verbindlich gemacht, genötigt sein. Man verstehe
diese Ausdrücke — Stärke, verbindlich, genötigt ꝛc., so „naturwissenschaft-
lich", so „physikalisch"-wörtlich, als möglich; denn wie es eine Statik und
Mechanik der Körper gibt, so gibt es auch eine Statik und Mechanik
des Geistes. Gäbe es derartige psychologische Gesetze nicht, so täten wir
besser, unsere pädagogischen Bücher zusammenzuklappen und von Unterricht
und Erziehung nicht mehr zu reden.

Was nun im einzelnen getan sein will, um jene allgemeine Aufgabe
im Sinne dieser besonderen zu lösen, in der Stellung und Verbindung der
Fächer (Theorie des Lehrplans), in der Konstruierung der kleinern oder
größeren Lehreinheiten und im Lehrverfahren (spezielle Methodik)
ꝛc. das ist, wie man sieht, eine sehr lange Frage. Man vergesse nur nie,
daß das, was die allgemeine Aufgabe fordert, Verknüpfung der Lehrfächer
und Lehrstoffe (inkl. der ethischen) behufs einer einheitlichen Erkenntnisbildung, immer die notwendige Unterlage und Voraussetzung bleibt.
Wer das einsieht, der wird auch begreifen, daß der vorliegende Aufsatz
(zusamt der voraufgegangenen Abhandlung und den „Grundlinien") zugleich
ein beträchtliches Stück Anweisung für die ethische Erziehungsaufgabe
der Schule enthält, obschon anscheinend stets nur von der Ausbildung der
Intelligenz die Rede war. Daß man doch allerwärts sich gewöhnte, die
Gesinnungs- und Charakterbildung nicht so ausschließlich im Religionsunterricht resp. in den ethischen Fächern zu suchen; denn eben aus diesem
Irrtum ist der andere, ebenso schlimme hervorgegangen, welcher wähnt,
die übrigen Fächer hätten mit Religion und Ethik nichts zu tun. Es
kommt in der Welt nichts von selbst, auch nicht die Schwärmerei für
Simultanschulen; denn „alle Schuld rächt sich auf Erden".

Unter den speziellen Einrichtungen, welche die besondere Aufgabe
des ethischen Erziehungszweckes fordert, will ich hier nur eine, die erste,
hervorheben: die bestimmte Stellung der Fächer zu einander und die
darin angedeutete Verbindung derselben. Aber wohlgemerkt: diese
Stellung der Lehrfächer ist gar keine andere, als die, welche uns die Natur
der Lehrgegenstände behufs der Erkenntnisbildung gewiesen
hat. Was in den „Grundlinien" noch unbestimmt gelassen werden mußte

(in betreff der sachunterrichtlichen Fächer), kann ich jetzt bestimmt fassen. Wer in meinem dortigen schlichten Schema nur eine logische, oder wie ein gelehrter Rezensent sagte: eine „sinnige" Ordnung der Lehrgegenstände sehen konnte, wird vielleicht jetzt etwas mehr darin entdecken.

Merken wir erst die Reihenfolge, dann ihre Bedeutung im Sinne unserer Theorie des Lehrplans.

A. 1. Die ethischen Stoffe (Erzählstoffe):
    biblische Geschichte und Kulturgeschichte.

   2. Die Außendinge:
    (Geographie und Ethnographie), Naturkunde.

> I. Sachunterricht.
> (Wissensfächer.)

B. 3. Der Sprach- u. Literaturunterricht
    — mit den Fertigkeiten: lesen, schreiben, reden.

C. 4. Rechnen, — Singen, Zeichnen, — Handarbeiten (aller Art).

> II. Formunterricht.

Nun die didaktische Bedeutung:

Etliche Fingerzeige werden genügen, wenn anders die voraufgegangenen Auseinandersetzungen über die Verbindung der Lehrstoffe (namentlich auch die in den „Grundlinien") gefaßt sind. Wenn nicht — so wird man wohl in dem Schema höchstens wieder eine logisch-„sinnige" Zusammenstellung der Lehrgegenstände zu sehen vermögen.

Vorab muß ich an das in den „Grundlinien" Gesagte erinnern. Dort marschieren nämlich die Lehrfächer in drei Gliedern auf, die aber auch im vorigen Schema (durch A, B, C) bezeichnet sind:

A. Die sachunterrichtlichen Fächer — (noch ungegliedert),

B. der Sprachunterricht,

C. die übrigen Fächer (Rechnen und Kunstfertigkeiten).

Dabei ist dann in jenem Schriftchen ausführlich entwickelt worden, wie der Sprachunterricht (B) und die übrigen Fächer (C) in den sachunterrichtlichen Fächern ihre Basis suchen müssen. Aus dieser unterrichtlichen Verbindung des Formunterrichts mit dem Sachunterricht entspringen zwei Wirkungen. Die eine ist die, daß die beiden Gruppen des Formunterrichts den gesamten Sachunterricht beträchtlich unterstützen, verstärken; die andere Wirkung besteht darin, daß diese beiden nachschiebenden Glieder einen bedeutenden Gegendienst empfangen, einen Gegendienst, den sie nicht entbehren können, wenn sie gesund bleiben und gedeihen wollen. Wer sich das Verhältnis, welches in diesen Wechselwirkungen zwischen dem Sachunterricht und den beiden Gruppen des Formunterrichts vorliegt, anschaulich klar gemacht hat, der wird auch einsehen, daß hier gleichsam eine didaktische Schraube (mit drei Gängen oder Windungen) konstruiert ist, an welcher der erste Gang mit seiner Spitze voraufdringend den Weg bahnt, während die beiden andern nachschieben und festhalten helfen, doch aber durch jenes Wegbahnen nun auch selbst leichter vordringen können. So das Verhältnis des Formunterrichts zum Sachunterricht.

Um das Prinzip der Lehrstoff-Verknüpfung auch innerhalb der sachunterrichtlichen Fächer vollaus durchzuführen, müssen dieselben, wie wir gesehen, in zwei Gruppen sich ordnen. Es sind dies:

1. Die ethischen Stoffe (Erzählstoffe).
2. Die Außendinge.

Wie die voraufgegangene Auseinandersetzung gezeigt hat, entstehen aus der Verbindung dieser beiden sachunterrichtlichen Glieder wieder genau die zwei Wirkungen, die unser Bild von der Schraube versinnlichen will. Die Erzählstoffe, als die, welche am interessantesten sind und vermöge ihrer religiös-ethischen Natur den Geist am tiefsten und vielseitigsten (nach Erkenntnis, Gefühl und Willen) anregen, gehen vorauf und bahnen den Weg; die Fächer der Außendinge, indem sie möglichst an die Erzählstoffe sich anlehnen, um dieselben mit ihren Mitteln zu unterstützen, wirken somit verstärkend; gerade dadurch erhalten sie aber wieder so bedeutende Gegendienste (namentlich durch Übertragung des Interesses), daß sie fast als der begünstigtere Teil erscheinen könnten.

Durch die Zusammenfügung dieser beiden sachunterrichtlichen Gruppen und jener beiden formunterrichtlichen erhalten wir also, wie das neue Schema zeigt, gleichsam eine didaktische Schraube mit vier Gängen.

Es bleibt nun noch die Frage übrig, wie die Wirkungen dieser Konstruktion des Lehrplans, die zunächst auf die Erkenntnisbildung berechnet ist, auch der Gesinnungs- und Charakterbildung zu gute kommen. Darauf läßt sich schnell Antwort geben. Ich brauche nur auf die Stelle hinzuweisen, wo die ethischen Fächer in der beschriebenen Ordnung stehen. Wer das Verständnis dieser Ordnung mitbringt, dem wird nun mit dem Blick auf diese Stelle sofort auch die eigentümliche und weitgreifende Bedeutung derselben für die Gesinnungs- und Charakterbildung wie mit einem Schlage vor den Augen stehen. Wer solches Verständnis nicht mitbringt, der wird natürlich von der Bedeutung dieser Stelle so gut wie gar nichts sehen; denn was er sieht, ist nichts anderes, als was man an den hergebrachten privaten und offiziellen Lehrplänen zu sehen gewohnt ist, eine pure Reihe von Lehrgegenständen, die höchstens eine gewisse Rangordnung andeuten soll und demnach den ethischen Fächern anstandshalber den ersten Platz einräumt. An solchen Lehrplänen interessiert eigentlich weiter nichts als dies, ob sie objektiv vollständig sind, d. i. ob kein wesentliches Lehrfach fehlt. Mehr scheint auch die Autoren nicht interessiert zu haben. Wenn man aber einmal von der Theorie des Lehrplans nicht mehr weiß, als was zur Vollzähligkeit desselben gehört — also nicht die Hauptsache, daß die Lehrgegenstände ein Ge-glieder, einen Organismus, bilden müssen — dann ist es auch völlig gleichgültig, ob sie so oder so aufgezählt werden, denn für den Unterricht hat eine solche Reihenfolge keine Bedeutung.

Ich sagte vorhin, wer einen Blick auf die Stelle werfe, welche die ethischen Fächer im obigen Schema einnehmen, dem werde die Bedeutung dieser Stelle für den ethischen Erziehungszweck sofort anschaulich „vor den Augen stehen". Natürlich — vor den Augen des Verstandes. So gewiß nun jemand eine solche verstandesmäßige Anschauung besitzen kann, so läßt sie sich einem, der sie nicht hat, doch nicht anders mitteilen, als daß man ihn den ganzen Gedankengang durchlaufen heißt, wie er in den vorliegenden Aufsätzen zur Theorie des Lehrplans (von den „Grundlinien" an) entwickelt ist. Will man sich ja einmal in aller Kürze und doch möglichst anschaulich darüber aussprechen, so müssen Gleichnisse zu Hülfe genommen werden. Völlig verständlich sind freilich auch sie nur demjenigen, welcher die Sache ohnehin bereits begriffen hat; in den Händen anderer dienen sie eigentlich nur zur Spielerei. Ein paar solcher Gleichnisse seien zum Schluß noch erwähnt. Den Platz, wo die ethischen Fächer im or-ganisierten Lehrplan stehen müssen, kann man z. B. das „Zentrum" — und demnach diese Fächer samt ihrem belletristischen Zubehör die „Zentralstoffe", und die sämtlichen Lehrstoff=Verknüpfungen die „Kon-zentration" des Unterrichts nennen. (So namentlich auch Ziller.) Was dieses Bild sagen will, ist nach den vorausgegangenen Erörterungen klar: wie die Radien dem Mittelpunkte ihres Kreises zustreben, so können und müssen alle Lehrgegenstände mit vereinten Kräften auf das eine, höchste Ziel, die Gesinnungs= und Charakterbildung, hinwirken. Soweit ist dieses Gleichnis recht zutreffend und anschaulich. Allein es bildet doch nicht alle Vorgänge und Zwecke ab, die im Begriffe der Lehrstoff-Verknüpfung liegen; so bleibt z. B. die nicht minder wichtige Wirkung verschwiegen, daß die nicht=ethischen Fächer gerade durch den Dienst, den sie den ethischen leisten, eine Gegengabe empfangen, die sie sich auf keinem andern Wege ver-schaffen können. Hier müssen dann andere Veranschaulichungsmittel aus-helfen. So kann man nach einem andern Gleichnisse z. B. sagen, daß die ethischen Fächer die „Spitze" der Lehrgegenstände bildeten, nämlich im Sinne einer Phalanx und zwar der vollkommensten, der Schraube. Dieses Bild, obgleich nicht sonderlich poetisch, ist doch insofern zutreffender

als jenes, weil darin — wie wir vorhin sahen — auch die Wechselwirkungen der Lehrstoff-Verknüpfung angedeutet sind. Man könnte
ferner die ethischen Fächer den „Kern" des Lehrmaterials nennen, nämlich in dem Sinne eines bekannten physiologischen Vorganges, wie
er sich z. B. in der Entwicklung eines Eies beobachten läßt. Wie in dem
Urstoffe des Eies eine bestimmte Sphäre ist, wo die feste Gestalt des
neuen Geschöpfes ihren embryonischen Anfang nimmt, so schaffen die ethischen Fächer die Vorstellungssphäre, in welcher das Werden und Wachsen
des sittlichen Charakters beginnen kann, aber nur unter der Bedingung,
daß hier, wie es auch dort geschehen muß, die Kernstoffe mit den peri-
pherischen zu einem geschlossenen Ganzen verbunden bleiben. Auch
aus den Gliederungen und Verbänden des gesellschaftlichen Lebens können
noch Vergleichungen herangezogen werden. Da wir es aber mit dem vollkommensten Organismus, den wir kennen — mit dem menschlichen Geiste
— zu tun haben, so bleiben alle Bilder aus untergeordneten Sphären
stets unzulänglich. Man darf daher nie an einem einzigen hängen bleiben.
Vereint aber, und jedes nach seiner Art benutzt, können sie dem, der ein
anschauliches Verständnis sucht, manche nicht zu verachtende Hülfe gewähren.
Doch genug von den Gleichnissen.

Hoffentlich ist es den vorliegenden Aufsätzen gelungen, den Haupt-
punkt, um den es sich zuletzt handelte, die Förderung des ethischen Erziehungszweckes durch die Verbindung der Lehrfächer, auch ohnehin genügend
klar zu stellen. Das Ergebnis sei kurz in den Satz zusammengefaßt:

Ist der ethische Zweck des Unterrichts die Erzielung einer durchgebildeten Gesinnung und eines Charakters aus einem Gusse,
dann heißt die erste und notwendigste Bedingung: planmäßige und
vielseitige Verknüpfung der Lehrstoffe.*)

Zum Abschluß unserer gesamten Betrachtung wird ein bestätigendes
Zeugnis aus anderem Munde am Platze sein. Es ist ein Wort des

---

*) Wie der Leser bemerkt haben wird, ist ihm unter der schlichten Überschrift
„Ergänzungen" nach und nach eine förmliche Abhandlung in die Hände geschoben worden, die sich eigentlich hätte nennen sollen:
„Zur Theorie der Lehrstoff-Verknüpfung innerhalb des Sachunterrichts."
Hat sich auf diesem Wege, von der bekannten Praxis zur unbekannten Theorie
fortschreitend, das Vorgetragene dem Verständnis desto besser erschlossen, so soll's
mich freuen, — dann ist meine Absicht erreicht. Natürlich bin ich ihm nun auch
eine Übersicht des zurückgelegten Weges, die genaue Disposition der Abhandlung
schuldig. Hier ist sie.
Es wurde an den Lehrstoff-Verknüpfungen betrachtet:

Mannes, von dem wohl gesagt worden, daß die Welt der Wissenschaften zwischen ihm und seinem Bruder zu gleichen Partien geteilt gewesen sei, den aber nicht minder eine so feine wie vielseitige Bildung und eine gediegene, edle Gesinnung von echt deutscher Art zierten. Es enthält — was dem Leser willkommen sein wird — gleichsam eine gedrängte Zusammenstellung aller Hauptgedanken, die uns in der vorstehenden Betrachtung beschäftigt haben, und dazu, wie mir nicht weniger willkommen ist, noch einige andere, die droben nur angestreift werden konnten, später aber deutlich zur Sprache kommen müssen. So hören wir denn diesen guten Zeugen („Briefe Wilh. von Humboldts an eine Freundin", 2. Abt. S. 429):

„Ein lebendiges Bild seines Innern muß sich jeder immer machen. Es ist gewissermaßen der Punkt, auf den sich alles andere bezieht. Man muß aber bei dieser Selbsterforschung nicht streng nur bei demjenigen stehen bleiben, das Pflicht und Moral gebieten, sondern sein inneres Wesen in seinem ganzen Umfange und von allen Seiten nehmen. Wirklich ist es ein viel zu beschränkter Begriff, wenn man sich selbst gleichsam vor Gericht ziehen und lediglich nach Schuld und Unschuld fragen will. Die ganze Veredelung des Wesens, die möglichste Erhebung der Gesinnung, die größte Erweiterung der innern Bestrebungen ist ebensowohl die Aufgabe, die der Mensch zu lösen hat, als die Reinheit seiner Handlungen. Es gibt auch im Sittlichen Dinge, die sich nicht bloß unter den Maßstab des Pflichtmäßigen und Pflichtwidrigen bringen lassen, sondern einen höhern fordern. Es gibt eine sittliche Schönheit, die so wie die körperliche der Gesichtszüge eine Verschmelzung aller Gesinnungen und Gefühle, einen freiwilligen Zusammenhang derselben zu geistiger Einheit erheischt, die sichtbar zeigt, daß alles Einzelne darin aus einem aus der innersten Natur stammenden Streben nach himmlischer Vollendung quillt, und daß der Seele ein Bild unendlicher Größe, Güte und Schönheit vorschwebt, das sie zwar niemals erreichen kann, aber von da immer zur Nacheiferung begeistert, zum Übergang in höheres Dasein würdig wird.

1. ihre verschiedenen Arten (dem Bereiche nach):
   a) innerhalb des Gesamtgebietes — zwischen den Wissensfächern,
   b) innerhalb jedes Wissensfaches — zwischen den Lehrzweigen,
   c) innerhalb jedes Lehrzweiges.
2. ihr psychologisches Wesen;
3. ihre pädagogische Bedeutung;
   a) für die Intelligenz in objektiver Hinsicht: Erkenntnis des Zusammenhanges der Welt und des Weltlaufs,
   b) für die intensive Stärke der Intelligenz,
   c) für die Gesinnungs- und Charakterbildung.

Auch die Entwicklung der intellektuellen Fähigkeiten bis zu einem gewissen Grade gehört zu der allgemeinen Veredlung. Aber ich bin ganz Ihrer Meinung, daß dazu nicht gerade vieles Wissen und Bücherbildung gehört. Das aber ist wirklich Pflicht, und ist auch dem natürlichen Streben jedes nicht bloß an der irdischen Welt, ihrem Gewirre und Tand hängenden Menschen eigen, in den Kreis von Begriffen, den er besitzt, Klarheit, Bestimmtheit und Deutlichkeit zu bringen, und nichts darin zu dulden, was nicht auf diese Weise begründet ist. Das kann man wohl das Denken des Menschen nennen. Dazu ist das Wissen nur das Material; es hat keinen absoluten Wert in sich, sondern nur einen relativen in Beziehung auf das Denken. Der Mensch sollte nicht anders lernen, als um sein Denken zu erweitern und zu üben, und Denken und Wissen sollten immer gleichen Schritt halten. Das Wissen bleibt sonst tot und unfruchtbar. In Männern findet sich das sehr oft, ja man möchte es als die Regel ansehen. Es fällt aber weniger auf, weil schon ihr Wissen gewöhnlich zu andern äußern Zwecken und Nutzen wenigstens eine Anwendung findet. Aber ich habe es auch bei Frauen gefunden, und da erregt das Mißverhältnis des Denkens zum Wissen ein viel größeres Mißbehagen. Ich kenne von meiner frühesten Jugend an eine Frau dieser Art, der ich durch alle Perioden ihres Lebens gefolgt bin. Sie kennt sehr gründlich die alten und die meisten neuern Sprachen, ist frei von aller Eitelkeit und Affektation, versäumt nie über den Büchern eine häusliche Obliegenheit, hat aber durch ihr Wissen nichts an Interesse gewonnen. Wenn sie gleich die ersten und schwersten Schriftsteller aller Nationen gelesen hat, schreibt sie darum doch keinen Brief, der einem sonderlich zusagen könnte. Sie bemerken ganz recht in dieser Beziehung, daß Christus seine Jünger aus der Zahl ungebildeter und unwissender Menschen wählte."

# Anhang.
## Zusätze der zweiten Auflage.
### Zusatz 1 (zu S. 1).

Die obige Einteilung der Lehrgegenstände (A B C) beruht auf folgender logischen Überlegung.

Sieht man darauf, ob die Lehrfächer es mit Sachen zu tun haben oder aber mit Formen, so zerfallen sie zunächst in zwei Hauptklassen: I. Sachunterricht, II. Formunterricht. Unter I gehören dann: die Natur, das Menschenleben und die übersinnliche Welt; unter II: die Sprachformen, die mathematischen Größen, die Raumformen und die Tonformen.

Die Sprache gehört aber nur den Zeichen nach zum Formunterricht, während ihr Inhalt überwiegend aus den sachunterrichtlichen Gebieten stammt. Um dieser Eigentümlichkeit willen gebührt ihr daher unter den formunterrichtlichen Fächern eine gesonderte Stellung, und somit spaltet sich die II. Klasse in zwei Unterabteilungen: Sprachunterricht und reiner Formunterricht. Nach dem angenommenen Einteilungsprinzip (ob Sachen oder Formen) ergeben sich also insgesamt die drei Gruppen:

     A. Sachunterricht,

     B. Sprachunterricht,

     C. reiner Formunterricht.

Daß der Sprachunterricht in der Mitte steht, zeigt an, daß er nach beiden Seiten hin Verwandtschaft hat.

Früher war, namentlich bei den höhern Schulen, ein anderes Einteilungsprinzip gebräuchlich, wobei jedoch in der Hauptsache dieselbe Gruppierung der Lehrfächer herauskam, nur wegen des veränderten Gesichtspunktes mit einer anderen Bezeichnung. Man blickte nämlich darauf, ob bei den verschiedenen Lehrgegenständen, wie sie in der Schule behandelt werden, mehr das Wissen oder mehr das Können in den Vordergrund tritt. Darnach ergaben sich dann zunächst die beiden Hauptklassen: I. Wissenschaften (Wissensfächer), II. Kunstfertigkeiten. Die höhern Schulen rechneten die Mathematik natürlich mit zu den „Wissensfächern," während die Volksschule, die es nur mit der angewandten Mathematik zu tun hat und wohl weiß, daß die Erzielung der nötigen Fertigkeit hier weit mehr Zeit erfordert als die Vermittelung des Wissens, diesen Gegenstand füglich zu den „Fertigkeiten" stellen durfte. — Die Sprache, welche bei dieser Zweiteilung zu den Künsten zu stehen kommt, fordert aber bei näherem Besehen auch hier wieder eine besondere Stellung; denn da außer der Grammatik auch der Inhalt der Sprache zur Wissensseite gehört, so wird diese dadurch beträchtlich verstärkt. Somit ergeben sich auch bei diesem Einteilungsprinzip schließlich wieder drei Gruppen:

A. Wissensfächer, wo das Wissen überwiegt;

B. Sprachunterricht, wo Wissen und Können sich ungefähr die Wage halten;

C. Fertigkeiten, wo das Können überwiegt.

Es muß auffallen, daß bei zwei so verschiedenen Einteilungsprinzipien doch in der Hauptsache dieselbigen drei Gruppen sich ergeben, und daß der Sprachunterricht immer in die Mitte zu stehen kommt. Diese Übereinstimmung ist offenbar ein Zeugnis für die Richtigkeit dieser Gruppierung. Überdies läßt die doppelte Bezeichnung das Eigentümliche der drei Gruppen deutlicher in die Augen fallen, da jede nur durch zwei Merkmale charakterisiert wird.

Logisch betrachtet, ist allerdings das zweite Einteilungsprinzip (mehr Wissen oder mehr Können) unvollkommen, da das unbestimmte Mehr und Weniger keine scharfe Scheidung zuläßt, wie dies denn bei dem schwankenden Urteil über die Mathematik auch deutlich zu Tage tritt. Wissenschaftlich ist darum nur das erste Einteilungsprinzip (ob Sache oder Form) brauchbar. Für die Praxis wird es aber nützlich sein, auch den zweiten Einteilungsgesichtspunkt mit im Sinne zu behalten.

In der ersten Auflage dieses Schriftchens hatte ich in der schematischen Formel die bisher übliche Bezeichnung (Wissensfächer und Fertigkeiten) beibehalten, im weiteren Texte jedoch beide Bezeichnungen abwechselnd gebraucht. Jetzt, wo die Ausdrücke „Sachunterricht" und „Formunterricht" bereits geläufiger geworden sind, stand nichts im Wege, dieselben auch schon in der Eingangsformel auftreten zu lassen.

Wenn in jener Formel das Turnen und der Handarbeitsunterricht nicht mitgenannt sind, so sind sie darum nicht vergessen. Hier kam es mir nur darauf an, diejenigen Lehrfächer festzustellen, welche zur Formierung des Gedankenkreises dienen. Was wäre aber ein gebildeter Geist ohne geschickte Leibesglieder? Darum dürfen auch das Turnen und der Handarbeitsunterricht im Lehrplane nicht fehlen. Weiter unten wird mehr darüber zu reden sein.

### Zusatz 2 (zu S. 1).

Dem einen oder andern Leser wird die obige Formel bereits anderwärts begegnet sein — in den Protokollen der ministeriellen Schulkonferenz (1872). Dort ist sie als ein Antrag von mir aufgeführt. Natürlich habe ich denselben damals auch erläutert und motiviert, so weit die Zeit es gestattete. Im Protokolle steht er freilich ohne Motivierung — nackt und bloß. Sein Sinn ist in den „Allg. Bestimmungen" nur teilweise verwirklicht: die Vollzahl der Lehrfächer ist zwar da, aber die übrigen Lehrplans-Grundsätze, welche meine Formel andeuten will, fehlen.

Einer der Haupt-Stützpunkte meiner Theorie — der unten zu nennende vierte Grundsatz — dem ich in der Konferenz einen besonderen Antrag gewidmet hatte, ist leider dort nicht zur Besprechung gelangt. Was dem im Wege stand, wird weiter unten erwähnt werden.

Ich habe diese Nebenbemerkungen deshalb hier angeführt, weil sie dem Leser die Orientierung über die Stellung, welche meine Theorie zu den Regulativen (v. 3. Okt. 1854) wie zu den Allg. Bestimmungen (v. 15. Okt. 1872) einnimmt, erleichtern.

---

### Zusatz 3 (zu S. 9).

# I. Die Auswahl der Lehrgegenstände.

### Erster Grundsatz:

Der Lehrplan muß qualitativ vollständig sein, nämlich die bezeichneten 7 Fächer enthalten.

Die nähere Betrachtung dieses Grundsatzes wird ein zwiefaches zu besprechen haben:

1. Was heißt „qualitativ vollständig?"
2. Warum muß der Lehrplan qualitativ vollständig sein, und welche Fächer gehören zu dieser Vollzahl?

---

### 1. Was heißt qualitativ vollständig?

Das Beiwort „qualitativ" weist darauf hin, daß es sich bei diesem Grundsatze nicht um die Quantität des Stoffes handelt, sondern lediglich um seine Qualität d. i. um die eigentümliche Natur und die Bildungskraft der verschiedenen Lehrgegenstände. Wenn nun in dieser Beziehung eine Vollständigkeit des Lehrplans gefordert wird, so heißt das, es müßten in demselben alle Stoffe von eigentümlicher Bildungskraft (so weit sie zur allgemeinen Bildung gehören) vertreten sein.

Es würde wohl überflüssig sein, über den Wortsinn dieses Grundsatzes noch etwas zu sagen, wenn nicht ein gewisses Mißverständnis abzuwehren wäre, welches sich hier häufig vorzudrängen pflegt. Wenn von der qualitativen Vollständigkeit des Lehrplans die Rede ist und dann etwa gefordert wird, daß alle in unserer obigen Formel genannten Fächer in demselben vertreten sein müßten, so wird nicht selten sofort das Bedenken erhoben, daß dies eine Überladung des Lehrplans sei, die entweder ein ungründliches Lernen oder eine Überbürdung der Schüler zur Folge haben würde. Auf diesem Standpunkte standen bekanntlich auch die preußischen Regulative; denn um deswillen wollten sie die Realien und das Zeichnen nicht als selbständige Gegenstände zulassen. Diese Anschauung hat auch jetzt noch zahlreiche Anhänger, namentlich unter den Geistlichen. Daß diese Männer das Übermaß des Lehrstoffes für ein großes Übel halten, ist recht und löblich; jeder Einsichtige wird hierin auf ihre Seite treten. Allein sie bringen ihr Bedenken am unrechten Orte und zur Unzeit vor; denn bei dem vorliegenden Grundsatze handelt es sich lediglich um die richtige Qualität des Lehrstoffes, nicht um die Quantität. Ihre Besorgnis beruht somit auf einem Mißverständnisse; sie verwechseln die qualitative Vollständigkeit mit der quantitativen. Vielleicht wird aus ihrer Mitte erwidert: sie verwechselten diese beiden Gesichtspunkte keineswegs; allein sie hielten dafür, daß die große Zahl von Fächern, welche meine Formel nenne, notwendig ein quantitatives Übermaß zur Folge habe. Ich antworte: auch das ist ein Irrtum. Qualität des Lehrstoffes und Quantität sind zwei durchaus verschiedene und geschiedene Fragepunkte; jeder will für sich erledigt sein, und der eine hat mit dem andern schlechterdings nichts zu tun, auch nicht in den Folgen. Ein Gleichnis wird das sofort klarstellen.

Angenommen, eine Hausfrau verwende für eine gewisse Art von Kuchen zur Hälfte Weizenmehl, zur Hälfte Buchweizenmehl, dazu Milch und Wasser; eine andere backe ihre Kuchen bloß aus Buchweizenmehl und Wasser. Wird nun jemand glauben, weil jener Kuchen aus mehrerlei Stoffen bestehe als dieser, so werde eine bestimmte Portion desselben mehr Masse enthalten als dieselbe Portion von diesem? Gewiß nicht. Wohl kann dort eine Überladung des Magens stattfinden; aber nicht auch hier? Und wenn sie stattfindet — sei es dort oder hier — so wird doch schon ein Kind begreifen, daß der Fehler in jedem Falle nicht in der Küche begangen worden ist, sondern im Speisezimmer, nicht bei der Bereitung der Speisen, sondern bei der Verteilung.

Gerade so liegen die Fragen von der Qualität und Quantität bei den geistigen Nährstoffen. Jede will für sich, nach den ihr eigentümlichen

Erwägungspunkten überlegt und entschieden sein. Keine hat bei der andern mitzureden — aus dem einfachen Grunde, weil sie darüber nichts zu sagen weiß. Da es Leute gibt, welche das hinsichtlich des Quantitätsbegriffes nicht einsehen können, so wollen wir es noch etwas genauer, jetzt an der Sache selbst, demonstrieren.

Gesetzt, ein Lehrplan wäre qualitativ mangelhaft, sei es, daß nötige Bildungsstoffe fehlen, sei es, daß außer den nötigen auch ungehörige aufgenommen sind. Im ersten Falle würde vom Quantitätsstandpunkte aus gar nicht einmal gemerkt werden, daß ein Manko vorliegt. Denn da die Verteilung des Stoffes nur darauf zu sehen hat, daß Quantum und Zeit im richtigen Verhältnis stehen, und da die Zeit auch bei wenigen Fächern zur Genüge ausgefüllt werden kann: woher soll nun der Gedanke kommen, daß der Lehrplan qualitativ unvollständig ist? Noch weniger aber weiß der Quantitätsstandpunkt zu sagen, durch welche Fächer diese Lücke ausgefüllt werden muß. — Besehen wir den zweiten Fall, die qualitative Überladung. Tut die Stoffverteilung hier ihre Schuldigkeit, woran sie ja niemand hindert, — d. h. sorgt sie dafür, daß jedem Pensum vollaus die nötige Zeit gegönnt wird: so kommt keine quantitative Überbürdung der Schüler zum Vorschein, mithin kann dem Quantitätsstandpunkte auch nicht merkbar werden, daß im Lehrplan ein Fehler vorhanden ist. Die übeln Folgen der zu vielen Fächer liegen an einer andern Stelle, nämlich darin, daß nun in den wesentlichen Fächern nicht das volle Lernziel erreicht wird und das in den überzähligen Fächern Gelernte jenen Ausfall nicht ersetzen kann. Das hat aber mit der Quantitäts- oder Verteilungsaufgabe, deren Hauptsorge die quantitative Überbürdung ist, nichts zu tun. Wie nun der Quantitätsstandpunkt nicht weiß, ob zu viele Lehrgegenstände aufgenommen sind, so weiß er vollends nicht zu sagen, welche als ungehörig hinausgewiesen werden müssen.

Summa: der Quantitätsgesichtspunkt kann bei der Qualitätsfrage nicht mitsprechen; tut er es doch, so begeht er Dummheiten und richtet Unheil an. Möge er nur seine eigene Aufgabe, wenn sie an die Reihe kommt, recht bedenken! Man muß ihm dies um so mehr empfehlen, da es nicht selten vorgekommen ist, daß Leute einen qualitativ sehr unvollständigen Lehrplan im Namen des Quantitätsstandpunktes gepriesen haben, während sie gleichzeitig, trotz der wenigen Lehrfächer, die Schüler in dem einen oder andern Fache unter starker Überbürdung seufzen ließen. Davon weiß namentlich der Religionsunterricht viel zu erzählen.

Was wir im Vorstehenden über das Verhältnis zwischen der Qualitätsfrage und der Quantitätsfrage ausgemacht haben, gilt übrigens nicht bloß beim obigen ersten Grundsatze, sondern beim ganzen ersten Kapitel

(Auswahl des Lehrstoffes). Es gilt ebenso beim ganzen zweiten Kapitel, das von der gegenseitigen Unterstützung der Fächer handelt (organischer Zusammenhang); und weiter beim dritten, welches die richtige Stufenfolge zu bedenken hat (Lehrgang). Diese ersten drei Kapitel der Theorie des Lehrplans, welche — wie auch das Lehrverfahren — gleichsam zur Küchen= abteilung der geistigen Nahrungslehre gehören, brauchen sich um die Quan= titätsfrage nicht im geringsten zu bekümmern. Erst wenn alle jene Über= legungen beendigt sind, kann die Quantitäts= oder Verteilungsfrage an die Reihe kommen, also erst im vierten Kapitel, — schon aus dem ein= fachen Grunde, weil das Verteilen nichts zu tun findet, solange nicht die Stoffe fertig vorliegen.

Daß der Quantitätsstandpunkt der Zeit nach so spät zu Worte kommt, darf übrigens nicht zu der Meinung verleiten, er sei unwichtig. Er ist im Gegenteil sehr wichtig. Die Mißgriffe nach der Seite des Übermaßes haben wahrhaft furchtbare Wirkungen. Denn in demselben Grade, wie die Pensen über das rechte Maß hinausgehen, in demselben Grade wird die formale Durcharbeitung des Stoffes eingeengt und ver= kürzt, also das Lernen ungründlich, oberflächlich und unsicher, und damit sind alle andern didaktischen Überlegungen in demselben Grade um ihre Frucht betrogen. Die Stoffverteilung will daher mit aller Sorgfalt be= dacht und ihre Anordnungen wollen mit unerbittlicher Strenge ausgeführt sein. Vgl. meine Schrift: „Der didaktische Materialismus," (Gütersloh 1886, 2. Aufl.); sie greift das Überbürdungsübel an der Wurzel an und bildet die notwendige Ergänzung der gegenwärtigen.

## 2. Warum muß der Lehrplan qualitativ vollständig sein, und welche Fächer gehören zu dieser Vollzahl?

Das „Warum" wollen wir vorab in der einfachsten Weise be= antworten.

Wo eine Schule eingerichtet wird, gleichviel ob eine niedere oder eine höhere, d. i. gleichviel ob dem Schullernen eine geringere oder eine größere Zahl von Jahren gewidmet sein soll, da wünscht man, daß die der Schul= bildung gewidmete Zeit möglichst voll ausgenutzt werde. Dazu gehört denn selbstredend auch eine angemessene Auswahl der Lehrfächer. Die Forderung eines „qualitativ=vollständigen" Lehrplans in diesem Sinne würde man auch in der alten Zeit und bei den beschränktesten Schulver= hältnissen haben gelten lassen müssen. Von diesem unanfechtbaren Sinne wollen wir daher ausgehen. Die genauere Bestimmung wird sich in der weiteren Untersuchung von selbst ergeben.

Treten wir jetzt an die Frage, welche Fächer zu einem solchen qua-
litativ-vollständigen Lehrplane gehören.

Um darüber ins klare zu kommen, werden wir die Aufgabe der
Schule ins Auge fassen müssen.

Wie schon die ersten dürftigen Schuleinrichtungen zeigen, hat die pädagogische Überlegung eins von vornherein festgestellt, nämlich: die Schule
habe es nicht mit irgend welchem berufstechnischen Lernen zu tun, sondern
solle eine gewisse vorbereitende oder allgemeine Bildung erstreben. Wie
hätte auch sonst der Unterricht bei Schülern, die später zu verschiedenen
Berufsarten übergehen, ein gemeinsamer sein können?

So wäre es denn der Begriff der allgemeinen Bildung, den
wir näher zu besehen haben. Derselbe ist offenbar sehr unbestimmt.
Außer dem negativen Merkmal, daß kein Berufslernen vorkommen soll,
sagt er positiv nur dies, daß das, was gelehrt wird, allen Schülern gleichmäßig dienlich sein müsse, gleichviel was für einen Beruf sie künftig er-
wählen mögen. So haben wir denn in dem Begriffe „allgemeine Bildung" einstweilen nichts mehr als einen leeren Sack, dessen Aufschrift nur
angibt, was nicht hinein gehört, aber uns im Dunkel läßt über
das, was er wirklich enthalten soll. Der Inhalt kann möglicherweise recht
dürftig und einseitig sein, wie er das denn bei den Volksschulen der früheren Jahrhunderte bis zum Eingreifen des Philanthropinismus tatsächlich
fast überall gewesen ist. Noch um 1700 befaßt sich in vielen Gegenden
der ländliche Schulunterricht, der ohnehin bloß in den Wintermonaten
stattfand, nur mit Katechismuslernen, Lesen und Schreiben. Rechnen ist
schon eine außergewöhnliche Zugabe; und jeweilig, wenn der Küster-Schul-
meister gerade nicht mehr versteht, muß man sich am Einlernen des Katechismus durch Vorsagen genügen lassen. (Einige interessante Belege s.
Anhang 4.) Gleichwohl durfte eine solche Bildung eine „allgemeine" d.
h. hier: eine für alle gemeinsame, heißen. In dem Worte „allgemein"
liegt eben keinerlei Bürgschaft wider Einseitigkeit und Dürftigkeit.

Was gehört nun qualitativ, d. i. den Lehrfächern nach, zum Inhalte
der allgemeinen Bildung, wenn die Schulzeit voll d. i. aufs beste aus-
genützt werden soll?

Die Antwort läßt sich nicht so schnell und leicht sagen, wie manche
sich's denken. Wie diese Frage die erste und oberste in der Theorie des
Lehrplans ist, so gehört sie auch — wenn eine gegründete und überzeu-
gende Antwort gegeben werden soll — zu den schwierigsten und verwi-
keltsten der ganzen Pädagogik. Das darf man sich von vornherein nicht
verhehlen. Wer sie leicht nimmt, der lasse lieber die Finger davon; er
hat noch nicht den Beruf, darüber mitzusprechen.

Blicken wir auf die Schulgeschichte zurück, so findet sich, daß verschiedene Wege eingeschlagen worden sind, um über jene didaktische Hauptfrage ins klare zu kommen. Es sind ihrer drei. Wir wollen dieselben erst kurz charakterisieren, um sie sodann etwas näher zu besehen.

Der älteste und zugänglichste ist der, den das bekannte Wort andeutet: nicht für die Schule, sondern für das Leben muß gelernt werden. Man blickte demnach auf die künftige Lebensstellung und Lebensaufgabe der Schüler, indem man annahm, daraus werde sich bestimmt ableiten lassen, was vorbereitend zu lehren und zu lernen sei. Diesen Gesichtspunkt wollen wir den empirischen nennen; seine Vertreter nannten ihn gern den eigentlich praktischen, — freilich etwas voreilig. Bis in den Anfang dieses Jahrhunderts hinein hat sich die Unterrichtsgesetzgebung vorwiegend von ihm leiten lassen.

Mittlerweile war aber auch eine andere Ansicht laut geworden. Ich erinnere an Comenius, Rousseau und Pestalozzi. Da der Letztere der einflußreichste Vertreter dieser Reformbestrebungen geworden ist, so können wir uns hier an seinen Namen halten. Pestalozzi behauptete: jener sogenannte praktische Gesichtspunkt sei zwar an sich berechtigt, allein er gebe keine ausreichende Auskunft und sei daher in Wahrheit noch nicht recht praktisch. Es bedürfe eines höheren Standpunktes. Zu dem Ende müsse man außer der künftigen Lebensaufgabe auch die Natur des menschlichen Geistes und seine verschiedenen Anlagen ins Auge fassen, also die Psychologie befragen. Als Resultat dieser Befragung stellte er die zusätzliche Forderung: die Lehrgegenstände seien so auszuwählen, daß eine harmonische Ausbildung aller Anlagen ermöglicht werde. Geschähe das, so würde sich zeigen, daß damit für die künftige Lebensaufgabe besser gesorgt sei als bei einem lediglich nach dem empirischen Gesichtspunkte aufgestellten Lehrplan; denn nur eine richtige Theorie könne lehren, was wahrhaft praktisch sei. Diese beiden Ansichten, die empirisch-praktische und die psychologisch-theoretische, haben seitdem miteinander gerungen, sich auch teilweise ergänzt. In der Schulgesetzgebung behielt jedoch die erstere im ganzen das Übergewicht; wie denn z. B. selbst die preußischen Regulative (1854) es sich zur Ehre rechneten, daß ihr Lehrplan nicht nach „abstrakten Theorien," sondern nach dem wirklichen Lebensbedürfnis gegriffen sei.

Noch zu Pestalozzis Lebzeiten brachte einer seiner wärmsten Verehrer, der Philosoph Herbart, einen dritten Gesichtspunkt zur Sprache, der aber in den Volksschulen erst lange nachher Beachtung fand. Herbart stimmte mit Pestalozzi darin überein, daß der rein empirische Standpunkt, welcher bloß nach der künftigen Lebensaufgabe fragt, unzulänglich sei. Ferner erkannte er dessen Forderung: „harmonische Ausbildung aller geistigen Anlagen," in ihrem Bereiche als richtig an, behauptete dann aber, daß sie ebenfalls noch nicht ausreiche. Die Pädagogik müsse sich, abgesehen von dem nötigen Beirat der Erfahrung, auf zwei Hülfswissenschaften stützen: auf die Ethik und auf die Psychologie. Die Ethik lehre, daß man in der Erziehung zweierlei Ziele zu unterscheiden habe: ein absolutes, welches für alle Menschen das gleiche ist, nämlich die sittliche Gesinnungsbildung, und ein relatives, welches nach der künftigen Lebensstellung sich zu richten hat und darum bei den verschiedenen Ständen verschieden sein wird. Herbart forderte demgemäß fürs erste: als das oberste Erziehungsziel müsse die sittliche Charakterbildung gelten, woraus dann folge, daß bei der Aufstellung des Lehrplans diesem obersten Ziele auch das erste Wort gebühre. Die beiden bisherigen pädagogischen Schulen hatten diese Wahrheit zwar nicht geleugnet, vielmehr in einem gewissen traditionellen Sinne anerkannt, aber doch versäumt, dieselbe in der nötigen Klarheit fest= zustellen und die darin liegenden Konsequenzen zu ziehen. — Zum andern drang Herbart auf eine genauere Erforschung der Psychologie, als es Pesta= lozzi möglich gewesen war. Es genüge nicht, behufs der Auswahl der Lehrfächer die verschiedenen geistigen Anlagen, wie man sie gewöhnlich auf= zählt, ins Auge zu fassen. Viel wichtiger seien die verschiedenen Arten des sachlichen Interesse, — nämlich einerseits die drei Arten des Er= kenntnisinteresse: das empirische, das spekulative und das ästhetische; und andrerseits die drei Arten des Teilnahme= oder Gemütsinteresse: das ethische, das religiöse und das gesellschaftliche. Demgemäß forderte er, Pestalozzis Grundsatz von der „harmonischen Ausbildung aller geistigen An= lagen" müsse ergänzt werden durch: gleichmäßige Berücksichtigung der verschiedenen Arten des Erkenntnis=und des Gemütsinteresse.

So die dreierlei Wege zur Ermittelung der nötigen Lehrfächer. Es gilt jetzt genauer zu prüfen, was jeder für den genannten Zweck leistet, resp. nicht leisten kann.

A. Wir beginnen mit dem ältesten, dem empirischen (oder sogenannten praktischen) Standpunkte.

Blickt man auf die Lehrpläne, welche von diesen „Praktikern" auf= gestellt worden sind, zumal auf die der früheren und frühesten Zeit, so gewinnt man allerdings sofort den Eindruck, daß dieser Weg unzulänglich sein müsse. Hatte doch selbst der jüngste und beste Lehrplan dieser Reihe, der des preußischen Volksschul-Regulativs, drei Fächer vom selbständigen Betrieb ausgeschlossen, welche die jetzige Schulbehörde für durchaus nötig hält. Allein wir dürfen nicht zu vorschnell aburteilen. Vielleicht ist der Standpunkt als solcher nicht schuld an den Mängeln jener Lehrpläne, sondern die Kurzsichtigkeit seiner Vertreter, indem sie das Lebensbedürfnis nicht genau genug befragten. Überdies würde es unrecht sein, nach den ärmlichen Lehrplänen der älteren Zeit ein Urteil zu fällen. Wo die Lehrkräfte und die Schulzeit in die Wette dürftig waren, da mußte man sich eben nach der Decke strecken. Wir werden daher selber zusehen müssen, ob der empirische Standpunkt ausreichende Auskunft geben kann oder nicht.

Die künftige Lebensstellung, zu welcher der Schüler vorbereitet werden soll, schließt offenbar eine Mehrheit von Aufgaben in sich. Bei näherem Auseinanderlegen tritt deutlich die folgende Vierzahl hervor.

Die erste Aufgabe hat es mit dem nötigen Nahrungserwerb zu tun; es ist also das, was wir gewöhnlich den Beruf nennen.

Die zweite gilt der Gesundheitspflege.

Die dritte begreift diejenigen Pflichten in sich, welche die soziale Stellung auferlegt: die Stellung in der Familie als Hausvater oder Hausmutter; die Mitgliedschaft der Schulgemeinde, der bürgerlichen Gemeinde, des Staates u. s. w. Hier erwarten die Genossen, daß jeder seinen Posten so ausfülle, wie es der Wohlfahrt des Ganzen dient.

Sollen die drei vorgenannten Lebensaufgaben recht ausgeführt werden, dann ist auch noch etwas anderes erforderlich als die entsprechenden intellektuellen Fähigkeiten, nämlich die rechte, die sittliche Gesinnung. Damit tritt zugleich in Sicht, daß das Menschenleben nicht in seinen zeitlichen Aufgaben aufgeht, sondern eine Ewigkeitsbestimmung hat, wozu es durch die Erfüllung der zeitlichen Obliegenheiten ausreifen soll. In dieser Ewigkeitsbestimmung haben wir die vierte Aufgabe: die religiös-sittliche. (Hieraus entsteht dann auch ein neues soziales Verhältnis, die Zugehörigkeit zu einer Religionsgemeinschaft.)

Sind nun diese viererlei Lebensaufgaben wirklich vorhanden, so folgt daraus, daß sie bei der schulmäßigen Vorbereitung für die künftige Lebensstellung sämtlich nach Gebühr berücksichtigt werden müssen. Eine derselben gänzlich oder teilweise ignorieren, hieße die Schüler in dieser Richtung unausgerüstet lassen; es hieße obendrein dieselben täuschen, indem man sie glauben macht, daß sie vollaus vorbereitet wären, während sie es doch in Wahrheit nicht sind. Damit erhält also die zu erstrebende allgemeine Bildung eine nähere positive Bestimmung: sie muß allseitig sein oder wie wir oben sagten: qualitativ-vollständig, d. h. hier in dem Sinne, daß sie alle vier Seiten der Lebensstellung umfaßt.

Es fragt sich jetzt, auf welche Lehrfächer jede der vier Lebensaufgaben hinweist. Wie billig, beginnen wir mit der wichtigsten.

Die religiös-sittliche Aufgabe fordert vorab unzweifelhaft den Religionsunterricht und den Kirchengesang; dazu empfiehlt sie dringend das Lesen, also ein Stück Sprachunterricht, — einmal um der sofortigen Lernhülfe willen, welche die Lesefertigkeit dem Religionsunterricht leisten kann, und sodann als Hauptmittel der Selbstfortbildung auf diesem Gebiete. Damit stimmt auch, daß die Jugendunterweisung, wo sie von der Kirche aus angeregt wurde, stets wenigstens diese drei Fächer umfaßte. Historisch betrachtet, bildet der Religionsunterricht den Anfangs- und Mittelpunkt des Lehrplans, zu dem die übrigen Fächer nach und nach hinzugetreten sind.

Die Berufsaufgabe fordert ihrerseits zunächst ebenfalls das Lesen, jetzt jedoch vornehmlich als Verkehrsmittel; dazu aus demselben Grunde das Schreiben, endlich das Rechnen. Das erkennen auch schon die älteren Schuleinrichtungen an; wo sie den Lehrplan über die von der Kirche geforderten Fächer erweitern, da tritt zunächst Schreiben und Rechnen hinzu. Wenn an dem Letzteren früher zuweilen nur die Knaben teilnahmen, so stützte sich das bekanntlich auf den Gedanken, daß der weibliche Beruf hierin weniger verlange, und das nötige Kopfrechnen wohl durch den täglichen Verkehr allmählich gelernt werden würde. Die weitere Erfahrung hat aber bald zu der Einsicht geführt, es sei nicht rätlich, dem beschwerlichen Selbstlernen zu überlassen, was die Schule viel leichter und besser lehren kann. Dieser kleine historische Akt verdient gemerkt zu werden, weil er mit zu der Frage gehört, ob bei der Erziehung die Mädchen als Menschen zweiter Klasse behandelt werden dürfen. —

Weist aber die Berufsaufgabe nicht auch auf das Zeichnen und auf die Naturkunde hin? Ein Teil der Berufsarten, namentlich unter den Handwerkern, wird das Zeichnen entschieden wünschen; bei den übrigen ist dies nicht der Fall. Wie soll nun entschieden werden? — Hinsichtlich der Naturkunde liegt die Sache anders. Alle wirtschaftlichen Arbeiten, womit wenigstens 9/10 der Menschen beschäftigt sind, und die, welche der Gesundheitspflege dienen, bewegen sich ganz auf dem Boden der Natur. Auch die wenigen übrigen Berufsarten kommen in irgend einem Maße in Berührung mit der Natur; die militärische Arbeit sogar fast so stark wie die wirtschaftlichen Arbeiten. Soweit ist die Sachlage klar. Wird aber gefragt, was jede Berufsart aus der Natur wünscht, so findet sich, daß die Ansprüche weit auseinander gehen: so vielerlei Berufe, so vielerlei Wünsche. Nun darf die Schule doch nur das lehren, was allen Schülern gemeinsam dient; wie soll das herausgebracht werden, nämlich vom Standpunkte des Berufsbedürfnisses aus? Da lautet denn vielleicht der eine Rat: „Man suche nur aus der bunten Wunschreihe eine angemessene Auswahl zu treffen; auf diese Weise würde wenigstens einem Teile der Schüler gedient. Freilich bekommen nun alle Schüler manches zu hören, was sie beruflich nicht bedürfen, und ihrer manche hören von dem, was sie nötig haben, gar nichts; aber das Gelernte wird ihnen doch nicht schaden."

(Ähnlich mag der Rat bezüglich des Zeichnens lauten). Eine zweite Ansicht würde dagegen sagen: das heiße nichs weiter als den Knoten zerhauen; solle das Zerhauen gelten, dann liege doch näher, den Schnitt anders zu machen. Was die einzelnen Berufsarten für sich allein bedürfen, das zähle offenbar zum beruflich Technischen und gehöre daher nicht in die allgemeine Schule. Dafür möge durch Privatunterricht oder in der Fortbildungsschule gesorgt werden. — In ähnlicher Weise wird über das Zeichnen disputiert werden. Über diese beiden Fächer läßt sich daher vom Standpunkte der Berufsaufgabe allein keine reinliche und befriedigende Entscheidung gewinnen.

Die Aufgabe der Gesundheitspflege spricht deutlicher, weil sie, wie die sittlich-religiöse, bei allen Schülern die gleiche ist. Sie fordert entschieden eine angemessene Belehrung über den Bau des menschlichen Leibes nebst den dazu gehörigen Ratschlägen für eine gesunde Lebensweise. Dieses Stückchen Naturkunde darf demnach im Lehrplane der Schule nicht fehlen.

Die soziale Aufgabe entspringt (wie wir wissen) aus der Zugehörigkeit zu den verschiedenen Gemeinschaften: Staat, Kirche, bürgerliche Gemeinde u. s. w. Sie schließt das in sich, was diese Gemeinschaften von ihren Mitgliedern erwarten und erwarten müssen, nämlich daß jeder die ihm obliegenden Pflichten gern und treu erfülle und die ihm zustehenden Rechte mit Verstand und Gewissenhaftigkeit wahrnehme. Das setzt also zweierlei persönliche Eigenschaft voraus: einmal die rechte Gesinnung, damit die Gewissenhaftigkeit verbürgt sei; zum andern so viel Einblick in die gesellschaftlichen Verhältnisse, um einzusehen, daß diese Gemeinschaften und ihre Einrichtungen jedem zum Besten da sind, damit auch die erwünschte Freudigkeit zur Mitarbeit an dem gemeinsamen Werke nicht fehle. Die sämtlichen Gemeinschaften müssen daher fordern, daß die Schule die Pflege dieser beiden Wurzeln des Gemeinsinnes als eine ihrer wichtigsten Aufgaben betrachte. Für die sittliche Gesinnungsbildung ist bereits das entsprechende Lehrfach angeordnet: der Religionsunterricht. Somit handelt es sich noch um den nötigen Einblick in die gesellschaftlichen Verhältnisse. Wo man diesen Zweck ins Auge gefaßt hat, da ist beim Jugendunterricht stets die vaterländische Geschichte, ergänzt durch die politische Geographie, als der geeignetste Lehrstoff gefunden worden. Mit Recht. Denn was von den geschichtlichen Personen, von ihrem Charakter, ihren Handlungen und Schicksalen erzählt wird, bietet eine schätzenswerte Ergänzung des Religionsunterrichts; und was dabei von Sitten und sozialen Einrichtungen früherer Zeiten zur Sprache kommt, öffnet und schärft den Blick für die sozialen Verhältnisse der Gegenwart. Freilich darf nun auch nicht versäumt werden, den letzteren die gebührende genauere Betrachtung zu widmen, weil sonst der Geschichtsunterricht doch halbwegs unverwertet bleiben würde. — Die soziale Aufgabe ist außerdem noch bei anderen Lehrgegenständen interessiert. So empfiehlt sie auch ihrerseits das Lesen und Schreiben, — jenes nicht bloß als Lern- und Fortbildungsmittel, sondern auch deshalb, damit die obrigkeitlichen Verfügungen schnell und genau bekannt werden können; und das Schreiben nicht bloß wegen des gesellschaftlichen Verkehrs überhaupt, sondern besonders auch behufs der Vollziehung rechtlich gesicherter Dokumente. Endlich mahnt sie, beim Gesangunterricht neben den Kirchenliedern auch Vaterlandslieder zu berücksichtigen.

Jetzt können wir den Lehrplan, wie ihn der empirische oder sogenannte praktische Standpunkt fordert, überblicken. Es ist vertreten

A. Im **Sachunterricht**:

1. Die Religion;
2. die vaterländische Geschichte, ergänzt durch die politische Geographie und die übrigen Stoffe der Gesellschaftskunde;
3. aus der Naturkunde jedoch nur das, was zur Gesundheitspflege gehört, — das übrige ist disputabel resp. ausgeschlossen.

B. Im **Sprachunterricht**:

Lesen und Schreiben; — die Übung im mündlichen Reden wurde zwar nicht ausdrücklich gefordert, darf aber als selbstverständlich hinzugerechnet werden. Stehen diese drei Übungen fest, so muß die Erfahrung bald darauf führen, daß es rätlich sei, außer den sachunterrichtlichen Lesebüchern auch ein besonderes sprachliches Lesebuch zu gebrauchen und die nötige grammatische Belehrung beizufügen.

C. Im reinen **Formunterricht**:

1. Das Rechnen (einschließlich des geometrischen Rechnens);
2. der Gesang, jedoch nur Kirchen- und Vaterlandslieder; Naturlieder und sogenannte Jugendlieder fehlen;
3. das Zeichnen ist disputabel resp. ausgeschlossen.

Das ist's, was der empiristische Standpunkt, der bloß die Lebensbedürfnisse befragt, über den Lehrplan zu raten weiß.

Besinnen wir uns jetzt, warum dieser Standpunkt unzulänglich ist. Es sollen zunächst diejenigen Mängel genannt werden, welche er selbst eingestehen muß, wenn man den Finger darauf legt.

Erstlich tritt seine Unzulänglichkeit zu Tage bei der Naturkunde. Der Empiriker kann sich nicht verhehlen, daß das Lebensbedürfnis bei allen Schülern eine gewisse naturkundliche Belehrung wünschenswert macht. Allein

die Wünsche vonseiten der verschiedenen Berufsarten sind sehr ungleich.
Außer der Gesundheitskunde und etlichen wenigen anderen Stücken weiß
er keine Auswahl zu treffen, die für sämtliche Schüler gleichmäßig paßt.
Was nun tun? In der Hauptsache läuft also hier die Überlegung in
einen Disput aus, und das heißt eben ratlos sein. Das muß der Empiriker selbst bekennen.

Ähnlich liegt die Sache beim Zeichnen. Für manche Berufsarten
ist dieser Unterricht entschieden wünschenswert; die übrigen begehren ihn
nicht. Hier steht also der Empiriker zum zweiten Male ratlos.

Eine dritte bedenkliche Stelle findet sich beim Gesange. Vertreten
sind nur Kirchenlieder und Vaterlandslieder; Naturlieder und noch verschiedene andere Arten von Liedern, welche die heutigen Schulgesangbücher
zu bieten pflegen, fehlen. Da das Lebensbedürfnis aber nicht ausdrücklich
darauf hinweist, so wird man diese Lücke dem Empiriker nicht vorrücken
dürfen. Wir wollen dieselbe daher hier einstweilen nur notieren; später
wird sich Gelegenheit finden, sie auch als Fehler kenntlich zu machen.

Ein viertes Anzeichen der Unzulänglichkeit des empirischen Standpunktes werden seine Vertreter wieder selber einsehen müssen, wenn
wir darauf hinweisen. Sie glauben, aus dem Lebensbedürfnis allein den
richtigen Lehrplan ableiten zu können. Angenommen einmal, dieser Standpunkt wäre an sich völlig ausreichend; was verbürgt dann den betreffenden
Personen, daß sie auch wirklich alles deutlich sehen werden, was sich dort
zu sehen darbietet? Wenn ein Laie in der Heilkunde am Krankenbette
steht, so wird er unzweifelhaft nicht alles sehen, was der geschulte Arzt
neben ihm zu sehen vermag. Wenden wir das auf unsern Fall an. Die
pädagogischen Theoretiker haben gemerkt, daß es sehr schwierig sei, aus den
Lebensaufgaben genau herauszulesen, wie die vorbereitende Lehrarbeit beschaffen sein müsse, und daß man sich dabei leicht täuschen könne. Darum
haben sie sich nach einem Hülfsmittel umgesehen, welches den Blick schärfen
kann. Dieses Hülfsmittel ist die Psychologie. Empirie und Psychologie
vereint lassen besser schauen als die Empirie allein. Der theoriescheue
Empiriker will von jener Schwierigkeit nichts wissen; er meint, mit dem
„gesunden Menschenverstande" auszureichen, d. i. mit dem Verstande, den
er gerade mitbringt. Zu derjenigen Unzulänglichkeit, welche der empirische
Standpunkt an sich besitzt, und von der wir vorhin schon mehrere Anzeichen
kennen gelernt haben, fügen nun seine Vertreter eigenwillig auch noch das
neue Manko hinzu, daß sie jede theoretische Hülfe verschmähen. Was
Wunder, wenn diese Selbstvermessenheit übel ausläuft, indem sie sich ein-
bildet, ein Lebensbedürfnis vollaus erkannt zu haben, während es in
Wahrheit nicht vollaus erkannt worden ist, und nun in neue selbstverschuldete

Ratlosigkeit gerät oder positive Mißgriffe begeht. Es wird sich lohnen, uns dies an einigen historischen Beispielen näher zu besehen. Die preußischen Regulative, dieser letzte Ausläufer des pädagogischen Empirismus in der Schulgesetzgebung, werden sie uns zeigen. — Im Volksschul-Regulativ heißt es S. 64: „Die Elementarschule hat nicht einem abstrakten (theoretischen) System oder einem Gedanken der Wissenschaft zu dienen, sondern **dem praktischen Leben in Kirche, Familie, Beruf, Gemeinde und Staat, und für dieses Leben vorzubereiten."** Hier werden also die wichtigsten Gemeinschaften (Familie, Gemeinde, Kirche und Staat) ausdrücklich hervorgehoben — mit der nachdrücklichen Weisung, daß die Schule die Pflicht habe, die Schüler darauf vorzubereiten. Man sollte daher erwarten, daß das Regulativ bei dieser so stark betonten Schulaufgabe auch das entsprechende Lehrfach, die vaterländische Geschichte und was ergänzend hinzugehört, mit aufgenommen hätte. Aber nein; wie in der Naturkunde und im Zeichnen, so hat der regulativische Lehrplan auch bei der Kunde vom Menschenleben eine völlig leere Stelle. Woher diese auffällige Lücke, die angesichts der so nachdrücklich geforderten Vorbereitung für das Gemeinschaftsleben wie ein förmlicher Selbstwiderspruch erscheint? Nun, beim selbstgenüglichen Empirismus sind eben mancherlei Täuschungen möglich. Die Regulative nehmen nämlich an, beim Gemeinschaftsleben komme es nicht auf irgend welche sozialen Kenntnisse an, sondern lediglich auf die rechte Gesinnung. Da nun für die Gesinnungsbildung der Religionsunterricht auf dem Lehrplan steht, so sei damit für die soziale Aufgabe der Schule vollständig gesorgt. Daraus geht klar hervor, daß das Lebensbedürfnis in diesem Punkte nicht vollaus erfaßt worden ist, denn andernfalls würde man eingesehen haben, daß es sich beim Gemeinschaftsleben keineswegs bloß um die rechte Gesinnung handelt. Gewiß bildet die Gesinnung den wichtigeren Teil der sozialen Ausrüstung; soll sie aber mit Verstand sich betätigen können, so muß ihr auch eine zureichende sachliche Kenntnis der Gemeinschaften zur Seite stehen. Überdies frage ich: Wie sollen denn dem Schüler die mancherlei sozialen Pflichten bekannt und verständlich gemacht werden, wenn er über Wesen, Zweck und Einrichtung der betreffenden Gemeinschaften nichts weiß und nichts erfährt? Also nicht einmal für die Gesinnungsbildung läßt sich gebührend sorgen, wenn die sachlich-soziale Belehrung fehlt; und die Gesinnungsbildung ist doch nur die Hälfte der geforderten Vorbereitung für das Gemeinschaftsleben.

Summa: Wie sehr auch die Regulative die soziale Schulaufgabe betonten, so liegt doch klar zu Tage, daß sie dieselbe bei weitem nicht vollaus erkannt hatten, denn sonst würde das erkannte Bedürfnis auch dazu gedrängt haben, nach dem benötigten Lehrstoffe sich umzusehen. — In dem angeführten Ausspruche der Regulative, der in nuce das ganze Programm dieser weiland so viel gerühmten Lehrordnung enthält, treten uns aber noch zwei andere schwer wiegende Irrtümer entgegen. Der Eingang jener Stelle (S. 64) lautet: „Die Elementarschule hat nicht einem abstrakten System oder einem Gedanken der Wissenschaft zu dienen, sondern u. s. w." Wie man sieht, soll hier gegen die pädagogische Theorie polemisiert werden. Der bekämpfte Gegensatz wird aber so wunderlich undeutlich bezeichnet, daß man erraten muß, was eigentlich gemeint ist. Doch lassen wir diese sonderbare Form beiseite; wenden wir uns zum Inhalte. Der Nachsatz: „die Elementarschule habe dem praktischen Leben in Kirche, Familie, Beruf, Gemeinde und Staat zu dienen und für dieses Leben vorzubereiten," will offenbar durch den voraufgeschickten Vordersatz sagen: die pädagogische „abstrakte Theorie erkenne diese Aufgabe der Volksschule nicht an, oder erstrebe doch noch etwas darüber hinaus. Das ist abermals ein Irrtum. Der pädagogische Theoretiker erkennt jene Aufgabe vielmehr ausdrücklich an, erstrebt auch nichts darüber hinaus; wenn er aber dieselbe jeweilig mit anderen Worten bezeichnet, so tut er das im Interesse der Deutlichkeit, um nämlich unmißverständlich zu erkennen zu geben, was er unter einer richtigen Vorbereitung für das praktische Leben versteht. Wie der regulativische Empirismus es mit der Erforschung der sozialen Seite der Schulaufgabe leicht nahm, so hat er sich auch nicht die Mühe gegeben, den Sinn des Gegners recht zu begreifen. — Aber weiter. Aus der Aufgabe, für das praktische Leben in Kirche, Familie u. s. w. vorzubereiten, glauben die Regulative ableiten zu können, daß dazu lediglich die vier altüblichen Lehrfächer: Religion, deutsche Sprache, Rechnen und Gesang, nötig seien. Indem nun jene Aufgabe der Elementarschule zugewiesen wird, so spricht sich darin zugleich die Ansicht aus, daß die höhern Schulen diese Aufgabe nicht hätten oder doch noch etwas anderes erstreben müßten. Das ist ein dritter bedeutsamer Irrtum. Manche Leser mögen denken, da derselbe sich auf die höhern Schulen beziehe, so gehe er uns hier, wo von der Volksschule geredet werden soll, nichts an. Er geht uns im Gegenteil sehr nahe an. In diesem Irrtum wird der Grundfehler des Regulativ-Empirismus, wovon der mangelhafte Volksschul-Lehrplan nur ein einzelnes Symptom ist, erst in voller Deutlichkeit offenbar. Weiter unten werden wir eingehend über diesen Punkt zu reden haben; da er aber hier uns schon in Sicht kommt, so wird es nützlich sein, ihn wenigstens vorläufig zu kennzeichnen. — Als Anstalten für die allgemeine Bildung haben die höhern Schulen qualitativ keine andere Aufgabe als die Volksschule. Läßt sich diese Aufgabe hier, bei der

Volksschule, bezeichnen als „Vorbereitung für das praktische Leben," so muß diese Bezeichnung auch dort gelten. Mit andern Worten: was zum Wesen der allgemeinen Bildung gehört, nämlich ihre qualitative Beschaffenheit, muß bei den verschiedenen Bildungsanstalten nach denselben Grundsätzen geregelt werden. Auf den Lehrplan übertragen, heißt das: in den sämtlichen Bildungsanstalten, gleichviel ob hoch oder niedrig, müssen alle wesentlichen Lehrgegenstände vertreten sein, nämlich

die drei sachunterrichtlichen Fächer (Religion, Menschenleben, Naturkunde),

der Sprachunterricht (mit einer oder mit mehreren Sprachen),

die drei formunterrichtlichen Fächer (Rechnen, Zeichnen, Gesang), — so daß die Lehrpläne qualitativ gleichförmig sind.

Unsere obige erste Lehrplansthese gilt eben nicht bloß für die Volksschule, sondern für alle Bildungsanstalten. Daß die Gymnasien, Realschulen u. s. w. für eine höhere berufliche und soziale Lebensstellung vorbereiten sollen als die Volksschule, kommt in anderer Weise zum Ausdruck, nämlich in der größeren Ausdehnung der Lehrfächer. Beides, die qualitative Gleichförmigkeit und die quantitative Verschiedenheit, läßt sich in der mathematischen Sprache noch deutlicher ausdrücken: die Lehrpläne der verschiedenen Bildungsanstalten verhalten sich zu einander wie Figuren, welche in der Form (qualitativ) ähnlich, aber in der Größe (quantitativ) ungleich sind. Das ist eine Kardinalwahrheit der Pädagogik, die oberste in der Theorie des Lehrplans. Schon Comenius hat diese Wahrheit erkannt; er war auch der erste, der sie proklamierte. Seine Lehrpläne, von der Mutterschule (Kinderschule) an bis zum Gymnasium hinauf, sind allesamt streng nach diesem Grundsatze geordnet. In diesem Blick und Griff spricht sich meines Erachtens der genialste Charakterzug dieses großen Didaktikers aus. Obwohl jener Kardinalgrundsatz bereits vor mehr als zwei Jahrhunderten den Schulmännern ins Gewissen geschoben war, so hatten die Regulative denselben doch nicht beachtet oder wenigstens nicht begriffen, — ein Zeichen, daß sie die Lehren der Erfahrung, auf die sie sich so gerne beriefen, sich doch nicht nach Gebühr zu nutze gemacht hatten.

So finden wir denn bei den Regulativen drei schwere Verirrungen auf einem Haufen zusammen, in einem einzigen Satze. Sie betonen die soziale Seite der Schulaufgabe und lassen doch die bezügliche Stelle im Lehrplane leer; sie tadeln den pädagogischen Theoretiker und haben doch seinen Sinn nicht begriffen; und endlich erkannten sie nicht, was doch Comenius schon eingesehen hatte, daß die Lehrpläne der niederen und höhern Schulen in den Grundzügen gleichförmig sein müssen. Freilich,

Irren ist menschlich; auch der Theoretiker kann irren. Dieser aber hat den Vorteil, daß er seine pädagogische Erkenntnis aus zwei Quellen schöpft; begegnet ihm nun bei der Empirie ein Irrtum, so darf er hoffen, daß die Psychologie ihn darauf aufmerksam mache, und umgekehrt. Anders der bloße Empiriker, wenn er jeweilig irrt. Denn da ihm kein Korrektor zur Seite steht, so bleibt er in seinen Irrtümern stecken — zur Strafe dafür, daß er sich auf seine eine Quelle allein verlassen hat. Wie der Leser sieht, ist das besprochene vierte Manko des empiristischen Standpunktes recht schlimmer Natur.

Ein fünftes Manko. Bei denjenigen Lehrfächern, welche die Lebensbedürfnisse unzweifelhaft fordern, geben sie doch nur an, was am Ende der Schulzeit geleistet werden soll, also das Lehrziel. Damit mag die Oberstufe beraten sein. Wie ist es aber auf den unteren Stufen zu halten? sollen die Lehrfächer sämtlich schon auf der Unterstufe vorkommen, oder einige erst auf der Mittelstufe, oder gar erst auf der Oberstufe? Und wie ist in jedem Fache der Lehrstoff auf die verschiedenen Stufen zu verteilen und wieder auf jeder Stufe der Lehrgang so zu ordnen, daß dem Schüler nirgendwo etwas zu Schwieriges zugemutet wird und ein Fortschreiten vom Leichteren zum Schwereren stattfinden kann? Über alle diese Fragen, die beim Lehrplane gelöst sein wollen, gibt die geforderte Endleistung keinerlei Auskunft. So steht der Empiriker abermals ratlos da. Das neue Manko seines empiristischen Standpunktes liegt demnach klar am Tage. Wie vielerlei Mißgriffe konnten bei dieser Ratlosigkeit begangen werden! Ich will nur etliche der übeln Folgen hervorheben. Erinnern wir uns zu dem Ende daran, wie die früheren Schulen die obigen Lehrgangsfragen anfaßten, als der Empirismus noch von der pädagogischen Theorie völlig unbeleckt, also ganz echt war.

Naturkunde und Zeichnen fielen aus den bekannten Gründen überhaupt aus. Die vaterländische Geschichte nebst Zubehör war zwar vom sozialen Lebensbedürfnis gefordert, allein der damalige empiristische Verstand konnte diese Forderung nicht lesen, selbst zur Zeit der Regulative noch nicht; dieser Lehrgegenstand kam somit ebenfalls nicht in betracht. Es blieb demnach nur die bekannte Vierzahl: Religion, Sprachunterricht (d. i. Lesen und Schreiben), Rechnen und Gesang. Wie wurde nun bei dieser Vierzahl entschieden, was schon von unten auf vorgenommen, und was zurückgeschoben werden sollte? Das Rechnen mußte bis zur Mittelstufe warten; Religion und Sprachunterricht galten auch für die Unterstufe als zulässig; am Gesange, der bloß um des Religionsunterrichts willen auf den Lehrplan kam, mochten die Kleinen sich beteiligen, soviel sie konnten. Hätte man einen damaligen Lehrer gefragt, warum er den Lehrplan der Unterstufe so ordne, so würde er ohne Zweifel geantwortet haben: er habe sich nach der Schwierigkeit der Lehrgegenstände gerichtet; das Rechnen sei schwieriger als die übrigen Fächer.

Hier lief aber bei dem Begriffe „schwierig" eine Verwechselung mit unter. Daß das Lernen für die Schüler bei dem einen Fache beschwerlicher erschien als bei dem andern, wurde ohne weiteres dem Gegenstande selbst zugeschrieben; daß die größere Beschwerlichkeit möglicherweise von der Mangelhaftigkeit der gewohnten Lehrweise herrühren könnte, daran dachte man nicht. Anstatt nun in diesem Falle eine bessere Lehrweise zu suchen, half man sich wohlfeil so, daß der „schwierige" Gegenstand für eine folgende Stufe verspart wurde. Vergleichen wir damit, wie der pädagogische Theoretiker sich zu dieser Frage stellt. Ihm steht bekanntlich von vornherein fest, daß die 7 wesentlichen Lehrfächer in irgend einer Weise auch schon auf der Unterstufe vertreten sein müssen. Ob schwierig oder nicht, hat dabei gar nicht mitzusprechen; und der wohlfeile Ausweg des Verschiebens ist abgeschnitten. Stößt er ja irgendwo auf Schwierigkeiten, so heißt das für ihn nichts anderes als eine unabweisliche Nötigung, eine solche Stoffauswahl und ein solches Lehrverfahren zu suchen, wodurch dem Schüler nichts zugemutet wird, was über seine Kräfte geht, — und zwar so lange zu suchen, bis beides gefunden ist. Welch eine Kluft zwischen den zwei pädagogischen Standpunkten tut sich da vor unserm Blicke auf!

Der Theoretiker steht unter der unbedingten Pflicht und Nötigung, fort und fort über die Verbesserung der Lehrweise nachzusinnen. Der Empiriker weiß von einer solchen Nötigung nichts, da ihm der bequeme Ausweg des Verschiebens offen steht. Was wird die Folge sein? Dünkt ihm ein Fach, d. i. die bisher gekannte Lehrweise, zu schwierig für die Schüler, so läßt er dasselbe einstweilen ausfallen; die übrigen nimmt er zwar vor, aber eben nach der üblichen Lehrweise. Da nun in seinem empiristischen Standpunkt selbst weder dort noch hier ein Antrieb liegt, über die Verbesserung der Lehrweise nachzusinnen, und er auch von der Psychologie nichts hören will, die ihn dazu antreiben würde, so ist klar, daß er von allen Seiten dazu gelockt und durch nichts abgehalten wird, sich mit den gewohnten Bahnen zu begnügen. Das heißt mit anderen Worten: der Empirismus ist in der Methodik der geborene Vertreter des Stagnationsprinzips, des Trägheits-Konservatismus.

Wie schwer ihm methodische Verkehrtheiten merkbar werden, und wie wenig Trieb er hat, darauf sein Augenmerk zu richten, zeigen auch gerade diejenigen Fächer, welche auf der Unterstufe zugelassen wurden. Ich meine: das Lesen und die Religion; der Gesang bildete ja eigentlich nur ein Anhängsel des Religionsunterrichts. Beim Lesen kannte man damals bekanntlich nur die Buchstabiermethode. Durch die übliche Benennung der Konsonanten liegt aber in dieser Methode ein Moment, welches die Schüler fortwährend irre macht und somit die richtige Auffassung hindert. Es sah aus, wie wenn man das Lesenlernen mit Absicht erschweren wollte. In der Tat war das Lesenlernen für die Kleinen schwieriger, als das Rechnen gewesen sein würde, ja das schwerste Stück Arbeit, welches auf dem ganzen Schulwege vorkam. Dies zeigte sich auch deutlich darin, daß bei der Mehrzahl Jahre darüber hingingen, bevor das nächste Ziel, ein leidliches mechanisches Lesen, erreicht werden konnte. Warum wurde nun die Schwierigkeit den Lehrern nicht bemerkbar, oder wenn sie doch etwas davon ahnten, warum kamen sie nicht auf den Gedanken, daß das Hemmnis nicht in der Sache selbst, sondern in der verkehrten Methode läge? — Ähnlich war's beim Religionsunterricht. Die biblische Geschichte, welche als religiöser Anschauungsstoff den Anfang der Religionserkenntnis hätte bilden sollen, trat erst auf der höhern Stufe auf. Warum? weil es einmal hergebracht war, vermittelst des Lesens damit bekannt zu machen. Das Herkommen entschied. Die Sprüche und Kirchenlieder folgten derselben Regel; für das Einprägen hatten dann die Schüler zu Hause selbst zu sorgen. Der Katechismus hätte nun eigentlich ebenfalls für die höhern Stufen verspart werden müssen; allein dann würde auf der Unterstufe gar kein Religionsunterricht vorgekommen sein. Das ließ doch die Wichtigkeit dieses Lehrgegenstandes nicht zu. Überdies galt der Katechismus als der beste und wirksamste Teil der religiösen Unterweisung; wie hätte man dieses Wertstück den Kleinen vorenthalten können? So mußte denn der Katechismus die Lücke ausfüllen, d. h. das Begriffliche der Religion und dazu in der abstraktesten und trockensten Form wurde zum Anfangsunterricht gemacht und zwar dies allein. Da hier die Lesefertigkeit noch fehlte, so war das Lehrverfahren von selbst gewiesen: die Katechismussätze mußten durch Vorsagen eingeprägt werden. Das mündliche Lehrwort trat demnach nicht deshalb auf, weil es das lebendigste und wirksamste Lehrmittel ist, sondern bloß als notgedrungener Ersatz, weil das vermeintlich beste Lehrmittel, das Lesen, noch nicht anwendbar war. Über die Auswahl des Lehrstoffes zerbrach man sich nicht den Kopf: man fing im Katechismus eben von vorn an. Obwohl der Lehrstoff lediglich begrifflicher Art war, so bekümmerte sich doch der Unterricht um das Begreifen nicht, nicht einmal um das Wortverständnis, geschweige um das sachliche: diese Aufgabe blieb der Zukunft vorbehalten. So bestand denn die religiöse Unterweisung der Unterstufe bloß im mechanischen Memorieren vorgesprochener Katechismussätze. Der gewählte Stoff war für dieses Alter der schwierigste

und ungeeignetste, der sich aus dem religiösen Gebiete finden läßt. Anstatt
den Erkenntnistrieb zu wecken — und er bedarf der Weckung, zumal bei
den Anfängern — wurde derselbe niedergehalten, unterdrückt, denn man
übte und gewöhnte die Kinder förmlich ein, sich an dumpfem Nichtverstehen
genügen zu lassen. Kam nun das Religiöse nicht zu Gesicht, so ging das
Gemüt selbstverständlich ebenfalls leer aus. Im Grunde war dies gar
kein Religionsunterricht, sondern nur ein Stückchen Sprachunterricht; und
diese sprachliche Übung war wiederum die denkbar verkehrteste, da sie an
unverstandenen Worten und Sätzen geschah. Dem bißchen Memorier-
gewinn stand gegenüber der große doppelte Schaden: Gewöhnung an Ge-
dankenlosigkeit und die Gefahr, die religiösen Dinge von vornherein zu
verleiden. Also Verkehrtheit um und um. Und doch wurde nichts davon
gemerkt. Natürlich fällt es mir nicht ein, die damaligen Küster, welche
nebenbei Schule halten sollten, dafür verantwortlich zu machen. Sie hießen
zwar Schulmeister, waren jedoch nur Gesellen und Handlanger im Lehr-
werk. Aber die eigentlichen Leiter und Dirigenten der Schule, die Geistlichen, obwohl akademisch gebildete Männer, merkten jene Verkehrtheiten
ebenso wenig; denn sonst würden sie wohl auf Besserung bedacht gewesen
sein. Übrigens wurde in den höhern Schulen, wo sie auch Elementar-
klassen besaßen, der Religionsunterricht auf der Fibelstufe gerade so behandelt wie in den Küsterschulen; es sei denn, daß man es machte wie
beim Rechnen und die Religion gänzlich auf die oberen Klassen verschob.
(Vgl. die altsächsische Schulordnung aus der Reformationszeit.) Warum
kamen denn die Mängel des Lehrverfahrens den damaligen Lehrern und
Leitern der Schulen nicht zum Bewußtsein? Nun, weil es in der Natur
des Empirismus liegt; genauer gesagt: weil in ihm keine Nötigung liegt,
über das Lehrverfahren nachzudenken und er deshalb getrost bei der gewohnten, altväterlichen Lehrweise bleiben kann. Daß es sich so verhält,
wird auch dadurch bestätigt, daß jene Verkehrtheiten im Lesenlernen und
im Religionsunterricht der Anfänger jahrhundertelang unbelästigt sich
forterben konnten. Erst Pestalozzis Anregung brachte Bewegung in die
Köpfe, und in manchen Gegenden dauerte es bis tief in das jetzige Jahrhundert hinein, bis die ehrwürdige Buchstabiermethode gänzlich beseitigt
wurde und das Katechismusmemorieren auf der Unterstufe dem biblischen
Geschichtsunterricht Platz machte.

Fassen wir zusammen, was sich als fünftes Manko des Empirismus
zu erkennen gegeben hat. Es ist ein Zwiefaches. Einmal seine Ratlosigkeit bei der Aufgabe, den Lehrgang der einzelnen Fächer festzustellen. Sodann ein damit zusammenhängendes, aber mehr verdecktes Übel, welches
darin besteht, daß im empiristischen Standpunkte nirgendwo eine Nötigung

liegt, die zum Nachsinnen über eine Vervollkommnung des Lehrverfahrens zwingt, weshalb die Stagnation gleichsam zu seinem Wesen gehört.*) —

### B. Der Pestalozzische Standpunkt.

I. Ziel: Die harmonische Ausbildung aller Kräfte — im Sinne einer Kraftbildung.

Die Psychologie gibt Auskunft über das zu unterrichtende Subjekt, über die Natur des kindlichen Geistes, über die Kräfte, die harmonisch ausgebildet werden sollen.

Das Mittel zur Erreichung des Zieles ist die Selbsttätigkeit.

II. Vorteile des Pestalozzischen Standpunktes vor dem empiristischen:

1) Der Begriff „Bildung" wurde tiefer erfaßt;

2) als Kennzeichen der Bildung wurde die Selbsttätigkeit erkannt;

3) Als Anfang der Bildung wurde die Anschauung gesetzt.

III. Folgerungen für den Lehrplan und das Lehrverfahren:

1. a) Der Katechismus gehört nicht auf die Unterstufe; denn

b) der Anschauungsstoff ist die biblische Geschichte;

c) der Katechismusunterricht kann kein selbständiger Lehrgegenstand sein;

d) er darf nicht mit Auswendiglernen begonnen werden.

2. Der Gesang ist nicht bloß der Religion wegen da; es gilt, eine bestimmte Fähigkeit, die musikalische, auszubilden. Also ist er ein gesonderter, selbständiger Lehrgegenstand. Neben den Kirchenliedern müssen auch andere Lieder gesungen werden.

3. Zeichnen,**)
messende Geometrie,
Rechnen.

IV. Mängel des Pestalozzischen Standpunktes.

1. Pestalozzi ließ sich durch die Dreizahl — Zahl, Form, Wort — irre führen.

---

*) Soweit ist der Verfasser mit seiner Ausarbeitung fertig geworden. Die beigefügten Skizzen fanden sich im Nachlaß. Ihre fragmentarische Form läßt vermuten, daß sie den ersten Entwurf einer Disposition bilden und jedenfalls von Dörpfeld noch umgearbeitet, verbessert und vervollständigt werden sollten. Doch mochten wir sie dem Leser nicht vorenthalten, weil wir dachten, sie möchten ihm auch in dieser Form für sein weiteres Nachdenken einen Dienst leisten können.

**) Diese drei Fächer sind ohne weitere Bemerkung mit aufgeführt. Vielleicht wollte D. sagen, daß sie bei der Pestalozzischen Dreizählung unbedingt in den Lehrplan der Volksschule gehören.

Folgerungen:

    a) Der gesamte Sachunterricht wurde im Sprachunterricht untergesteckt;

    b) der Religionsunterricht fand sein rechtes Anschauungsmaterial nicht;

    c) der Geschichtsunterricht blieb ohne Gesellschaftskunde.

2. Pestalozzi ließ sich durch das Anschauungsprinzip verleiten, einen isolierten Anschauungsunterricht zu fordern.

### C. Der Herbart'sche Standpunkt.

1. Die ethische Gesinnungsbildung ist der absolute Zweck der Erziehung; alle übrigen Erziehungsziele sind relativ.

2. Die Bildung ist, wie Pestalozzi fordert, als Kraftbildung zu fassen, deren wesentlichstes Moment die Selbsttätigkeit ist. Worin liegt aber die Quelle der Selbsttätigkeit? Im Interesse. Damit ist das Mittel oder der Weg zur Selbsttätigkeit gewiesen.

3. Das Interesse ist aber mehrfacher Art. Zuerst läßt es sich unterscheiden in

    A. Erkenntnis- (oder intellektuelles) Interesse.

    B. Teilnahme- (oder Gemüts-) Interesse.

Das Erkenntnisinteresse ist dann wieder dreifacher Art: 1. empirisch, 2. spekulativ, 3. ästhetisch.

Das Teilnahmeinteresse ist ebenfalls dreifacher Art: 1. ethisch, 2. religiös, 3. gesellschaftlich. Sonach gibt es insgesamt sechserlei Interesse. Jedes weist auf besondere Objekte oder Lehrgegenstände hin.

Pestalozzis Losung: harmonische Ausbildung aller Geisteskräfte — muß demnach ergänzt werden durch: gleichmäßige Berücksichtigung sämtlicher Arten des Interesse.

---

### Zusatz 4 (zu S. 152).

S. die Mitteilungen aus 59 pommerschen Synodalberichten von J. 1701 von Archivrat Dr. von Bülow im „Ev. Monatsblatt," 1887, Nr. 8.

Einige Beispiele:

Zizow (Synode Rügenwalde.)

Der Pfarrer berichtet: „In dem Kirchdorff Zizow ist ein Küster, und in den eingepfarrten Dörfern sind Schulmeister angenommen, welche die Jugend im beten, lesen und schreiben unterrichten."

Pritig und Plötzig (Synode Rummelsburg.)

In den Filialkirchen informiert derjenige die Jugend, welcher auf dem Kirchenacker sitzet; in Prietzke aber unterrichtet dieselbe die alte Priesterwitwe."

Dummerfitz (Synode Neustettin.)

„Es ist hier kein Schulmeister; vordem wurden die Kinder von einem der (Kirchen-) Vorsteher unterrichtet, der ist vorm Jahr gestorben."

Budow (Synode Bütow, vormals Stolp.)

„Ich habe unterschiedliche mahl bei den H. Patronen angehalten, daß sie Schulmeisters, die Kinder zu unterrichten, auf allen Dörffern anordnen möchten; ist aber alles vergebens."

Brüskow (Synode Stolp).

„Küster ist hier niemahlen gewesen besage Matricul, und nehmen die Leute den Winter durch zuweilen einen Schulmeister bei ihre Kinder, wie auch heur geschehen; die nöthige und christliche aufferziehung wird also bei der Jugend beobachtet." Ebenso im Filial Schwolow.

Raths-Damnitz (Synode Stolp.)

„Ist hie kein Küster noch Schulmeister. Waß aber die Jugend anbetrieft, so siehet doch ein jeder dahin, daß er seinen Kindern den Katechismus lernen lasse, und in den nothwendigen Sticken ihres Christenthumbs werden sie von mir unterrichtet; es wird auch keiner zum Abendmahl zugelassen, der nicht den Catechismus und die vornehmsten Fragen weiß."

Succow (Synode Schlawe.)

„Itzo hat der Herr Patronus gütigst promittiret, auff künfftiges Frühjahr eine Wohnung (für den Küster) bauen zu lassen, daß nach diesem, der Jugend christliche Erziehung zu befodern, ein beständiger Schulmeister gehalten werden möge. — In den kurzen Wintertagen reise selbst des Sontags Nachmittage auff die Dörffer, berufe die Jugend in der Schultzen Behausung und thue nach eines jedweden Wachsthum im Erkenntnis Gottes Nachfrage."

Rützenhagen (Synode Rügenwalde.)

„Ein Küster ist in Rützenhagen vorhanden, so auch zugleich mit denen Kindern allhie Schuhl hält. Die Schönenberger aber, da nur 5 Höfe sein, können keinen Schulmeister ernehren; und die Jarshöfdischen Fischer an der saltzen See, so insgesampt 18 Höfe und Katen ausmachen, achten auf kein Erinnern noch Dräuen, fragen weder nach guten noch bösen Worten und haben in etlichen Jahren nacheinander her keinen Schulmeister halten wollen. Gott sei es geklaget."

### Zusatz 5 (Aus einem unvollständigen Entwurf zum Vorwort der 2. Auflage).

Über die bekannte Kontroverse, ob im Zentralfache, im Religions-unterricht, der Lehrgang in konzentrischen Kreisen fortschreiten soll, oder aber, wie Ziller fordert, nach den sog. kulturhistorischen Stufen, äußert sich Dörpfeld wie folgt:

„Meines Erachtens läßt die bisherige Debatte auf beiden Seiten viel zu wünschen übrig: die Verfechter der konzentrischen Kreise sind zu wenig dar-auf eingegangen, daß Zillers Vorschlag doch auch mehrere unbestreitbare Vorteile bietet; und auf Seiten der Zillerschen Schule hat man die Be-denken, welche der vollen Durchführung der kulturhistorischen Stufen im Wege stehen, gar zu leicht genommen. Kurz, diese Frage ist für eine all-seitig befriedigende Entscheidung noch nicht reif und muß daher notwendig monographisch behandelt werden. Darum habe ich hier (in den Grund-linien) das Kapitel vom Lehrgange ruhen lassen. Sobald von der einen oder von der andern Seite über jene wichtige Spezialfrage eine solche Monographie geliefert wird, werde ich mich gern an der weiteren Ver-handlung beteiligen. Eins sei hier schon bemerkt. Die neutestamentlichen Geschichten bis zu den letzten Schuljahren zurückzustellen, wie es nach Zillers Vorschlag geschehen müßte, ist schlechterdings nicht angängig. Sie müssen viel-mehr von vornherein in jedem Jahreskurse neben den alttestamentlichen auftreten, also in der zweiten Hälfte desselben. Hier sind dann die kon-zentrischen Kreise am Platze. Es steht aber nichts im Wege, die alttesta-mentlichen Geschichten nach den kulturhistorischen Stufen vorzunehmen, also im ersten Semester jedes Jahreskursus eine Periode, und da diese Weise mehrfache Vorteile bietet, so würde es ein Fehler sein, dieselbe hier nicht anwenden zu wollen. In den beiden letzten Schuljahren können dann die Hauptgeschichten des A. und N. Testaments in historischer Reihenfolge noch einmal durchgenommen werden. Die Vorteile dieser nochmaligen Betrach-tung des Ganzen bei größerer Reife sagen sich von selbst. Das wäre also, wie man sieht, eine gewisse Kombination beider Lehrgänge, wofür überdies auch das noch spricht, daß sie auf dem Standpunkte der jetzigen Schulgesetzgebung anwendbar ist. Näheres über diese Frage findet sich in meiner Schrift: „Der didaktische Materialismus," 2. Auflage, 1886, Seite 95 ff."

Verlag von C. Bertelsmann in Gütersloh.

# Gesammelte Schriften

von

## Friedrich Wilhelm Dörpfeld.

### Zwölf Bände.
Preis 35 M., gebunden 40 M.

**I. Band: Beiträge zur pädagogischen Psychologie.**
2,50 M., geb. 3 M.

1. Teil: **Denken und Gedächtnis.** 7. Aufl. 2 M., geb. 2,50 M.
Eine psychologische Monographie.
2. Teil: **Die schulmäßige Bildung der Begriffe.** 4. Aufl. 50 Pf.

**II. Band: Zur allgemeinen Didaktik.** 3,20 M., geb. 3,80 M.

1. Teil: **Grundlinien einer Theorie des Lehrplans.** Nebst dem Ergänzungsaufsatze: Die unterrichtliche Verbindung der sachunterrichtlichen Fächer. 3. Aufl. 1,80 M., geb. 2,30 M.
2. Teil: **Der didaktische Materialismus.** Eine zeitgeschichtliche Betrachtung und eine Buchrecension. 4. Aufl. 1,40 M., geb. 1,90 M.

### 3.—5. Band. Zur speciellen Didaktik.

**III. Band: Religionsunterricht.** 3,40 M., geb. 4 M.

1. Teil: **Religiöses und Religionsunterrichtliches.** 2. Aufl. 2,20 M.
Inhalt: Ein Musterbuch der Schrifterklärung für deutsche Lehrer. 2. Der Lehrerstand und die „christlichen" Klassiker. 3. Über Erzählen und Einprägen der biblischen Geschichten. 4. Zur nochmaligen Auseinandersetzung mit dem Memoriermaterialismus. 5. Ein Ergänzungswort zu einem Vortrag über biblischen Geschichtsunterricht. 6. Bemerkungen und Wünsche in betreff der Regulative. 7. Ein Wort über Sonntagsschulen.
2. Teil: **Zwei Worte** über Zweck, Anlage und Gebrauch des Schriftchens: Enchiridion der biblischen Geschichte. 4. Aufl. 1,20 M.

**IV. Band: Realunterricht.** 2,30 M., geb. 2,80 M.

1. Teil: **Der Sachunterricht** als Grundlage des Sprachunterrichts. 1,80 M.
Inhalt: 1. Bemerkungen über den Unterricht in der heimatlichen Naturkunde. 2. Über den naturkundlichen Unterricht. 3. Die verschiedenen Ansichten vom Realien-

buche. 4. Die Verwertung der physikalischen Lektionen für die Sprachbildung. Anhang: Die psychologisch-pädagogischen Grundsätze, auf welchen Dörpfelds sprachunterrichtliche Reformvorschläge ruhen.

2. Teil: **Die Gesellschaftskunde,** eine notwendige Ergänzung des Geschichtsunterrichts. 3. Aufl. 50 Pf. (Begleitwort zum Repetitorium.)

**V. Band: Real- und Sprachunterricht.** 2,30 M., geb. 2,80 M.

1. Teil: **Zwei dringliche Reformen im Real- und Sprachunterricht.** 4. Aufl. 1,50 M.

2. Teil: **Heimatkunde; Vorschläge und Ratschläge aus der Schularbeit.** 80 Pf.

**VI. Band: Lehrerideale.** Die Persönlichkeit des Lehrers und ihre Fortbildung. 2 M., geb. 2,50 M.

Inhalt: 1. Ein Lebensbild aus dem bergischen Lehrerstande. 2. Ein pädagogisches Original. 3. Ein alter und ein neuer rheinischer Schulmann und Reformprediger. 4. Rede zur Zahnfeier. 5. Zur Herbartfeier. 6. Kurzer Nachruf für Ziller. 7. Aus einer Rede zur Diesterwegfeier in Barmen. 8. Aus der Geschichte des evangelischen Lehrervereins in Rheinland und Westfalen. Anhang: Briefliche Äußerungen über Comenius, Landfermann, Hülsmann, Frick, Schüren u. Pestalozzi.

### 7.—9. Band: Schulverfassung.

**VII. Band: Das Fundamentstück** einer gerechten, gesunden, freien und friedlichen Schulverfassung. 2. Ausg. 3,50 M., geb. 4,20 M.

Inhalt: 1. Die heimatliche Schulgeschichte. Anhang: Zedlitzscher Gesetzentwurf. 2. Das Familienrecht. 3. Die Zweckmäßigkeit. 4. Die Gewissensfreiheit. Anhang: Theologie, Pädagogik und Humanitätsidee. 5. Der Streit zwischen Staat und Kirche auf dem Schulgebiete. 6. Pädagogik, Schulamt und Lehrerstand. 7. Das Interesse am Schulwesen. Nachwort und Anhang.

**VIII. Band.** 5,50 M., geb. 6,20 M.

1. Teil: **Die freie Schulgemeinde** und ihre Anstalten auf dem Boden der freien Kirche im freien Staate. Beiträge zur Theorie des Schulwesens. 2. Aufl. 3,30 M., geb. 4 M.

2. Teil: **Die drei Grundgebrechen** der hergebrachten Schulverfassungen nebst bestimmten Vorschlägen zu ihrer Reform. 2. Aufl. 1,40 M.

3. Teil: **Zwei pädagogische Gutachten** über zwei Fragen aus der Theorie der Schuleinrichtung. 3. Ausg. 80 Pf.

Inhalt: a) Über die vierklassige und achtklassige Schule. b) Über die konfessionelle und die paritätische Schule.

2. und 3. Teil zus. geb. 2,80 M.

**IX. Band: Ein Beitrag zur Leidensgeschichte der Volksschule** nebst Vorschlägen zur Reform der Schulverwaltung. 4. Aufl. 3,60 M., geb. 4,20 M.

## X. Band: Socialpädagogisches und Vermischtes.
### 3,80 M., geb. 4,40 M.

1. Teil: **Socialpädagogisches.** 1,10 M.
   Inhalt: 1. Katechismus für Väter und Mütter. 2. Die sociale Frage. 3. Abwege der modernen Geistesentwicklung. 4. Deutschlands Rückgrat (Flugblatt).
   **Katechismus für Väter und Mütter** apart 30 Pf.; 10 Ex. 2,50 M.; 50 Ex. 10 M.

2. Teil: **Vermischte Schriften.** 2,70 M.
   Inhalt: 1. Beitrag zur Kritik des pädag. Phrasentums. 2. Kennzeichen einer guten Schule. 3. Die Lehrerversammlungen bei Gelegenheit des Barmer Kirchentages. 4. Das erste Lustrum. 5. Jahresschlußworte. 6. Ein Wort der Entschuldigung. 7. Die Thesen des Herrn Vallien auf dem Kirchentag in Brandenburg. 8. Zur Pathologie des Schulwesens. 9. Die Schulkonferenz im Ministerium. 10. Grundgedanken über das Verhältnis von Staat und Kirche. 11. Die neue Unterrichtsordnung. 12. Bemerkungen über Seminarbildung. 13. Thesen über Lehrerbildung.

## XI. Band: Zur Ethik. 3 M., geb. 3,60 M.
Inhalt: 1. Die geheimen Fesseln der wissenschaftlichen und praktischen Theologie. Ein Beitrag zur Apologetik. 2. Einige Grundfragen der Ethik.

## XII. Band: Die Heilslehre auf Grund der Heilsgeschichte.
Die Heilslehre genetisch entwickelt aus der Heilsgeschichte. Zweites Enchiridion zum Verständnis der biblischen Geschichte nebst Handbuch. Aus dem Nachlaß des Verfassers herausgegeben und bearbeitet von Dr. G. von Rohden. 3,60 M., geb. 4,20 M. — Daraus auch einzeln:

**Enchiridion** zum Verständnis und zur Wiederholung der biblischen Geschichte. Zweiter, zusammenfassender Gang: Die Heilslehre genetisch entwickelt aus der Heilsgeschichte. 40 Pf.; 20 Ex. 6 M.

## Schriften für den Schulgebrauch.

1. **Enchiridion** (Frageheft) **der biblischen Geschichte.** Für die Oberklasse der Volksschule. 19. Aufl. 40 Pf.

2. **Repetitorium des naturkundlichen und humanistischen Unterrichts.** 1. Heft: **Naturkunde und Gesellschaftskunde.** 4. Aufl. 60 Pf. 2. Heft: **Geschichte.** 3. Aufl. 30 Pf.

3. **Repetitorium der Gesellschaftskunde.** 5. Aufl. 30 Pf.

---

In demselben Verlage erschien ferner:

**Hindrichs, E., Friedrich Wilhelm Dörpfeld.** Sein Leben und Wirken und seine Schriften. Mit Bildnis. 1,40 M., geb. 2 M.

---

## Evangelisches Schulblatt
begründet von F. W. Dörpfeld. Herausgegeben von D. Horn, A. Hollenberg und Dr. G. v. Rohden. Monatlich ein Heft von 40—48 S. Jährlich 6 M., frei ins Haus 6,60 M.

=== **Probenummern gratis und franko.** ===

**Verlag von C. Bertelsmann, Gütersloh.**

# F. W. Dörpfelds
# Sociale Erziehung

## in Theorie und Praxis von J. Trüper.

Preis 3 M., geb. 3,60 M.

---

## Inhalt:

Eine Monographie über Dörpfelds Socialpädagogik war eine Notwendigkeit, und nach manchen Seiten war Trüper der berufenste, sie zu schreiben. Vor allem ist er in dem Gegenstande ganz zu Hause; er hat sich in Dörpfelds Gedankenwelt mit Liebe vertieft, und so vermag er, wie nicht leicht ein anderer, uns in der Schatzkammer socialpädagogischer Erkenntnis, die in seinen Werken aufgethan ist, herumzuführen und jede ihrer Kostbarkeiten in das rechte Licht zu stellen. In dieser Absicht läßt er mit Recht hauptsächlich Dörpfeld selbst zu Worte kommen, nicht bloß im letzten Drittel des Buches, welches ganz aus durchweg wertvollen neuen Dokumenten besteht, sondern auch in der eigentlichen Darstellung, in der ebenfalls noch viel bisher Ungedrucktes benutzt ist. . . . Wir wünschen dem Buche von Herzen den schönsten Erfolg, den es in seiner pietätvollen Unterordnung unter den Gegenstand sich selber wünschen kann: den Erfolg, zu einem **gründlich kritischen Studium** der Socialpädagogik Dörpfelds recht viele Leser zu veranlassen, und zugleich dieses Studium, durch das reiche neue Material, das es bietet, wie durch Orientierung über das bisher schon vorliegende, wirksam zu unterstützen.

**Deutsche Schule.**

Verlag von C. Bertelsmann in Gütersloh.

# J. G. Zeglin

# Praktische Winke über die Fortbildung des Lehrers im Amte.

Zugleich ein Wegweiser
zur Einführung in die pädagogische, volkstümliche
und klassische Litteratur.

Dritte, vom fünften Abschnitte ab vollständig neugestaltete Auflage

besorgt von

## A. Ambrassat,

Rektor der städt. höh. Töchterschule in Wehlau.

**Preis 4,50 M., geb. 5,25 M.**

Inhalt: 1. Abschnitt: Das Studium der heiligen Schrift, des Katechis)
mus und des Gesangbuchs. Bibel. Katechismus. Kirchenlied und Kultus.
Bedeutung der apologetischen Litteratur. — 2. Abschnitt: Das Studium des
Volkes, seiner Anschauungen und Sitten, seiner Sprache und Litteratur. Die
deutschen Sprüche und Sprichwörter. Die Fabel und die Parabel. Das
Märchen und die Rätselfrage. Die Sage. Die populäre Historie und die
Biographie. Das Volkslied. Die Erzählung. Die deutschen Mundarten. —
3. Abschnitt: Das Studium der neuern deutschen Klassiker. Erläuterungen
zu Lessings „Minna von Barnhelm"; zu Schillers „Wallenstein"; zu Goethes
„Hermann und Dorothea", „Faust", „Iphigenia in Tauris". — 4. Abschnitt:
Das Studium der Shakespeareschen Dramen. Erläuterungen zu „Richard III".
Zur Einführung in die Dramen „König Lear", „Der Kaufmann von Venedig",
„Othello". — 5. Abschnitt: Das Studium der Pädagogik und ihrer Hilfs-
wissenschaften. Das Studium der Geschichte der Pädagogik; der Psychologie
und Logik; der Schulpraxis; der Jugendlitteratur; der Lehrmittelkunde; der
Schulhygiene. Mädchenerziehung. Haushaltungsschulen. Handfertigkeits-
unterricht. — 6. Abschnitt: Winke für das Studium einzelner Disciplinen.
Religion. Deutsche Sprache. Geschichte. Geographie. Mathematik. Natur-
wissenschaften. Fremde Sprachen. Musik. — 7. Abschnitt: Fortbildung des
Lehrers durch brüderliche Gemeinschaft mit den Amtsgenossen. Konferenzen.
Benutzung von Zeitschriften. — 8. Abschnitt: Für stille Stunden. Schlußwort.

Zeglin, J. G., **Pädagogische Aphorismen** dem Hause und der
Schule gewidmet. 2. verm. Ausg. 3 M.

**Böttcher,** Martin, **Lebet den Kindern.** Praktischer Ratgeber für Eltern und Erzieher. 2,40 M., geb. 3 M.

**Fuchs,** Arno, **Schwachsinnige Kinder,** ihre sittliche und intellektuelle Rettung. Eine Analyse und Charakteristik, nebst theoretischer und praktischer Anleitung zum Unterricht und zur Erziehung schwachsinniger Naturen. Für Lehrer und gebildete Eltern. 3,60 M., geb. 4,50 M.

**Beiträge zur pädagogischen Pathologie.** In Verbindung mit Pädagogen und Ärzten hrsg. von Arno Fuchs. 4 Hefte à 1 M.

1. **Die Unruhe.** Studie mit einer Einleitung über „System und Aufgaben der pädagogischen Pathologie". Vom Herausgeber.
2. **Die Analyse pathologischer Naturen** als eine Hauptaufgabe der pädagogischen Pathologie. — **Die Schwachsinnigen** und die Organisation ihrer Erziehung. Vom Herausgeber.
3. **Behinderung der Nasenatmung** und die durch sie gestellten pädagogischen Aufgaben. Von R. Brandmann. — **Anatomie und Symptomatologie** der behinderten Nasenatmung. Medizinisch dargelegt von Dr. med. J. Bettmann. — **Die Kindererziehung** auf naturwissenschaftlicher Unterlage. Von Sanitätsrat Dr. Konr. Küster.
4. **Fr. Eduard Beneke** als Vorläufer der pädag. Pathologie. Ein Gedenkblatt zum 100. Geburtstage des Philosophen von Otto Gramzow-Berlin. Mit einem Vorwort von Prof. Dr. med. O. Rosenbach.

**Trüper,** J., **Die Schule und die sozialen Fragen unserer Zeit.**

1. Die Schule in ihrem Verhältnis zum sozialen Leben. 50 Pf.
2. Die Schule und die wirtschaftlich-soziale Frage. 80 Pf.
3. Die Aufgaben der öffentlichen Erziehung angesichts der sozialen Schäden der Gegenwart. 1 M.

**Kerrl,** Seminarl. Dr. Th., **Die Lehre von der Aufmerksamkeit.** Eine psychologische Monographie. 3 M., geb. 3,60 M.

**Tetzner,** Dr. F., **Geschichte der deutschen Bildung** und Jugenderziehung von der Urzeit bis zur Errichtung von Stadtschulen. Mit 14 Abbildungen. 5,50 M., geb. 6,50 M.

**Hoppe,** Prof. Dr. Edm., **Wie bewahren wir unsere Jugend vor der Unsittlichkeit?** Preis 20 Pf.; 50 Ex. à 15 Pf.; 100 Ex. à 10 Pf.; 500 Ex. à 8 Pf.

Ein gutes Wort zur rechten Zeit, voll pädagogischer Weisheit, reich an Winken, sowohl die Kinder innerhalb wie außerhalb der Schule vor Unsittlichkeit zu bewahren, als auch die Faktoren, welche in unserm Volksleben diese Sünde anbahnen, niederzuhalten. Diese Schrift verdient es, in Massen verbreitet zu werden.

Der

# didaktische Materialismus.

---

Eine zeitgeschichtliche Betrachtung und
eine Buchrezension.

Von

**J. W. Dörpfeld.**

---

**Fünfte Auflage.**

**Gütersloh.**
Druck und Verlag von C. Bertelsmann.
1905.

# Vorwort zur zweiten Auflage.

Diese zweite Auflage kündigt sich auf dem Titel zugleich als eine vermehrte an. Darüber habe ich etwas zu sagen.

Für neue Leser sei voraus bemerkt, daß die nachstehende Abhandlung in erster Auflage im Herbst 1879 erschien und ein Separatabdruck aus dem Ev. Schulblatt war. Sie ist somit ursprünglich ein Journalartikel, nicht eine selbständige Schrift. Es war mein letztes Wort aus der praktischen Lehrtätigkeit, also gleichsam ein Abschiedswort, da ich im Oktober jenes Jahres aus Gesundheitsrücksichten das Schulamt in Barmen niederlegen mußte.

Dem Haupttext nach ist die vorliegende zweite Auflage, abgesehen von einigen wenigen sprachlichen Verbesserungen, ein unveränderter Abdruck der ersten. Sachliche Änderungen fand ich nicht für nötig, da meine Ansichten über die hier besprochenen Fragen dieselben geblieben und mir keine Irrtümer bemerkbar geworden sind. Gleichwohl machte der Wechsel der Zeit verschiedene Ergänzungen wünschenswert. Dieselben sind als Anhangszusätze beigefügt, da einige den Raum einer Fußnote weit überschreiten. Der letzte dieser Zusätze kann sogar dem Umfange nach für einen selbständigen Aufsatz gelten. Es ist eine Auseinandersetzung über einige Differenzen mit der Zillerschen Schule hinsichtlich der Anschauungsoperation, namentlich bei historischen Stoffen, — mit Beziehung auf einen Aufsatz Dr. Reins über denselben Gegenstand im Jahrbuch des Vereins für wissenschaftliche Pädagogik, 1885. Übrigens kommen in den Zusätzen auch noch andere Dinge zur Sprache, welche ich glaube der Beachtung der Leser empfehlen zu dürfen.

Über den ersten Teil der Abhandlung, die „zeitgeschichtliche Betrachtung", möchte ich gern noch eine Bemerkung beifügen, um zu sagen, daß der Hauptantrieb zur Erörterung des didaktischen Materialismus gerade nicht zeitgeschichtlicher Natur, sondern ganz entgegengesetzten Ursprungs war, und daß der kleinere, der zeitgeschichtliche

Anstoß wiederum nicht zunächst von der Volksschule ausging, sondern von den damals auf dem Gebiete der höheren Schulen, namentlich von Ärzten, Psychiatern, Juristen und andern Schulinteressenten lebhaft geführten Verhandlungen über die sog. Überbürdungsfrage, die nicht ins richtige Geleise kommen zu können schienen, und bekanntlich auch nicht hineingekommen sind, dieweil die Laien nicht wußten und die Nächstbeteiligten es nicht gesagt haben wollten, daß diese Überbürdungsfrage im letzten Grunde lediglich eine rein methodische sei, — wie in der „zeitgeschichtlichen Betrachtung" überzeugend bewiesen ist. Was hinsichtlich dieser beiden Antriebe mitzuteilen wäre, würde ohne Zweifel geeignet sein, den Inhalt des vorliegenden Schriftchens in ein noch helleres Licht zu stellen und damit auch noch mehr gegen etwaige Mißverständnisse zu schützen. Allein wenn diese Mitteilungen ganz deutlich sein sollten, so würden sie doch mehr Raum in Anspruch nehmen, als der Zweck eines Vorwortes vertragen will; überdies ist mein Leib jetzt des Schreibens müde. Der geneigte Leser wolle mir daher gestatten, jenen Rückstand bei einer andern Gelegenheit nachzuliefern und hier schnell ein Punktum zu machen.

So gehe denn dieses Schriftchen, dem Geleite Gottes befohlen, nochmals hin an seinen Dienst, die Wahrheit suchen zu helfen, die überall allein frei machen kann.

Gerresheim, im Juli 1886.

**J. W. Dörpfeld.**

---

## Vorwort zur dritten Auflage.

Zu der vorliegenden dritten Auflage lagen handschriftliche Aufzeichnungen des verewigten Verfassers nicht vor, weshalb die Schrift, abgesehen von einigen kleineren, meist durch die Zeitumstände gebotenen redaktionellen Änderungen, unverändert zum Wiederabdruck gelangt.

Elberfeld, im Juli 1894.

**Aug. Lomberg.**

Praxis sie sofort hätte in Gebrauch nehmen können. Allein es traten
bald Männer auf, welche auf dem gelegten Fundamente planmäßig weiter-
bauten. Zuerst und vornehmlich war es Dr. Mager, der in den vierziger Jahren durch seine „Pädagogische Revue" in diesem Sinne wirkte,
und auch durch verschiedene besondere Schriften die pädagogischen Ideen
Herbarts, so weit er sie damals verstand, praktisch zu machen versuchte, so
namentlich durch sein bahnbrechendes Werk: „Die genetische Methode des
fremdsprachlichen Unterrichts." Leider mußte er — der gewandteste, klarste
und schlagfertigste Schriftsteller, den die Pädagogik bis jetzt gehabt hat —
schon in seinem 40. Jahre die Feder niederlegen. Teils schon gleichzeitig
mit Dr. Mager, teils nach ihm sind für die praktische Ausgestaltung und
Verbreitung der Herbartischen Grundsätze tätig gewesen: Konrektor Ballauf,
Prof. Stoy, Prof. Ziller, Prof. Waitz, Prof. Strümpell, Dr. Barth,
Prof. Th. Vogt, Prof. Willmann, Dr. Kern x. Insbesondere hat
Ziller mit der ihm eigenen zähen Ausdauer und darum auch mit sicht-
lichem Erfolge in dieser Richtung gewirkt. Seine „Einleitung in die
Pädagogik" erschien 1856, die „Regierung der Kinder" 1857. In seinem
Hauptwerke „Grundlegung der Lehre vom erziehenden Unterricht", das
1864 erschien, beschenkte er die deutsche Schule mit einer wissenschaftlich
durchgebildeten Didaktik, die an Originalität, Gründlichkeit und Gedanken-
reichtum in der pädagogischen Literatur ohne Konkurrenz dasteht.*) Die
versprochene „spezielle Unterrichtslehre" und die „Lehre von der Zucht"
(Erziehung im engeren Sinne) dürfen wir wohl bald erwarten.**) Die
1876 erschienenen „Vorlesungen über allgemeine Pädagogik" sind bestimmt,
in seine Schriften einzuleiten und die älteren Arbeiten zu ergänzen. Aber
auch noch in anderer Weise hat Ziller für die bezeichneten Fortschritte
mit gewohnter Ausdauer sich bemüht: einmal durch Einrichtung eines
pädagogischen Seminars und einer Übungsschule, in welcher der Unterricht
streng nach seinen Grundsätzen erteilt wird; und sodann durch Gründung
des „Vereins für wissenschaftliche Pädagogik", von dessen Verhandlungen
jetzt bereits 16 Bände vorliegen.***) — Wie Ref. seit 25 Jahren bestrebt

---

*) Wie sehr der verewigte Verfasser dieses Werk schätzte, ersehe man ferner aus
einer längeren Darlegung in seiner Schrift „Die unterrichtl. Verbindung der sach-
unterrichtl. Fächer" (Gesammelte Schriften, Bd. II, Erster Teil, S. 88—90) und
aus dem Schlußabschnitt der Schrift „Die schulmäßige Bildung der Begriffe" (Ges.
Schriften, Bd. I, Zweiter Teil, S. 46.)

**) Leider blieb diese Hoffnung unerfüllt. Ziller starb, ehe er diese Arbeiten
vollenden konnte, im Jahre 1882. Als teilweiser Ersatz für das erstere Werk bieten
sich die von Bergner, einem Schüler Zillers, herausgegebenen „Materialien zur
speciellen Pädagogik" an.

***) Im Jahre 1894 erschien bereits das 26. Jahrbuch des Vereins.

gewesen ist, nach dem Maß seiner Zeit und Kraft in demselben Sinne mitarbeiten zu helfen — im Ev. Schulblatte, durch besondere Schriften und durch psychologische Vorträge — ist den Lesern bekannt. An der Lehre von der Schulverfassung und der Schuleinrichtung, um die nach Magers Tode niemand unter den Freunden der Herbartischen Pädagogik sich tätig bekümmerte, hat er leider auf eigene Faust und ohne direkte Unterstützung sich versuchen müssen.

Obgleich nun seit geraumer Zeit und unter Aufwendung vieler Kraft dafür gearbeitet worden, die oben genannten beiden Stammwahrheiten — Verbindung der Lehrfächer und vielseitige Durcharbeitung des Stoffes — klar zu stellen und bekannt zu machen, so ist in die gangbaren methodischen Lehrbücher doch noch wenig davon übergegangen. Von einer vollen Einführung dieser Reformen in die Schulpraxis sind wir daher anscheinend noch weit entfernt. Es standen eben mannigfache Hindernisse im Wege. Wir wollen uns mit der Aufzählung derselben, wobei insonderheit auch die Universitäten, die höheren Schulen und die offiziellen Lehrweisungen zur Sprache kommen müßten, nicht aufhalten. Nur eins, was am Ende das schlimmste gewesen, muß ich erwähnen, um dann zu konstatieren, daß es nunmehr glücklich am Weichen ist.

Wer sich bisher lediglich aus Büchern mit der Theorie des Lehrplans und des Lehrverfahrens nach Herbarts Grundsätzen vertraut machen wollte, der hatte ein beträchtliches Stück Arbeit vor sich. Gesetzt nun, diese Arbeit wäre getan gewesen, was dann? Die „methodischen Imperative" waren ihm allerdings bekannt, und an gutem Willen mochte es auch nicht fehlen; aber nun handelte es sich um das Ausführen, um das Können. Wo sollte er das lernen? Die vorhandenen Bücher boten die neue Methodik vornehmlich nur in der Form der Theorie; aber die genauen Anweisungen zur praktischen Ausführung und ausgeführte Lehrbeispiele aus den verschiedenen Fächern — die fehlten eben. Gewiß hat niemand diesen Mangel schmerzlicher gefühlt als diejenigen, welche mit der Aufgabe beschäftigt waren, aus den psychologischen Gesetzen eine sichere pädagogische Theorie zu entwickeln. Sie sind auch am wenigsten für jenen Mangel verantwortlich zu machen. Was sie unter Händen hatten, war die erste und nötigste Arbeit, denn ohne Theorie tappt die Praxis im Dunkeln; und zwei Dinge zugleich zu tun, soll man von einem Sterblichen nicht verlangen.

Doch Glück auf! Dieser Mangel ist im Weichen. Ein Anfang der benötigten praktischen Anweisungen, nebst den erforderlichen Lehrproben, liegt vor — ein lieber Erstling, der herzlich willkommen geheißen werden soll: die oben genannte Schrift. Dr. Rein ist ein Schüler Zillers,

von der Universität und vom Seminar her; auch war er längere Zeit
Lehrer an der Zillerschen Seminarschule. Wer sich danach gesehnt hat,
einmal genau besehen zu können, wie in dieser Schule, die von allen
fremden Fesseln frei ist, der Unterricht gehandhabt wird, dem wird
jetzt durch die genannte Schrift die gewünschte Gelegenheit geboten. Mit
Recht haben die Verfasser von unten angefangen. Das erste Schuljahr ist
das schwierigste und für den, der das Lehren lernen will, auch das in-
struktivste. Hat einer aus der vorliegenden Anweisung sich damit vertraut
gemacht, was im ersten Schuljahre zu tun ist, so wird er sich auf den
folgenden Stufen in der Hauptsache unschwer von selbst zurechtzufinden
wissen. Übrigens haben die Verfasser, wie sie mitteilen, auch die Lehranweisung für das zweite Schuljahr bereits in Arbeit genommen.*)

Nachdem das schlimmste Hindernis, welches der Ausbreitung der von
Herbart eingeleiteten didaktischen Reform im Wege stand, nunmehr glücklich
durchbrochen ist, so darf man zuversichtlich hoffen, daß ihr Fortschreiten
fortan ein beschleunigteres Tempo annehmen wird, namentlich unter den
Volksschullehrern. Ohne Zweifel sind ihrer viele durch die eine oder
andere theoretische Schrift zur Genüge vorbereitet, um diese neue praktische Gabe dankbar zu begrüßen. Sie werden sich dieselbe sofort nach
Kräften zu nutze machen. Hier wird somit das Schriftchen zu einem
Schlüssel, welcher der Reform die bisher verschlossenen Schultüren aufschließt. Andere, welchen die theoretischen Schriften bis dahin mehr oder
weniger unbekannt geblieben waren, werden sich durch die praktische Anweisung angeregt und angezogen fühlen, jetzt auch jene näher kennen zu
lernen. Und wenn sie dazu schreiten, so wird sich ihnen bald zeigen, daß
diese kleine praktische Schrift zugleich ein trefflicher Schlüssel zum leichteren
Verständnis der theoretischen ist. Der Sieg der guten Sache kann
zwar ohnehin nur eine Frage der Zeit sein; allein ich hege zu dem streb-
samen Kern des Volksschullehrerstandes das gute Vertrauen, daß er hin-
fort rüstig mithelfen wird, diese Wartezeit möglichst abzukürzen.

Wenden wir unsern Blick jetzt nach einer andern Seite der Zeit-
geschichte.

----

Seit einer Reihe von Jahren ertönt aus den Lehrerkreisen immer
vielstimmiger und lauter die Klage, daß der den Schulen zugemutete Lehrstoff über das richtige Maß weit hinausgehe. Diese Klage ist
in der Tat nur zu begründet. Der Druck mag nicht allerorten gleich

----

*) Jetzt, 1894, liegen alle acht Schuljahre vor und zwar in mehrfacher Auflage.

stark sein; aber gefühlt wird er überall — von denen, die ein Gefühl dafür haben, hier mehr, dort weniger. Mit der Konstatierung des Übels darf man sich aber nicht begnügen. Man muß fragen, woher es stammt; und Ref. muß diese Frage um so mehr betonen, da er häufig Heilmittel hat empfehlen hören, welche nur bekundeten, daß die Ratgeber über den Ursprung und die Natur des Übels vollständig im Dunkeln waren.

Welches ist denn die wahre, die eigentliche Ursache?

Es ist — um von vornherein das Übel beim rechten Namen zu nennen — es ist der Geist des **didaktischen Materialismus**, der auf dem Schulgebiete die Oberhand gewonnen hat, d. h. jene ober= flächliche pädagogische Ansicht, welche den eingelernten **Stoff**, gleichviel **wie** er gelernt sei, ohne weiteres für geistige **Kraft** hält, und darum das bloße Quantum des absolvierten Materials schlankweg zum Maßstabe der in= tellektuellen und sittlichen Bildung macht.

Daß hierin in Wahrheit der eigentliche Grund des beklagten Übels liegt, wird sich zeigen, wenn wir das Wesen des didaktischen Materialismus etwas näher betrachten.

Nach ihm besteht das Unterrichten in der Hauptsache aus den zwei Operationen: dozieren und einprägen oder einüben. Seit Pestalozzi weiß der didaktische Materialismus allerdings, daß das dozieren anschau= lich geschehen muß. Ist nun diese Bedingung erfüllt, so gut er es ver= steht, und auch das Einprägen nach seiner Art sicher besorgt, so meint er fertig zu sein. Die Kenntnisse sind ja da, so wie er sie haben will: folglich muß nach seiner Ansicht auch die Bildung implicite da sein. Dies ist nun freilich eine grobe Täuschung. Ebenso täuscht er sich über die Halt= barkeit der so erlangten Kenntnisse, so weit sie nicht mit Fertigkeiten zusammenhängen. Während der Schulzeit, wo immer repetiert werden kann, und bei den Prüfungen, zumal wenn sie gut präpariert sind, kommt das zwar noch nicht augenfällig zum Vorschein, desto augenfälliger aber nach der Entlassung aus der Schule, wie jeder sehen kann, wenn er die Augen auftun will. Von dem schwindeligen Kenntnisbau ist dann in der Regel schon in allerkürzester Zeit nichts mehr als ein Trümmerhaufe übrig.\*) Doch lassen wir diese Seite der Sache; sehen wir zu, wie der didaktische Materialismus zu jenem Übermaß des Lehrstoffes kommt, das selbst für ihn, wie sich vorhin zeigte, ein Übermaß ist, für alle einsich= tigeren Schularbeiter aber zu einem unerträglichen Drucke wird.

---

\*) Es braucht hier nicht lediglich an die Volksschule gedacht zu werden; man kann auch an die höheren Schulen und an den Konfirmanden-Unterricht denken.

Die richtige Didaktik, die sich besser auf die Psychologie versteht, lehrt, daß zum bildenden und erziehenden Unterricht noch andere Lehroperationen gehören als dozieren und einprägen, und daß diese andern Operationen zugleich dazu nötig sind, um das Einprägen vor Mechanismus zu bewahren und überhaupt erst recht fruchtbar zu machen. (Das Nähere wird in der Rezension zur Sprache kommen.) Der didaktische Materialismus weiß dies eben nicht; darum kann er die Zeit, welche für diese durcharbeitenden Lehroperationen erforderlich sein würde, dazu verwenden, um desto mehr Lehrstoff vorzunehmen. Das ist der Punkt, der gemerkt sein will. Was nun die Folge ist, wo diese rohe pädagogische Anschauung auf die Unterrichtsgesetzgebung Einfluß gewinnt und die Lehrpläne zuschneidet, liegt auf der Hand. Diejenigen Lehrer, deren pädagogischer Verstand auf demselben Niveau steht, wissen natürlich von keinem Drucke; sie finden sich im Gegenteil in ihrem Element, fühlen sich ganz wohl, und das um so mehr, wenn der Revisor ihrer Schule das Zeugnis geben muß, daß das „lehrplanmäßige" Ziel ehrenvoll erreicht sei, und sie überdies nach ihrem Maßstabe augenscheinlich weit mehr leisten als solche Kollegen, welche auch die durcharbeitenden Lehroperationen nicht versäumen wollen. Die Letzteren dagegen leben Tag um Tag unter einem inneren Drucke, der auf die Dauer nicht auszuhalten ist: sie haben nur die traurige Wahl, entweder wider ihre bessere Überzeugung, wider ihr pädagogisches Gewissen zu handeln, oder aber dem Revisionsurteile sich auszusetzen, sie seien ihrem Berufe nicht gewachsen oder hätten ihre Schuldigkeit nicht getan.

Sollte übrigens irgend jemand noch ein Bedenken haben, ob die oben aufgestellte Behauptung, daß das jetzt übliche Lehrstoffquantum das richtige Maß weit überschreite, wirklich zutreffe, so weiß ich ein sichereres Mittel, um diese Frage schnell und zuverlässig zu erledigen. Gerade diejenigen Lehrer und Schulobern, welche dieses Stoffquantum bisher für angemessen gehalten haben, mögen als Zeugen auftreten und selbst das Urteil sprechen. Man frage dieselben einfach: wenn die verschiedenen Durcharbeitungsoperationen, wie sie weiter unten genau bezeichnet sind, sämtlich vorgenommen werden sollten — in jedem Fache, bei jedem Pensum — ob sie sich dann noch getrauten, das bisherige Lehrstoffquantum auch nur annähernd absolvieren zu können. So lange kein Mittel erfunden wird, um den Tag über 24 Stunden hinaus zu verlängern, kann nicht zweifelhaft sein, wie die Antwort ausfallen wird.

Man wolle übrigens nicht glauben, der didaktische Materialismus stamme von gestern oder von 1872 her, wie manche meinen. Man sei nicht so vergeßlich. Zur Zeit der alten Regulative lebte er auch schon.

Damals war es der Religionsunterricht, wo er, besonders durch die bekannte Wort-Memoriererei in der biblischen Geschichte, die Schularbeiter
drückte, wenigstens diejenigen, die einen besseren Begriff vom bildenden und
erziehenden Unterricht gewonnen hatten, und stellenweise schwer drückte.*)
Auch muß daran erinnert werden, daß es damals vornehmlich Theologen — Pfarrer, Seminardirektoren ⁊c. — waren, welche ihn an diesem
bedenklichsten Punkte, im wichtigsten Lehrfache, verteidigten. Möglich, daß
diese Männer jetzt eine richtigere Ansicht vom erziehenden Unterricht gewonnen haben; allein wenn nicht alles trügt, so besitzt der didaktische
Materialismus im Katechismusunterricht doch noch immer einen starken
Anhang unter den Theologen.

Durch die neuen Lehrordnungen vom Jahre 1872 schien jenem Übel
an dieser Hauptstelle des Lehrplans, im Religionsunterricht, abgeholfen zu
sein. Auch glaubten diejenigen, welche die „Allg. Bestimmungen“ im
Sinne des Ref. hoffnungsvoll begrüßten, dieselben dahin verstehen zu
dürfen, daß sie vor allem auch die Bestimmung hätten, dem didaktischen
Materialismus ein für allemal in der ganzen Runde das Domizil zu
kündigen. Allein dieses Ungetüm scheint von seltsamer Lebenskraft zu sein.
Wie ist es gegangen? An Stelle des einen abgehauenen Kopfes sind der
Hydra drei und noch mehr neue Köpfe angewachsen. Die Methode der
„Wurststopferei“ hat in einem Maße um sich gegriffen, wie nie zuvor.
Daß es sich in Wahrheit so verhält, beweisen schon die zahlreichen dickbauchigen Real-„Leitfäden“ — um von den grammatischen nicht zu reden
— und viele dünnbauchige dazu, nur mit dem Unterschiede, daß die letzteren nicht sofort erkennen lassen, zu welchem Umfange ihr ausgetrockneter
Stoff aufquillt, wenn er anschaulich vorgeführt werden soll.

Es sind nun nicht wenige Stimmen laut geworden, welche den Grund
dieser neuen, schlimmeren Verirrung darin suchen wollen, daß die „Allg.
Bestimmungen“ einen selbständigen Realunterricht eingeführt haben.
Mit Unrecht. Diese Kritiker geben dadurch nur kund, daß sie weder das
Wesen des didaktischen Materialismus, noch die Theorie des Lehrplans,
noch alle Bedingungen der Durcharbeitung des Lehrstoffes kennen. Die
Einführung eines selbständigen Realunterrichts kann den „Allg. Bestimmungen“ nur als Verdienst angerechnet werden. Der Lehrplan einer auf
Bildung und Erziehung zielenden Schule, gleichviel ob sie eine höhere oder
eine Volksschule ist, muß ein Ganzes und zwar ein organisch ge

---

*) Vgl. „Bemerkungen über die preuß. Regulative mit besonderer Rücksicht auf
die religionsunterrichtlichen Bestimmungen“, und das Schriftchen: „Ein christlichpädagogischer Protest wider den Memorier-Materialismus im Religionsunterricht.“
Gesammelte Schriften, Bd. III.

gliedertes Ganzes sein. Fehlt in einem solchen Lehrorganismus ein wesentliches Glied, so ist das nichts anderes, als wenn dem menschlichen Leibe ein Arm oder ein Bein fehlt: es entsteht nicht nur eine Lücke an der einen Stelle, sondern die andern Glieder können nun ebenfalls nicht leisten, was sie leisten sollen. Freilich wird dabei vorausgesetzt, daß die gliedliche Verbindung der Lehrfächer — oder die „Konzentration", wie Ziller es nennt — im Unterricht auch wirklich geschehe. Daß die „Allg. Bestimmungen" dies gewollt haben, will ich nicht behaupten, weil sie nichts davon sagen: allein durch die Einfügung des Real- und Zeichenunterrichts ist doch dieser Fortschritt wenigstens möglich geworden. Mehr konnte zur Zeit nicht erwartet werden; mehr war auch nicht nötig. Die praktische Ausführung dieses Hauptstückes aus der Theorie des Lehrplans läßt sich noch nicht befehlen, sondern muß erst in den Seminarien oder auf anderem Wege gelernt werden. — Haben die „Allg. Bestimmungen" Mängel, so liegen dieselben weniger in dem, was sie sagen, als in dem, was sie verschweigen. Daß durch die Einführung neuer Lehrfächer ein Übermaß des Lehrstoffes entstehen konnte, ist klar. Diesem Übel hätte sich aber leicht vorbeugen lassen: die Schulbehörden und Lehrer brauchten nur darauf zu achten, daß das Lehrstoffquantum in der ganzen Runde dem neuen Zuwachs entsprechend modifiziert bezw. ermäßigt wurde. Die „Allg. Bestimmungen" hätten allerdings auf diese Maßregel hinweisen sollen. Daß sie dies unterlassen haben, ist ein schlimmer Fehler; er hat sich auch bitter gerächt. Gesetzt aber, die unteren Behörden, die Bezirksregierungen und Kreisschulinspektoren, wären einsichtig gewesen, jene Vorbeugungs-Maßregel auch ohne ausdrückliche Weisung des Ministeriums zu treffen: so würde zwar eine Überladung des Lehrplans vermieden worden sein, allein der didaktische Materialismus hätte, wo er einmal saß, nach wie vor unbelästigt fortleben können. Eine Verminderung des Lehrstoffes kann ja an und für sich die Jünger des didaktischen Materialismus nicht im mindesten genieren; denn wenn sie glauben, mehr leisten zu können, so steht ihnen nichts im Wege, es auszuführen. Wollten daher die „Allg. Bestimmungen" dem didaktischen Materialismus allen Ernstes zu Leibe gehen, so lassen sie allerdings noch ein Zweites vermissen, nämlich: außer einer stärkeren Betonung des Erziehungs- und Bildungszweckes, entgegen dem Ansammeln bloßer Kenntnisse, auch eine bestimmte Hinweisung auf die Mittel und Bedingungen, ohne welche jene Ziele nicht zu erreichen sind.

Näher als diese ministerielle Lehrordnung sind, wie schon gesagt, die unteren Schulbehörden, die Bezirksregierungen und Kreis-Schulinspektoren, bei der Überfülle des Lehrstoffes beteiligt. Die dort entworfenen oder genehmigten Lehrpläne liegen vor. Nach dem zu urteilen, was dem Ref. davon vor die Augen oder zu Ohren gekommen ist, gehen dieselben samt und sonders, sei es in diesen oder in jenen Fächern, über das richtige Maß hinaus, nicht selten erschreckend weit. Wem dieses Urteil zu kategorisch klingt, der muß vergessen haben, daß Ref. oben nicht etwa seine Gesinnungsgenossen, sondern ausdrücklich gerade seine pädagogischen Antipoden, die Anhänger des didaktischen Materialismus, zu Zeugen angerufen hat. Wie es nun zu erklären ist, daß an diesen Stellen die bezeichneten Vorbeugungsmaßregeln wider die Stoffüberhäufung nicht getroffen worden sind — ob etwa gemeint wurde, die „Allg. Bestimmungen" gestatten das nicht; oder ob der didaktische Materialismus dort noch zu viel Boden besitzt; oder ob es daher rührt, daß die betreffenden Personen, mit wenigen Ausnahmen, die Volksschularbeit nur durch Zuschauen und aus Büchern, aber nicht durch eigene Diensterfahrung kennen; oder daher, daß sie die Lehrpläne nicht selber auszuführen brauchen; oder ob diese Umstände alle oder teilweise zusammengewirkt haben — muß hier dahingestellt bleiben. Genug, die Lehrpläne sind tatsächlich überladen. Gewiß aber ist auch, daß der didaktische Materialismus, der im Lehrerstande selbst noch steckt, gleichfalls sein redliches Teil dazu beigetragen hat.

Zu alle dem, was auf die Verirrung hintrieb oder sie begünstigte, kam aber noch ein besonderer stark mitwirkender Faktor. Fast parallel mit dem Schwindel, der im wirtschaftlichen Leben von den Höhen des Gewerbebetriebs über das deutsche Volk hereinbrach, begann auch auf dem Kulturgebiet ein ähnlicher Taumelgeist sein Wesen zu treiben, und auch hier waren es vornehmlich die Höherstehenden, die aus den höhern Schulen hervorgegangenen „Gebildeten" oder die dafür angesehen sein wollten, welche sich zu Werkzeugen dieses Geistes machten. Wie dort der Wohlstand, so sollte hier die Volksbildung wie im Handumdrehen hervorgezaubert werden. Was die achtjährige mühsame Arbeit der Volksschule an Aufklärung rückständig gelassen hatte und rückständig lassen mußte, das meinte man durch ein paar wöchentliche „populär-wissenschaftliche" Vorträge in den Bildungsvereinen in kurzem ergänzen zu können. Es ist zwar vom Schöpfer vor die Augen gestellt, daß die solide deutsche Eiche äußerst langsam wächst, und nur das leichte, lockere Pappelgehölz so wunderbar schnell emporschießt; aber diese modernen naturkundigen Volksbildner vermochten diese alte natur-pädagogische Schrift nicht mehr zu lesen. Auch war es mit diesen Kulturbestrebungen verträglich, daß gleichzeitig die ersten und teuersten Kulturgüter, Religion und Kirche, nicht etwa bloß ignoriert, sondern auf alle mögliche Weise — durch Wort und Schrift und Bild — bekämpft und verspottet wurden, und zwar unter stillem Lächeln der gebildeten und unter lautem Beifallklatschen der ungebildeten Menge. Doch sehen wir von diesen Ausschreitungen ab; bleiben wir auf dem Volks= schulgebiet.

Es war in der Tat ein sorgender Wetteifer für die Hebung der Volksschule erwacht. Eine Zeit lang schien er gediegen genug, um selbst vor der so lange verschobenen Kostenfrage nicht mehr zurückzuschrecken. Eine solche warme Teilnahme der begüterten und gebildeten Kreise hatte der Volksschullehrerstand noch nicht erlebt. Ihm lag es somit in viel= facher Beziehung nahe, sich darüber zu freuen. Leider waren die Mittel, auf welche dieser Eifer verfiel — zumal wenn etwas Hervorragendes ge= schaffen werden sollte — zum Teil recht bedenklich. Großartige Schul= kasernen, brillante Lehrpläne, möglichste Ausdehnung des Fachunterrichts, die Fülle physikalischer 2c. Lehrapparate, öffentliche Ausstellung von Schüler= arbeiten 2c. — kurz, was durch irgend einen äußeren Schein imponierte und dem Schulbaume eine stattliche Krone verlieh, darauf war vor allem der Blick gerichtet, das wurde angepriesen. Ob diesem prächtigen Blätter= schmucke auch die Früchte nach Güte und Quantität entsprechen würden — wer hätte das in Zweifel ziehen mögen? Kein Wunder daher, daß auch die Simultanisierung der Schulen ein Lieblingsgedanke dieser schwindeligen Zeit war. Obgleich die paritätische Schule ihre pädagogische Verkrüppelung schon im Lehrplane zur Schau trägt, konnte sie doch mit einer Begeisterung, die sich durch nichts stören ließ, als die „Normal=Erziehungsanstalt," als die „Schule der Zukunft" ausgerufen werden, sogar von großen Lehrer= versammlungen und Schulinspektoren. Weil diese Schuleinrichtung e i n i g e an sich schätzenswerte, aber höchst u n s i c h e r e kulturpolitische Vorteile zu versprechen schien, so wurde ganz übersehen, daß dieselben mit viel g r ö ß e r e n, aber ganz s i c h e r e n pädagogischen Nachteilen erkauft werden mußten. — Noch ein anderes Charakteristikum aus dieser Periode. Was je und immer das Nachdenken aller echten Schulmänner beschäftigt hatte, insbesondere als Pestalozzis Anregung noch kräftig nachwirkte — das Fragen nach der rechten Methode, d. i. nach den Mitteln und Wegen einer geist= und gemütbildenden Behandlung des Lehrmaterials — das durfte jetzt im Namen einer „höheren" Pädagogik für „Methoden= reiterei" erklärt werden, an einer Stelle, wo angehende Lehrer der höheren Schulen die Erziehungswissenschaft lernen sollen. Nicht minder cha= rakteristisch, aber noch viel bedenklicher war eine Ansicht über die ersten Schuljahre, welche fast gleichzeitig einer der angesehensten deutschen Real= schuldirektoren in einer großen Versammlung von Ärzten, Schulmännern, höhern Verwaltungsbeamten 2c. vortragen konnte, ohne von einem der an= wesenden Fachgenossen Widerspruch zu finden. Da sich dies Faktum aber nicht gut in der Kürze verständlich berichten läßt, so mag es für eine andere Gelegenheit verspart bleiben.

Daß inmitten einer solchen Zeitströmung die Volksschule in ihrer verkehrten Richtung auf großen, aber bloßen Kenntniserwerb, welche die Schulverwaltung halb begünstigt, halb geduldet hatte, nur bestärkt werden konnte, liegt auf der Hand. Es ist aber auch gewiß, daß eine Kulturbegeisterung, die sich in solchem Maße durch Schein und Äußerlichkeiten bestechen ließ, nur entstehen konnte auf einem geistigen Boden, der ganz und gar von den versumpfenden pädagogischen Anschauungen des didaktischen Materialismus durchtränkt war. Und doch hatte schon Lessing, um von Pestalozzi nicht zu reden — vor mehr als einem Jahrhundert, 50 Jahre vor Pestalozzi — durch sein bekanntes Wort über die Durcharbeitung der Lehrstoffe*) diesen geisttötenden, alttraditionellen pädagogischen Scholasticismus ein für alle Mal gerichtet und vom deutschen Boden weggewiesen.

Wir haben den didaktischen Materialismus nunmehr von verschiedenen Seiten kennen gelernt: unter den alten Regulativen und unter den neuen „Allgemeinen Bestimmungen", in seiner Beziehung zu den Theologen wie in seiner Verbündung mit andern Kulturträgern, in den Tagen der „konservativen" und in denen der „liberalen" Kulturpolitik, im Kreise der Universitätspädagogik und in dem der Seminarpädagogik, in seinem Wirken außerhalb und innerhalb der Schulen.

Es gibt aber noch eine andere Stelle, wo sich seine Natur sehr deutlich offenbart. Es ist die Schulaufsicht — genauer: die Art und Weise der Schulaufsicht. An dieser Erkundigungsstelle dürfen wir daher nicht vorbeigehen. Daß dieser Teil der Untersuchung etwas krauser wird, als dem einen oder andern Leser lieb sein mag, ist nicht meine Schuld.

---

Voraus eine Bemerkung wider ein mögliches Mißverständnis. Die Aufsicht ist in allen öffentlichen und privaten Arbeitsgebieten nicht bloß zweckmäßig, sondern notwendig. Das gilt für den, der Menschen und Dinge kennt, für selbstverständlich — auch im Schulwesen. Und je sorgfältiger und sachkundiger die Aufsicht ist, desto besser. Der fleißige und geschickte Arbeiter wird eine genaue, gründliche Besichtigung seines Wirkens, vorausgesetzt, daß sie eine sachkundige sei, sogar geradezu wünschen, schon deshalb, weil es bei eilfertiger Beurteilung nur zu leicht geschehen kann, daß die gediegene Arbeit hinter der auf den Schein berechneten zurückstehen muß.

*) In seiner Abhandlung: „Von einem besondern Nutzen der Fabeln in den Schulen." (S. Anhang, Note 1.)

Bekanntlich ist die Inspektion der höhern Schulen wesentlich anders eingerichtet, als die der Volksschulen. Die höheren Schulen (um der Kürze willen sei bloß an die Gymnasien und Realschulen gedacht und auch von der kirchlichen Aufsicht abgesehen) kennen als Aufsichtsbeamte innerhalb der Provinz außer dem Dirigenten nur den Provinzial-Schulrat. Dieser hält jährlich höchstens einmal eine ordentliche Revision und ist natürlich stets ein Schulmann, niemals ein Jurist oder ein Geistlicher oder ein Militär oder ein Mediziner ꝛc. (Die Entlassungsprüfungen stellen wir selbstverständlich dort wie in den Volksschulen außer Betracht.) Die Volksschulen werden dagegen revidiert, vom Dirigenten bei mehrklassigen Schulen abgesehen: 1. vom Lokal-Schulinspektor, 2. vom Kreis-Schulinspektor, 3. vom Regierungsschulrat, 4. vom Seminardirektor (vielleicht sogar von zwei oder drei Seminardirektoren) und jeweilig auch noch von Seminarlehrern. Wie man sieht, ist hier ein ganzes Heer von Aufsichtspersonen auf den Beinen. Der Lokal-Inspektor sowohl wie der Kreis-Inspektor soll jedes Jahr wenigstens einmal eine ordentliche Revision vornehmen; und damit bei den Prüfungen kein Lehrfach übergangen werde, ist die Form der Protokolle genau vorgeschrieben. Der Regierungs-Schulrat und die Seminardirektoren (oder an ihrer Statt die Seminarlehrer) können natürlich nicht jährlich jede Schule inspicieren; da aber die Lehrer jeden Tag darauf gefaßt sein müssen, von dem einen oder dem andern dieser Herren einen Besuch zu erhalten, so macht das im Effekt keinen wesentlichen Unterschied. Rund gerechnet — und vom Dirigenten abgesehen — haben es also die Volksschulen mit mindestens viermal soviel Inspektoren zu tun als die höheren Schulen.

Wie soll man sich das deuten?

Sind etwa die Volksschullehrer ihrem Posten technisch weniger gewachsen als die Lehrer der höheren Schulen? Das hat bisher noch niemand behauptet; vielmehr ist oft genug bezeugt worden — und zwar von höheren Schulmännern selbst, sogar vom Ministertisch im Landtage — daß die Kandidaten des Volksschulamtes in methodischer Beziehung durchweg besser vorbereitet seien als die der höheren Schulen. — Oder sind etwa die Volksschullehrer mehr zur Nachlässigkeit und Untreue geneigt als ihre Kollegen in den Gymnasien, Realschulen ꝛc.? Das wird ebenfalls schwerlich jemand behaupten wollen. — Oder sind etwa die Versuchungen zur Nachlässigkeit ꝛc. in der Volksschule größer als in den höheren Schulen? Bei mehrklassigen Volksschulen, zumal wenn sie einen Dirigenten haben, ist diese Frage von selbst hinfällig. Bei einklassigen Schulen mag die Versuchung insofern größer sein, als der Lehrer keine Kollegen zur Seite hat. Es darf aber nicht übersehen werden, daß hier in den vielen Abteilungen eine mehr als genügende Kompensation liegt, indem diese den Lehrer fortwährend in Atem halten und ihn somit viel mehr zu unausgesetztem Arbeiten nötigen, als dies irgend welche Art von Aufsicht tun könnte. — Doch ich besinne mich: ein merklicher Unterschied zwischen dem Volksschuldienst und dem höhern Schuldienst ist allerdings vorhanden. Denn da jener es mit einer größeren Schülerzahl und mit sämtlichen Lehrgegenständen zu tun hat, so ist er unstreitig mühsamer und beschwerlicher als dieser. Daß daraus aber ein Grund zur Vermehrung der Aufsicht, und gar zu einer vierfachen, hergenommen werden könnte, läßt sich nicht verstehen; man sollte vielmehr umgekehrt schließen, die größere Beschwerlichkeit des Volksschuldienstes werde die Schulbehörde eher zu einer Vermehrung der Aufmunterung veranlassen als zu einer Vermehrung der Last.

In der Aufsicht der beiden Schularten liegt somit ein schreiendes Mißverhältnis vor, ohne daß irgend ein sachlicher Nötigungsgrund ersichtlich ist. Wie sich diese Irregularität dem Volksschullehrerstande fühlbar macht, ist klar: er sieht sich nicht bloß in seinem Dienste beschwert — was allenfalls noch zu tragen wäre — sondern muß sich auch gefallen lassen, daß seine berufliche Moralität beträchtlich geringer taxiert wird als die der Kollegen an den höhern Schulen, und seine Qualifikation obendrein. Man verstehe, was das sagen will: sich in jedem möglichen Betracht zurückgesetzt zu sehen, sogar in der moralischen Achtung, die er in seinem Arbeitskreise genießt. Die ökonomische Zurücksetzung, welche der Volksschullehrerstand samt seinen Emeriten, Witwen und Waisen so lange Zeit zu erdulden hatte, ist allmählich der Schulbehörde und dem Publikum zu Herzen gegangen. Aber wie mag es doch sein, daß die Ungebühr, welche durch die hergebrachte Einrichtung der Schulaufsicht seiner moralischen und Standesehre angetan wird, niemand erkennen und mitfühlen will?

Eins von beiden: will man diese Art der Aufsicht den höhern Lehrern nicht zumuten, nun, so mute man sie auch den Volksschullehrern nicht zu; hat sie aber bei der Volksschule wohltätig gewirkt, wohlan, so werde diese Wohltat auch den höhern Schulen zu teil. Entweder — oder. Äußere Hindernisse werden der Übertragung dieser Aufsichtsweise auf die höheren Schulen nicht im Wege stehen. Ein Lokal-Schulinspektor z. B. wird sich dort ebensogut finden lassen als bei der Volksschule; denn wenn bei der Volksschule ein achtbarer Nicht-Fachmann diesem Posten vorstehen kann, warum sollte es dort nicht auch ein achtbarer Jurist oder ein Geistlicher oder Mediziner tun können, da ein solcher ja früher diese Schule absolviert hat und von der Universität her den Lehrern durchaus

ebenbürtig ist? Dem Kreis-Schulinspektor der Volksschule entsprechend
würde für die höhern Schulen ein Regierungsbezirks-Schulinspektor anzustellen sein, während der bisherige Provinzial-Schulrat von da ab zu
jenen Schulen etwa in das Verhältnis treten würde, in welchem der
Regierungs-Schulrat zu den Volksschulen steht. Zum Ersatz der Seminardirektoren endlich wären dann bei den höheren Schulen für die einzelnen
Fächer natürlich die betreffenden Universitätsprofessoren als Revisoren zu
berufen. — Wie man sieht, ließe sich eine solche Vermehrung der Aufsicht
bei den höhern Schulen korrekt und unschwer ausführen. Und wenn sie
voraussichtlich dort wirklich zweckmäßig wäre, so läge es nahe, zu erwägen,
ob diese Verbesserung nicht auch auf das kirchliche Gebiet übertragen werden
sollte. Möglich würde es hier ebenfalls sein. Denn warum sollte sich
am Kirchorte oder in dessen Nähe nicht ein studierter Mann finden lassen,
der bereit wäre, dem Pfarrer als Lokal-Inspektor übergeordnet zu werden?
Und gelehrte Revisoren sind ja in der theologischen Fakultät gleichfalls
vorhanden. Dem Muster der Volksschulaufsicht entsprechend, würde dann
natürlich der kirchliche Lokalinspektor sowohl wie der Kreis-Superintendent
jährlich auch eine genaue protokollarische Revision des Katechumenen- und
Konfirmanden-Unterrichts vorzunehmen haben — unbeschadet der Nachlese,
welche die Superrevisoren, der General-Superintendent und die theologischen
Professoren, zu besorgen hätten.

Also nochmals: entweder — oder. Voraussichtlich werden aber die
höhern Lehrer samt ihren Vertretern in den Schulbehörden und ebenso die
Geistlichen samt ihren Vertretern in den Kirchenbehörden nicht anerkennen,
daß in einer solchen Vermehrung der Aufsicht eine Wohltat für die höhern
Schulen und für die Kirche läge. Wohlan, dann mögen sie auch an-
erkennen und ausdrücklich bezeugen, daß diese Aufsichtseinrichtung auf dem
Volksschulgebiete gleichfalls keine Wohltat' sein kann. Zweierlei Maß und
Gewicht ist unter allen Umständen vom Übel und — ein Unrecht.

Doch die Vielköpfigkeit ist nicht das einzige Gebrechen, an welchem die
herkömmliche Aufsichtseinrichtung leidet, vielleicht nicht einmal das schlimmste.
Es steckt noch ein zweites darin. Der Volksschullehrerstand sieht sich nämlich durch alle Instanzen fast ausschließlich von solchen Personen beaufsichtigt und zensiert, welche den Volksschuldienst nicht aus eigner
Arbeit und Mühe, sondern nur vom Zuschauen und aus Büchern
kennen. Aus dieser Quelle fließt eine ganze Reihe spezieller Übelstände.
Fürs erste ist das Volksschulwesen der Gefahr ausgesetzt, daß in seiner
gesamten Verwaltung fremdartige Gesichtspunkte und Anliegen die echt
pädagogischen zurückdrängen und beeinträchtigen. Zum andern ist zu wenig
verbürgt, daß die Aufsicht in dem wünschenswerten Maße eine sachkundige

und die Beurteilung, soweit sie davon abhängt, eine gerechte sei. Zum dritten ist zu wenig verbürgt, daß die Schulinteressen nach oben und nach außen hin mit der zu wünschenden inneren Teilnahme vertreten werden. Viertens: solange der Volksschullehrerstand in technischer Beziehung von Nicht-Fachgenossen beaufsichtigt wird, solange ist auch nicht zu hoffen, daß er in die seinem ernsten Berufe entsprechende Selbst-zucht und Haltung hineinwachsen werde. Und fünftens: so viele Aufsichtsstellen, für welche der Volksschullehrerstand selbst die befähigten Kräfte stellen kann, an andere Stände vergeben werden, so viele Strebe-ziele gehen ihm in seiner Laufbahn verloren; er sieht sich vorenthalten, was ihm von Gottes und Rechts wegen gebührt.

Ein näheres Eingehen auf dieses zweite Grundgebrechen der her-kömmlichen Aufsichtsordnung ist hier nicht am Platze, da dasselbe nur so-weit berührt werden kann, als unser Thema, die Lebensgeschichte des di-daktischen Materialismus, dies erfordert. Ich werde mir aber gestatten dürfen, an das so wichtige wie unparteiische Urteil dreier Zeugen von Rang und Namen zu erinnern, die sich schon vor 30 Jahren in dem-selben Sinne über die „Fremdherrschaft" in der Schulverwaltung aus-gesprochen haben. Es sind dies: der ehemalige Nürnberger Gymnasial-direktor und spätere Oberstudienrat Dr. C. L. Roth, der frühere Se-minardirektor Zahn in Mörs und der frühere rheinische Provinzial-Schulrat Dr. Landfermann. Ihre Äußerungen finden sich zusammen-gestellt in meiner Schrift: „Die freie Schulgemeinde" ꝛc. (Gesammelte Schriften, Bd. VIII.) Solche Fürsprecher hat der Volksschullehrerstand seitdem in diesen Stellungen nicht mehr gefunden.

Wie hängen nun die beiden Grundfehler der hergebrachten Volksschul-aufsicht, die wir vorstehend kennen gelernt haben, mit dem didaktischen Materialismus zusammen? Sehr einfach.

Fürs erste hat diese Aufsichtsordnung mächtig dazu mitgewirkt, den didaktischen Materialismus, soweit er in den methodischen Lehrbüchern, in den Seminarien und in den Schulen fortgeschleppt wurde, zu befestigen, zu vermehren und zu verschlechtern; überdies verhindert sie, daß das größere Publikum auf diese verkehrte Lehrweise aufmerksam wird. Wie dies zugeht, ist leicht nachzuweisen.

Bekanntlich rührt die Vielköpfigkeit in der Volksschulaufsicht daher, daß der Staat nicht das nötige Geld besaß oder hergeben wollte, um selbständige Kreisinspektoren anzustellen und zwar so, daß diese Männer die technische Schulaufsicht nach Inhalt und Umfang voll und ganz hätten besorgen können. Auch die jetzigen staatlichen Kreisschulinspektoren vermögen dies noch nicht. Einmal ist die Zahl der ihnen überwiesenen

Schulen zu groß, und zum andern sind diese Posten viel zu sehr mit amtlichen Schreibereien belastet. Die Zentralbehörde scheint ebenfalls dieser Ansicht zu sein, da sie auch da, wo das selbständige Kreis-Inspektorat besteht, die übrigen Revisionen — durch den Lokalinspektor, den Regierungs-Schulrat und die Seminardirektoren — nach wie vor ihren Gang gehen läßt. Weil nun keiner dieser verschiedenen Revisoren zu einer gründlichen Besichtigung die nötige Zeit hat, und noch weniger zu dem, was die andere Hälfte der Schulinspektionsaufgabe — die eigentliche cura scholae, die Schulpflege — fordert: so müssen die Prüfungen in der Regel möglichst kurz und hastig abgemacht werden, und das um so mehr, da das vorschriftsmäßige Revisionsprotokoll über sämtliche Lehrgegenstände Bericht geben soll. Kaum haben daher die Schüler ihre Gedanken in irgend einem Lehrfache soweit gesammelt, um mit Ruhe und Besonnenheit antworten zu können, so sehen sie sich schon in ein anderes Vorstellungs-gebiet gerissen, um hier dieselbe Hetzjagd durchzumachen — und so fort.

Nicht selten treten Umstände hinzu, welche noch mehr Unruhe und Ungemütlichkeit hineinbringen. Solchen Schulprüfungen zuhören zu müssen, durch alle Stufen hindurch, stundenlang, tagelang, und immer wieder, das ist ein langweiliges Geschäft; es gehört eine eigenartige Natur dazu, um daran Gefallen finden zu können. Und nun ganz stille zuhören und den Lehrer examinieren lassen zu sollen, das ist mehr, als man billigerweise erwarten darf; überdies kann der Revisor auch andere Gründe haben, selbst prüfen zu wollen. Genug, er greift mit ein und mit an; vielleicht wird sogar der Hauptteil des Examinierens von ihm abgemacht. Nun ist aber den Kindern die Frageweise des Revisors fremd, vielleicht auch die Ausdrucksweise, vielleicht überdies der Dialekt; kurz, sie verstehen ihn nicht immer, oder nur halb, zumal die Kleineren: die Antworten bleiben aus oder tappen im Nebel herum. Kein Wunder daher, wenn das eingeleitete Drama mitunter in folgende Schlußszene ausläuft: der Revisor wird un-geduldig — und wer will es ihm verdenken? aber die Kinder werden noch mehr verwirrt; er schilt, die Verwirrung steigt; er gerät in Auf-regung, die Kinder in Bestürzung; — Finale: allgemeines Schluchzen, während der Lehrer niedergeschlagen oder ergrimmt daneben steht. Das Prüfungsprotokoll schweigt natürlich darüber, aber die Zensuren reden. — Wie man sieht, ist hier keine Übellaunigkeit beim Revisor vorausgesetzt, überhaupt keinerlei andere menschliche Schwächen, als sie auch bei uns Schulmeistern gebräuchlich sind. War die Prüfung einmal auf Eilfertig-keit zugeschnitten, so muß man sagen, daß unter den bezeichneten Umständen alles Übrige nur ganz natürlich verlaufen ist.

Allein das „Ungemütliche" dieser Prüfungsweise ist im Grunde doch nur Kleinigkeit im Vergleich zu ihren Nachwirkungen auf die Lehrweise. Von dem Geiste, der in der Schule lebt, von den methodischen Grundsätzen, welche der Lehrer befolgt, von seiner fleißigen oder mangelhaften Vorbereitung, von den eigentlichen Bildungsergebnissen können solche Revisionen teils gar keine, teils nur höchst dürftige und darum unsichere Kunde geben. Indessen, censiert soll werden, also muß auch etwas gesehen werden; sind nun jene Hauptseiten der Schularbeit nicht besehbar, so muß das ins Auge gefaßt werden, was allenfalls auch in der Eile besehbar ist: das Maß der präsenten Kenntnisse und die leichter kontrollierbaren Fertigkeiten. Die Lehrer wissen das; sie wissen, daß hier der Punkt ist, wo es gilt, wo ihrer Schule das Urteil gesprochen wird. Jeder wird daher mit sich zu Rate gehen müssen, wie er unter diesen Umständen seine Arbeit einrichten will. Belauschen wir einen solchen eingeklemmten Mann einen Augenblick in seinen Überlegungen.

Er sagt bei sich selbst: „Ob du dir über die erziehliche Aufgabe des Unterrichts und des Schullebens etwas mehr oder etwas weniger Sorge machst — ob du für die bildende Durcharbeitung des Lehrstoffes etwas mehr oder etwas weniger dich bemühst — ob du um beider Zwecke willen etwas sorgfältiger oder etwas weniger sorgfältig dich vorbereitest — das verschlägt am Revisionstage so gut wie gar nichts, falls nur das, was der Revisor sehen kann und will, gut besorgt ist. Das steht also vorab fest. Weiter: Die sichere Einübung des Wissens und Könnens zum Zweck möglichster Haltbarkeit — das ist am Ende auch noch nicht das, worauf es am Revisionstage ankommt. Denn da der Revisor Eile hat, und die Kinder ob der Hast leicht verwirrt werden, so ist jedenfalls ein Zweites erforderlich: das Gelernte muß auch geläufig sein und zwar so, daß es sich Schlag auf Schlag mit maschinenmäßiger Sicherheit zeigen kann. Das steht somit ebenfalls fest. — Wie nun dieses Ziel erreichen und doch auch den Weisungen der Pädagogik genügen? Die Pädagogik sagt unzweideutig: der Lehrer hat zuerst und zuoberst dafür zu sorgen, was Erziehung und Bildung verlangen; denn wenn das treu und methodisch richtig geschieht, so wird das, was an präsenten Kenntnissen und Fertigkeiten billigerweise gefordert werden kann, nicht fehlen — vorausgesetzt, was sich aber von selbst versteht, daß man wie in einen Topf so auch in einen Kopf nicht mehr hineinschütten will, als hineingeht. Diese Weisung ist in der Theorie unstreitig richtig; allein wie soll man auf dem Boden der praktischen Wirklichkeit damit durchkommen? Die Revisionspraxis verlangt im Wissen und Können ein hohes, um nicht zu sagen das höchste Maß von Sicherheit und Geläufigkeit, während das, was die Pädagogik bei ihrer Methode verheißt, in diesem Stücke nicht über „billige" Ansprüche hinausgeht. Allein wenn ich auch von diesem Widerstreit zwischen Theorie und Praxis absehen wollte — wie steht es um die Hauptbedingung, an welche die Pädagogik ihre Verheißung knüpft, um die methodisch richtige Lehrweise? Zur erziehenden und bildenden Durcharbeitung der Lehrstoffe gehört Zeit, viel Zeit. Danach müßte doch das Maß des Stoffes streng sich richten; denn was darüber ist, das ist vom Übel, weil es den Durcharbeitungsübungen die nötige Zeit raubt. Nun sind in der Volksschule zu behandeln: biblische Geschichte, Kirchenlied, Sprüche, Katechismus, Bibelkunde, Kirchenjahr, — deutsche und preußische Geschichte, — politische, physische und mathematische Geographie, — Mineralkunde, Pflanzenkunde, Tierkunde und Physik, — belletristisches Lesebuch und Grammatik, — Raumlehre und Rechnen — ungerechnet die Fertigkeiten, welche an diesen Materialien hängen. Wäre in jedem dieser Lehrzweige das Stoffquantum auch nur ein wenig größer, als die zur Durcharbeitung erforderliche Zeit gestattet, so würde die Gesamtsumme doch schon ein beträchtliches Übermaß ergeben. Tatsächlich geht aber in den meisten Lehrzweigen das lehrplanmäßige Stoffquantum nicht etwa bloß ein wenig, sondern sehr weit über das rechte Maß hinaus. Die Zeit, welche der bildenden Durcharbeitung gewidmet werden kann, wird somit in hohem Grade eingeschränkt, schon auf der Mittelstufe, vollends aber auf der Oberstufe. Ob nun die Durcharbeitungsübungen, soweit sie unter diesen Umständen noch möglich sind, einen reellen Ertrag liefern können, ob es demnach sich lohnt, was an Zeit noch disponibel ist, gerade dafür zu verwenden, dürfte sehr fraglich sein. Allein wenn es ja noch lohnend genug wäre im Blick auf die Erziehungs- und Bildungszwecke, so würde es doch im Blick auf die eigenartigen Revisionsforderungen zu gewagt sein. Für jene Zwecke sich abmühen unter Umständen, wo der Erfolg doch nur zweifelhaft ist, und daneben unaufhörlich von der Besorgnis geängstet sein, am Revisionstage sich für fallit erklären lassen zu müssen — das geht nun einmal nicht. Denn was sollte es mir helfen, wenn ich dann das Defizit an schnell präsenten Kenntnissen damit entschuldigen wollte, daß das aufgegebene Lehrstoffquantum nach meinem pädagogischen Maßstabe zu groß wäre? Der Revisor würde voraussichtlich prompt erwidern: daß die Schule für Erziehung und Bildung Sorge trage, sei zwar recht löblich, allein es müsse so geschehen, daß die Lernleistungen, wie die Neuzeit sie verstehe, nicht darunter litten; auch seien jetzt die religionsunterrichtlichen Forderungen ja tatsächlich geringer (?) als zur Zeit der alten Regulative; überdies könne er amtlich konstatieren, daß es bereits manche Schulen gäbe, welche das Geforderte leisteten, zum Teil sogar mit Brillanz.

2*

Und um diese schlagende Abfertigung voll zu machen, möchten vielleicht die anwesenden Schulvorsteher noch hinzufügen, sie könnten aus ihrer Erfahrung sogar konstatieren, daß in ihrer Jugendzeit z. B. im Rechnen überhaupt mehr geleistet worden sei als jetzt. — Da hätte ich denn meine Bescherung. In der Tat, mit jener Weisung der pädagogischen Theorie ist schlechterdings nicht durchzukommen; sie ist der praktischen Wirklichkeit gegenüber zu idealistisch. Aber was machen? Sollte der Kollege X., dem ich neulich mein Leid klagte, am Ende doch recht haben? Er sagte: Wie lange willst du dich abquälen, zwischen den Grundsätzen der Pädagogik und den Forderungen der zeitigen Revisionen eine Ausgleichung oder einen Mittelweg zu suchen? Kann man denn zwei so grundverschiedenen Herren zugleich dienen? Wer wird dir deine Bemühung und Selbstquälerei danken, wenn deine Schule bei der nächsten Prüfung durchfällt? Die Kinder nicht und auch die Eltern nicht. Seien wir Schulmeister keine Toren! Die Volksschulen müssen zuerst dafür sorgen, daß sie Kredit behalten. Die höhern Schulen verstehen das besser. Wie das anzufangen, darüber brauchen wir uns nicht den Kopf zu zerbrechen. Die Methode des Einpaukens ist bewährt. Nur dürfte es wegen gewisser Eigenheiten der neueren Schulrevisionen rätlich sein, dem Einpauken noch etwas Dressur hinzuzufügen. Vorsicht ist zu allen Dingen gut. Diejenigen, welche schneller orientiert und entschlossen gewesen sind, als du, haben es wiederholt erprobt. Übrigens bietet die alte Methode immer noch Raum zu nützlichen Verbesserungen, wie die jüngst in Paris erfundene Maschine für den Unterricht in der Grammatik zeigt. Sollte an dieser bewährten, kreditierten Lehrweise irgend etwas Unrechtes hangen, so sind nicht wir dafür verantwortlich, sondern diejenigen, welche sie uns aufgenötigt haben. Entschließe dich also! Hast du aber noch immer Gewissensskrupel, so laß dir wenigstens dies Eine noch sagen: arbeite nicht aufs ungewisse; sorge demnach zu allererst dafür, daß der Kredit deiner Schule gegen jede Eventualität gesichert ist; ist das besorgt, ganz sicher, und bleibt dir dann noch Zeit übrig, so bedarfst du meines Rates nicht mehr. — So Herr X. Daß sein Rat klug, oder wie man sagt „praktisch" ist, läßt sich nicht verkennen. Dem Hin- und Herschwanken in der Arbeit und dem äußeren Drucke würde auf diesem Wege allerdings ein Ende gemacht sein; allein es ist mir zu Mut, als würde dann die innere Unruhe und Sorge nur noch größer werden." — Hier brach das Selbstgespräch des bedrängten Kollegen ab. Wie der Arme sich schließlich entschieden haben mag, läßt sich daher nur mutmaßen.

Wir haben bisher nur diejenige Wirkung der vielköpfigen Aufsicht auf die Lehrweise betrachtet, welche durch die Eilfertigkeit des Revidierens entsteht. Aber diese Wirkung — das Hindrängen in die Bahn des didaktischen Materialismus — wird noch beträchtlich verstärkt durch die Vielköpfigkeit an und für sich. Die Verstärkung geschieht sogar in doppelter Weise. Einmal schon durch die Zahl, d. i. die Überzahl der Revisionen. Wiederholung eines Druckes wirkt gerade wie Verstärkung. Zum andern dadurch, daß diese vielen Revisionen durch verschiedene Personen geschehen. Viele Köpfe, viele Sinne. Der eine hat nach seinem Bildungsgange oder aus andern Gründen eine Vorliebe für diese Fächer, der andere für jene. Darauf richtet sich auch gern der Blick bei der Prüfung. Hier entsteht dann leicht — nicht mit Absicht, aber so von selbst — ein Überdruck, und, da derselbe mit der Zahl der Revisoren vervielfacht wird, ein Gesamtdruck, der möglicherweise so ziemlich über den ganzen Kreis der Lehrfächer sich ausbreitet.

Endlich ist noch die Wirkung des zweiten Gebrechens der hergebrachten Aufsichtsordnung — daß die Revisoren meist nicht selbst im Volksschuldienst gestanden haben — zu besehen.

Auch dieser Fehler macht sich als Begünstigung der didaktisch-materialistischen Lehrart fühlbar, ebenfalls in doppelter Weise. Einmal sind die studierten Revisoren von den höhern Schulen her zu sehr an den Großbetrieb, an das Wirtschaften mit großen Wissensmassen gewöhnt und zu wenig an das bildende Durcharbeiten des Stoffes. Und zum andern, da sie den Volksschuldienst nicht aus eigener Arbeitserfahrung kennen, so wissen sie auch nicht zu bemessen, was es heißt, als Volksschullehrer unter 70—80 und noch mehr Kindern im untersten Jugendalter und bei allerlei erschwerenden Umständen den dermaligen „lehrplanmäßigen" Revisionsforderungen gegenüberstehen zu sollen.

Rechnet man das alles zusammen, so wird auch dem blödesten Auge klar, durchsichtig klar, wie die hergebrachte Aufsichtsweise — in Verbindung mit dem Übermaße des Lehrstoffes — auf die Lehrweise wirkt und wirken muß. Der didaktische Materialismus, wo er sich unbeschädigt von der fortschreitenden pädagogischen Literatur bis in die Neuzeit hinein gehalten hat, sieht sich nicht etwa bloß geduldet, sondern gleichsam legitimiert, ja gehegt, getragen, begünstigt, geehrt und prämiiert. Diejenigen Schularbeiter dagegen, welche höhere Bildungsziele und bessere Mittel kennen, fühlen sich beklemmt, verkannt, zurückgesetzt und, wie sehr sie auch innerlich widerstreben mögen, in die Bahn der didaktisch-materialistischen Lehrweise hineingedrängt — mit der ganzen Wucht der Druckkraft, die in der Verwaltungsmaschinerie eines Großstaates steckt. Hier bleibt nichts übrig, als biegen oder brechen oder in aussichtslosem Kampfe sich aufreiben lassen. Jene Begünstigung wie diese Bedrängung geschieht übrigens nicht mit

Abſicht, ſondern bloß faktiſch, naturgeſetzlich — von wegen des bekannten Schulnebels.

So die deutlich nachweisbaren Beziehungen zwiſchen der her=gebrachten Aufſichtseinrichtung und dem didaktiſchen Materialismus.

Aller Wahrſcheinlichkeit nach beſteht aber zwiſchen beiden noch eine andere Beziehung, ein umgekehrter Kauſalzuſammenhang und eine innere Verwandtſchaft. Frage: Sollte nicht die traditionelle Auf=ſichtsordnung gerade aus der didaktiſch=materialiſtiſchen Anſchauung heraus=gewachſen und bis heute von derſelben getragen worden ſein? Denn wie läßt es ſich ſonſt erklären, daß dieſe Einrichtung angeſichts ihrer augenfälligen Fehler und ihrer ſchlimmen Wirkungen ſo lange beſtehen bleiben konnte, wenn man nicht annehmen will, daß die leibhaftigen Per=ſonen, welche dieſelbe tragen — die Schulräte, Seminardirektoren u. ſ. w. — zumeiſt ſelbſt noch tief im didaktiſchen Materialismus ſtecken? In der Tat, mir iſt ein anderer Erklärungsgrund nicht erkennbar. Doch davon abgeſehen; es gibt noch andere, direktere Anzeichen, welche auf eine ſolche Verwandtſchaft hinweiſen. Frage: Als in den Tagen der alten Regulative der Memorier=Materialismus im Religionsunterricht ſo wucheriſch um ſich griff und den Lehrern wie den Schülern dieſes wichtigſte Lehrfach zu ver=leiden drohte — welche Seminardirektoren, Schulräte und Schulinſpektoren ſind es damals geweſen, welche im Verlauf der 18 Jahre dawider Zeugnis abgelegt haben — laut, öffentlich, vernehmlich? (Selbſtverſtändlich darf hier nur an ſolche Einſprachen gedacht werden, die aus rein pädagogiſchen, chriſtlich=pädagogiſchen Bedenken ſtammten und nicht mit politiſchen, religiöſen und dergleichen Differenzen zuſammenhingen.) Und bei der chriſtlichen Tendenz der Regulative hätte es doch allen gleichgeſinnten Schulbeamten vollends nahe gelegen, ſie von pädagogiſchen Schulden befreien zu helfen. Auf einen beſinne ich mich, der es wiederholt getan hat — erſt (1859) handſchriftlich am zuſtändigen Orte, dann (1860) öffentlich mit den Worten jener Handſchrift, dann (1869) in einem „chriſtlich=pädagogiſchen Proteſt" und ſchließlich (1871) in einer „Nochmaligen Auseinanderſetzung mit dem Memorier=Materialismus"; aber dieſer eine war ein ſchlichter Volks=ſchullehrer. Auch ſind damals aus den Schulleitungsämtern keine Zuſtimmungen zu dieſen notgedrungenen Zeugniſſen wider das Memorier=Unweſen laut geworden; diejenigen, welche ihre Stimme hören ließen, verteidigten die betreffenden Beſtimmungen der Regulative. — Ich frage weiter: Nachdem ſeit 1872 das Übermaß der Lehrſtoffe noch drücken=der geworden iſt und dementſprechend die Stopfmethode nach dem Muſter der pommerſchen Gänſemäſtung mehr als jemals um ſich gegriffen hat — wer kennt literariſche Kundgebungen aus den Kreiſen der Volksſchul=

Vormünder, worin auf diese Schulübel ernst und nachdrücklich aufmerksam gemacht wird? Selbstverständlich soll hier nicht an solche Stimmen gedacht sein, welche in politischen, kirchlichen und andern Blättern (in behaglicher Anonymität) die Einführung des Realunterrichts tadeln oder bloß im allgemeinen über das Zuviel des Lehrstoffs klagen. Abgesehen davon, ob diese Klagen vielleicht auch mit politischen und kirchlichen Verstimmungen zusammenhängen — sie bekunden ganz deutlich, daß man dort das eigentliche Übel entweder nicht kennt oder nicht nennen will. Die Einführung des Realunterrichts ist kein Fehler der „Allgemeinen Bestimmungen", sondern im Gegenteil ein Verdienst. Und das Übermaß des Lehrstoffes ist bloß ein sekundäres Übel. Durch seine Beseitigung würde man dem primären, dem eigentlichen Grundübel — nämlich dem mangelhaften Begriffe von den Mitteln und Bedingungen des erziehlich-bildenden Unterrichts — noch gar nicht an die Haut kommen, und noch weniger würde dadurch aufgedeckt werden, wo die Schuld liegt, daß die bessere pädagogische Einsicht nicht hat durchdringen können. Also mit jenem Getadel, welches dem Übel nicht auf den Grund gehen kann oder nicht will, hat meine obige Erkundigungsfrage nichts zu thun. Sie wünscht im Gegenteil zu erfahren, wo Stimmen laut geworden sind aus den bezeichneten Kreisen, welche dem primären Schulübel — dem didaktischen Materialismus — auf den Leib rücken, und zugleich unverhohlen seine Wurzeln und Nährquellen an das Licht ziehen. Solange nun solche Kundgebungen nicht vorliegen und zwar in entsprechender Vollstimmigkeit, solange wird der obige Wahrscheinlichkeitsschluß, daß zwischen der bisherigen Schulleitung und dem didaktischen Materialismus auch eine verwandtschaftliche Beziehung bestehen müsse, seine Berechtigung behalten. — Über diesen Punkt werden hier die vorstehenden Andeutungen ausreichen. Vielleicht wird sich aber bald Anlaß bieten, ihn noch einmal und dann mit der gebührenden Gründlichkeit zu beleuchten. (Anhang, 2.)

So hätten wir denn den didaktischen Materialismus nach seinem Wesen und seinen wichtigsten Beziehungen kennen gelernt. Es ist die Rede gewesen von seinem hohen Alter und von seiner jüngeren Geschichte, von seinem Begriff und von seiner Lehrweise, von seinen Alliancen und von seiner drückenden Herrschaft, von den begünstigenden Institutionen und von seinen vornehmen Bekanntschaften u. s. w. Nichtsdestoweniger mögen etliche Punkte in seiner Natur und Geschichte manchem Leser noch etwas dunkel und rätselhaft vorkommen. So vielleicht seine zähe Lebenskraft und seine feste Einwurzelung, wo er einmal sitzt; denn er scheint in der Tat nicht minder schwer vertilgbar zu sein als die berüchtigte Herbstzeitlose in unsern Wiesen, die im Spätsommer noch zuletzt den Plan mit ihren bestechend schönen Blüten schmückt, während ihre giftigen Früchte erst im Frühjahr zum Vorschein kommen. So vielleicht auch seine so verschiedenen Alliancen, — da er anscheinend sich ebensogut mit der Theologie verträgt als mit der Philologie und den Naturwissenschaften, ebensogut mit der sog. konservativen als mit der sog. liberalen Parteianschauung u. s. w. Näher betrachtet sind indessen diese auffallenden Erscheinungen in seinem Wesen und Leben nicht so rätselhaft, wie sie aussehen. Es bedarf nur eines Blickes auf seinen naturgeschichtlichen Charakter. Ein einziges Wort wird alles erklären, wenn der Leser sich die Mühe geben will, die Anwendung zu machen. Der didaktische Materialismus ist keineswegs eine besondere Art pädagogischer **Theorie**, sondern nichts mehr und nichts weniger und nichts anderes als eine aparte Spezies pädagogischer **Unwissenheit.**

---

„Nun fort, fort aus dem Gewirre und Staube des Kampfes mit diesem pädagogischen Ungeheuer — damit wir zu der erfreulichen, hoffnunggebenden Aussicht gelangen, die im Eingange verheißen wurde!" So mögen hier vielleicht manche Leser dem Schreiber zurufen wollen. Ich verstehe das und darf versichern, daß die eigene Ungeduld sich nicht weniger lebhaft nach jenem Ziele sehnt. Selbst kämpfen müssen ist ja immer noch ein wenig unbehaglicher als zuschauen, und überdies auch etwas gefährlicher. Ich werde demnach mit dem Leser in die Wette eilen, um — wenigstens in Gedanken — in reinere, erquicklichere Luft zu kommen. Nur keine Übereilung! Schon manchmal ist einer vor lauter Eifer an der Tür vorbeigerannt, die er suchte. Trügerischen Erwartungen sich hinzugeben, ist nicht ratsam. Besinnen wir uns daher zuvor darüber, worauf unsere Hoffnung sich nicht gründen kann.

Zunächst könnte der ausschauende Blick auf die höheren Stellen der Schulverwaltung sich richten. Allein wenn man nicht eine bloße Ermäßigung des Lehrstoffes, sondern ein energisches Vorgehen wider den Materialismus wünscht, so muß ich fragen: was für Anzeichen liegen denn vor, daß dort dieses Schulübel als das, was es ist, erkannt sei? Ich sehe keine. In der Wirtschaftspolitik können Wandlungen vorgehen, auch in der Kirchenpolitik, selbst in der Kulturpolitik in manchem Betracht; allein der Punkt, wovon wir reden, liegt von solchen Wandlungen und Motiven weit ab. Wer anders denkt, ist mit der Sachlage und der Schulgeschichte noch nicht genügend vertraut. Von allem bereits Erwähnten abgesehen: die beklagte verkehrte Richtung im Unterrichtswesen besitzt in den höheren Kreisen der Gesellschaft und der Verwaltung auch solche Nähr quellen und zwar überaus starke, die mit gewöhnlichen Mitteln — und vollends von der Volksschule her — nicht zu erreichen sind.

Ich erinnere vorab an die bekannte ehrenrührige Tatsache, daß auf den preußischen Universitäten die Wissenschaft vom Kulturerwerb, die Pädagogik, nicht einmal einen einzigen selbständigen Lehrstuhl besitzt, während jede Universität wenigstens deren drei haben sollte.*) Wie sehr diese Vernachläßigung der pädagogischen Wissenschaft die Entwicklung des Erziehungswesens aufgehalten hat, und wie sehr sie speziell auch die Volksschule bedrückt, läßt sich gar nicht aussagen. Wenn die Lehrer der höhern Schulen sich dieserhalb keine Sorgen machen, so ist das begreiflich. Daß aber die Volksschullehrer die schlimmen Folgen noch so wenig kennen und beachten, ist geradezu unbegreiflich. Schon allein die dürftige Besoldung hätte sie darauf führen können, daß in der Schätzung der Erziehungsarbeit irgendwo etwas nicht in der Ordnung sein müsse.

Ich erinnere an eine andere Tatsache. Bekanntlich können die höhern Schulen, namentlich die Realschulen, anscheinend ohne Beschwerde mit noch viel größeren Lernstoffmassen fertig werden, als die Volksschule (auf den gleichstehenden Stufen) zu tragen hat; denn wenn auch den höheren Schulen in der Religion, im Rechnen und in der deutschen Sprache weniger aufliegt, so entsteht doch durch die fremden Sprachen und die Realien ein beträchtliches Übergewicht. Das ist eine zweite Nährquelle des didaktischen Materialismus. Stimmen aus der Volksschule mögen jetzt so laut beteuern, wie sie wollen, daß das auf Bildung abzielende Lernen ein naturgesetzlicher Prozeß sei, welcher bei jedem Pensum die und die bestimmten Lehroperationen verlange, mithin auch die entsprechende Ermäßigung des Lehrstoffes; — solange die höhern Schulen sich nicht gleichfalls zu dieser Wahrheit bekennen, solange werden jene Beteuerungen samt den daran hängenden Klagen über das quantitative Zuviel auf taube Ohren stoßen bei allen denjenigen, welche in den höhern Schulen ihre Vorbildung erhalten haben, und ebenso bei dem großen Publikum, welches den höhern Schulen schon deshalb mehr vertraut, weil sie „höhere" heißen. Aber nicht bloß auf taube Ohren, sondern auch auf mißtrauische: jene Behauptungen und Klagen aus der Volksschule werden dahin ausgelegt werden, daß die Volksschullehrer das Lehrgeschäft nicht so gut verständen als ihre wissenschaftlich gebildeten Kollegen in den höheren Schulen, oder nach kleinmeisterlicher Manier sich mit Methodenreiterei brüsten wollen.

---

*) Ausführlicher spricht sich der Verf. über diesen Punkt aus im „Fundamentstück" 2c., S. 266—277.

Im günstigsten Falle wird man die Klagen aus der Volksschule insoweit gelten lassen, als hier der Unterricht mit größeren Hindernissen (große Schülerzahl, unregelmäßiger Schulbesuch u. s. w.) zu kämpfen hat, und demgemäß auch eine entsprechende Verminderung des Lehrstoffes gestatten. Allein durch dieses Zugeständnis wird das Prinzip des didaktischen Materialismus nicht im mindesten berührt; ihm tut um deswillen kein Zahn weh. — Mehr noch als die Gymnasien, Realschulen und höhern Töchterschulen begünstigen die Fachschulen (die Gewerbe-, Handels-, Landwirtschafts- 2c. Schulen) das Hinaufschrauben des Lehrstoffquantums, schon deshalb, weil sie durch ihre Konkurrenz — d. i. durch die augenfälligen Leistungen in einigen bevorzugten Fächern — auch auf jene Anstalten einen Druck ausüben.

Man muß sich demnach darauf gefaßt machen, daß der didaktische Materialismus in den höhern Kreisen der Gesellschaft und der Verwaltung noch auf lange Zeit starke Stützen behalten wird.

Ferner sind auch noch wenig Anzeichen dafür vorhanden, daß die verkehrten Aufsichtsinstitutionen in kurzem gesunderen Einrichtungen Platz machen werden. Dem steht viel im Wege. Die Volksschule zu leiten, und zu sagen, was bei ihrer Arbeit als zweckmäßig gelten soll, — das ist ein Privilegium, welches nach dem historischen Gange der Dinge den Juristen, Theologen, Philologen u. s. w. zugefallen ist, nicht dem Stande, welcher die Volksschularbeit berufsmäßig erlernt hat und tut. Alle Privilegierten sind konservativ, zum wenigsten im Festhalten ihrer Vorrechte. Das ist weltgeschichtliche Erfahrung; darein muß man sich also in unserm Falle in Geduld zu schicken suchen. Gesetzt aber, dieses Hindernis — der Privilegiums-Konservatismus — sei überwunden, d. h. die Stellen der technischen Schulaufsicht seien durchweg mit solchen Männern besetzt, welche den Volksschuldienst aus eigner Arbeitserfahrung kennen: wäre dadurch allein schon eine baldige Ausrottung der didaktisch-materialistischen Lehrweise verbürgt, oder auch nur eine richtige Bemessung des Lehrstoffes? An und für sich noch nicht. Einmal schon deshalb nicht, weil im Volksschullehrerstande selbst die didaktisch-materialistische Strömung noch viel zu stark ist, wie schon die erwähnten dicken samt den kompendienartig-dünnen „Leitfäden" für den Real- und grammatischen Unterricht beweisen, die ja vornehmlich von Lehrern, Rektoren und Schulinspektions-Kandidaten herausgegeben sind. Überdies bliebe die obere Schulleitung voraussichtlich nach wie vor meistens in den Händen von Personen aus andern Ständen. Somit käme doch wieder alles darauf an, wie dort die Aufgabe der Schule und demgemäß die Aufgabe der Schulinspektion angesehen wird. Der Punkt will gemerkt sein. Ist die Lehr- und Erziehungsarbeit ihrem

Natur nach nichts anderes als der Post-, der Eisenbahn-, der Verwaltungs-, der Militärdienst u. s. w., wo im wesentlichen der Pflicht Genüge geschieht, wenn das besehbare äußere Werk korrekt besorgt wird: dann allerdings kann die Aufgabe eines Schulinspektors lediglich durch sorgfältige Aufsicht und pünktliches Aktenschreiben gelöst werden. Ist der Schuldienst aber anderer Art, ist er ein Werk, wo — wie bei der Seelsorge, bei der künstlerischen Produktion u. s. w. — der eigentliche Erfolg davon abhängt, ob die Arbeit mit ganzer Seele, mit ganzem Gemüt, und dazu mit Einsicht, Geschick und Takt geschieht: dann kann auch bei der Schulaufsicht der Schwerpunkt nicht auf die geschäftsmäßige Revision fallen, obwohl dieselbe gleichfalls nötig bleibt, und noch weniger in den Bureaudienst, sondern in das, was das echt deutsche Wort „Schulpflege" bezeichnet, in die Sorge für die innere Hebung und Veredlung der Schularbeiter durch persönlichen Verkehr. Solange nun in der obern Sphäre der Schulverwaltung die höhere Auffassung vom Schulamte und von der Schulaufsicht nicht durchdringt, und demgemäß auch die Schulinspektoren nicht in diesem Sinne ausgewählt und instruiert werden: solange kann die Berufung von Volksschullehrern zu diesen Posten, wie wünschenswert dies in andrer Beziehung sein mag, zur Beseitigung der didaktisch-materialistischen Lehrweise nicht viel helfen.*)

Eher als eine bessernde Änderung an jenen Stellen möchte eine Ermäßigung des Lehrstoffes erhofft werden dürfen. Schon deshalb, weil eine solche Maßregel die wohlfeilste ist, die es gibt. Überdies ist bekanntlich auch von anderer Seite her, in politischen und kirchlichen Blättern, längst und laut über das hohe Lehrstoffquantum geklagt worden. Diese Klagen werden auf die Dauer nicht unwirksam bleiben können, vollends dann, wenn auch der Lehrerstand einmütig in dieselben einstimmt. Im Grunde könnte die Schulverwaltung an diesem Punkte auch leicht Abhülfe schaffen, wenn sie eine solche Maßregel für zweckmäßig hielte, da, wie gesagt, eine bloße Verminderung des Lehrstoffes äußerst wohlfeil auszuführen ist. Gesetzt nun, es geschähe wirklich — sei es von dem gegenwärtigen oder von einem neuen Ministerium: was wäre damit in

---

*) Über diese Seite der Schulinspektion — über die Schulpflege und die rechte Weise derselben hat schon vor 200 Jahren eine gewichtige Stimme das Beste gesagt, was darüber gesagt werden kann. Es ist kein Geringerer als der viel gerühmte, aber wenig recht geschätzte Philipp Jakob Spener. Es ist hier nicht am Platze, auf diesen Punkt näher einzugehen; so Gott will, soll es ein anderes Mal geschehen. Bis dahin erlaube ich mir zu verweisen auf meine Abhandlung: „Zwei Hauptfragen aus der Lehre von der Schulverwaltung. Bruchstück aus einem Schreiben an einen liberalen Staatsmann" — im Jahrbuche des Vereins für wissenschaftliche Pädagogik, 1874. (Ges. Schriften. Bd. IX).

Wahrheit gewonnen? Eine Erleichterung der Lehrer und Schüler
allerdings; auch eine relative Gesundung des Unterrichts, wenigstens da,
wo man die Verminderung des Lehrstoffes zur Vertiefung der Durcharbeitung benutzte. Allein was wäre zur Ausrottung des eigentlichen
Übels, des didaktischen Materialismus, gewonnen? Nichts,
und noch weniger als nichts. Das läßt sich leicht erweisen.

Das Übermaß des Lehrstoffes ist ja nur eine der Folgen, eins
der Symptome, worin das innerliche Übel äußerlich zu Tage tritt;
gerade wie die Verdorbenheit der Säfte im menschlichen Körper sich etwa
in irgend einer Hautkrankheit kundgibt. Die Ermäßigung des Lehrstoffes
wäre somit bloß eine symptomatische Kur, die den wirklichen Grund der
Krankheit unbelästigt ließe. Was für schlimme Folgen solche Kuren haben
können, zumal wenn sie von Pfuschern besorgt werden, mag man bei den
Ärzten erfragen. In unserm Falle würde die bloße Lehrstoff-Verminderung
in der Tat nicht nur eine lediglich symptomatische, sondern eine wahre
Pfuscherkur sein. Für's erste bliebe die didaktisch-materialistische Lehrweise
im Prinzip unangetastet. Unangetastet bliebe ferner die starke Nährquelle, welche der didaktische Materialismus in der Universitätspädagogik
und in der Lehrpraxis der höhern Schulen hat; unangetastet die hergebrachte
Schulaufsichtseinrichtung; unangetastet, was an didaktisch-materialistischen
Irrtümern in den üblichen methodischen Lehrbüchern nachgeschleppt und
durch die Volksschulpraxis befördert wird; unangetastet endlich, was von
diesen Irrtümern in der gegenwärtigen Lehrergeneration wurzelt, blüht und
Früchte trägt.

Doch das wäre nicht einmal das schlimmste. Es würden sich auch
schlimme Folgen positiver Art einstellen.

Wenn nämlich das symptomatische Übel, welches den Gegenstand der
Klage gebildet hat, soweit gehoben wäre, daß es die übliche Praxis nicht
mehr drückt, so würde in allen maßgebenden Kreisen angenommen werden,
nun sei im Volksschulleben wieder alles in Ordnung. Und
warum auch nicht? Vom ursächlichen Übel ist ja, wenigstens in den
politischen und kirchlichen Blättern, niemals die Rede gewesen. Die Folge
wäre also die, daß die didaktisch-materialistische Lehrweise samt allen ihren
Nährquellen und Hülfseinrichtungen nicht bloß unbelästigt bliebe, sondern
als altbewährte, niemals angezweifelte Ordnung mit Fleiß konserviert
würde. Man bedenke, was das sagen will. Ob dann jemand hinterher
das ursächliche Übel doch noch zur Sprache bringen wollte — was würde
das helfen? Ohne Zweifel würde er ein seltsamer Kauz oder ein „Kra-
kehler" heißen müssen. Aber nicht genug. Gegenwärtig, wo in dem
Übermaße des Lehrstoffes und der notgedrungenen Eintrichterei die bittere

Frucht des didaktischen Materialismus handgreiflich vor den Augen steht,
jetzt läßt sich die schlimme Natur dieses didaktischen Grundübels noch anschaulich vorzeigen, selbst dem großen Publikum. Wie aber dann, wenn
dieses Veranschaulichungsmittel nicht mehr vorliegt? Es stände einfach so:
dem großen Publikum wie überhaupt allen denen gegenüber, welche eingehende pädagogische Untersuchungen nicht lesen mögen, würden dann die
Verteidiger der richtigen Lehrweise so gut wie wehrlos sein. Denn
wenn doch einmal diesen ehrenwerten Leuten eine solche Untersuchung in
die Hand gedrückt würde, und wenn dieselbe unglücklicherweise von schlichten
Volksschullehrern herrührte, so dürfte es leichtlich wieder heißen wie jenes
Mal: wie kann man uns zumuten, so etwas zu lesen, da uns Gutachten
von wissenschaftlich gebildeten Schulmännern, also von wirklichen pädagogischen Autoritäten, vorliegen, welche das Gegenteil bezeugen. Und in
der Tat man könnte den ehrenwerten Herren eine solche Ablehnung auch
kaum verdenken, da sie wissen, daß derartige Gegenzeugnisse, falls ihrer
noch nicht genug vorlägen, an den genannten Stellen dutzendweise zu
haben sind.

Aber weiter. Gesetzt, es träte eine Ermäßigung des Lehrstoffes ein
— weiß jemand im voraus zu sagen, wie dieselbe beschaffen sein
würde? Auch diese Frage will reiflich erwogen sein. Denn wäre die
Verminderung unbeträchtlich, so verlohnt es sich nicht, darüber zu
reden — schon deshalb nicht, weil man es dann nur mit einer bloßen
Beschwichtigungs-Maßregel zu tun hätte. Wäre sie dagegen einigermaßen
beträchtlich und hinge sie mit einem politischen Umschwunge zusammen, so
ist nach den Stimmen, die bisher in den politischen und kirchlichen Blättern
wider das Lehrstoff-Übermaß laut geworden sind, mehr als wahrscheinlich,
daß die Subtraktion eine Amputation werden, d. h. daß der Sub-
traktionsschnitt dem Realunterrichte das Leben kosten würde. Anstatt eines
quantitativ verminderten Lehrplans hätten wir dann einen qualitativ verstümmelten. Was heißt das — im pädagogischen Sinne?
Die Durchschnittspädagogik, die sich gern als die „moderne" aufspielt,
wird flugs mit der Antwort bei der Hand sein: das wäre ein Bruch mit
der „Jetztzeit", die durchaus auch Realkenntnisse verlangt, — ein Rückschritt zu den Regulativen von anno 1854. Richtig; wenn nur diese
Vertreter der „modernen" Zeit hinsichtlich der Theorie des Lehrplans um
ein Haar breit gescheiter wären als ihre altmodischen Gegner! Denn
wären sie das, so würden sie gegen die Isolierung des Religionsunterrichts
in den paritätischen Schulen ebenso entschieden protestiert haben, wie gegen
die Abstreichung der Realien in den alten Regulativen. Der Lehrplan ist
dort so gut verstümmelt als hier; und welche von beiden Unformen in

erziehlicher Hinsicht die schlimmste ist, dürfte nicht fraglich sein. Eine Verstümmelung innerhalb der drei sachunterrichtlichen Fächer, sei sie so oder so, bedeutet aber noch etwas ganz anderes, als die Durchschnittspädagogik weiß. Sie bedeutet: der **Fortschritt** in diesem Teile der Methodik, in der Theorie des Lehrplans, den Comenius geweissagt und dem Herbart die Bahn gebrochen hat — wonach die Lehrfächer ein organisches **Geglieder bilden müssen, in welchem jedes Fach dem andern dient** — dieser Fortschritt, der schon so lange wartend vor den Schulthüren steht, ist dann **unmöglich gemacht; er ist nicht mehr ausführbar.** Die Abstreichung der Realien oder ihre Unterbringung im Sprachunterricht, womit die symptomatische Pfuscherkur uns bedrohen würde, wäre also nicht nur ein Rückschritt zu den alten Regulativen, sondern — was diese auch waren und was die paritätische Schulform ebenfalls ist — ein Rückschritt auf den Standpunkt der Theorie des Lehrplans vor Comenius, vor 1628.

Nun überschlage man, was bei dem puren Lamentieren über das zu hohe Lehrstoffmaß in Aussicht steht, falls es heute oder morgen erhört würde: die didaktisch-materialistische Lehrweise im Prinzip unangetastet — ihre Nährquellen und Hülfsinstitutionen konserviert — die Verteidiger der rechten Lehrweise vor dem großen Publikum stumm gemacht — entweder eine bloße Beschwichtigungsreduktion, die nichts nützt, oder anstatt eines quantitativ verminderten Lehrplans einen qualitativ verstümmelten, der das konzentrierende Verbinden der Lehrfächer unmöglich macht.

Speziell für die preußische Volksschule bleibt aber noch etwas Besonderes zu bedenken. Seit 1872 steht an der Spitze des preußischen Unterrichtswesens ein Minister, der auf dem Volksschulgebiete mit einer Energie und in einem Umfange reformiert hat, wie es in der Schulgeschichte noch nicht erlebt worden ist. Erinnern wir uns vorab der Reformen auf der Innenseite — nur der Hauptsachen:

qualitative Vervollständigung des Lehrplans;

gründlichere allgemeine Vorbildung der Schulamtsaspiranten durch Errichtung ordentlicher Präparandenanstalten;

Hebung der beruflichen Vorbildung der Lehrer durch Verlängerung des Seminarkursus und durch stärkere Berücksichtigung der Berufswissenschaften;

Anordnung der Rektorprüfung, wodurch zugleich die allgemeine Einführung des Hauptlehreramtes angebahnt ist;

Beförderung der Mittelschulen im Interesse des so sehr vergessenen mittlern Gewerbestandes, und damit in Verbindung:

Anordnung der Mittelschullehrer-Prüfung, welche zugleich den Präparandenanstalten und Seminarien zu gute kommt;

endlich: Anstellung selbständiger Kreis-Schulinspektoren — wenigstens
in einigen Gegenden, wobei hie und da auch Männer aus dem Volksschuldienst berücksichtigt wurden.

Das sind wirkliche und hochbedeutsame Verbesserungen, wenn auch
an ihrer Ausführung allerlei Mängel kleben. — Nun rechne man hinzu
die energischen und andauernden Bemühungen für die Verbesserung der
ökonomischen Lage des Lehrerstandes, sowie der Emeritierten, der
Witwen und Waisen. Wie viel auch darin noch rückständig sein mag,
so wird man doch annehmen dürfen, daß unter den obwaltenden Umständen
zur Zeit nicht mehr erreichbar war.

Die Lehrer wie die Interessenten der Volksschule sind somit dem
jetzigen Minister zu großem Danke verpflichtet. Den Lehrerstand braucht
man auch nicht daran zu erinnern. Allerdings sind bei der Ausführung
der innern Reformen, wie schon gesagt, mancherlei Übelstände mit hervor-
getreten, zum Teil recht schwere und drückende.

Das schlimmste dieser Übel haben wir in der vorstehenden Betrachtung
kennen gelernt. Der didaktische Materialismus ist in der Tat seit 1872
übergewaltig ins Kraut geschossen. Kann es aber recht sein, die Reformgesetze jenes Jahres und die Person des Ministers direkt und gar vornehmlich dafür in Anspruch zu nehmen? Bei oberflächlicher Betrachtung
mag es so scheinen; eine genauere Untersuchung kommt, wie wir gesehen
haben, zu einem andern Urteil. Auf einem Boden und bei einer Tem-
peratur, wo der „Weizen" gut gedeiht, da gedeiht auch das „Unkraut"
ganz vortrefflich; schießt das letztere übermächtig hervor, so beweist das
nur, daß der Boden überreich mit Unkrautsamen versehen war. Zu der
Erbschaft, die der Minister bei seinem Amtsantritt übernahm, gehörte
der didaktische Materialismus mit — als alte Schuld. Seine Anschauungen waren überall vertreten: in den Verwaltungsordnungen und im
lebendigen Personal, in der Universitätspädagogik und in der Seminarpädagogik, in den höheren Schulen und in der Volksschule, in den gebildeten Ständen und in der Tagespresse, und nicht am wenigsten in der
hergebrachten kirchlichen Lehrpraxis.

Dazu will ein Zweites erwogen sein. Die Volksschulen, Präparandenanstalten und Seminarien bilden nur einen kleinen Bruchteil der Angelegenheiten, für welche ein Kultusminister sorgen soll; daneben treten
mit denselben Ansprüchen auf: die Gymnasien, Realschulen und höhern
Mädchenschulen, ferner die Universitäten und die höhern Kunstinstitute,
ferner ein Teil der Kirchenverwaltung und die Kirchenpolitik, und endlich

noch das Medizinalwesen. Wie mag nun gefordert werden, daß ein Minister, ein Jurist, der in Unterrichtsfragen auf den Beirat der Techniker sich verlassen muß, in einem einzelnen Gebiete — z. B. in der Volksschularbeit — so orientiert sein soll, um in den vielerlei Ratschlägen, die amtlich und außeramtlich an ihn herantreten, selber „Kraut" und „Unkraut" sicher unterscheiden zu können? Es liegt somit auf der Hand, daß unter allen Beteiligten gerade der Minister am wenigsten in Anspruch zu nehmen ist wegen der Übelstände, welche bei der Ausführung jener Reformgesetze sich eingestellt haben.

So die Sachlage. Was für Mahnungen ergeben sich daraus für unsere Frage, wie man den didaktischen Materialismus mit seiner ganzen Sippschaft los werden soll?

Zum ersten diese. Wer weiter nichts zu tun weiß, als bloß wider das zu hohe Lehrstoffmaß zu eifern, ohne dem Übel auf den Grund zu gehen, der sollte lieber ganz schweigen; denn er beschwört nicht nur die vorhin aufgezählten schlimmen Aussichten herauf, sondern verbreitet obendrein den Irrtum, als ob die Reformgesetze von 1872 als solche an dem beklagten Mißstande schuld wären. Wohin dieser Irrtum schließlich treibt wird, brauche ich nicht zu sagen.

Um so nachdrücklicher spricht aber darum auch eine zweite Mahnung. Die Lehrstoff-Überbürdung und die damit zusammenhängende Beförderung der didaktisch-materialistischen Lehrweise sind nun einmal da. Verstärkt werden diese Übel durch verkehrte Aufsichtseinrichtungen. Ihre augenfällige Ausartung rührt von 1872 her. Sie belasten somit jene Reformen und das Ministerium wie schwere Schulden, gleichviel woher sie stammen. Werden die Schulden nicht abgetragen, so ist nur zu sehr zu befürchten, daß sie die „Allgemeinen Bestimmungen" zum Bankerott bringen. Wer daher die Reformen zu erhalten wünscht — um von neuen nicht zu reden — der helfe nach Kräften, jene Übel ans Licht ziehen, aber nicht bloß die symptomatischen Erscheinungen, sondern die wahre Ursache, die Nährquellen und Hülfsinstitutionen. Wer dazu schweigt oder gar die Mißstände zu vertuschen sucht, der leistet der Volksschule, dem Ministerium und der Nation einen schlechten Dienst.

---

Was nun, wenn für die nächste Zeit eine Abhülfe durch regimentliche Kräfte und Mittel nicht erwartet werden darf? Ist da nicht alle Hoffnung dahin? — Keineswegs; es folgt daraus nur, die Schularbeiter vorderhand auf fremde Hülfe verzichten und daher selbst die Initiative ergreifen müssen. Und diese Lage der Sache ist in mein

Augen nicht nur nicht bedenklich, sondern geradezu vorteilhaft, — immer vorausgesetzt, daß es sich um eine Beseitigung des eigentlichen Übels, nicht um eine bloße Lehrstoffverminderung handeln soll.

Für's erste steht historisch fest, daß eine innere Reform durch Weisungen und Befehle von oben her zwar gefördert, auch gehindert, nicht aber ins Werk gesetzt werden kann. Zu einer Reform von innen heraus gehören andere Kräfte. Diese müssen dem administrativen Eingreifen erst Bahn machen. Fehlt eine solche Vorarbeit, so stoßen die Regierungsmaßregeln auf zu viele unkundige oder widerwillige Elemente. Wie es dann weiter geht, hat die Geschichte auf dem politischen, kirchlichen und allen andern Gebieten in zahlreichen Beispielen vor die Augen gelegt. Im Kampfe mit den widerstrebenden Elementen finden sich die Reformgedanken bald dermaßen entstellt und mit Staub bedeckt, daß sie dem Unkundigen nur noch schwer erkennbar sind. Das Ende ist: die Reform läuft sich tot, und kann vielleicht erst nach vielen Jahren wieder aufgenommen werden.

Aber noch ein zweites Hemmnis wäre zu befürchten. Denn wenn das schulregimentliche Eingreifen, wie derzeit nicht anders erwartet werden kann, sich bloß auf die Volksschule beschränkte und die höhern Schulen unberücksichtigt ließe: so würde die beabsichtigte Reform von vornherein mit dem bösen Scheine behaftet sein, daß noch andere als pädagogische Gedanken mit im Spiele wären — ungerechnet, daß auch die Annahme nahe läge, die Schulbehörde hätte das eigentliche Übel noch nicht recht erkannt, da sie sonst wissen müßte, daß dasselbe in den höhern Schulen weit schlimmer ist als in den Volksschulen. Kurz, wenn eine Reform, die von oben eingeleitet wird, nicht auch oben beginnt, so hat sie keine Verheißung.

Daß der Lehrerstand genötigt ist, selbst die Initiative zu ergreifen, hat aber auch eine Seite, die geradezu vorteilhaft ist. Den Lehrern bietet sich jetzt Gelegenheit, zu beweisen, daß sie in Wahrheit die Fachmänner sind, als die sie zu gelten beanspruchen. Eine so günstige Gelegenheit kommt vielleicht so bald nicht wieder. Möchte daher diese erfreuliche Seite der Notlage nicht unbenutzt bleiben.

Wie müßte nun Hand angelegt werden, wenn das Bemühen Aussicht auf Erfolg haben soll? Darauf, auf das richtige Wie, kommt im Grunde alles an. Fassen wir daher diesen Punkt scharf und fest ins Auge.

Ein altes deutsches Sprichwort sagt: „Der Teufel kann nur zu dem Loche hinausgetrieben werden, durch das er hereingekommen ist." Das die Grundregel aller wahren Befreiung und Besserung. Sie stellt zwei Bedingungen. Auf unsern Fall angewandt, heißen sie:

um den didaktischen Materialismus aus der Schule austreiben zu können, muß zweierlei genau bekannt sein:

1. dieser Dämon selbst — nach Natur, Wesen und Werk, und
2. wie derselbe hereingekommen ist.

Um den didaktischen Materialismus zu kennen, dazu gehört mehr, als eine Definition seines Prinzips zu wissen. Das sicherste Anzeichen, ob einer ihn kennt, ist, ob er ihn gründlich haßt. Wer ihn kennt, der haßt ihn auch; wer ihn nicht haßt, der kennt ihn auch noch nicht.

Im Grunde hätte diese heilsame Erkenntnis schon vorlängst, schon aus Pestalozzis Schriften gelernt sein können — schon allein aus der einzigen: „Wie Gertrud ihre Kinder lehrt." Allein alle wahren Klassiker scheinen zeitweilig ein sonderbares Schicksal erfahren zu müssen. Wir haben ein altes Exempel, das sich leider nur zu oft wiederholt. Wie ist es Israels nationalen Klassikern ergangen — zur Zeit der streng gesinnten pharisäischen Schriftgelehrten? Man pries sie, man errichtete ihnen Denkmäler, man studierte sie mit Fleiß und bestand schwere Examina; man wußte viel, sehr viel, nur nicht die Kleinigkeit, was diese Schriftsteller zu Klassikern gemacht hatte. Und wie stand es um die israelitisch-christlichen Klassiker ein Jahrtausend später — zur Zeit der mittelalterlichen philosophisch-theologischen Scholastik? Sie waren fast in Vergessenheit geraten. Als dann einer, der sich nach „lebendigem Wasser" sehnte, die verschütteten Quellen wieder aufgrub, — da dauerte es nicht gar lange, und die Sucht „des reinen Wortes" war vor lauter Sorge um die „reine Lehre" wieder auf dem besten Wege, um schließlich abermals bei der Geistlosigkeit des ausgetrockneten Schriftgelehrtentums anzulangen. Und Pestalozzi? Vergessen ist er glücklicherweise nicht. Seit seinem Säkularfest (1846) ist er bei den deutschen Schulmännern in Ruf gekommen, wie kein anderer pädagogischer Schriftsteller; viele große Lehrervereine nennen sich nach seinem Namen; in jeder anständigen Lehrerbibliothek stehen seine Hauptschriften an einem Ehrenplatze — unter den „pädagogischen Klassikern". Wir werden somit annehmen müssen, daß dieselben auch fleißig studiert werden — und das um so mehr, da in den verschiedenen Lehrerprüfungen, bis zur Rektorprüfung hinauf, danach gefragt zu werden pflegt. Sollte aber bei diesem Studieren und Examinieren wirklich alles in Ordnung sein? Es scheint nicht. Denn wie wäre es sonst denkbar, daß der didaktische Materialismus so siegreich hat vordringen können? Besinnen wir uns daher einen Augenblick, warum denn eigentlich diese Schriften zu studieren sind.

Etwa deshalb, um die methodischen und andern pädagogischen Wahrheiten kennen zu lernen, welche Pestalozzis Nachsinnen glücklich herausgearbeitet hat? Das wäre offenbar ein Umweg; denn in den pädagogischen

und methodischen Lehrbüchern seiner Nachfolger sind dieselben reiner und
in deutlicherer Fassung zu finden. Oder deshalb, um Pestalozzis theoretische Irrtümer und seine noch zahlreicheren praktischen Mißgriffe aufzählen zu können? Das wäre eine sonderbare Benutzung von Schriften,
die man bei sich selbst und vor andern als „klassisch" rühmt. Also nochmals: warum studieren wir sie? Mich dünkt doch, zuerst und zuoberst
darum, um das zu merken, um weswillen sie pädagogische Klassiker heißen.
Was ist das? Ich werde mich wohl hüten, den Pestalozzischen „Geist"
in eine Formel bringen zu wollen. Aber das wird gesagt werden dürfen:
zum richtigen Lesen dieser Schriften — ich denke namentlich an die bereits
genannte und an die „Abendstunden" — gehört jedenfalls auch dies, daß
man ein Sensorium dafür habe oder erwerbe, wie tief dieser Mann die
pädagogische Aufgabe zu erfassen strebte — und mit welcher Sehnsucht und mit welcher gewaltigen Anstrengung seine ganze Seele rang,
um die naturgesetzlichen Prozesse der Geistesentwicklung
sich klar zu machen und die entsprechenden erziehlich-unterrichtlichen Mittel
und Wege zu finden — und wie dieses Sehnen und Ringen hervorging nicht aus der Sucht, sich einen Namen zu machen, sondern aus der
warmen Liebe zu seinen Mitmenschen, insbesondere zu den Armen, Verlassenen und Zurückgesetzten. Wer auf diese Punkte nicht sein Augenmerk
richten will oder kann bei jenen Schriften, der lasse lieber die Finger
davon, da alles Studieren und Examinieren doch nur die Wirkung haben
wird, ihn in seiner satten Beschränktheit zu bestärken. Im andern Falle
dagegen wirkt die nachdenksame Lektüre wie frische Alpenluft und wie ein
kräftiges Seebad; und sie wird um so interessanter, und die Achtung
vor dem „Manne der Sehnsucht" steigt um so höher, je mehr einer vermöge der neueren Psychologie imstande ist, die Entwicklungsprozesse des
Geistes sich klarer vorzustellen, als es Pestalozzi gelang, der sich so häufig
mit Gleichnissen aus dem äußern Naturleben behelfen mußte. Dabei
treten dann aber auch die von ihm entdeckten Wahrheiten wie seine
mancherlei praktischen Mißgriffe in ein anderes Licht. Die Wahrheiten
werden über dem Lesen gleichsam von neuem entdeckt; und weil dies auf
dem beschwerlichen Wege geschieht, den der Autor selbst gehen mußte, wo
sie nur langsam von den daran hängenden Dunkelheiten und irrigen Vorstellungen sich ablösen, so gewinnen sie in jedem Betracht — an Bedeutsamkeit, an Tiefe, an Reiz, an Klarheit und Anwendbarkeit. Und die
praktischen Mißgriffe, auf welche Pestalozzi verfiel — sie erscheinen nun
nicht als ihm angehörige Irrtümer, sondern als die seines Zeitalters.
In diesem Lichte werden gerade diese Fehlgriffe in besonderem Maße lehrreich, indem sie anschaulich erkennen lassen, wie groß und vielgestaltig die

3*

Macht des Riesen war, den er mit seinen beschränkten Mitteln zu bekämpfen unternommen hatte.

Und wer war dieser Riese? Kein anderer, als unser bekannter alter Schuldämon vom Anfang der Tage, — denn die pädagogische Unwissenheit, wenn sie doch lehren will, kann dies nicht anders als in Sinn und Weise des didaktischen Materialismus, in dem Wahne, der eingelernte Stoff sei auch damit zugleich schon Verstandes-, Gemüts- und Willenskraft. Wo das Sorgen und Denken des didaktischen Materialismus aufhört, da fing eben Pestalozzis Sorgen und Forschen an — bei dem Problem aller Probleme: wie der Stoff gelehrt und gelernt werden müsse, damit er Verstandes-, Gemüts- und Willenskraft werde.

So hätte also aus Pestalozzis Hauptschriften das Wesen und die schlimme Natur des didaktischen Materialismus recht wohl kennen gelernt werden können — wenigstens soweit, um diesen ärgsten Feind der Bildung und Erziehung für immer gründlich zu hassen. Und wenn es geschehen wäre, dann hätte seine Mißwirtschaft nicht so die Überhand gewinnen können, wie wir es seit Jahren vor Augen sehen. Warum es nicht in dem wünschenswerten Maße geschehen ist — ob deshalb, weil man Pestalozzi mehr gerühmt als wirklich studiert hat, oder deshalb, weil das Studieren und Examinieren zu wenig darauf gerichtet gewesen ist, ihm ins Herz zu schauen und sich das pädagogische Gewissen schärfen zu lassen — vermag ich nicht zu ersehen.

Leichter noch und deutlicher hätte Wesen und Werk des alten Dämon kennen gelernt werden können aus den Schriften derjenigen Didaktiker, welche auf dem von Pestalozzi gelegten Grunde den Kampf mit diesem Riesen fortgesetzt haben. Um bei den älteren stehen zu bleiben, sei nur erinnert an: Graser, Wilberg, Harnisch, Diesterweg, Curtman, Grüser u. s. w. Leichter war es um deswillen, weil auf dem wissenschaftlichen Gebiete die echten Originalschriftsteller schwerer zu verstehen sind als diejenigen, welche diese Schule bereits durchgemacht haben. Es war aber auch ein genaueres Kennenlernen möglich. Jedes Erkennen verschärft und verdeutlicht sich durch den Gegensatz. So fällt auch die Gestalt des didaktischen Materialismus um so deutlicher in die Augen, je heller und klarer die rechte Lehrweise daneben auftritt; und das ist's eben, was die neueren Didaktiker vor ihrem Meister voraus haben, daß sie der richtigen Weise des Lehrens um ein Bedeutendes näher gekommen waren als er. Wenn sie den didaktisch-materialistischen Geist noch nicht völlig ausgetrieben haben, so sind sie dafür nicht verantwortlich zu machen. Niemand kann über seinen eigenen Schatten springen. Im Prinzip hatten sie sich vom didaktischen Materialismus ein für allemal losgesagt; und das nicht bloß

wo ihnen von seiner Mißwirtschaft etwas zu Gesicht kam, da haben sie
es energisch bekämpft, soweit es ihnen erkennbar war. Wohl reden sie
vom nötigen Lehrstoffquantum und vom erforderlichen Einprägen, wie es
eben ihre Schuldigkeit ist; allein sie lassen keinen ihrer Leser einen Augenblick zweifelhaft, wo ihnen die methodische Hauptaufgabe liegt, welche ein
Lehrer sich merken und lernen muß. Man schlage nur ihre Schriften auf
und sehe nach, wo sie jeweilig mit Wärme und Nachdruck reden. Geschieht
es jemals, um darauf zu dringen, ein möglichst hohes Maß von Lehrstoff
zu absolvieren? Nie; — vielmehr stets, um den Schularbeitern in die
Ohren und in die Seele zu rufen: Trachtet am ersten danach, daß Verstand und Gemüt des Schülers den Lehrstoff selbsttätig erfassen, und
sorgt demgemäß vor allem für ein anschauliches Vorführen und ein
denkendes Aneignen desselben, — tut ihr das, so wird alles Übrige,
was vonnöten ist, euch von selbst zufallen. In der Tat, es kann kaum
entschiedener auf die Wichtigkeit der vollen Durcharbeitung des Lehrmaterials hingewiesen werden, als es von jenen Männern geschehen ist.
Haben sie die verschiedenen Assimilierungsprozesse noch nicht so vollständig
oder nicht so deutlich erkannt, wie die neuere Psychologie sie erkennen
lehrt, so thut das ihrem Zeugnisse keinen Abbruch; im Gegenteil, es erhält dadurch um so mehr Gewicht. — Auch die nachzeitigen pädagogischen
Schriftsteller von Namen und Ruf, bis zu den neuesten hin — Mager,
D. Schulz, Kellner, Lüben, Schütze, Dittes u. s. w. stimmen mit jenen
älteren in der prinzipiellen Verwerfung des didaktischen Materialismus
(oder positiv ausgedrückt: in der Betonung der schulgerechten Durcharbeitung des Lehrstoffes) vollkommen überein.

Wo auf methodischem Gebiete der schlimmste Feind des rechten Lehrens
und Lernens zu suchen ist, darin sind also alle namhaften Volksschul-
Didaktiker seit Pestalozzi durchaus einig, wie verschieden sie auch in manchen
andern pädagogischen Fragen denken mögen. Pestalozzis Feuereifer
wider diesen Feind tritt freilich nicht bei allen in gleichem Maße hervor;
in dieser Beziehung stand vielleicht Diesterweg dem alten Meister am
nächsten.

Wie ist es nun angesichts dieser einhelligen Verurteilung des didaktischen Materialismus von seiten aller namhaften Didaktiker zu erklären,
daß diese verkehrte Lehrweise doch immer wieder in die Schulen eindringen
und in jüngster Zeit so übermäßig sich breit machen konnte? — Etwa
daraus, daß nach alter Erfahrung die Praxis je und je hinter der Theorie
zurückzubleiben pflegt? Gewiß hat dieser Grund mitgewirkt; allein wie
wenig er zur Erklärung ausreicht, geht schon daraus hervor, daß er
nur die eigentlichen Schularbeiter berührt, nicht die Schulobern, da die

letzteren ja bloß zu fordern und zu inspizieren, nicht aber die Forderungen auszuführen haben.

Der Hauptgrund muß somit anderswo gesucht werden. Er liegt, wie sich sofort zeigen wird, darin, daß der didaktische Materialismus bisher doch noch nicht genug gekannt war.

Ihn begrifflich zu kennen und ihm im Prinzip abzusagen, reicht nicht aus, um sich seiner erwehren zu können. Er will in allen seinen konkreten Gestalten, in seiner gesamten Mißwirtschaft gekannt sein. Das heißt aber, wie leicht einzusehen ist, nichts anderes als: die rechte Lehrweise muß zuvor genau gekannt sein — nicht bloß begrifflich, sondern ebenfalls in allen ihren Gestalten, wo sie bei der Anwendung auf die verschiedenen Lehrfächer sich ergeben. (Selbstverständlich ist „rechte" hier nicht im absoluten Sinne zu verstehen, sondern im Gegensatze zum didaktischen Materialismus.) Soweit dieselbe noch nicht gekannt ist, soweit wird auch der didaktische Materialismus nicht erkennbar, — soweit bleibt also die erste Vorbedingung zu seiner Austreibung unerfüllt.

Was folgt aber ferner daraus?

Soweit die richtige Lehrweise noch nicht ermittelt ist, — mit anderen Worten: so viele Lücken in der herrschenden Didaktik sich finden, ebenso viel Türen und Tore stehen offen, durch welche der alte böse Feind unerkannt hereinschleichen kann, und das um so leichter, da er seine wahre Gestalt gewöhnlich unter allerlei verlockenden Umhüllungen zu verbergen sucht (z. B. unter Berufung auf gewerbliche Bedürfnisse, oder auf die Anforderungen der „Jetztzeit", oder auf die Fortschritte der Naturwissenschaften, oder auf nationale, oder patriotische, oder kirchliche Interessen u. s. w.).

Da haben wir's

Wir sehen zugleich, daß die erwähnten beiden Bedingungen der Abwehr eng zusammenhängen: ist die erste erfüllt, so ist die zweite mit erfüllt.

Sind nun in der bisherigen Didaktik, wie sie durch Pestalozzis Anregung und auf Grund der gangbaren Psychologie sich ausgebildet hat, solche Lücken wirklich vorhanden? Freilich, und zwar recht große. (Wohl verstanden: „Lücken" — nicht Irrtümer; die Irrtümer sind eben hineingedrungen.)

Ich werde ihrer drei aufzeigen und die eingedrungenen Irrtümer dazu.

---

Erste Lücke. Dieselbe befindet sich im ersten Teile der Methodik, also innerhalb der Theorie des Lehrplans. Sie besteht darin, daß nie ausgemacht war, welche Lehrgegenstände in die Volksschule gehören, und noch weniger, warum sie hinein gehören. Mit andern Worten: es fehlte die Erledigung der Frage von der qualitativen Vollständigkeit des Lehrplans.

Daher konnte es geschehen, daß z. B. zeitweilig da und dort das Rechnen dermaßen sich ausdehnte, daß mehrere andere Fächer ganz verdrängt wurden, — oder daß zu anderer Zeit das Grammatisieren eine übermäßige Ausdehnung gewann. Diese Ausschreitungen sind lehrreich. Sie gingen keineswegs aus Neigung zum didaktischen Materialismus hervor. Im Gegenteil; denn wenn man diejenigen abrechnet, welche dem Nützlichkeits-Publikum zu Gefallen das Rechnen forcierten, und ebenso die bloßen Nachläufer, so hatten die eigentlichen Vertreter jener beiden Richtungen vornehmlich die sogen. formale Bildung im Sinne. Sie beriefen sich auf die anerkannt formal-bildende Kraft dieser Fächer, und durften dies um so mehr, weil in keinem andern Lehrfache die Methode so gefördert war wie hier. Diese Männer meinten es somit in ihrer Weise gut; allein infolge der damaligen unzulänglichen Theorie des Lehrplans haben sie, wenngleich unverschuldet, doch schwer geirrt, und ihr Irrtum hat schlimme Folgen hervorgerufen. Denn weil sie die „formale" Schulung vorzugsweise und einseitig auf dem Gebiete des Formen= unterrichts (Mathematik, Sprache ꝛc.) suchten, so erhob sich allmählich der berechtigte Vorwurf, der Volksschulunterricht sei zu „formalistisch" und vermittle nicht genug reelle Kenntnisse. So äußerte z. B. ein hoher Revisor gelegentlich: die Schüler lernen zwar vortrefflich kauen, aber sie haben nichts im Magen. Der Rückschlag, der nun eintrat, mußte notwendig dem didaktischen Materialismus zu gute kommen — sogar in dreifacher Weise.

Einmal geriet durch den üblen Ruf der formalistischen Schulung auch die wahre formale Schulung, d. i. die methodische Durcharbeitung des Lehrstoffes, unschuldigerweise in Mißkredit. Zum andern ging der Rückschlag, welcher die sachunterrichtlichen Fächer (oder auch zugleich die Nutzfertigkeiten) in den Vordergrund schob, jetzt ebenso sehr über das rechte Maß hinaus wie vordem die Begünstigung des mathematischen und grammatischen Unterrichts, — sei es im Religionsunterricht, wie bei den alten Regulativen, oder in den sog. Realfächern, oder in allen zusammen. Und zum dritten: nachdem früher im Rechnen und in der Grammatik so viel geleistet worden war, hielt es jetzt gar schwer, in diesen Fächern auf das richtige Maß zurückzukommen.

Und woher war diese dreifache Förderung des didaktischen Materialismus entstanden? Nicht aus Neigung zu demselben, wie wir gesehen haben, sondern in letzter Instanz daher, daß die Didaktiker versäumt hatten, die allererste Frage aus der Theorie des Lehrplans ins reine zu bringen.

Zweite Lücke. Dieselbe liegt ebenfalls in der Theorie des Lehrplans: es fehlte die Wahrheit von der gliedlichen Verbindung der Lehrfächer. Ganz natürlich; denn da nicht einmal erkannt war, daß und warum der Lehrplan qualitativ ein Ganzes sein muß, so konnte noch weniger erkannt werden, daß er ein organisch-gegliedertes Ganzes sein muß.*)

Wohl hatte Graser in seinem verdienstvollen „Elementarwerk" auf eine feste Theorie des Lehrplans hingesteuert; allein seine fruchtbarsten Ideen blieben unbenutzt. Vielleicht war sein Werk zu philosophisch-theoretisch angelegt (Graser war ein Anhänger der Schellingschen Philosophie); vielleicht hat es ihm auch geschadet, daß er wider die Einseitigkeiten der aufstrebenden altpestalozzischen Schule, welche fast ausschließlich um das Lehrverfahren sich bekümmerte und hier wieder vorwiegend den Formenunterricht (Mathematik, Sprache, Zeichnen) bearbeitete, mitunter scharf polemisierte. Genug, er geriet in Vergessenheit; denn das, was man für den sog. Anschauungsunterricht ihm „abgesehen" hat, ist im Vergleich zu seinen Verdiensten nicht der Rede wert. Pestalozzi und Graser geeint — das wäre eine Didaktik geworden, die uns viele Irrwege der letzten 50 Jahr erspart hätte.

Die bezeichnete zweite Lücke in der Theorie des Lehrplans hat ebenfalls das Eindringen des didaktischen Materialismus befördert — wiederum in mehrfacher Weise.

Für's erste so. Weil die Lehrfächer isoliert nebeneinander herliefen, so blieb der Blick zu sehr an den Leistungen des einzelnen Faches haften. Genauer gesagt: der Begriff der Bildung war unvollständig. Denn abgesehen davon, daß man die Durcharbeitungsprozesse noch nicht genau kannte (s. 3. Lücke) und daher der Bildungsbegriff von dieser Seite her mangelhaft war, — es klebte ihm auch der andere Mangel an, daß die verschiedenen materialen Bestandteile der Bildung bloß als Summanden vorgestellt wurden, während sie als Faktoren gefaßt sein wollen. Wer daher die damaligen Didaktiker hörten, daß Lessing forderte, „der Lehrer solle den Schüler beständig aus einer Scienz in die andere blicken lassen," oder wenn sie bei Lichtenberg lasen: „Ach, könnte ich doch Kanäle in meinem Kopfe ziehen, um den inländischen Handel zwischen meinem Gedankenvorrate zu befördern! Aber da liegen sie zu Hunderten

---

ohne einander zu nützen" — so hätten sie, falls sie aufrichtig sein wollten, bekennen müssen: wir wissen nicht, was das gesagt ist, und noch weniger verstehen wir uns auf die Ausführung.\*) Höchstens mochte das, was jene Männer forderten, den Didaktikern als eine dunkle Idee vorschweben. Für die Praxis mußte dieselbe aber vor der Hand bedeutungslos bleiben. Denn eine pädagogische Idee, welcher die methodischen Anweisungen fehlen, ist nichts anderes als ein Paragraph der Staatsverfassung, welcher auf die Ausführungsgesetze wartet — ein „legislatorischer Monolog", wie ein bekannter Staatsmann zu sagen pflegte. Was war nun die Folge, wenn etwa von außen oder von innen der Antrieb kam, eine Steigerung der Bildung zu erstreben? Weil man sich nicht darauf verstand, den Gedankenverkehr innerhalb der einzelnen „Fachprovinz" zu heben (3. Lücke), und noch weniger darauf, einen „interprovinziellen" Gedankenverkehr anzubahnen (2. Lücke): so blieb kein anderer Ausweg übrig, als in jedem Fache wenigstens den Kenntnisvorrat zu vermehren, d. h. die Hebung der Bildung auf dem Wege des didaktischen Materialismus zu suchen.

Infolge des isolierten Ganges der Lehrfächer ist die Schule auch noch von einer zweiten Seite her in die Bahn des didaktischen Materialismus gedrängt worden, und zwar — im Namen der Erziehung. Das klingt unglaublich. Allein die Schulgeschichte liefert nur zu viele Belege; und wie es zugegangen ist, werden wir sogleich sehen. Zu der Idee vom erziehenden Unterricht gehört bekanntlich auch der Satz, daß der Religionsunterricht (und der Gesinnungsunterricht überhaupt) den Mittelpunkt aller Lehrgegenstände bilden müsse. Bei der isolierten Behandlung der Lehrfächer ist aber dieser Satz nicht viel mehr als eine schöne Phrase. Es fehlen eben wieder die Ausführungsmaßnahmen — es fehlt die gliedliche Verbindung der Lehrfächer. Was wurde nun aus jenem schönen Satze? Man meinte, dem Religionsunterrichte dadurch eine zentrale Stellung geben zu können, daß man ihm möglichst viel Lehrstoff zuwies. So mußte sich eine vortreffliche Wahrheit, die dem didaktischen Materialismus durchaus entgegensteht, zur Beförderung desselben mißbrauchen lassen, — wie wir es bei den alten Regulativen und anderwärts erlebt haben. (Eine andere Frage ist, wie viel Zeit dem Religionsunterricht gewidmet werden soll. Gewiß gebührt diesem Gegenstande ein solches Maß von Lehrstunden, wie es seiner Wichtigkeit entspricht; allein

---

\*) Allerdings hat Jacotot mit Energie und Geschick in dieser Richtung gearbeitet und mit mehr Erfolg als Graser. Manche seiner Gedanken sind auch in die Praxis übergegangen; aber das Hauptproblem ist liegen geblieben. Überdies vergriff sich Jacotot darin, daß er vom Sprachunterricht aus die gliedliche Verbindung der Lehrfächer herstellen wollte.

noch das Medizinalwesen. Wie mag nun gefordert werden, daß ein
Minister, ein Jurist, der in Unterrichtsfragen auf den Beirat der Techniker
sich verlassen muß, in einem einzelnen Gebiete — z. B. in der Volksschularbeit — so orientiert sein soll, um in den vielerlei Ratschlägen, die
amtlich und außeramtlich an ihn herantreten, selber „Kraut" und „Unkraut" sicher unterscheiden zu können? Es liegt somit auf der Hand,
daß unter allen Beteiligten gerade der Minister am wenigsten in Anspruch
zu nehmen ist wegen der Übelstände, welche bei der Ausführung jener
Reformgesetze sich eingestellt haben.

So die Sachlage. Was für Mahnungen ergeben sich daraus für
unsere Frage, wie man den didaktischen Materialismus mit seiner ganzen
Sippschaft los werden soll?

Zum ersten diese. Wer weiter nichts zu tun weiß, als bloß wider
das zu hohe Lehrstoffmaß zu eifern, ohne dem Übel auf den Grund zu gehen,
der sollte lieber ganz schweigen; denn er beschwört nicht nur die vorhin
aufgezählten schlimmen Aussichten herauf, sondern verbreitet obendrein den
Irrtum, als ob die Reformgesetze von 1872 als solche an dem
beklagten Mißstande schuld wären. Wohin dieser Irrtum schließlich treiben
wird, brauche ich nicht zu sagen.

Um so nachdrücklicher spricht aber darum auch eine zweite Mahnung.
Die Lehrstoff-Überbürdung und die damit zusammenhängende Beförderung
der didaktisch-materialistischen Lehrweise sind nun einmal da. Verstärkt
werden diese Übel durch verkehrte Aufsichtseinrichtungen. Ihre augenfällige
Ausartung rührt von 1872 her. Sie belasten somit jene Reformen und
das Ministerium wie schwere Schulden, gleichviel woher sie stammen.
Werden die Schulden nicht abgetragen, so ist nur zu sehr zu befürchten,
daß sie die „Allgemeinen Bestimmungen" zum Bankerott bringen. Wer
daher die Reformen zu erhalten wünscht — um von neuen nicht zu reden
— der helfe nach Kräften, jene Übel ans Licht ziehen, aber nicht bloß die
symptomatischen Erscheinungen, sondern die wahre Ursache, die Nährquellen und Hülfsinstitutionen. Wer dazu schweigt oder gar die
Mißstände zu vertuschen sucht, der leistet der Volksschule, dem Ministerium
und der Nation einen schlechten Dienst.

Was nun, wenn für die nächste Zeit eine Abhülfe durch schulregimentliche Kräfte und Mittel nicht erwartet werden darf? Ist dann
nicht alle Hoffnung dahin? — Keineswegs; es folgt daraus nur, daß
die Schularbeiter vorderhand auf fremde Hülfe verzichten und daher selbst
die Initiative ergreifen müssen. Und diese Lage der Sache ist in meinen

Augen nicht nur nicht bedenklich, sondern geradezu vorteilhaft, — immer vorausgesetzt, daß es sich um eine Beseitigung des eigentlichen Übels, nicht um eine bloße Lehrstoffverminderung handeln soll.

Für's erste steht historisch fest, daß eine innere Reform durch Weisungen und Befehle von oben her zwar gefördert, auch gehindert, nicht aber ins Werk gesetzt werden kann. Zu einer Reform von innen heraus gehören andere Kräfte. Diese müssen dem administrativen Eingreifen erst Bahn machen. Fehlt eine solche Vorarbeit, so stoßen die Regierungsmaßregeln auf zu viele unkundige oder widerwillige Elemente. Wie es dann weiter geht, hat die Geschichte auf dem politischen, kirchlichen und allen andern Gebieten in zahlreichen Beispielen vor die Augen gelegt. Im Kampfe mit den widerstrebenden Elementen finden sich die Reformgedanken bald dermaßen entstellt und mit Staub bedeckt, daß sie dem Unkundigen nur noch schwer erkennbar sind. Das Ende ist: die Reform läuft sich tot, und kann vielleicht erst nach vielen Jahren wieder aufgenommen werden.

Aber noch ein zweites Hemmnis wäre zu befürchten. Denn wenn das schulregimentliche Eingreifen, wie derzeit nicht anders erwartet werden kann, sich bloß auf die Volksschule beschränkte und die höhern Schulen unberücksichtigt ließe: so würde die beabsichtigte Reform von vornherein mit dem bösen Scheine behaftet sein, daß noch andere als pädagogische Gedanken mit im Spiele wären — ungerechnet, daß auch die Annahme nahe läge, die Schulbehörde hätte das eigentliche Übel noch nicht recht erkannt, da sie sonst wissen müßte, daß dasselbe in den höhern Schulen weit schlimmer ist als in den Volksschulen. Kurz, wenn eine Reform, die von oben eingeleitet wird, nicht auch oben beginnt, so hat sie keine Verheißung.

Daß der Lehrerstand genötigt ist, selbst die Initiative zu ergreifen, hat aber auch eine Seite, die geradezu vorteilhaft ist. Den Lehrern bietet sich jetzt Gelegenheit, zu beweisen, daß sie in Wahrheit die Fachmänner sind, als die sie zu gelten beanspruchen. Eine so günstige Gelegenheit kommt vielleicht so bald nicht wieder. Möchte daher diese erfreuliche Seite der Notlage nicht unbenutzt bleiben.

Wie müßte nun Hand angelegt werden, wenn das Bemühen Aussicht auf Erfolg haben soll? Darauf, auf das richtige Wie, kommt im Grunde alles an. Fassen wir daher diesen Punkt scharf und fest ins Auge.

Ein altes deutsches Sprichwort sagt: „Der Teufel kann nur zu dem Loche hinausgetrieben werden, durch das er hereingekommen ist." Das die Grundregel aller wahren Befreiung und Besserung. Sie stellt zwei Bedingungen. Auf unsern Fall angewandt, heißen sie:

zutrauen. Wer weiß, was geschieht? Es ist schon mehr als einmal
dagewesen, daß sie hohe Berge erniedrigt und tiefe Täler erhöhet hat,
auch wenn es nicht vornehmlich Gelehrte und Hochgestellte waren, die für
sie eintraten. Dazu kommt noch eine andere Erwägung. Jene Verhältnisse — die Vernachlässigung der Pädagogik auf den Universitäten, die
verkehrten Aufsichtseinrichtungen ꝛc. — haben zwei Seiten. Bewirken
sie für die Volksschule eine Begünstigung des didaktischen Materialismus,
so sind sie andrerseits selber eine Wirkung desselben: wäre der didaktische
Materialismus nicht da, so würden sie auch nicht da sein; fällt dieser, so
fallen sie mit. Die Frage vom didaktischen Materialismus ist somit noch
etwas anderes als eine bloß methodische Frage. Wer das besehen kann,
vergesse es nicht.

Läßt sich aber hoffen, daß im Volksschullehrerstande bald eine gesunde,
kräftige Reaktion wider die didaktisch-materialistische Verirrung sich regen
werde — gesund genug, um kräftig zu sein, und kräftig genug, um nach-
haltig zu sein? Ich habe diese Hoffnung. Natürlich denke ich nicht
an etwas, was durch Geräusch und Aufsehenmachen sich ankündigt, sondern
eben an eine Reform von innen heraus, an eine Reaktion der gesunden
Kräfte im Schulkörper wider den eingedrungenen Krankheitsstoff. Je
innerlicher und langsamer sie beginnt — mit gründlichem Besinnen auf
das eigentliche Übel und auf das alleinige radikale Heilmittel — desto
sicherer wird sie fortschreiten und desto schneller wird sie ans Ziel gelangen.

Meine Hoffnung gründet sich auf zwei Tatsachen. Sie stehen
jedermann vor Augen. Zwei bedeutende Mächte sind um die Wette ge-
schäftig, den Volksschullehrerstand von der Notwendigkeit einer innern Um-
gestaltung seiner Berufsarbeit zu überzeugen, ihn dafür günstig zu stimmen
und ihn dazu entsprechend auszurüsten.

Der erste darauf hinwirkende Faktor kann nicht hoch genug geschätzt
werden. Er ist von enormer Kraft und hat schon lange und erfolgreich
vorgearbeitet. Es ist kein geringerer als — — —; doch lassen wir seine
Werke für ihn reden.

Wie die andern Stände, so hat bekanntlich auch der Lehrerstand seinen
gebührenden Anteil an Beschwerden empfangen. Wo sie liegen, soll hier
nicht erörtert werden. Die Lehrarbeit an und für sich ist dagegen
in jedem Betracht so anziehend und befriedigend, wie vielleicht keine andere
— insbesondere in der Volksschule, wo der Lehrer es mit sämtlichen Lehrgegenständen und daher mit der ganzen Persönlichkeit des Schülers zu
tun hat. Denn welche Arbeit wäre dem Zwecke nach bedeutsamer
und edler? Welche bietet mehr Raum, die Technik immer wissen-
schaftlicher und künstlerischer zu erfassen? Welche hat in ihren

Verrichtungen mehr **Mannigfaltigkeit** und **Abwechselung?** Dazu rechne man die **Freude**, die sich dem Lehrer anbietet, wenn er sieht, daß die Schüler, und selbst die schwachen noch, freudig zugreifen, wo dann das Gedeihen mit seiner Freude nicht ausbleiben kann; und rechne endlich. hinzu das **Belebende** und **Erfrischende**, was im Umgange mit der blühenden, munteren Jugend liegt. Fürwahr, ein Schulmann, der für diese verschiedenen Vorzüge seines Berufes Sinn hat — Sinn für die Bedeutsamkeit des Zweckes, Sinn für wissenschaftliches und künstlerisches Erfassen der technischen Aufgaben und Sinn für den Umgang mit Kindern: der wird das Lehramt mit ganzer Seele lieb haben und es ohne Not nie mit einem andern vertauschen mögen. Die Voraussetzung ist freilich, daß das Schulamt diese schönen Seiten **wirklich entfalten** könne.

Sehen wir jetzt zu, was die Lehrstoffüberbürdung in Verbindung mit der verkehrten Aufsichtseinrichtung daraus gemacht hat.

Wie viel bleibt von der **höchsten Aufgabe**, von dem **erziehlich-bildenden Einflusse** des Unterrichts noch übrig, wenn die oben geschilderten Prüfungsforderungen ihn beherrschen? Was bleibt für ein wissenschaftliches und künstlerisches Erfassen der Lehrtechnik noch übrig, wenn dieselbe auf Dozieren und Einprägen — vielleicht recht mechanisches Einprägen — zusammenschrumpft? Höchstens bietet die erste Lehroperation, das anschauliche Vorführen der Objekte, dafür noch Raum; allein wenn der Stoff gar zu massenhaft ist, so fällt wegen Mangel an Zeit auch hier die Möglichkeit fort, namentlich in den wichtigen und schwierigen Fächern der vaterländischen und biblischen Geschichte, weil das freie Vorerzählen, wenn es wahrhaft anschaulich sein soll, viel Zeit erfordert. Läßt sich nun schon die bedeutsame Anschauungsoperation nicht mehr korrekt ausführen, und fallen die Vergleichungs=, Abstrahierungs= und Anwendungsübungen ohnehin fast ganz aus: so ist augenscheinlich die Lehrarbeit dergestalt ins Mechanische herabgesunken, daß von einem wissenschaftlichen und künstlerischen Erfassen derselben füglich nicht mehr die Rede sein kann. Und wie wird es endlich um die **Lernlust** der Schüler stehen? So viel der ersten Darstellung an Anschaulichkeit gebricht, so viel verliert sie auch an Reiz für den Schüler und — an Behältlichkeit: das Einprägen wird beschwerlicher. Die geistig-anregenden Hülfsmittel für das Behalten, die genannten drei Denkoperationen (Vergleichen u. s. w.), fallen ohnehin fast ganz fort. Das Einprägen muß somit vornehmlich auf dem Wege des reizlosen äußerlichen Repetierens — in der Schule oder zu Hause — geschehen. Wenn nun überdies des Lehrers Freudigkeit stark gedrückt ist, und die mangelnde Selbsttätigkeit des Schülers durch Treiben und Strafen ersetzt werden soll — wie viel Lernlust kann dann noch übrig bleiben, zumal bei den um den didaktischen Materialismus aus der Schule austreiben zu können, muß zweierlei genau bekannt sein:

1. dieser Dämon selbst — nach Natur, Wesen und Wert, und
2. wie derselbe hereingekommen ist.

Um den didaktischen Materialismus zu kennen, dazu gehört mehr, als eine Definition seines Prinzips zu wissen. Das sicherste Anzeichen, ob einer ihn kennt, ist, ob er ihn gründlich haßt. Wer ihn kennt, der haßt ihn auch; wer ihn nicht haßt, der kennt ihn auch noch nicht.

Im Grunde hätte diese heilsame Erkenntnis schon vorlängst, schon aus Pestalozzis Schriften gelernt sein können — schon allein aus der einzigen: „Wie Gertrud ihre Kinder lehrt." Allein alle wahren Klassiker scheinen zeitweilig ein sonderbares Schicksal erfahren zu müssen. Wir haben ein altes Exempel, das sich leider nur zu oft wiederholt. Wie ist es Israels nationalen Klassikern ergangen — zur Zeit der streng gesinnten pharisäischen Schriftgelehrten? Man pries sie, man errichtete ihnen Denkmäler, man studierte sie mit Fleiß und bestand schwere Examina; man wußte viel, sehr viel, nur nicht die Kleinigkeit, was diese Schriftsteller zu Klassikern gemacht hatte. Und wie stand es um die israelitisch-christlichen Klassiker ein Jahrtausend später — zur Zeit der mittelalterlichen philosophisch-theologischen Scholastik? Sie waren fast in Vergessenheit geraten. Als dann einer, der sich nach „lebendigem Wasser" sehnte, die verschütteten Quellen wieder aufgrub, — da dauerte es nicht gar lange, und die Kirche „des reinen Wortes" war vor lauter Sorge um die „reine Lehre" wieder auf dem besten Wege, um schließlich abermals bei der Geistlosigkeit des ausgetrockneten Schriftgelehrtentums anzulangen. Und Pestalozzi? Vergessen ist er glücklicherweise nicht. Seit seinem Säkularfest (1846) ist er bei den deutschen Schulmännern in Ruf gekommen, wie kein anderer pädagogischer Schriftsteller; viele große Lehrervereine nennen sich nach seinem Namen; in jeder anständigen Lehrerbibliothek stehen seine Hauptschriften an einem Ehrenplatze — unter den „pädagogischen Klassikern". Wir werden somit annehmen müssen, daß dieselben auch fleißig studiert werden — und das um so mehr, da in den verschiedenen Lehrerprüfungen, bis zur Rektorprüfung hinauf, danach gefragt zu werden pflegt. Sollte aber bei diesem Studieren und Examinieren wirklich alles in Ordnung sein? Es scheint nicht. Denn wie wäre es sonst denkbar, daß der didaktische Materialismus so siegreich hat vordringen können? Besinnen wir uns daher einen Augenblick, warum denn eigentlich diese Schriften zu studieren sind.

Etwa deshalb, um die methodischen und andern pädagogischen Wahrheiten kennen zu lernen, welche Pestalozzis Nachsinnen glücklich herausgearbeitet hat? Das wäre offenbar ein Umweg; denn in den pädagogischen und methodischen Lehrbüchern seiner Nachfolger sind dieselben reiner und in deutlicherer Fassung zu finden. Oder deshalb, um Pestalozzis theoretische Irrtümer und seine noch zahlreicheren praktischen Mißgriffe aufzählen zu können? Das wäre eine sonderbare Benutzung von Schriften, die man bei sich selbst und vor andern als „klassisch" rühmt. Also nochmals: warum studieren wir sie? Mich dünkt doch, zuerst und zuoberst darum, um das zu merken, um weswillen sie pädagogische Klassiker heißen. Was ist das? Ich werde mich wohl hüten, den Pestalozzischen „Geist" in eine Formel bringen zu wollen. Aber das wird gesagt werden dürfen: zum richtigen Lesen dieser Schriften — ich denke namentlich an die bereits genannte und an die „Abendstunden" — gehört jedenfalls auch dies, daß man ein Sensorium dafür habe oder erwerbe, wie tief dieser Mann die pädagogische Aufgabe zu erfassen strebte — und mit welcher Sehnsucht und mit welcher gewaltigen Anstrengung seine ganze Seele rang, um die naturgesetzlichen Prozesse der Geistesentwicklung sich klar zu machen und die entsprechenden erziehlich-unterrichtlichen Mittel und Wege zu finden — und wie dieses Sehnen und Ringen hervorging nicht aus der Sucht, sich einen Namen zu machen, sondern aus der warmen Liebe zu seinen Mitmenschen, insbesondere zu den Armen, Verlassenen und Zurückgesetzten. Wer auf diese Punkte nicht sein Augenmerk richten will oder kann bei jenen Schriften, der lasse lieber die Finger davon, da alles Studieren und Examinieren doch nur die Wirkung haben wird, ihn in seiner satten Beschränktheit zu bestärken. Im andern Falle dagegen wirkt die nachdenksame Lektüre wie frische Alpenluft und wie ein kräftiges Seebad; und sie wird um so interessanter, und die Achtung vor dem „Manne der Sehnsucht" steigt um so höher, je mehr einer vermöge der neueren Psychologie imstande ist, die Entwicklungsprozesse des Geistes sich klarer vorzustellen, als es Pestalozzi gelang, der sich so häufig mit Gleichnissen aus dem äußern Naturleben behelfen mußte. Dabei treten dann aber auch die von ihm entdeckten Wahrheiten wie seine mancherlei praktischen Mißgriffe in ein anderes Licht. Die Wahrheiten werden über dem Lesen gleichsam von neuem entdeckt; und weil dies auf dem beschwerlichen Wege geschieht, den der Autor selbst gehen mußte, wo sie nur langsam von den daran hängenden Dunkelheiten und irrigen Vorstellungen sich ablösen, so gewinnen sie in jedem Betracht — an Bedeutsamkeit, an Tiefe, an Reiz, an Klarheit und Anwendbarkeit. Und die praktischen Mißgriffe, auf welche Pestalozzi verfiel — sie erscheinen nun nicht als ihm angehörige Irrtümer, sondern als die seines Zeitalters. In diesem Lichte werden gerade diese Fehlgriffe in besonderem Maße lehrreich, indem sie anschaulich erkennen lassen, wie groß und vielgestaltig die

3*

Macht des Riesen war, den er mit seinen beschränkten Mitteln zu bekämpfen unternommen hatte.

Und wer war dieser Riese? Kein anderer, als unser bekannter alter Schuldämon vom Anfang der Tage, — denn die pädagogische Unwissenheit, wenn sie doch lehren will, kann dies nicht anders als in Sinn und Weise des didaktischen Materialismus, in dem Wahne, der eingelernte Stoff sei auch damit zugleich schon Verstandes-, Gemüts- und Willenskraft. Wo das Sorgen und Denken des didaktischen Materialismus aufhört, da fing eben Pestalozzis Sorgen und Forschen an — bei dem Problem aller Probleme: wie der Stoff gelehrt und gelernt werden müsse, damit er Verstandes-, Gemüts- und Willenskraft werde.

So hätte also aus Pestalozzis Hauptschriften das Wesen und die schlimme Natur des didaktischen Materialismus recht wohl kennen gelernt werden können — wenigstens soweit, um diesen ärgsten Feind der Bildung und Erziehung für immer gründlich zu hassen. Und wenn es geschehen wäre, dann hätte seine Mißwirtschaft nicht so die Überhand gewinnen können, wie wir es seit Jahren vor Augen sehen. Warum es nicht in dem wünschenswerten Maße geschehen ist — ob deshalb, weil man Pestalozzi mehr gerühmt als wirklich studiert hat, oder deshalb, weil das Studieren und Examinieren zu wenig darauf gerichtet gewesen ist, ihm ins Herz zu schauen und sich das pädagogische Gewissen schärfen zu lassen — vermag ich nicht zu ersehen.

Leichter noch und deutlicher hätte Wesen und Werk des alten Dämon kennen gelernt werden können aus den Schriften derjenigen Didaktiker, welche auf dem von Pestalozzi gelegten Grunde den Kampf mit diesem Riesen fortgesetzt haben. Um bei den älteren stehen zu bleiben, sei nur erinnert an: Graser, Wilberg, Harnisch, Diesterweg, Curtman, Gräfe u. s. w. Leichter war es um deswillen, weil auf dem wissenschaftlichen Gebiete die echten Originalschriftsteller schwerer zu verstehen sind als diejenigen, welche diese Schule bereits durchgemacht haben. Es war aber auch ein genaueres Kennenlernen möglich. Jedes Erkennen verschärft und verdeutlicht sich durch den Gegensatz. So fällt auch die Gestalt des didaktischen Materialismus um so deutlicher in die Augen, je heller und klarer die rechte Lehrweise daneben auftritt; und das ist's eben, was die neueren Didaktiker vor ihrem Meister voraus haben, daß sie der richtigen Weise des Lehrens um ein Bedeutendes näher gekommen waren als er. Wenn sie den didaktisch-materialistischen Geist noch nicht völlig ausgetrieben haben, so sind sie dafür nicht verantwortlich zu machen. Niemand kann über seinen eigenen Schatten springen. Im Prinzip hatten sie sich vom didaktischen Materialismus ein für allemal losgesagt; und das nicht bloß:

wo ihnen von seiner Mißwirtschaft etwas zu Gesicht kam, da haben sie
es energisch bekämpft, soweit es ihnen erkennbar war. Wohl reden sie
vom nötigen Lehrstoffquantum und vom erforderlichen Einprägen, wie es
eben ihre Schuldigkeit ist; allein sie lassen keinen ihrer Leser einen Augenblick zweifelhaft, wo ihnen die methodische Hauptaufgabe liegt, welche ein
Lehrer sich merken und lernen muß. Man schlage nur ihre Schriften auf
und sehe nach, wo sie jeweilig mit Wärme und Nachdruck reden. Geschieht
es jemals, um darauf zu bringen, ein möglichst hohes Maß von Lehrstoff
zu absolvieren? Nie; — vielmehr stets, um den Schularbeitern in die
Ohren und in die Seele zu rufen: Trachtet am ersten danach, daß Verstand und Gemüt des Schülers den Lehrstoff selbsttätig erfassen, und
sorgt demgemäß vor allem für ein anschauliches Vorführen und ein
Denkendes Aneignen desselben, — tut ihr das, so wird alles Übrige,
was vonnöten ist, euch von selbst zufallen. In der Tat, es kann kaum
entschiedener auf die Wichtigkeit der vollen Durcharbeitung des Lehrmaterials hingewiesen werden, als es von jenen Männern geschehen ist.
Haben sie die verschiedenen Assimilierungsprozesse noch nicht so vollständig
oder nicht so deutlich erkannt, wie die neuere Psychologie sie erkennen
lehrt, so thut das ihrem Zeugnisse keinen Abbruch; im Gegenteil, es erhält dadurch um so mehr Gewicht. — Auch die nachzeitigen pädagogischen
Schriftsteller von Namen und Ruf, bis zu den neuesten hin — Mager,
O. Schulz, Kellner, Lüben, Schütze, Dittes u. s. w. stimmen mit jenen
älteren in der prinzipiellen Verwerfung des didaktischen Materialismus
(oder positiv ausgedrückt: in der Betonung der schulgerechten Durcharbeitung des Lehrstoffes) vollkommen überein.

Wo auf methodischem Gebiete der schlimmste Feind des rechten Lehrens
und Lernens zu suchen ist, darin sind also alle namhaften Volksschul-
Didaktiker seit Pestalozzi durchaus einig, wie verschieden sie auch in manchen
andern pädagogischen Fragen denken mögen. Pestalozzis Feuereifer
wider diesen Feind tritt freilich nicht bei allen in gleichem Maße hervor;
in dieser Beziehung stand vielleicht Diesterweg dem alten Meister am
nächsten.

Wie ist es nun angesichts dieser einhelligen Verurteilung des didaktischen Materialismus von seiten aller namhaften Didaktiker zu erklären,
daß diese verkehrte Lehrweise doch immer wieder in die Schulen eindringen
und in jüngster Zeit so übermäßig sich breit machen konnte? — Etwa
daraus, daß nach alter Erfahrung die Praxis je und je hinter der Theorie
zurückzubleiben pflegt? Gewiß hat dieser Grund mitgewirkt; allein wie
wenig er zur Erklärung ausreicht, geht schon daraus hervor, daß er
nur die eigentlichen Schularbeiter berührt, nicht die Schulobern, da die

letzteren ja bloß zu fordern und zu inspizieren, nicht aber die Forderungen auszuführen haben.

Der Hauptgrund muß somit anderswo gesucht werden. Er liegt, wie sich sofort zeigen wird, darin, daß der didaktische Materialismus bisher doch noch nicht genug gekannt war.

Ihn begrifflich zu kennen und ihm im Prinzip abzusagen, reicht nicht aus, um sich seiner erwehren zu können. Er will in allen seinen konkreten Gestalten, in seiner gesamten Mißwirtschaft gekannt sein. Das heißt aber, wie leicht einzusehen ist, nichts anderes als: die rechte Lehrweise muß zuvor genau gekannt sein — nicht bloß begrifflich, sondern ebenfalls in allen ihren Gestalten, wo sie bei der An- wendung auf die verschiedenen Lehrfächer sich ergeben. (Selbstverständlich ist „rechte" hier nicht im absoluten Sinne zu verstehen, sondern im Gegen- satze zum didaktischen Materialismus.) Soweit dieselbe noch nicht gekannt ist, soweit wird auch der didaktische Materialismus nicht erkennbar, — soweit bleibt also die erste Vorbedingung zu seiner Austreibung unerfüllt.

Was folgt aber ferner daraus?

Soweit die richtige Lehrweise noch nicht ermittelt ist, — mit andern Worten: so viele Lücken in der herrschenden Didaktik sich finden, eben- so viel Türen und Tore stehen offen, durch welche der alte böse Feind unerkannt hereinschleichen kann, und das um so leichter, da er seine wahre Gestalt gewöhnlich unter allerlei verlockenden Umhüllungen zu verbergen sucht (z. B. unter Berufung auf gewerbliche Bedürfnisse, oder auf die Anforderungen der „Jetztzeit", oder auf die Fortschritte der Naturwissenschaften, oder auf nationale, oder patriotische, oder kirchliche Interessen u. s. w.).

Da haben wir's

Wir sehen zugleich, daß die erwähnten beiden Bedingungen der Ab- wehr eng zusammenhängen: ist die erste erfüllt, so ist die zweite mit erfüllt.

Sind nun in der bisherigen Didaktik, wie sie durch Pestalozzis An- regung und auf Grund der gangbaren Psychologie sich ausgebildet hatte, solche Lücken wirklich vorhanden? Freilich, und zwar recht große. (Wohl- verstanden: „Lücken" — nicht Irrtümer; die Irrtümer sind eben hinterher eingedrungen.)

Ich werde ihrer drei aufzeigen und die eingedrungenen Irrtümer dazu.

---

Erste Lücke. Dieselbe befindet sich im ersten Teile der Methodik, also innerhalb der Theorie des Lehrplans. Sie besteht darin, daß nicht ausgemacht war, welche Lehrgegenstände in die Volksschule gehören, und

noch weniger, warum sie hinein gehören. Mit andern Worten: es fehlte
die Erledigung der Frage von der qualitativen Vollständigkeit
des Lehrplans.

Daher konnte es geschehen, daß z. B. zeitweilig da und dort das
Rechnen dermaßen sich ausdehnte, daß mehrere andere Fächer ganz verdrängt wurden, — oder daß zu anderer Zeit das Grammatisieren eine
übermäßige Ausdehnung gewann. Diese Ausschreitungen sind lehrreich.
Sie gingen keineswegs aus Neigung zum didaktischen Materialismus hervor. Im Gegenteil; denn wenn man diejenigen abrechnet, welche dem
Nützlichkeits-Publikum zu Gefallen das Rechnen forcierten, und ebenso die
bloßen Nachläufer, so hatten die eigentlichen Vertreter jener beiden Richtungen vornehmlich die sogen. formale Bildung im Sinne. Sie beriefen sich auf die anerkannt formal-bildende Kraft dieser Fächer, und durften dies um so mehr, weil in keinem andern Lehrfache die Methode so
gefördert war wie hier. Diese Männer meinten es somit in ihrer Weise
gut; allein infolge der damaligen unzulänglichen Theorie des Lehrplans
haben sie, wenngleich unverschuldet, doch schwer geirrt, und ihr Irrtum
hat schlimme Folgen hervorgerufen. Denn weil sie die „formale"
Schulung vorzugsweise und einseitig auf dem Gebiete des Formen-
unterrichts (Mathematik, Sprache ꝛc.) suchten, so erhob sich allmählich
der berechtigte Vorwurf, der Volksschulunterricht sei zu „formalistisch" und
vermittle nicht genug reelle Kenntnisse. So äußerte z. B. ein hoher
Revisor gelegentlich: die Schüler lernen zwar vortrefflich kauen, aber sie
haben nichts im Magen. Der Rückschlag, der nun eintrat, mußte notwendig dem didaktischen Materialismus zu gute kommen — sogar
in dreifacher Weise.

Einmal geriet durch den üblen Ruf der formalistischen Schulung auch
die wahre formale Schulung, d. i. die methodische Durcharbeitung des
Lehrstoffes, unschuldigerweise in Mißkredit. Zum andern ging der Rückschlag, welcher die sachunterrichtlichen Fächer (oder auch zugleich die Nutzfertigkeiten) in den Vordergrund schob, jetzt ebenso sehr über das rechte
Maß hinaus wie vordem die Begünstigung des mathematischen und grammatischen Unterrichts, — sei es im Religionsunterricht, wie bei den alten
Regulativen, oder in den sog. Realfächern, oder in allen zusammen. Und
zum dritten: nachdem früher im Rechnen und in der Grammatik so viel
geleistet worden war, hielt es jetzt gar schwer, in diesen Fächern auf das
richtige Maß zurückzukommen.

Und woher war diese dreifache Förderung des didaktischen Materialismus entstanden? Nicht aus Neigung zu demselben, wie wir gesehen
haben, sondern in letzter Instanz daher, daß die Didaktiker versäumt

. ... aus der Theorie des Lehrplans ...

... ... liegt ebenfalls in der Theorie des ...
... von der gliedlichen Verbindung, ...
... dem da nicht einmal erinnert war, daß ...
... ein Ganzes sein muß, ... ...
... ein organisch-gegliedertes Ganze ...

... einem verdienstvollen „Elementarwerk" ...
... hingesteuert; allein seine ...
... war sein Werk zu philosophisch-theoret...
... der Schellingschen Philosophie: ...
... daß er wider die Einseitigkeiten der ...
... Schule, welche fast ausschließlich ... das ...
... hier wieder vorwiegend den Formen...
... nen) bearbeitete, mitunter scharf polemi...
... ngeit; denn das, was man für den ...
... ogesehen" hat, ist im Vergleich zu seiner
... ... Pestalozzi und Graser geeint — ...
... re uns viele Irrwege der letzten 50 Jahr...

... in der Theorie des Lehrplans hat eben...
... ... Materialismus befördert — wiederum

... Lehrfächer isoliert nebeneinander herlie...
... Leistungen des einzelnen Faches haften
... Bildung war unvollständig. Denn
... Durcharbeitungsprozesse noch nicht genau
... Bildungsbegriff von dieser Seite her
... auch der andere Mangel an, daß die
... der Bildung bloß als Summe ... der
... Faktoren gefaßt sein wollen. Wenn
... daß Lessing forderte, „der Lehrer
... ner Scienz in die andere blicken
... ... berg lasen: „Ach, könnte ich doch
... um den inländischen Handel zwischen
... ! Aber da liegen sie zu Hunderten,

... ... sei verwiesen auf meine Schrift:
... ... (Gesammelte Schriften. Bd. II.)

ohne einander zu nützen" — so hätten sie, falls sie aufrichtig sein wollten, bekennen müssen: wir wissen nicht, was das gesagt ist, und noch weniger verstehen wir uns auf die Ausführung.\*) Höchstens mochte das, was jene Männer forderten, den Didaktikern als eine dunkle Idee vorschweben. Für die Praxis mußte dieselbe aber vor der Hand bedeutungslos bleiben. Denn eine pädagogische Idee, welcher die methodischen Anweisungen fehlen, ist nichts anderes als ein Paragraph der Staatsverfassung, welcher auf die Ausführungsgesetze wartet — ein „legislatorischer Monolog", wie ein bekannter Staatsmann zu sagen pflegte. Was war nun die Folge, wenn etwa von außen oder von innen der Antrieb kam, eine Steigerung der Bildung zu erstreben? Weil man sich nicht darauf verstand, den Gedankenverkehr innerhalb der einzelnen „Fachprovinz" zu heben (3. Lücke), und noch weniger darauf, einen „interprovinziellen" Gedankenverkehr anzubahnen (2. Lücke): so blieb kein anderer Ausweg übrig, als in jedem Fache wenigstens den Kenntnisvorrat zu vermehren, d. h. die Hebung der Bildung auf dem Wege des didaktischen Materialismus zu suchen.

Infolge des isolierten Ganges der Lehrfächer ist die Schule auch noch von einer zweiten Seite her in die Bahn des didaktischen Materialismus gedrängt worden, und zwar — im Namen der Erziehung. Das klingt unglaublich. Allein die Schulgeschichte liefert nur zu viele Belege; und wie es zugegangen ist, werden wir sogleich sehen. Zu der Idee vom erziehenden Unterricht gehört bekanntlich auch der Satz, daß der Religionsunterricht (und der Gesinnungsunterricht überhaupt) den Mittelpunkt aller Lehrgegenstände bilden müsse. Bei der isolierten Behandlung der Lehrfächer ist aber dieser Satz nicht viel mehr als eine schöne Phrase. Es fehlen eben wieder die Ausführungsmaßnahmen — es fehlt die gliedliche Verbindung der Lehrfächer. Was wurde nun aus jenem schönen Satze? Man meinte, dem Religionsunterrichte dadurch eine zentrale Stellung geben zu können, daß man ihm möglichst viel Lehrstoff zuwies. So mußte sich eine vortreffliche Wahrheit, die dem didaktischen Materialismus durchaus entgegensteht, zur Beförderung desselben mißbrauchen lassen, — wie wir es bei den alten Regulativen und anderwärts erlebt haben. (Eine andere Frage ist, wie viel Zeit dem Religionsunterricht gewidmet werden soll. Gewiß gebührt diesem Gegenstande ein solches Maß von Lehrstunden, wie es seiner Wichtigkeit entspricht; allein

---

\*) Allerdings hat Jacotot mit Energie und Geschick in dieser Richtung gearbeitet und mit mehr Erfolg als Graser. Manche seiner Gedanken sind auch in die Praxis übergegangen; aber das Hauptproblem ist liegen geblieben. Überdies vergriff sich Jacotot darin, daß er vom Sprachunterricht aus die gliedliche Verbindung der Lehrfächer herstellen wollte.

leuchten. Das neue Regen und Sprießen auf dem praktischen Arbeitsfelde zeigt, daß die steigende Wärme fühlbar wird. Dieser Frühlingsboten sind bereits manche da. Schneeglöckchen waren schon längst zu sehen, wer sie nur suchen wollte; auch bescheidene Veilchen unter den Hecken und frierende Windröschen, die der Nordwind schüttelte. An einer sonnigen Stelle, am Fuße der Wartburg, hat sich jetzt auch sogar eine echte Primula veris hervorgedrängt, die uns mit ihren vollen Blüten sonnenhell entgegenlacht. Der Leser wird nun verstehen, warum es mir beim Anblicke dieses echten „Erstlings des Lenzes" so hoffnungsvoll und freudig zu Mute wurde. Ein paar Blümchen machen zwar noch keinen Sommer, aber sie kündigen ihn an. Wie untröstlich die Vergangenheit war und das Gesamtbild der Gegenwart noch ist — die Hoffnung hat ein Recht, in die Zukunft zu schauen. Auf dem weiten Plane des Schullandes wird es einst überall grünen und blühen, und aus viel tausend hellen Kehlen werden Jubel- und Siegeslieder erklingen: und dann wird das Alte vergangen und vergessen sein.

Inzwischen mag wohl der grimmige Nordsturm noch manchmal mit den mutigen Erstlingen recht übel umgehen, und zeitweilig alles Hoffnungsgrün unter einer Schneedecke begraben zu sein scheinen; — nur keine Sorge! Der wird das Feld behalten, dem es gebührt, — „es muß doch Frühling werden."

Darum lasset uns Herz und Haupt emporheben — wie der alte Kämpfer und Sänger auf der Höhe der Wartburg in viel trüberer Zeit:

> Der Sommer ist hart vor der Tür,
> Der Winter ist vergangen:
> Die zarten Blümlein geh'n herfür:
> Der das hat angefangen,
> Der wird es auch vollenden.*)

---

*) S. Anhang, 8.

---

## II.

Gehen wir jetzt zur näheren Betrachtung des neuen Buches.

Vorab mögen die Verfasser selbst reden. Sie sprechen sich über die Herkunft und den Charakter ihres Schriftchens im Vorworte so aus:

„Nachstehende Studie, welche eine Unterrichtsskizze für das erste Schuljahr liefert, ist hervorgegangen teils aus den theoretischen Überlegungen, wie sie Herr Professor Ziller in den Jahrbüchern des Vereins für wissenschaftliche Pädagogik, sowie in seinen Vorlesungen über allgemeine Pädagogik niedergelegt hat, teils aus den praktischen Erfahrungen, welche von den Verfassern in der Seminarschule zu Eisenach — einer 4klassigen Volksschule — erworben wurden. Es ist also nachstehende Skizze nicht bloß ein theoretischer Versuch, denn die Praxis hat ihre Anwendbarkeit bewiesen. Dadurch aber ist von vornherein der Einwand beseitigt, als sei der hier vorgelegte Entwurf praktisch nicht durchführbar."

„Möge unser „Erstes Schuljahr" der Herbartischen Pädagogik neue Freunde erwerben, denn aus Herbartischen Gedankenkreisen ist diese Arbeit hervorgegangen." *)

Was das Schriftchen inhaltlich bietet, und wie dieser Inhalt geordnet ist, zeigt die folgende Übersicht:

### A. Der Lehrstoff.

1. Der Religions- oder Gesinnungsunterricht;
2. die Heimatskunde (der sog. Anschauungsunterricht, die Realien) — und daran anschließend: Zeichnen und Gesang;
3. das Rechnen;
4. Lesen und Schreiben.

---

*) Aus dem Vorwort zur zweiten Auflage: „Aus dem Ganzen werden einsichtige Leser leicht die Überzeugung gewinnen, daß die Verfasser einen möglichst engen Anschluß an die Arbeiten des Zillerschen Seminars in Leipzig zu gewinnen suchten. Denn sie sind davon überzeugt, daß die Zillersche Weiterbildung der Herbartischen Grundideen eine wahrhaft reformatorische und vorzüglich geeignet ist, unser gesamtes Schul- und Erziehungswesen umzugestalten und neu zu beleben. Wer sich einmal in die Herbart-Zillerschen Gedanken gründlich vertieft hat, kommt von ihnen nicht wieder los. Sie sind von siegender Gewißheit und gewähren die kräftigsten Antriebe zu einer reichen erzieherischen Wirksamkeit."

Wie wir gesehen haben, zerfallen die Wahrheiten in zwei Gruppen — entsprechend den beiden Teilen der Methodik:

A. Anordnung des Lehrstoffes (Theorie des Lehrplans),
B. Bearbeitung des Lehrstoffes (Theorie des Lehrverfahrens).

Diese Reihenfolge wird auch für unsere Besprechung die angemessene sein.

---

### A. Anordnung des Lehrstoffes (Theorie des Lehrplans).

Dieser Teil der Methodik zählte nach alter Weise nur zwei Kapitel. Nachdem die neuere Theorie des Lehrplans noch eins hinzugefügt hat, finden sich nunmehr die drei Kapitel:

1. Auswahl des Lehrstoffes — nach Qualität und Quantität;
2. Verteilung des Lehrstoffes — nach Stufen und Pensen;
3. Verbindung der Lehrfächer — behufs gegenseitiger Unterstützung und zur Herstellung eines einheitlichen Gedankenkreises.

ad 1. Auswahl des Stoffes.

Für unsern Gesichtspunkt handelt es sich hier um die Wahrheit, daß der Lehrplan qualitativ vollständig sein muß, d. h. daß alle wesentlichen Fächer vertreten sein müssen, nämlich:

a) Die drei sachunterrichtlichen Gebiete: Religion, Menschenleben [in Gegenwart und Vergangenheit], Natur;
b) der Sprachunterricht — reden, lesen, schreiben;
c) die (rein=) formunterrichtlichen Fächer: Rechnen, Zeichnen, Singen. *)

Wie schon das angeführte Inhaltsverzeichnis zeigt, ist in der vorliegenden Schrift diese Forderung unverkürzt ausgeführt. Nicht bloß sind die Realien vertreten — natürlich in der Form der „Heimatskunde" oder des sog. Anschauungsunterrichts — sondern auch das Zeichnen. Bekanntlich hat die verständige Praxis schon seit langem, seit Pestalozzi und Graser, so verfahren. Insofern bietet also die Schrift nichts Neues. Die alten preußischen Regulative freilich schlossen den sog. Anschauungsunterricht und das Zeichnen aus; und die „Allgemeinen Bestimmungen" erwähnen ebenfalls auf der Unterstufe das Zeichnen nicht.

Wichtiger noch als die tatsächliche Richtigkeit eines Lehrplans in diesem Punkte ist die Frage, warum die genannten Fächer vertreten sein

---

die neue Lehrweise auf bequemem Wege kennen zu lernen. Ist jemand hinterher imstande, korrektere Lehrproben zu liefern, — desto besser.

*) Die nähere Begründung dieser Forderung findet sich in dem Anhangsaufsatz der „Grundlinien einer Theorie des Lehrplans." (Gesammelte Schriften. II. Erster Teil. S. 146 ff.)

müssen, weil nur die richtigen Gründe es sind, welche den nötigen Schutz wider den didaktischen Materialismus verbürgen. Was bloß durch einen Zufall richtig zu stehen kommt, kann auch durch einen andern Zufall wieder umgestoßen werden. So ist z. B. die häufig vorkommende Redeweise: „die Jetztzeit fordert das und das", in der Theorie des Lehrplans ganz unstatthaft, wenn es sich um ein wesentliches Lehrfach handelt, d. i. um ein solches, welches um der allgemeinen Bildung willen aufgenommen werden soll. In dieselbe Kategorie gehören die Formeln: der Staat, die Kirche, die Landwirtschaft, die Industrie zc. fordern das und das. In der Diskussion mit Leuten, welche für die rechten Gründe nicht zugänglich sind, mögen solche Redeweisen als Verstärkungsgründe passieren; ebenso als Mahnungen, solange die richtige Theorie des Lehrplans noch nicht feststeht: allein sie können nie und nimmer als Entscheidungsgründe gelten wollen. Der richtige Lehrplan, dessen Richtigkeit theoretisch nachgewiesen ist, würde vor 100 und 300 Jahren ebensogut richtig gewesen sein, falls die Ausführung möglich gewesen wäre, als er nach abermals 100 und 300 Jahren noch richtig sein wird. Seine Richtigkeit würde sich aber auch darin bewähren, daß alle Schulinteressenten (Staat, Kirche, Familie zc.) sich dabei wohl bedient fänden.

Bei dem praktischen Charakter des vorliegenden Schriftchens ist es nicht am Platze, auf diese theoretische Frage näher einzugehen. Soviel sich erkennen läßt, befindet sich Referent mit den Verfassern in Übereinstimmung. Nur eine kurze Interpellation möchte ich mir erlauben.

Die Verfasser führen das Zeichnen ein mit der entschuldigenden Bemerkung, es sei bloß ein „malendes" Zeichnen gemeint, und versprechen überdies, es solle keine besondere Zeit dafür angesetzt werden. Daneben aber sagen sie auch, daß das Zeichnen aus den und den Gründen durchaus nötig sei.*) Wie verträgt sich das? Müssen sie das Zeichnen etwa deshalb zur Hintertür hineinschmuggeln, weil an der Bordertür gesetzliche Bestimmungen im Wege stehen — nun, dann will ich nicht weiter inquirieren. Daß ich sie denunzieren würde, werden sie ohnehin nicht befürchten. Sollte es aber anders gemeint sein, — wollen sie etwa den Streit mit gewissen Zeichenkünstlern aus dem Wege gehen, welche meinen, das Zeichnen dürfe deshalb nicht auf dem Lehrplane der Unterstufe stehen, weil es ja kein „systematisches" sein könne, oder haben sie vielleicht selber noch Bedenken, ob der tatsächliche Zeichenunterricht auf dieser Stufe wirklich Zeichenunterricht heißen dürfe: dann hätte ich allerdings viel zu sagen. Hier nur dies.

_____

*) In den späteren Auflagen ist die Forderung lediglich aus allgemeingültigen pädagogischen Grundsätzen abgeleitet.

Wenn die Zeichenkünstler behaupten, auf der Unterstufe lasse sich kein „systematischer" Zeichenunterricht geben, so behaupte ich ganz dasselbe, und setze doch das Zeichnen auf den Lehrplan, aus denselben Gründen, warum Singen, Schreiben, Rechnen, Religion ꝛc. dort stehen. Wenn alle Lehrgegenstände auf dieser Stufe wegfallen sollen, welche nicht „systematisch" gelehrt werden können, wie viele werden dann noch übrig bleiben? Was in der Volksschule auf dieser wie auf den andern Stufen zu lehren ist, das lehren wir bekanntlich überall nicht „systematisch", aber schulgerecht und auf den untern Stufen möglichst elementarisch, so gut wir es dermalen verstehen. Können uns Künstler und Fachspezialisten dazu gute Ratschläge geben, so sollen diese willkommen sein; in solchen Fragen dagegen, die nur aus der pädagogischen Totalanschauung heraus beantwortet werden müssen, bedürfen wir ihres Beirates nicht. Was für abenteuerliche Zumutungen von jener Seite her zuweilen den Schulen gemacht werden, zeigte unlängst wieder ein Berliner Gesangkünstler. Seine Vorschläge lauteten so, als ob unsere Knaben und Mädchen alle zu Opern- und Salonsängern ausgebildet werden müßten. Wolle die Schule den Gesang nicht „kunstgerecht" betreiben, so hieß es, dann sei es besser, gar nicht singen zu lassen; das Choralsingen müsse ohnehin wegfallen, da es Stimme und Geschmack ruiniere. Das fehlte auch noch, daß die Kinder die halbe oder ganze Schulzeit hindurch lauter Stimmübungen zu treiben hätten oder gar nicht singen dürften, nicht einmal ihre Spiellieder. Woher mögen doch die Finken, Drosseln ꝛc. die Erlaubnis erhalten haben, sich selber und andere durch ihre Naturlieder zu erfreuen? — Die Volksschule hat alle Ursache, bei den Zumutungen der Fachspezialisten auf ihrer Hut zu sein, gleichviel ob dieselben ein Fach gestrichen oder aber forziert haben wollen. Solange diese auf dem Schulgebiete das erste Wort reden dürfen, solange bleibt den pädagogischen Fachmännern nur das letzte übrig, und solange ist alles Kämpfen gegen den didaktischen Materialismus vergeblich. — Was die spezielle Frage von der Berechtigung des Zeichnens auf der Unterstufe betrifft, so genügt es, an eine einzige psychologische Tatsache zu erinnern. Von sämtlichen Vorstellungen des Geistes gehören (beim Vollsinnigen) etwa 9/10 dem Gesichtssinne an. Nun halte man die eminente Bedeutung dieses Sinnes fest und bedenke dann, daß das Zeichnen gerade das Fach ist, welches die Gesichtstätigkeit am strengsten kontrolliert und am schärfsten in Übung nimmt. Kann diese Übung zu früh beginnen? Wer auf der Stufe, wo dem Kinde der Griffel zum Schreiben in die Hand gegeben wird, das Zeichnen verbieten will — der muß seine psychologische Lektion entweder nicht gelernt oder wieder vergessen haben. Dem Zeichnen gebührt auf dem Lehrplane der Unterstufe ein bestimmter und zwar recht geräumiger Platz — nur nicht im spezialistisch-künstlerischen, sondern im pädagogischen Interesse.

Auf die **Auswahl** des Lehrstoffes in den einzelnen Fächern ein-zugehen, liegt nicht im Zwecke meiner Besprechung. Der Leser mag die Prüfung selber vornehmen. Nur eine Stelle nötigt mich, einen Dissensus zu notieren.

Als Hauptmaterial der religiösen Unterweisung gilt ihnen, wie kaum bemerkt zu werden braucht, die biblische Geschichte. Mit Ziller u. a. halten sie aber auf der Unterstufe einen vorbereitenden religiös-ethischen Kursus für nötig. Dazu benutzen sie, ebenfalls nach Zillers Vorgang, im 1. Schuljahre eine sorgfältige Auswahl von Märchen und im 2. Schuljahre die Geschichte Robinsons. Es ist hier nicht der Ort, diese Frage in aller Form zu diskutieren. Ich muß mich daher darauf beschränken, meine abweichende Ansicht zu konstatieren und mit einigen Bemerkungen zu begleiten.

Daß der Religionsunterricht, und insonderheit der auf der Unterstufe, noch nicht so geartet ist, wie er nach echt pädagogischen Grundsätzen sein sollte, sei den Verfassern gern zugestanden. Referent hat das selber häufig genug ausgesprochen, häufiger und entschiedener als irgend einer von denen, welche die Verfasser als Zeugen anführen. Überdies hat er nach Kräften auf Verbesserung hinzuwirken gesucht — durch Bearbeitung von Lehr-mitteln, durch Abhandlungen und, was hier mit Betonung gesagt sein soll, durch Anregung zu biblischen Besprechungen in den Lehrerkonferenzen; denn wenn die Lehrer auf diesem schwierigen Gebiete nicht gründlich Be-scheid wissen, wenn sie nicht einigermaßen aus dem Vollen schöpfen können, dann werden die richtigen methodischen Grundsätze allein nicht hinreichen, die religiöse Unterweisung zu einer wirksamen zu machen. Es sei ferner zugestanden, daß auf der Unterstufe die Behandlung der biblischen Ge-schichte mit großen Schwierigkeiten zu kämpfen hat, vollends dann, wenn die Auswahl nicht eine sehr sorgfältige ist. Daß aber diese Schwierigkeiten schon jetzt, wo sie eigentlich noch wenig mit dem gebührenden methodischen Ernst in Angriff genommen sind, dazu nötigen, nach einem andern Stoff sich umzusehen, — und daß die Märchen in jedem Betracht der geeignete Stoff wären: davon habe ich mich bisher noch nicht überzeugen können. Die Gründe, welche die vorliegende Schrift dafür anführt, lassen sich ja hören. Allein die Verfasser scheinen sich die entgegenstehenden Bedenken bei weitem nicht alle vorgestellt zu haben. Ich will nur einige andeuten.

In allen Lehrfächern, welche ganz oder teilweise **ethischer** Natur sind — Religion, vaterländische Geschichte, Lesebuch, Gesang — ist die Auswahl des Lehrstoffes nicht lediglich eine methodische Frage. Es

sprechen das auch immer aus, wenn wir sagen, daß zu den pädagogischen
Hülfswissenschaften auch die Ethik gehöre. Die allgemeine theoretische
Pädagogik mag immerhin bloß an die abstrakt-philosophische Ethik denken;
die praktische Pädagogik dagegen hat es auch mit dem Ethos zu tun,
d. h. mit der konkreten Ausprägung der Ethik, wie sie in der speziellen
Kirchengemeinschaft, in der Nationalität und in der Sitte sich darstellt.
Es würde daher eine Absurdität sein, z. B. den Juden aus methodischen
Gründen demonstrieren zu wollen, daß in ihren Schulen auch die neutestamentlichen Geschichten behandelt werden müßten. Ebensowenig kann
es der Methodik einfallen, zu bestimmen, daß die französischen Schulbücher
die Freiheitskriege geradeso darstellen sollen, wie es die deutschen tun,
oder daß in den katholischen Schulen die Reformationsgeschichte geradeso
erzählt werden sollte, wie in den evangelischen. Auf die Frage vom religiösen Lehrstoffe in der Unterklasse angewandt, heißt das: auch hier kann
die Methodik nicht allein entscheiden, und zwar aus pädagogischen
Gründen — also ganz abgesehen davon, ob die Kirche ein gesetzliches
Recht habe, dabei mitzureden, oder nicht. Wer sie zur Sprache bringen
will, muß sich daher zuvor alle Bedenken und Einwürfe vorstellen, welche
aus der vollen Wertschätzung der biblischen Schriften hervorgehen.
Ebenso muß er wissen und festhalten, daß eine Frage dieser Art nur in
einem solchen Kreise unverwirrt sich diskutieren läßt, wo man über ihre
ethische Seite völlig übereinstimmend denkt. Das ist die gegebene
Lage der Sache. Stellen wir uns nun vor, was bei unserer dermaligen
Zerklüftung der religiösen Ansichten aus der genannten Spezialfrage werden
muß. Diejenigen, welche den biblischen Schriften wenig Wert beilegen
oder sie gar gern los sein möchten, — die werden den Vorschlag, die
biblische Geschichte auf irgend einer Stufe mit anderm Stoffe zu vertauschen,
mit Freuden begrüßen und eifrig dafür eintreten. Aber von Stund an
wird man auch auf der entgegengesetzten Seite diesen Vorschlag mit Mißtrauen betrachten und die methodischen Gründe, wie gewichtig sie sein
möchten, nur mit halbem Ohre anhören. Kurz, die Frage ist verunreinigt,
den Pädagogen aus den Händen genommen und auf lange Zeit undiskutier-
bar. Als eine rein theoretische Frage möge sie immerhin in pädagogischen
Kreisen verhandelt werden; aber man mache keine praktische daraus, die
Eile habe. Im Religionsunterricht der Schule und der Kirche gibt
es ohnehin so viel zu bessern, daß es nicht wohlgetan sein kann, an einem
Punkte anzufangen, wo die Didaktiker unter sich noch nicht einig sind.

Eine zweite Erwägung. Zu einer theoretischen Besprechung der bezeichneten Frage ist eine praktische Lehranweisung, die überdies von allen
andern Fächern zu reden hat, ganz zweifellos nicht der rechte Ort. Die

Untersuchung muß durchaus monographisch geschehen. Dabei ist aber noch ein zweites zu wünschen. Bei Ziller, der die Märchenfrage zuerst zur Sprache gebracht hat, hängt dieselbe mit einem andern Gedanken eng zusammen, mit der Ansicht nämlich, daß die Entwicklungsstufen des einzelnen Menschen in einer gewissen Parallele stehen mit den kulturhistorischen Entwicklungsstufen des Menschengeschlechts. Bekanntlich begegnet man diesem Gedanken zuweilen auch in älteren pädagogischen Schriften, jedoch nur in sehr unbestimmter praktischer Anwendung. Ziller aber hat ihn zu einer bestimmten methodischen Forderung hinsichtlich der Auswahl der religions= und kulturhistorischen Lehrstoffe ausgeprägt. Sie lautet: bei der Auswahl dieser Stoffe für die aufeinanderfolgenden Schuljahre muß jene Parallele, soviel als tunlich festgehalten werden. Nimmt man zu diesem Grundgedanken den andern hinzu, wonach der Religionsunterricht den Mittelpunkt des gesamten Sach= und Formunterrichts bilden soll, so läßt sich ungefähr sehen, wie es bei Ziller gemeint ist, wenn er (für die Volksschule) die folgende Stufenreihe der religiös=ethischen Lehrstoffe aufstellt. (Vgl. „Grundlegung" rc. 2. Aufl. S. 456 u. ff.).

Kindergarten: epische Fabel.

|   |   |   |   |
|---|---|---|---|
| 1. | Schuljahr: | Das epische Märchen . . | Die Stufe des sogen. |
| 2. | „ | Robinson . . . . . . | Anschauungsunterrichts. |
| 3. | „ | Die Patriarchenzeit . . . . | Die Stufe, wo die |
| 4. | „ | Die jüdische Heldenzeit (Richter) . | verschiedenen Lehr |
| 5. | „ | Das davidische Königtum . . . | fächer gesonderter |
| 6. | „ | Geschichte Jesu . . . . . | (selbständiger) auf |
| 7. | „ | Apostelgeschichte . . . . . . | treten. |
| 8. | „ | Reformationszeit (u. Katechismus)*) |  |

Es kann keinem entgehen, daß die Märchenfrage inmitten dieses Lehrplans und seiner Grundgedanken ein wesentlich anderes Gesicht hat als da, wo sie aus diesem Zusammenhange herausgenommen und isoliert verhandelt wird. Bei einer isolierten Verhandlung würde Ziller, wie es uns scheint, sagen müssen: hier kann ich nicht mitsprechen, denn das ist nicht der volle Sinn meines Vorschlages. Es wäre daher zu wünschen, daß in der pädagogischen Literatur und in den Lehrerkonferenzen erst der Grundgedanke des Zillerschen Lehrgangs besprochen würde, bevor über ein Stück daraus schon abschließend entschieden wird. Übrigens ist denkbar,

---

*) Dabei muß jedoch bemerkt werden, daß die großen heilsgeschichtlichen Tatsachen aus dem Leben Jesu, wie sie durch die kirchlichen Festtage markiert sind, von unten auf in jedem Kursus mit vorkommen sollen — nach dem Gange des Kirchenjahrs, nur in mehr erbaulicher als in streng unterrichtlicher Behandlung.

daß jemand jenen Grundgedanken im ganzen billigte, ohne jedoch geneigt zu sein, auf der Unterstufe die biblische Geschichte mit andern Stoffen zu vertauschen. Abgesehen von dem geforderten Vorbereitungskursus — was eine besondere Frage ist — hat der Zillersche Lehrgang bestimmte eigentümliche Vorteile: 1. die Beschränkung jedes Jahreskursus auf einen engeren geschichtlichen Kreis läßt eine genauere, anschaulichere und tiefere Betrachtung zu; 2. bei der sorgfältigen historischen Stufenfolge und vermöge des langsameren Vorschreitens erweitert sich das religiöse Verständnis desto sicherer, und ist mehr vor Unklarheit und Verwirrung geschützt; 3. die kulturhistorische Seite der biblischen Geschichte kommt mehr zur Verwertung. Freilich ist dieser Lehrgang nur für die achtklassige Schule gedacht; bei einfacheren Schulverhältnissen, zumal in der einklassigen Schule, gerät er so ins Gedränge, daß von seiner ursprünglichen Gestalt nicht viel übrig bleiben kann. Aber es hängen ihm auch an und für sich bestimmte Nachteile an; oder anders gesagt: der ihm gegenüberstehende konzentrisch sich erweiternde Lehrgang, wonach auf jeder Stufe etwas Ganzes (aus der alttestamentlichen und neutestamentlichen Geschichte) auftritt, besitzt ebenfalls eigentümliche Vorteile. Erstlich wird hier die zentrale Gestalt und Geschichte des Heilandes auch schon den Kleineren so nahe gebracht und vertraut gemacht, als es unterrichtlich möglich ist. Zum andern: weil die Hauptgeschichten des Alten Testaments auch auf den obern Stufen wieder vorkommen, so wird vermieden, daß das Vorstellungsbild von den großen Persönlichkeiten jener Zeit allzu kindermäßig bleibe.*) Wie gewichtig diese beiden Vorteile sind, kann ich hier nicht näher auseinandersetzen. Freilich darf auch nicht vergessen werden, daß der letztere Lehrgang in der Regel in den Fehler fällt, viel zu viel Lehrstoff aufzunehmen. Es wird sich nun darum handeln, die eigentümlichen Vorteile und Nachteile beider Lehrwege richtig abzuwägen. Das Resultat meiner Überlegung ist, daß auf den unteren Stufen (1.—6. Schuljahr) neben dem Alten Testament jährlich auch das Neue Testament vorkommen muß und zwar in konzentrischen Kursen, daß aber beim Alten Testament für das 3.—6. Schuljahr Zillers Plan sich empfiehlt, der Reihe nach jährlich je eine der alttestamentlichen Hauptperioden vorzunehmen. Über allem aber muß feststehen, daß eine Überladung mit Lehrstoff nicht stattfinden darf.

Den Verfassern hätte es nahe gelegen, auch noch einen Gesichtspunkt zu erwägen — die Opportunität. Mochten sie über die Märchen-

---

*) Auch im profangeschichtlichen Unterricht der höheren Schulen fahren die großen Persönlichkeiten der alten Zeit immer schlecht, wenn sie bloß in den unteren Klassen vorkommen. — Ein Seitenstück dazu ist z. B., daß der gemeine Mann Friedrich den Großen eigentlich nur im Lichte von allerlei Anekdoten kennt.

frage denken, wie sie wollten, so würden sie, meines Erachtens, dem großen Hauptzwecke ihrer Schrift weit besser gedient haben, wenn sie sich auf dem Boden der bestehenden Schulordnung gehalten und demgemäß anstatt der Märchen eine gute Auswahl biblischer Geschichten behandelt hätten (z. B. aus dem Alten Testament die Anfangsgeschichten aus der Urzeit und die abgerundete Lebensgeschichte Josephs); denn dann konnte ihr Buch von den Tausenden der Lehrer, welche in einer Unterklasse arbeiten, sofort als eine in allen Stücken passende methodische Anweisung benutzt werden. Jetzt dagegen, wo die Lehrer vorschriftsmäßig die biblischen Geschichten zu lehren haben, müssen sie sich erst selber Lehrbeispiele ausarbeiten, um die neue Behandlungsweise probieren zu können. Und bei dem heimatskundlichen Stoffe, der vorwiegend mit Rücksicht auf die zu behandelnden Märchen ausgewählt ist, geht es teilweise wieder so. Überdies steht zu befürchten, daß mancher über die ihm anstößige Märchenfrage stolpert und darob die Hauptsache, welche aus dem Schriftchen gelernt werden kann, vergißt. War den Verfassern ja viel daran gelegen, die Märchen zu befürworten, so stand nichts im Wege, dies im theoretischen Teile nebenbei zu tun und überdies an einigen Beispielen die praktische Behandlung zu zeigen. Und wenn sie das getan hätten, so würden wahrscheinlich alle Leser diese Beispiele sehr willkommen geheißen haben, weil sie sich dann in den Stand gesetzt sahen, sofort eine genaue Vergleichung der beiden Stoffarten anzustellen.

Wie man sieht, sind die vorstehenden kritischen Bemerkungen vornehmlich den Verfassern gewidmet. Nebenbei möchten sie auch gern einige Steine aus dem Wege räumen helfen, die der Verbreitung und Wirksamkeit des Schriftchens hinderlich sein könnten. (Anhang, 4.)

ad 2. **Verteilung** des Lehrstoffes — nach Stufen und Pensen.

Die wichtigeren Anliegen dieser Rezension gestatten es mir, an diesem Kapitel, wo namentlich auch das Quantum des Lehrstoffes zur Sprache kommen müßte, vorbeizugehen.

Eine Bemerkung über die Abgrenzung der Pensen, die sachlich hierher gehörte, läßt sich weiter unten deutlicher sagen.

ad 3. **Verbindung** der Lehrfächer — zu gegenseitiger Unterstützung und zur Herstellung eines einheitlichen, mit zahlreichen „Verkehrsadern" durchzogenen Gedankenkreises.

Dies ist das neue Kapitel in der Theorie des Lehrplans. Hier stehen wir somit vor der ersten Gruppe der wichtigen Reformgedanken, welche in dem vorliegenden Schriftchen praktisch durchgeführt sind.

## II.

Gehen wir jetzt zur näheren Betrachtung des neuen Buches.

Vorab mögen die Verfasser selbst reden. Sie sprechen sich über die Herkunft und den Charakter ihres Schriftchens im Vorworte so aus:

„Nachstehende Studie, welche eine Unterrichtsskizze für das erste Schuljahr liefert, ist hervorgegangen teils aus den theoretischen Überlegungen, wie sie Herr Professor Ziller in den Jahrbüchern des Vereins für wissenschaftliche Pädagogik, sowie in seinen Vorlesungen über allgemeine Pädagogik niedergelegt hat, teils aus den praktischen Erfahrungen, welche von den Verfassern in der Seminarschule zu Eisenach — einer 4klassigen Volksschule — erworben wurden. Es ist also nachstehende Skizze nicht bloß ein theoretischer Versuch, denn die Praxis hat ihre Anwendbarkeit bewiesen. Dadurch aber ist von vornherein der Einwand beseitigt, als sei der hier vorgelegte Entwurf praktisch nicht durchführbar."

„Möge unser „Erstes Schuljahr" der Herbartischen Pädagogik neue Freunde erwerben, denn aus Herbartischen Gedankenkreisen ist diese Arbeit hervorgegangen." *)

Was das Schriftchen inhaltlich bietet, und wie dieser Inhalt geordnet ist, zeigt die folgende Übersicht:

### A. Der Lehrstoff.

1. Der Religions- oder Gesinnungsunterricht;
2. die Heimatskunde (der sog. Anschauungsunterricht, die Realien) — und daran anschließend: Zeichnen und Gesang;
3. das Rechnen;
4. Lesen und Schreiben.

---

*) Aus dem Vorwort zur zweiten Auflage: „Aus dem Ganzen werden einsichtige Leser leicht die Überzeugung gewinnen, daß die Verfasser einen möglichst engen Anschluß an die Arbeiten des Zillerschen Seminars in Leipzig zu gewinnen suchten. Denn sie sind davon überzeugt, daß die Zillersche Weiterbildung der Herbartischen Grundideen eine wahrhaft reformatorische und vorzüglich geeignet ist, unser gesamtes Schul- und Erziehungswesen umzugestalten und neu zu beleben. Wer sich einmal in die Herbart-Zillerschen Gedanken gründlich vertieft hat, kommt von ihnen nicht wieder los. Sie sind von siegender Gewißheit und gewähren die kräftigsten Antriebe zu einer reichen erzieherischen Wirksamkeit."

## B. Die Methode.

I. Allgemeine Grundzüge.

II. Spezielle Behandlung (Lehrbeispiele):

1. Religion;
2. Heimatskunde, — nebst Zeichnen und Singen;
3. Rechnen;
4. Lesen und Schreiben. *)

Eine Besprechung des vorliegenden Schriftchens kann an dieser Stelle nur den Zweck haben, eine Ergänzung der voraufgegangenen Untersuchung über den didaktischen Materialismus zu bieten. Eine Rezension in dem üblichen Sinne würde zu derselben nicht passen. Die Detailbesichtigung, namentlich hinsichtlich der mitgeteilten Lehrbeispiele, mag daher andern Ortes geschehen oder vom Leser selbst. Meine Besprechung wird sich auf das beschränken, was uns nach unserm Thema an dem Schriftchen besonders interessiert. Das ist aber dasselbe, wodurch es insonderheit sich auszeichnet, nämlich sein entschiedener Gegensatz zum didaktischen Materialismus, oder mit andern Worten: die konsequente praktische Ausführung derjenigen methodischen Wahrheiten, welche demselben auch die letzten Zugänge verschließen. Indem nun die nachstehende Rezension die praktische Ausführung dieser Wahrheiten, wie sie das Schriftchen anstrebt, näher beleuchtet, so bietet sie in der Tat eine Ergänzung der zeitgeschichtlichen Betrachtung, wie sie auf keinem andern Wege besser geliefert werden könnte.**)

---

*) In der 5. Auflage ist der Stoff wie folgt gegliedert:
Einleitung.

   **A. Die Grundlegung:**
      I. Die Auswahl und Anordnung des Stoffes nach den kultur
        historischen Stufen.
      II. Die Verbindung der Lehrfächer untereinander.
      III. Die Durcharbeitung des Lehrstoffes.
   **B. Die Ausführung:**
      a) Humanistische Fächer:
        I. Gesinnungsunterricht.
        II. Kunst-Unterricht.
          1. Zeichnen.
          2. Gesang.
        III. Sprach-Unterricht.
      b) Naturkundliche Fächer.
        I. Naturkunde.
        II. Rechnen.

**) Hinsichtlich der Lehrbeispiele, welche das Schriftchen mitteilt, kann ich nicht umhin, den Lesern angelegentlich zu raten, dieselben nicht zunächst als ein Objekt der Kritik in die Hand zu nehmen, sondern als ein dankbar zu begrüßendes Mittel,

Wie wir gesehen haben, zerfallen die Wahrheiten in zwei Gruppen — entsprechend den beiden Teilen der Methodik:

A. Anordnung des Lehrstoffes (Theorie des Lehrplans),

B. Bearbeitung des Lehrstoffes (Theorie des Lehrverfahrens).

Diese Reihenfolge wird auch für unsere Besprechung die angemessene sein.

---

### A. Anordnung des Lehrstoffes (Theorie des Lehrplans).

Dieser Teil der Methodik zählte nach alter Weise nur zwei Kapitel. Nachdem die neuere Theorie des Lehrplans noch eins hinzugefügt hat, finden sich nunmehr die drei Kapitel:

1. Auswahl des Lehrstoffes — nach Qualität und Quantität;

2. Verteilung des Lehrstoffes — nach Stufen und Pensen;

3. Verbindung der Lehrfächer — behufs gegenseitiger Unterstützung und zur Herstellung eines einheitlichen Gedankenkreises.

ad 1. Auswahl des Stoffes.

Für unsern Gesichtspunkt handelt es sich hier um die Wahrheit, daß der Lehrplan qualitativ vollständig sein muß, d. h. daß alle wesentlichen Fächer vertreten sein müssen, nämlich:

a) Die drei sachunterrichtlichen Gebiete: Religion, Menschenleben [in Gegenwart und Vergangenheit], Natur;

b) der Sprachunterricht — reden, lesen, schreiben;

c) die (rein-) formunterrichtlichen Fächer: Rechnen, Zeichnen, Singen. *)

Wie schon das angeführte Inhaltsverzeichnis zeigt, ist in der vorliegenden Schrift diese Forderung unverkürzt ausgeführt. Nicht bloß sind die Realien vertreten — natürlich in der Form der „Heimatskunde" oder des sog. Anschauungsunterrichts — sondern auch das Zeichnen. Bekanntlich hat die verständige Praxis schon seit langem, seit Pestalozzi und Graser, so verfahren. Insofern bietet also die Schrift nichts Neues. Die alten preußischen Regulative freilich schlossen den sog. Anschauungsunterricht und das Zeichnen aus; und die „Allgemeinen Bestimmungen" erwähnen ebenfalls auf der Unterstufe das Zeichnen nicht.

Wichtiger noch als die tatsächliche Richtigkeit eines Lehrplans in diesem Punkte ist die Frage, warum die genannten Fächer vertreten sein

---

die neue Lehrweise auf bequemem Wege kennen zu lernen. Ist jemand hinterher imstande, korrektere Lehrproben zu liefern, — desto besser.

*) Die nähere Begründung dieser Forderung findet sich in dem Anhangsaufsatz der „Grundlinien einer Theorie des Lehrplans." (Gesammelte Schriften. II. Erster Teil. S. 146 ff.)

der Lehrfächer den Sprachunterricht in die Mitte stellt zwischen die sachunterrichtlichen Fächer und die formunterrichtlichen. Äußerlich ist er mit dem Formunterricht verwandt, innerlich aber und darum am innigsten mit dem Sachunterricht. Von Natur strebt er daher zu diesem hin, weil er hier seine natürlich gegebene Basis hat.

Wenn nun die Methodik eine angemessene Verbindung (d. i. eine gegenseitige Handreichung) zwischen Sprach- und Sachunterricht fordert, so heißt das nichts anderes, als beiden Teilen wieder zu ihrem natürlichen Rechte zu verhelfen, das ihnen die pädagogische Verkünstelung durch das Isolieren geraubt hat.

Unterrichtlich muß diese Handreichung vermittelst aller drei sprachlichen Übungen — im Sprechen, Lesen und Schreiben — vollzogen werden. Es geschieht dies in der Weise, daß Lesen, Schreiben und Reden, soviel als tunlich, in den Dienst des sachlichen Lernens treten; oder anders ausgedrückt: daß die Lese-, Schreib- und Sprechübungen ganz besonders an denjenigen Stoffen vorgenommen werden, welche der Sachunterricht zu behandeln hat.

Auf der Unterstufe ist dieser bedeutungsvolle Fortschritt bereits in vielen Schulen im Gange. Die neuere Lesemethode nennt sich bekanntlich mit Betonung „Real-Lesemethode" oder „vereinigter Anschauungs-, Sprech-, Lese- und Schreibunterricht."

Auf den oberen Stufen dagegen, wo die gegenseitige Handreichung von Sach- und Sprachunterricht am wirksamsten sein würde, weil hier die Lese- und die Schreibfertigkeit bereits zu leistungsfähigen Hülfskräften erstarkt sind — gerade da sträubt sich die hergebrachte Praxis noch dawider. Es sind mancherlei Umstände, welche den Blick umnebelt halten.

Fürs erste fehlen in den realistischen Fächern die geeigneten Lernbücher, d. h. solche Lernbücher, welche die betreffenden Stoffe (gerade wie das bibl. Historienbuch) zwar einfach, aber ausführlich-anschaulich darstellen, so daß diese Darstellungen als wirkliche Lesestücke gelten können. Statt dessen haben sich die Volksschulen durch das üble Beispiel der höhern Schulen die kompendienartigen, dürren „Leitfäden" aufreden lassen. — Zum andern hat die unberatene Schulgeschichte es so gefügt, daß auf der Oberstufe die Sammlung von schönsprachlichen Darstellungen (die belletristische Anthologie) schlechtweg das „Lesebuch" genannt wird, als wenn es das einzige Buch wäre, worin gelesen werden soll, während es doch

nur eins von vielen ist und in Wahrheit nicht einmal das wichtigste. —
Zum dritten hat man sich weiß gemacht oder weiß machen lassen, daß die
sog. realistischen Stücke, welche im belletristischen Lesebuche mit vorkommen
— und hier als schönsprachliche Musterstücke stehen — das ersetzen
könnten, was den dürren Leitfäden gebricht. Wie schon die kürzeste Überlegung finden muß, vermögen dieselben diesen Ersatz in keiner Richtung zu
liefern, weder für das sachliche Lernen, noch für das Lesenlernen. Denn
da jene belletristischen Darstellungen, wie es nicht anders sein kann, durchweg viele sprachliche Erklärungen nötig machen, so können ihrer überhaupt
nur wenige durchgenommen werden. Ihren eigentlichen Zweck, um deswillen sie in dem Buche stehen, in allen Ehren: allein was sollen diese
wenigen Stücke dem sachlichen Lernen helfen — und ohne sprachliche und
andere Erläuterungen helfen sie erst recht nicht — und wie viel Raum
wird für die wirkliche Leseübung übrig bleiben, wenn das Erklären so viel
Zeit weggenommen hat? — Zum vierten endlich hat der didaktische Materialismus in seiner nacktesten Gestalt die Hand mit im Spiele. Er sagt
den Leuten, die ihn anhören wollen: in den Realienstunden handelt es sich
um das Realienlernen — was geht uns da das Lesen und die Sprachbildung an? dafür werden die Sprachstunden sorgen; und beim Realienlernen handelt es sich wie überall, wesentlich um das Viellernen, um
das Längenquantum. Offenbar geht das alles am besten mit Hülfe eines
„Leitfadens", der ein reiches Material in kurze Worte zu fassen weiß.
Denn nun kann der mündliche Unterricht sich gleichfalls kurz fassen, und
kommt doch eben deshalb desto schneller vorwärts; und wenn dann dafür
gesorgt wird, daß die Schüler den Leitfaden zu Hause gehörig memorieren,
so läßt sich beim Examen mit einem so ansehnlichen Kenntnismaterial
viel machen.

Das Ende trägt die Last. Die Brillanz der Leitfaden-Saison ist
stark im Erbleichen. Immer häufiger läßt sich unter den Lehrern wie
von einsichtigen Revisoren die Klage hören, daß die Ergebnisse des Realunterrichts nicht befriedigten, und noch häufiger die andere, bedenklichere,
daß seit Einführung des Realunterrichts im Lesen nicht mehr so viel geleistet werde wie früher.

Ganz natürlich. Bei den kompendiarischen Leitfäden, die ja, auch
wenn sie mager aussehen, auf ein quantitatives Viellernen angelegt sind,
nimmt das aus Geschichte und Naturkunde Gelernte im Kopfe der Kinder
so ziemlich die Gestalt an, die ein Haufen zusammenhangsloser geogra-
phischer Notizen hat, der allerdings möglicherweise recht ansehnlich sein
kann, worin aber an und für sich keine Bildung steckt. Ein solches Ergebnis kann nicht befriedigen. In der biblischen Geschichte würde es

5*

nicht beſſer gehen, wenn das Hiſtorienbuch durch einen dürren Leitfaden erſetzt werden ſollte.

Was dann den Rückgang der Leſefertigkeit betrifft, ſo erklärt ſich derſelbe ebenſo leicht. Die beiden früheren Leſe-Hülfsmittel, das ſog. Leſebuch und das bibliſche Hiſtorienbuch (nebſt Zubehör: Kirchenlieder und Bibellektionen), ſind zwar auch jetzt noch da; allein ihr Dienſt für die Leſeübung iſt in mehrfacher Weiſe eingeſchränkt. Erſtlich durch die Erweiterung des grammatiſchen Unterrichts; die Zeit, welche die Grammatik mehr fordert, hat das Leſen verloren. Zum andern ſind die Stücke des belletriſtiſchen Leſebuches, weil mit Recht auf klaſſiſche Darſtellung gedrungen wird, vielfach ſchwieriger geworden, und erfordern deshalb mehr ſprachliche und ſachliche Erläuterungen als früher. Durch dieſe Mehrforderung verliert die Leſeübung abermals an Zeit. Drittens iſt ein ſelbſtändiger Realunterricht eingereiht. Zu dem dazu nötigen Raume haben namentlich auch der Religionsunterricht und der Sprachunterricht beiſteuern müſſen. Beim Religionsunterricht trifft dieſer Abzug wiederum vornehmlich das Leſen im Hiſtorienbuche, da der religiöſe Lehrſtoff im Verhältnis zu der gebliebenen Zeit immer noch ein übermäßiger iſt; und beim Sprachunterrichte trifft er ebenfalls das Leſen, weil die grammatiſchen Anforderungen vermehrt worden ſind. Bei dieſer Lage der Dinge war der Rückgang der Leſefertigkeit nichts als eine Notwendigkeit. Die landläufigen Kritiker ſchreiben dieſe üble Folge bekanntlich ſchlechtweg auf Rechnung des ſelbſtändigen Realunterrichts. Der arme Angeklagte iſt aber an ſich gerade ſo unſchuldig daran, wie das bibliſche Hiſtorienbuch und das belletriſtiſche Leſebuch. Dieſe Kritiker beweiſen nur, daß ſie vom Innern des Lehrorganismus wenig verſtehen. Der Grund des Rückganges in der Leſefertigkeit (wie des unbefriedigenden Ergebniſſes im Realunterricht) iſt ein rein methodiſcher. Er liegt darin, daß der Realunterricht bloß durch dünne Leitfäden unterſtützt wird, während derſelbe ebenſo gut ſein Lern-Leſebuch haben ſollte, wie der bibliſche Geſchichtunterricht ein ſolches hat. Daß man dieſen Fehler noch nicht allgemein einſieht, hängt, wie droben gezeigt wurde, tiefer damit zuſammen, daß die Wahrheit aus der Theorie des Lehrplans, wonach Sachunterricht und Sprachunterricht ſich möglichſt unterſtützen müſſen, nicht zur vollen Anerkennung gelangen kann. Wäre dieſe Wahrheit begriffen, und wären die richtigen ſachunterrichtlichen Lernbücher vorhanden, (nämlich neben dem bibliſchen Hiſtorienbuche ein geſchichtliches und naturkundlich-geographiſches Leſebuch), und wäre auch die ſelbſtverſtändliche Vorausſetzung erfüllt, daß in den drei ſachunterrichtlichen Gebieten nicht mehr Lehrſtoff angeſetzt werden darf, als die ſchulgerechte Durcharbeitung, wozu auch das Leſen desselben gehört, gestattet: so würde nicht nur im Realunterricht ein solides Resultat erzielt werden, sondern auch eine tüchtige Lesefertigkeit und zwar eine so tüchtige, wie man sie bisher noch nicht gekannt hat. Das beweisen diejenigen Schulen, welche bereits richtige Real-Lesebücher besitzen; und sie würden es noch besser beweisen, wenn das Lehrstoff-Übermaß nicht mehr drückte, und die jungen Lehrer vom Seminar her in den rechten Gebrauch solcher Bücher eingeführt wären. Wieviel die Lesefertigkeit als instrumentales Bildungsmittel wert ist, und wieviel die fleißige Leseübung zur mündlichen und schriftlichen Sprachgewandtheit beiträgt, braucht nicht näher dargelegt zu werden. Auf jenem Wege würde aber die Sprachbildung obendrein noch in einer andern Richtung gewinnen, und dieser Gewinn möchte am Ende fast der schätzenswerteste sein. Eine Sprachbildung, die sich vorzugsweise auf das belletristische Lesebuch stützt, wird notwendig einseitig: sie ist zu hochstelzig, zu wenig volksmäßig; sie hat nicht genug Fühlung mit dem wirklichen Leben, da dieses einen möglichst sachgerechten, klaren und einfachen Gedankenausdruck fordert. Kommen aber die sachunterrichtlichen Lehrbücher dem belletristischen Lesebuche zu Hülfe, so wird die Sprachbildung auch von der bisherigen Einseitigkeit erlöst — sie wird gesunder.*)

Wie im ersten Schuljahre die Handreichung zwischen Sachunterricht und Sprachunterricht geschehen kann, und zwar streng nach der Theorie des Lehrplans, wolle man bei den Verfassern nachlesen.

Ich sage: streng nach der Theorie des Lehrplans. Denn diejenige Form des vereinigten Sach- und Sprachunterrichts, welche in der sogen. „Normalwörter"- (oder Real-) Lesemethode vorliegt, entspricht den Forderungen der Theorie des Lehrplans noch nicht vollständig. Fürs erste schließt dieser Leseunterricht nicht an den gesamten Sachunterricht an, sondern nur an die Heimatskunde (Realien); der Religionsunterricht steht somit doch isoliert da. Die wichtige Forderung, daß derselbe das Zentrum des Sachunterrichts bilden müsse, bleibt also unerfüllt. Ein zweiter Fehler tritt gerade hinsichtlich derjenigen Forderung hervor, welche jene Lesemethode erfüllen will und um deswillen sie sich auch „Real"-Methode nennt. Die Theorie des Lehrplans fordert nämlich nicht eine beliebige Vereinigung von Sach- und Sprachunterricht, sondern eine solche, wobei der Sprachunterricht auf dem Sachunterricht basiert. Die Normalwörter-Methode kehrt dieses Verhältnis beinahe um; denn da die sogen. Normalwörter

---

*) Näheres über die Verbindung vom Sach- und Sprachunterricht nach Weise und Wirkung bieten die beiden Schriften: „Grundlinien einer Theorie des Lehrplans," — und: „Zwei dringliche Reformen im Realunterricht und Sprachunterricht" (Ges. Schriften. II u. V).

nach dem Bedürfnis des Leseunterrichts ausgewählt werden müssen, und da sie andrerseits den Stoff bestimmen, welcher in der Heimatskunde vorkommen soll, so ruht insoweit der Sachunterricht auf dem Sprachunterricht. Schon mancher hat das Gefühl gehabt und vielleicht auch ausgesprochen, daß die Normalwörter-Methode an einer gewissen Künstlichkeit leide; und wenn die Verfasser solcher Lesefibeln versichern, die Auswahl der richtigen Normalwörter sei „eins der schwierigsten Probleme der Unterrichtskunst", so sagen sie im Grunde ganz dasselbe. Der vorgenannte Fehler giebt Aufschluß, woher diese Künstlichkeit (mit ihrer Schwierigkeit) stammt: sie ist eben wider die Natur und das Recht des Sachunterrichts, daß er sich vom Sprachunterricht beherrschen lassen soll. Genau denselben Fehler begingen die alten Regulative, als sie den Realunterricht beim Sprachunterricht unterstreckten und das sogen. Lesebuch ein „Mädchen für alles" sein sollte.

Die Vogelsche „Normalwörter-Methode", eine Frucht des Jacototschen verdienstreichen Impulses, hat einen großen Fortschritt eingeleitet, insofern sie auf der Unterstufe einen „vereinigten Anschauungs-, Sprach-, Lese- und Schreibunterricht" anstrebte. Allein die Form dieser Vereinigung bedarf der Verbesserung. Die naturgemäße, ungekünstelte Form wird sich alsbald finden, wenn man — den obigen beiden Forderungen gemäß — der Natur des Sachunterrichts und dem Zwecke des Religionsunterrichts gerecht zu werden sucht. Den Weg dazu hat schon Dr. Barth in seiner „Robinson-Fibel" (Leipzig, 1865) gezeigt. So viel mir bekannt, ward diese seiner Zeit in der Zillerschen Seminarschule gebraucht. In den Volksschulen konnte sie keinen Eingang finden, weil sie einen andern religiösen und heimatskundlichen Lehrstoff voraussetzt, als dort üblich oder vorgeschrieben ist. (Überdies begann Ziller den Leseunterricht erst im zweiten Schuljahre.) Die Verfasser des vorliegenden Schriftchens, welche den Leseunterricht nach gewohnter Weise schon im 1. Schuljahre eintreten lassen, haben ihrerseits noch keine besondere Fibel bearbeitet; sie behelfen sich einstweilen mit der Normalwörter-Methode, suchen dieselbe aber nach den oben genannten Grundsätzen zu verbessern. Wie sie dies angreifen, darüber giebt ihr Schriftchen zureichende Auskunft — theoretisch und praktisch.

Ein Lesebuch für das 2. Schuljahr ist jedoch von den Verfassern in Arbeit genommen. Die I. Abteilung desselben, für die Zeit von Ostern bis Weihnachten berechnet, liegt schon gedruckt vor. Über die zu folgten Grundsätze sagen die Herausgeber: „Die Einteilung ist nach den Gebieten getroffen, welche im 1. Schuljahre durchgearbeitet worden sind: die Heimat, Singen und Sagen, die Märchen. Der Inhalt soll sachlich nichts Neues bieten. Die mechanische Fertigkeit des Lesens wird

Stoffen geübt, welche den Kindern durch die unterrichtliche Behandlung (im 1. Schuljahr) lieb geworden sind. Der Lehrer braucht keine Zeit mit Erklärung des Inhalts zu versäumen. Die ganze Kraft des Lehrers wie die des Schülers konzentriert sich im Lesen." So ist's recht.

Die II. Abteilung dieses Lesebuches — für den Schluß des 2. Schuljahres berechnet — soll die Geschichte Robinsons enthalten, welche in der 2. Hälfte des 2. Schuljahres unterrichtlich behandelt wird.

### 3. Der Sachunterricht — in seiner Beziehung zu den rein formunterrichtlichen Fächern Zeichnen, Singen, Rechnen.

Auch hier geschieht die Verbindung so, daß im Zeichnen und Singen diejenigen Stoffe gewählt werden, auf welche der Sachunterricht hinweist. Das Rechnen nimmt seine Veranschaulichungs- und Anwendungsobjekte ebenfalls zunächst aus dem Sachunterricht.

Über das Zeichnen sagen die Verfasser (5. Aufl. S. 169): „Obgleich diese Zeichenvorübungen auf der Schiefertafel höchst einfach und elementar sind, — und darum von manchen Zeichenlehrern über die Achsel angesehen werden mögen — der Pädagog kann sie im ersten Schuljahre zur Darstellung der besprochenen Gegenstände auf keinen Fall entbehren. Ginge ihm doch mit der Darstellung derselben eine große, nicht zu unterschätzende Handhabe für die Klärung der einfachsten Begriffe, für die Erweckung der Freude am Unterricht verloren. Denn wir zeichnen in unser Liniennetz auf der Schiefertafel, abgesehen von den Grundrissen der Schulstube, des Schulhauses, des Schulgartens, der nächsten Umgebung ꝛc.: Fensterscheiben, Stuhl, Tisch, Tür, Haus, Giebel, Mond (Kombination von Haus und Mond), Rad, Kamm, Topf, Sichel, Spaten, Pumpe, Wagen, Kommode, Bett, Uhr (Uhrkasten), Herd, Hundehütte, Lattenzaun, Torweg, Fichte, Stecknadel, Eimer, Kessel, Schützenhut ꝛc. — Alle diese scheinbar zusammengewürfelten Gegenstände sind durch die Märchen dargeboten, für das Kind von großem Interesse und im Gedankenkreise besonders verknüpft."

Über das Singen heißt es: „Innerhalb des Gesinnungsunterrichts und der Heimatskunde tritt neben dem Zeichnen noch ein zweiter Gegenstand mit einer gewissen relativen Selbständigkeit auf: das „Singen und Sagen", die Poesie in der Form des Kinderreims und des Kinderliedes. Ist der Unterricht rechter Art, so erweckt er außer dem Vorstellen (Erkennen) vielfach auch Stimmungen, Regungen, Gefühle, meist flüchtiger Art, mehr oder weniger tiefgehend, wertvoll als Überleitung des Unterrichtseindruckes von den erkennenden zu den strebenden Kräften der Seele. In den poetischen Gebilden der vorgedachten Art lassen wir diese Stimmungen fortklingen, ausklingen. Von jenen Stoffen werden diese flüchtigen Elemente aufgenommen; sie gewinnen durch sie feste Gestalt, sie werden behaltbar, reproduzierbar; sie gehen als bleibende und treibende Bestandteile ins Geistesleben ein.“

Das Rechnen. — Auch hier knüpft die unterrichtliche Durcharbeitung eines Zahlbegriffs stets zunächst an den Stoff des Sachunterrichts an. Beim Rechnen treten überhaupt die Zahlen zu den Sachen in ein zweifaches Verhältnis: einerseits müssen die Sachen die Zahlen beleuchten und veranschaulichen, andrerseits stellen die Zahlen die Sachen in neues Licht. Jenes tritt besonders in der Anschauungsoperation, dieses in der Anwendungsoperation hervor. Daß der Rechenunterricht dadurch an Belebung und Fruchtbarkeit gewinnt, wird jedem einleuchten. Die Verfasser sagen:

„Die pädagogische Theorie verlangt: der elementare Rechenunterricht gehe von der Anschauung aus. So richtig nun diese Forderung auch ist, so sollte sie doch in etwas anderer Formulierung auftreten. Sie sollte lauten: der elementare Rechenunterricht gehe von den Sachen aus! An diesen haften die Zahlenformen, von diesen wollen die Zahlen abstrahiert sein. Nun gehören zwar Punkte, Striche, Klötzchen, Kugeln, Hölzchen, die in den Unterklassen auftreten, auch zu den Sachen, aber nicht zu denjenigen, welche an sich schon im Gedankenleben der Kinder eine Bedeutung haben. Aus freien Stücken beschäftigt sich kein Kind mit den Strichen der Pestalozzischen Einheitstafel; und auch die Kugeln der Rechenmaschine und die Klötzchen des Rechenkastens haben für dasselbe nur insoweit ein Interesse, als sich mit denselben etwas anfangen, eine Bewegung veranlassen, eine Treppe, eine Brücke, ein Haus bauen läßt. Wie anders nehmen sich neben ihnen die Sachobjekte Vater, Mutter, Knaben, Mädchen, Königin, Königssohn, Kutscher, Wagen, Pferde, Haustiere, Waldtiere, Blumen, Häuser 2c. aus! Das sind Lebensformen, welche den kindlichen Gedankenkreis bewegen. An ihnen, nicht an toten, leeren Raumgebilden wollen auch die Zahlbegriffe gewonnen sein. — — Das erste Rechnen hat demnach an die bereits behandelten Sachgebiete des Gesinnungsunterrichts und der Heimatskunde anzuknüpfen. Die ruhige Klarheit, die den Stoffen dieser Gebiete infolge der vorangegangenen ausführlichen Behandlung inne wohnt, sowie die freudige Hingabe der Kinder an die alten lieben bekannten bewirken, daß sich die Zahlvorstellungen an diesen Objekten leicht und sicher bilden, leichter und sicherer, als dies von andern Ausgangspunkten aus zu geschehen pflegt. Ein Versuch wird auf der Stelle überzeugen, wie die Kinder ganz anders bei der Sache sind, wenn sie die

......⸗ Mädchen zusammenzurechnen haben, die im ersten Märchen vor⸗
... .., als wenn ihnen die Aufgabe gegeben wird, fünf würfelförmige
. .. zu addieren, wozu ein innerer Anlaß für sie gar nicht ersichtlich
Kurz, der Rechenunterricht schließt sich an die Sachgebiete des
˙.nunterrichts und der Heimatskunde an, ohne sich jedoch durch sie
⸗ichen zu lassen.

---

## B. Bearbeitung des Lehrstoffes (Theorie des Lehrverfahrens).

Hier tritt noch deutlicher hervor als in der Theorie des Lehrplans,
welchem Maße die von Herbart eingeleitete neuere Didaktik von der
˙˙gebrachten abweicht. Die Kluft ist in der Tat weit und klaffend.

Den Lehrern, welche zum ersten Male hören, in wie vielfacher Weise
˙er Lehrstoff jedes einzelnen Pensums durchgearbeitet werden soll, wird
wahrscheinlich sonderbar zu Mut werden. Gar mancher mag vielleicht die
˙˙⸗nde ringend ausrufen: „Wehe! wehe! was soll denn aus all dem
Stoffe werden, den wir nach dem vorgeschriebenen Lehrplane einzuprägen
˙˙aben? Was soll ich Ärmster anfangen, wenn der Revisor kommt und
˙˙˙gt, wie weit ich hinter dem vorgesteckten Ziele zurückgeblieben bin? Da
˙˙⸗dert die sog. wissenschaftliche Pädagogik, daß man langsam vorgehe,
˙hrittchen vor Schrittchen; und die Staats⸗ und Publikums⸗Pädagogik
˙˙˙dert im Gegenteil, daß bis dann und dann ein enorm großes Lehrstoff⸗
˙˙antum absolviert und eingeprägt sei! Zwei so ungleichen Herren zu
˙ienen — ist das denn menschenmöglich?“

Gewiß, wer das Unmögliche leisten soll, steckt in einer argen Klemme.
Was ich meinerseits diesen Bedrängten zum Trost zu sagen weiß, ist be⸗
reits gesagt: um ihretwillen besonders ist die vorstehende „zeitgeschichtliche
Betrachtung“ geschrieben. — Aber mit den Verfassern des vorliegenden
Schriftchens möchte ich unter vier Augen ein wenig ins Gericht gehen —
darüber, daß sie jenen armen Eingeklemmten kein einziges aufmunterndes
Wort gewidmet haben. Wer das Gute liebt, muß auch zeigen, daß er
das Böse haßt. Man kann kein neues bauen, wenn man nicht vorher den
alten Schutt weggeräumt. Einen zum Tanzen auffordern, dem Hände und
Füße gebunden sind, ist nicht bloß vergeblich, sondern auch unrecht.

Zur Sache.

Über die unterrichtliche Bearbeitung, welche der Lehrstoff bei jedem
Pensum erfahren muß, sagen die Verfasser einleitend (5. Aufl. S. 93):

„Das Lernen ist ein psychischer Vorgang, der in streng natur⸗
gesetzlicher Weise verlaufen muß, wenn durch ihn der Beitrag
zum Geistesleben des Zöglings erlangt werden soll, den man sich von ihm

verspricht. Von der genauen Einsicht in die Natur dieses Vorgangs und in die Bedingungen seines regelrechten Verlaufs hängt das Gelingen alles Unterrichtes ab, da nur aus dieser Einsicht die sicheren Weisungen für das Unterrichtsverfahren sich ableiten lassen. Der Herbartschen Schule gebührt das Verdienst, diesem wichtigen Gegenstande ihre besondere Aufmerksamkeit zugewendet, denselben wissenschaftlich begründet und entwickelt zu haben."

„Der Lernprozeß durchläuft aber im großen und ganzen zwei Hauptstufen. Er ist in seiner ersten Hälfte ein Apperzeptions-, in seiner zweiten ein Abstraktionsprozeß. Immer muß zuerst vom Lehrer ein konkreter Wissensstoff, ein Mannigfaltiges von Einzelvorstellungen aus einem der Unterrichtsfächer, z. B. eine Geschichte, ein naturkundliches Anschauungsobjekt, eine sprachliche oder räumliche Form x., dargeboten und vom Schüler aufgenommen werden; und zweitens sind sodann die gewonnenen Vorstellungsgebilde durch die weitere unterrichtliche Bearbeitung in begriffliche Einsicht überzuführen. Denn nur in dieser begrifflichen Form ist unser Wissen ein wahrhaft menschliches Wissen, welches einen bestimmenden Einfluß auf unsern Willen gewinnt. Sinneswahrnehmungen der mannigfachsten Art erlangt auch die höher entwickelte Tierwelt, ohne aber durch sie von der Herrschaft des Instinkts und der Begierde loszukommen, da sie diese Vorstellungen nicht zu selbstbewußten, mit Absicht verknüpften, willenbestimmenden höheren Wissensgraden zu erheben imstande ist. Einzig durch die Weiterbildung unsrer elementaren Grundvorstellungen bis zum wohlgeordneten begrifflichen Erkennen kann aus einer Mehrheit von konkreten Einzelvorstellungen Intelligenz, Sittlichkeit und Religion hervorgehen. Allerdings werden wir uns beim Unterrichte von Kindern vielfach, ja meist, mit psychischen (naturwüchsigen) Begriffen begnügen müssen. Das kann aber um so füglicher geschehen, als ja auch der Erwachsene, selbst der gebildete Erwachsene, nur einen verhältnismäßig kleinen Teil seiner Begriffe bis zu logischer Bestimmtheit durchgebildet hat, (ein wissenschaftliches System ist eine geordnete Reihe logisch durchgebildeter Begriffe); die überwiegende Zahl seiner Begriffe ist auch bei ihm im Stadium des psychischen Begriffs stehen geblieben."

„Eine andere Frage ist, ob notwendig die Schüler den langen Weg der eigenen Abstraktion von den Einzelvorstellungen bis zu den allgemeingültigen begrifflichen Resultaten geführt werden müssen, oder ob man ihnen nicht kurzer Hand die Begriffe, wie sie in den Fachwissenschaften geordnet vorliegen, etwa in der Form von Definitionen, Regeln, Lehrsätzen, Sprüchen, Lehrabschnitten, durch sprachliche Mitteilung überliefern könne. Leider ist zum Schaden des heranwachsenden Geschlechts die Sippe derer immer noch nicht ausgestorben, die letzteres für möglich halten, so offenkundig auch die traurigen Resultate sind, die aus solchem Beginnen hervorgehen. Ein mühelos überkommenes Begriffsmaterial erzeugt stets nur ein leeres Scheinwissen, das in seinem Fortgange all die Hohlheit, die Phrase, die Blasiertheit zur Folge hat, an welchen unsre Zeit so sehr krankt. Selbst muß der Schüler sich seine Begriffswelt erschaffen; denn jeder hat an lebendigem Wissen nur, was er sich durch eigene geistige Thätigkeit erworben hat. Und aus lebendiger Anschauung heraus muß der Zögling seine Begriffe abstrahieren; denn „nichts kommt in den Verstand, was nicht vorher in den Sinnen war"; und nur durch die Vollkraft eigener sinnlicher Wahrnehmung erhält unser begriffliches Wissen das Leben, die Frische, die es zu einem Motor für unser Denken und Tun machen. Das gilt ebensowohl von unsrer sittlichen, wie theoretischen Einsicht. Die allgemeine Forderung: du sollst deinen Nächsten lieben als dich selbst! bleibt vollständig wirkungslos, wenn sie nicht auf zahlreiche, mannigfache Bilder barmherziger Liebe (der barmherzige Samariter, der Herr in seinen Heilstaten, der brave Mann bei Bürger, Johanna Sebus bei Goethe ıc.) gestützt ist. Der psychologische Grund liegt in der Tatsache, daß die Wärme der Empfindung nicht unmittelbar an dem Abstrakten, sondern an dem Konkreten, Sachlichen, Anschaulichen haftet, und daß dieselbe als die eigentlich treibende Kraft in unserm Gedankenkreise nur von dem Besonderen auf das Allgemeine übergeleitet werden kann."

„Aus dem Gesagten folgt: Jeder echte Lernprozeß im erziehenden Unterricht hat auf jeder Stufe und in jedem einzelnen Falle ein Zwiefaches zu tun, 1. eine Mannigfaltigkeit von konkretem Wissensstoff darzubieten und 2. das in diesem zugleich mit enthaltene Allgemeingültige aus demselben abzuleiten. Der erste Akt führt das wertvolle Rohmaterial herbei; der zweite verarbeitet dasselbe zu den feineren Geistesprodukten, zu Begriffen, Regeln, Gesetzen, Maximen, Grundsätzen, in welchem wir die Blüte unseres gesamten Geisteslebens zu suchen haben. Der stoffliche Inhalt jedes Lehrpensums muß vom Lehrer dargeboten, gegeben, vom Schüler angeeignet werden; den begrifflichen Inhalt hat sich der Schüler selbst zu abstrahieren, wobei der Unterricht nur die Ziele vor Augen zu stellen, die Wege dahin zu weisen, die Hindernisse zu beseitigen hat. Alles Lernen ist darum an die einfachsten Gesetze der Aneignung (Apperzeption) und der Abstraktion gebunden, und der erziehende Unterricht, der dieses Lernen zu leiten hat, hat sich diesen Gesetzen gemäß einzurichten."

So die allgemeinen Umrisse des Lernprozesses. Welches sind nun, näher betrachtet, die einzelnen unterrichtlichen Akte (Stufen, Stadien) in seinem Verlaufe?

Wie die Leser sich erinnern, sind dieselben in meiner Abhandlung: „Die schulmäßige Bildung der Begriffe" (Ges. Schriften. I, 2.) aus Logik und Psychologie bestimmt nachgewiesen und eingehend erörtert worden. Bei ihrer Benennung gebrauche ich in der Regel die gangbaren populären Ausdrücke, während Ziller gewöhnlich der Herbartschen philosophischen Namen sich bedient. Dr. Rein gebraucht ebenfalls deutsche Ausdrücke, die jedoch von den meinigen etwas abweichen. Selbstverständlich ist es gleichgültig, welche Benennungen angewandt werden, wenn sie anders bezeichnend und nicht mißverständlich sind.

Hier ist eine kurze Skizze der einzelnen Stufen — nach der erwähnten Abhandlung.

Zum Anschluß an die aus dem vorliegenden Schriftchen vorhin zitierte Umriß-Beschreibung muß ich eine Bemerkung vorausschicken. Wie dort gesagt, handelt es sich beim Abstraktions- oder Denkprozeß darum, aus gegebenen Anschauungen eine allgemeine Vorstellung, einen Begriff zu gewinnen. Wenn zwei richtig gewählte Anschauungsbeispiele miteinander verglichen werden und dann das Gemeinsame wohl gefaßt ist, so kann der Begriff inhaltlich fix und fertig sein. Allein seinem Umfange nach ist er noch beschränkt, da er nur zwei konkrete Fälle umfaßt. Er bedarf daher der Erweiterung. Überdies muß er inhaltlich erprobt, befestigt und geläufig gemacht werden. Beides geschieht dadurch, daß neue, vielleicht fremdartig scheinende Beispiele vorgeführt werden, damit der Schüler sich übe, das vorhin gelernte Allgemeine, was auch in diesen Beispielen steckt, leicht und schnell wiederzuerkennen. Das ist die sogen. Anwendung des Begriffs. Dahin gehören z. B. alle Rechenaufgaben, die physikalischen Anwendungsfragen u. s. w. Erst durch die Anwendungsoperation gelangt der Abstraktionsprozeß zur Vollenduug.

In dem Lernprozesse treten somit drei Hauptoperationen (Hauptstadien) hervor: 1. das Anschauen (empirische Auffassen), 2. das begriff-erzeugende Denken (Abstrahieren, theoretische Reflektieren), 3. das Anwenden des gewonnenen Begriffes (praktische Reflektieren).

Da es Hauptoperationen sind, so ist wichtig, ihren logisch-psychologischen Charakter deutlich zu erfassen. Die nachfolgende übersichtliche Skizze will dazu behülflich sein.

I. Anschauen.

Objekt: konkrete Dinge, Eigenschaften und Vorgänge — aus der körperlichen oder geistigen Welt.

Tätigkeit: wahrnehmen oder empirisches Auffassen, perzipieren — sei es unmittelbar (sinnlich), oder mittelbar (phantasiemäßig), z. B. bei Erzählungen 2c.

Resultat: eine konkrete Vorstellung oder Anschauung.

## II. Denken.

Objekt: zwei (oder mehrere) konkrete Dinge oder Vorgänge, die miteinander verglichen werden sollen, — (im Unterricht: ein neu gelerntes Objekt und ein bereits bekanntes);

oder aber zwei Dinge oder Vorgänge, deren (kausale oder andere) Beziehung zu einander erkannt werden soll.

Tätigkeit: vergleichen, das Gemeinsame erfassen, oder aber: die kausale 2c. Beziehung zwischen zwei Objekten suchen; — beides in einem Ausdruck: abstrahieren, im Besondern das Allgemeine erkennen.

Resultat: eine abstrakte Vorstellung, Begriff (vielleicht zunächst ein naturwüchsiger, unvollkommener, dann der logische, vollkommene) — sei es in der Form eines Begriffswortes, oder einer Regel, einer Maxime, eines Spruches 2c.; — allgemein ausgedrückt: Erkenntnis, Einsicht.

## III. Anwenden.

Objekt: neue konkrete Objekte (Beispiele), in welchen das bereits gelernte Allgemeine (Begriff, Regel 2c.) wiedererkannt werden soll.

Tätigkeit: insofern ein neues Konkretum betrachtet wird, um darin das Allgemeine zu entdecken, ist die Tätigkeit beinahe dieselbe wie bei II.; — weil aber von einem bereits bekannten Allgemeinen ausgegangen wird — und dieses Bekannte dem suchenden Blicke den Weg zeigt und vorleuchtet — so sagt man: die Gedankenbewegung geht jetzt vom Allgemeinen zum Besondern, und insofern ist diese Tätigkeit die Umkehrung der vorigen. —

Resultat: Erprobung, Befestigung, Erweiterung und Geläufigmachung der (bei II.) gewonnenen abstrakten Vorstellung (Begriff, Regel, Maxime 2c.).

Dies die logisch-psychologischen Hauptoperationen.

Betrachtet man genauer, was bei jeder derselben unterrichtlich geschehen muß, so lassen sich in der II. Operation (Denken) zwei Akte unterscheiden. Das Denken (Abstrahieren) beginnt nämlich mit einem Vergleichen, d. i. mit dem Aufsuchen derjenigen Merkmale, welche den betreffenden beiden Objekten gemeinsam sind. Das wäre der erste Akt. — Sodann gilt es, das gefundene Allgemeine aus den konkreten Vorstellungen, mit denen es im Geiste des Schülers verbunden ist, bestimmter auszuwenden und zusammenzufaſſen — in ein Begriffswort oder in eine Regel oder bei ethiſchen Stoffen in eine Maxime, einen Spruch, Lieder- vers ꝛc. Das wäre dann der zweite Akt.

Will man dieſe beiden Unterakte ſelbſtändig mitzählen, ſo ergeben ſich anſtatt der drei genannten Operationen deren vier: 1. anſchauen, 2. vergleichen, 3. zuſammenfaſſen, 4. anwenden. (So zählen Herbart und Ziller.)

Eine nähere Betrachtung der I. Operation anſchauen, führt ferner darauf, daß dieſer pſychologiſche Prozeß ebenfalls nicht ſo einfach iſt, wie es gewöhnlich angeſehen wird. Soll das Anſchauen — ſei es ein ſinn- liches oder, wie bei Erzählſtoffen, ein phantaſiemäßiges — gut und ganz gelingen, ſo dürfen die neuen Vorſtellungen nicht als etwas gänzlich Neues, und daher fremder, im Geiſte Eing nehmen, ſondern müſſen ſich den vor- handenen Vorſtellungen, zu denen ſie in näherer Beziehung ſtehen, richtig an- und einfügen. Oder mit andern Worten: die bezüglichen älteren Vor- ſtellungen müſſen mobil ſein und bereit ſtehen die neuen Anſchauungen erwartend (mit Aufmerkſamkeit) und teilnehmend (mit Intereſſe) zu be- grüßen, damit dieſelben in dem vorhandenen vertrauten Gedankenkreiſe einen bereiteten und richtigen Eing finden. Techniſch drückt man das kurz ſo aus: die Perzeption (Aufnahme) muß zur Apperzeption (Aneignung) werden. Durch die Apperzeption, d. i. durch das richtige An- und Ein- fügen, gewinnen die neuen Vorſtellungen in zweiſacher Beziehung: an Intereſſe und an Klarheit; aber auch den älteren Vorſtellungen fällt von dieſem doppelten Gewinne etwas zu.

Man ſieht hieraus, daß die I. Operation zwei unterrichtliche Akte nötig macht. Oder richtiger geſagt: die Anſchauungsoperation bedarf einer kurzen einleitenden Vorbeſprechung, wodurch die verwandten Vor- ſtellungen wach- und herbeigerufen werden. (Da durch dieſe einleitenden Vorfragen die gewünſchten älteren Vorſtellungen aus ihren bisherigen Ver- bindungen herausgelöſt (analyſiert) werden, während durch das Vorführen der neuen Anſchauungen ein neuer Gedankenkreis (ſyntheiſch) zuſammen- geſetzt und aufgebaut wird: ſo nennt Ziller den Vorbereitungsakt „Ana- lyſe“ und den eigentlichen Anſchauungsakt „Syntheſe“.) Rechnet man die kurze Vorbeſprechung als einen ſelbſtändigen Akt, ſo werden aus den vorgenannten vier Durcharbeitungsaktionen deren fünf. So zählt Dr. Rein. Ziller zählt (wie Herbart) gewöhnlich vier Akte und faßt dann die beiden Teile der Anſchauungsoperation (I) als Unteraktionen. Mir ſcheint es wiſſenſchaftlich korrekter und für das Gemeinverſtändnis zweckmäßiger zu ſein, zunächſt die drei logiſch-pſychologiſchen Hauptoperationen zu zählen und dann die unterrichtlichen Teilakte bei I und II als Unterakte zu faffen. Natürlich wird es verständigen Leuten nicht einfallen, über diefe verfchiedenen Zähl- und Benennungsweifen zu disputieren; es handelt fich nur darum, daß fie allefamt und zwar begriffsgemäß ausgeführt werden. Vielleicht ift es aber dem Lefer angenehm, die dreierlei Zähl- und Benennungsweifen überfichtlich nebeneinander zu haben.

(Dörpfeld)     (Herbart und Ziller)     (Dr. Rein.)

I. Anfchauen.
{ a. Einleitung
b. Anfchauung
1. Klarheits-
ftufe.
{ a. Analyfe
b. Synth.
1. Vorbereitung
2. Darbietung

II. Denken.
{ a. Vergleich.
b. Zufammf.
2. Affoziationsft.
3. Syftemft. *)
3. Verknüpfung
4. Zufammenf.

III. Anwenden.     4. Methodenft.**)     5. Anwendung.

Was die praktifche Ausführung diefer Durcharbeitungsoperationen betrifft, fo fei darüber noch folgendes bemerkt. (Anhang, 5.)

---

1. Die fünf Lehraktionen müffen vorgenommen werden in jedem Gegenftande und zwar bei jedem Penfum, felbftverftändlich foweit fich Stoff und Stück dazu eignen.**) Demgemäß muß in allen Lehr-fächern der Stoff jedes Jahreskurfus genau penfenmäßig abgeteilt werden.

*) Der Herbartfche Ausdruck „Syftem" will hier fagen, daß auf diefer Stufe die Vorftellungen fich begrifflich (fyftematifch) ordnen. — Der Ausdruck „Methoden-ftufe", foll andeuten, daß in der Anwendungsübung, wobei der Schüler wefentlich felbftändig zu überlegen hat, gleichfam Weg und Weife (Methode) des felb-ftändigen Forfchens gelernt wird.

**) Die Verfaffer fagen über diefe Einfchränkung (S. 86): „Die Zillerfche Forderung, daß jede methobifche Einheit (Penfum) durchaus nach den fünf Stufen durchgenommen werden müffe, führt unbedingt auf Künftelei. Wo kein fyftematifches (begriffliches) Material vorhanden ift, warum denn folches mit Mühe herbeiziehen? Wo z. B. keine Vorbereitung fich nötig macht, warum dann die Zeit vergeuden? Freie Anwendung der 5 formalen Stufen auf die verfchiedenen Lehrfächer, wie z. B. auch auf Zeichnen und Singen, ift nach unferer Anficht das allein Richtige. Wo eine der Stufen dem Stoffe Zwang antut, gereicht fie zum Schaden, nicht zur Förderung des geiftigen Prozeffes. Alfo Freiheit in der Anwendung!" Wie oben bemerkt, ift dies auch meine Meinung. Jene Einfchränkung betrachte ich für den Praktiker als felbftverftändlich. Aber eben deshalb gilt mir dies auch nicht als eine Abweichung von Zillers Anficht. Ziller hat das Recht, und die Pflicht dazu, feine Forderungen an die formale Durcharbeitung des Stoffes fcharf und ftreng auszufprechen — fchon um des alten böfen Feindes willen — fogar zweimal: erftlich als Theoretiker, da die Praxis ohnehin gern etwas von der Strenge zusondern und zusammenzufassen — in ein Begriffswort oder in eine Regel oder bei epischen Stoffen in eine Maxime, einen Spruch, Liedervers ꝛc. Das wäre dann der zweite Akt.

Will man diese beiden Unterakte selbständig mitzählen, so ergeben sich anstatt der drei genannten Operationen deren vier: 1. anschauen, 2. vergleichen, 3. zusammenfassen, 4. anwenden. (So zählen Herbart und Ziller.)

Eine nähere Betrachtung der I. Operation (anschauen) führt ferner darauf, daß dieser psychologische Prozeß ebenfalls nicht so einfach ist, wie es gewöhnlich angesehen wird. Soll das Anschauen — sei es ein sinnliches oder, wie bei Erzählstoffen, ein phantasiemäßiges — gut und ganz gelingen, so dürfen die neuen Vorstellungen nicht als etwas gänzlich Neues, und daher isoliert, im Geiste Platz nehmen, sondern müssen sich den vorhandenen Vorstellungen, zu denen sie in näherer Beziehung stehen, richtig an- und einfügen. Oder mit andern Worten: die bezüglichen ältern Vorstellungen müssen mobil sein und bereit stehen die neuen Ankömmlinge erwartend (mit Aufmerksamkeit) und teilnehmend (mit Interesse) zu begrüßen, damit dieselben in dem vorhandenen vertrauten Gedankenkreise einen bereiteten und richtigen Platz finden. Technisch drückt man das kurz so aus: die Perzeption (Aufnahme) muß zur Apperzeption (Aneignung) werden. Durch die Apperzeption, d. i. durch das richtige An- und Einfügen, gewinnen die neuen Vorstellungen in zwiefacher Beziehung: an Interesse und an Klarheit; aber auch den ältern Vorstellungen fällt von diesem doppelten Gewinne etwas zu.

Man sieht hieraus, daß die I. Operation zwei unterrichtliche Akte nötig macht. Oder richtiger gesagt: die Anschauungsoperation bedarf einer kurzen einleitenden Vorbesprechung, wodurch die verwandten Vorstellungen wach- und herbeigerufen werden. (Da durch diese einleitenden Vorfragen die gewünschten ältern Vorstellungen aus ihren bisherigen Verbindungen herausgelöst (analysiert) werden, während durch das Vorführen der neuen Anschauungen ein neuer Gedankenkreis (synthetisch) zusammengesetzt und aufgebaut wird: so nennt Ziller den Vorbereitungsakt „Analyse" und den eigentlichen Anschauungsakt „Synthese".) Rechnet man die kurze Vorbesprechung als einen selbständigen Akt, so werden aus den vorgenannten vier Durcharbeitungsaktionen deren fünf. So zählt Dr. Rein. Ziller zählt (wie Herbart) gewöhnlich vier Akte und faßt dann die beiden Teile der Anschauungsoperation (I) als Unteraktionen. Mir scheint es wissenschaftlich korrekter und für das Gemeinverständnis zweckmäßiger zu sein, zunächst die drei logisch-psychologischen Hauptoperationen zu zählen und dann die unterrichtlichen Teilakte bei I und II als Unterakte zu fassen. Natürlich wird es verständigen Leuten nicht einfallen, über diese verschiedenen Zähl- und Benennungsweisen zu disputieren; es handelt sich nur darum, daß sie allesamt und zwar begriffsgemäß ausgeführt werden. Vielleicht ist es aber dem Leser angenehm, die dreierlei Zähl- und Benennungsweisen übersichtlich nebeneinander zu haben.

|  | (Dörpfeld) | (Herbart und Ziller) | (Dr. Rein.) |
|---|---|---|---|
| I. Anschauen. | a. Einleitung<br>b. Anschauung | 1. Klarheits-stufe. { a. Analyse<br>b. Synth. | 1. Vorbereitung<br>2. Darbietung |
| II. Denken. | a. Vergleich.<br>b. Zusammf. | 2. Assoziationsst.<br>3. Systemst. *) | 3. Verknüpfung<br>4. Zusammenf. |
| III. Anwenden. |  | 4. Methodenst.**) | 5. Anwendung. |

Was die praktische Ausführung dieser Durcharbeitungsoperationen betrifft, so sei darüber noch folgendes bemerkt. (Anhang, 5.)

———

1. Die fünf Lehraktionen müssen vorgenommen werden in jedem Gegenstande und zwar bei jedem Pensum, selbstverständlich soweit sich Stoff und Stück dazu eignen.**) Demgemäß muß in allen Lehrfächern der Stoff jedes Jahreskursus genau pensenmäßig abgeteilt werden.

———

*) Der Herbartsche Ausdruck „System" will hier sagen, daß auf dieser Stufe die Vorstellungen sich begrifflich (systematisch) ordnen. — Der Ausdruck „Methodenstufe", soll andeuten, daß in der Anwendungsübung, wobei der Schüler wesentlich selbständig zu überlegen hat, gleichsam Weg und Weise (Methode) des selbständigen Forschens gelernt wird.

**) Die Verfasser sagen über diese Einschränkung (S. 86): „Die Zillersche Forderung, daß jede methodische Einheit (Pensum) durchaus nach den fünf Stufen durchgenommen werden müsse, führt unbedingt auf Künstelei. Wo kein systematisches (begriffliches) Material vorhanden ist, warum denn solches mit Mühe herbeiziehen? Wo z. B. keine Vorbereitung sich nötig macht, warum dann die Zeit vergeuden? Freie Anwendung der 5 formalen Stufen auf die verschiedenen Lehrfächer, wie z. B. auch auf Zeichnen und Singen, ist nach unserer Ansicht das allein Richtige. Wo eine der Stufen dem Stoffe Zwang antut, gereicht sie zum Schaden, nicht zur Förderung des geistigen Prozesses. Also Freiheit in der Anwendung!"

Wie oben bemerkt, ist dies auch meine Meinung. Jene Einschränkung betrachte ich für den Praktiker als selbstverständlich. Aber eben deshalb gilt mir dies auch nicht als eine Abweichung von Zillers Ansicht. Ziller hat das Recht, und die Pflicht dazu, seine Forderungen an die formale Durcharbeitung des Stoffes scharf und streng auszusprechen — schon um des alten bösen Feindes willen — sogar zweimal: erstlich als Theoretiker, da die Praxis ohnehin gern etwas von der Strenge

Daß die Einprägungsübungen eben so notwendig sind als die des Neulernens — wenn auch die letzteren der Zeit nach den Vortritt haben — wird kein Lehrkundiger bezweifeln. Allein damit ist dieses Kapitel noch lange nicht erledigt, selbst dann nicht, wenn jeder Praktiker den redlichen und festen Willen hätte in diesem Stücke sein Bestes zu tun. Die Hauptfrage ist hier, gerade wie beim ersten Kapitel vom Lehrverfahren, die nach dem Wie.

Wie weit sind wir nun in der Theorie des Einprägens gekommen?

Hören wir einen angesehenen Zeugen — den didaktischen Materialismus. Obwohl die Bescheidenheit nicht zu seinen natürlichen Tugenden gehört, so kann man ihm doch nicht nachsagen, daß er im Punkte des Neulernens öffentlich auf seine Meisterschaft poche; er hat in unserer Zeit von didaktischer Wahrheit wenigstens so viel gerochen, um ahnen zu können, daß er in diesem Stücke kein Meister sei. Dafür tut er sich aber auch desto mehr auf seine Leistungen im Einprägen zu gute: dieses Gebiet betrachtet er fast als die unbestrittene Domäne seines Ruhms, und auf der gegnerischen Seite scheint man vielfach ratlos zu sein, wie man diesem Geprahle an die Haut kommen könne. Wie sitzt das? Ist denn etwa bloß die Arbeit des Neulehrens das Feld, wo die didaktische Kunst sich zeigen kann, während bei den Einprägungsübungen schon die rohe Handwerkstechnik ausreicht? So sollte man nach jener Tatsache beinahe glauben. In Wahrheit verhält es sich aber weit anders.

Zum richtigen Einprägen ist eben so gut und eben so viel didaktische Einsicht und Kunst erforderlich, als zum richtigen Dozieren. So viel dort fehlt, so viel wird auch hier fehlen. Unsere obige Kritik des didaktischen Materialismus, welche vorzüglich seiner mangelhaften Dozierweise galt, hätte ebensogut wider seine Einprägungsweise sich richten können; denn hier ist er um kein Haar breit weniger roh als dort. Daß nun der didaktische Materialismus doch wagen darf, sich auf seine Einprägungsarbeit etwas zu gute zu thun — das beweist deutlich, daß die gangbare Methodik in dem Kapitel vom Einprägen noch viel unerledigt gelassen haben muß. Selbst die Herbartische Schule hat die Theorie des Einprägens nicht in dem Maße ausgebildet, wie die des Docierens. Auch das vorliegende Schriftchen läßt diese Lücke merken. Ich meine nicht, daß die Verf. die Wichtigkeit des Befestigens und Geläufigmachens unterschätzten. Das ist ganz und gar nicht der Fall. Vielmehr erinnern sie bei jedem Lehrstadium, wo ein Einprägen stattfinden muß, ausdrücklich daran und geben auch einzelne Winke, wie es geschehen soll. Was ich vermisse, ist eine besondere orientierende Besprechung dieses Kapitels — in der Weise, wie sie auch die Übungen des Neulernens be-

reich gewählt worden sind. Man möchte beinahe raten: je kleiner,
desto besser — wenn nicht auch hier ein bestimmtes „Aber" im Wege
stände. Der Abschnitt muß nämlich jedenfalls so groß sein, daß sein Inhalt für die selbständige Reflexionsbetrachtung (II) einen würdigen Stoff
bietet. Ein Beispiel. In der biblischen Geschichte würde die Erzählung
„Moses Geburt und Flucht" (auf der Mittelstufe) etwa in folgende drei
Pensen sich zerlegen lassen: 1. Israels Bedrückung, 2 a. die Rettung des
zukünftigen Retters, und b. Moses Erziehung, 3 a. sein erstes Auftreten
als Befreier, und b. die Folgen dieses Befreiungsversuches.

Es könnte noch die Frage erhoben werden, ob bei einer Geschichte,
welche mehrere Pensen umfaßt, schon beim ersten Abschnitte die ganze Geschichte zu erzählen sei, oder ob jeder folgende Abschnitt erst erzählt werden
dürfe, wenn auch die reflexionsmäßige Betrachtung geschehen soll. (Die
Verf. sprechen sich über diesen Punkt nicht deutlich genug aus.) Allgemein
läßt sich diese Frage nicht entscheiden, sondern nur nach Beschaffenheit der
einzelnen Geschichte. Wo der einzelne Abschnitt für sich ausreichend verständlich ist, und auch das gemütliche Interesse nicht entschieden vorwärts
drängt, da bleibt man am besten bei diesem Pensum stehen; im andern
Falle muß so viel erzählt werden, als für das Verständnis und das Interesse dienlich scheint. Übrigens darf auch an die alte Predigtregel gedacht werden, die von Dr. Luther herstammen soll: „Tritt frisch auf,
tu's Maul auf, hör bald auf!" — oder an jenen orientalischen
Märchenerzähler (in 1001 Nacht), der jeden Abend gerade dann abbrach,
wenn das Interesse der Zuhörer aufs höchste gespannt war. (Anhang, 6.)

2. Ist in den oben beschriebenen drei bezw. fünf Lehroperationen die
sämtliche Lehr- und Lernarbeit angegeben, welche an einem Pensum
geschehen muß? O nein, wie jeder Schulmann und — jeder Schüler weiß.

Es gibt zweierlei Lehr- und Lernarbeit.

Jene Operationsreihe nennt nur diejenigen Übungen, bei denen jedesmal, sei es empirisch oder reflexionsmäßig, etwas Neues gelernt werden
soll. (Die einleitenden Vorfragen rechne ich natürlich nicht.) Diese
Übungen bilden die erste Art der Lehr- und Lernarbeit: die des Do-
zierens oder Neulernens.

Zum ganzen Lernen gehört aber bekanntlich noch etwas anderes als
das momentane richtige Erfassen des richtig Dozierten, nämlich das Befestigen und Geläufigmachen des empirisch oder denkend Erkannten —
oder wie man kurz zu sagen pflegt: das Einprägen. Die dahin zielenden
Übungen machen die zweite Art der Lehr- und Lerntätigkeit aus

Daß die Einprägungsübungen eben so notwendig sind als die des Neulernens — wenn auch die letzteren der Zeit nach den Vortritt haben — wird kein Lehrkundiger bezweifeln. Allein damit ist dieses Kapitel noch lange nicht erledigt, selbst dann nicht, wenn jeder Praktiker den redlichen und festen Willen hätte in diesem Stücke sein Bestes zu tun. Die Hauptfrage ist hier, gerade wie beim ersten Kapitel vom Lehrverfahren, die nach dem Wie.

Wie weit sind wir nun in der Theorie des Einprägens gekommen?

Hören wir einen angesehenen Zeugen — den didaktischen Materialismus. Obwohl die Bescheidenheit nicht zu seinen natürlichen Tugenden gehört, so kann man ihm doch nicht nachsagen, daß er im Punkte des Neulernens öffentlich auf seine Meisterschaft poche; er hat in unserer Zeit von didaktischer Wahrheit wenigstens so viel gerochen, um ahnen zu können, daß er in diesem Stücke kein Meister sei. Dafür tut er sich aber auch desto mehr auf seine Leistungen im Einprägen zu gute: dieses Gebiet betrachtet er fast als die unbestrittene Domäne seines Ruhms, und auf der gegnerischen Seite scheint man vielfach ratlos zu sein, wie man diesem Geprahle an die Haut kommen könne. Wie sitzt das? Ist denn etwa bloß die Arbeit des Neulehrens das Feld, wo die didaktische Kunst sich zeigen kann, während bei den Einprägungsübungen schon die rohe Handwerkstechnik ausreicht? So sollte man nach jener Tatsache beinahe glauben. In Wahrheit verhält es sich aber weit anders.

Zum richtigen Einprägen ist eben so gut und eben so viel didaktische Einsicht und Kunst erforderlich, als zum richtigen Dozieren. So viel dort fehlt, so viel wird auch hier fehlen. Unsere obige Kritik des didaktischen Materialismus, welche vorzüglich seiner mangelhaften Dozierweise galt, hätte ebensogut wider seine Einprägungsweise sich richten können; denn hier ist er um kein Haar breit weniger roh als dort. Daß nun der didaktische Materialismus doch wagen darf, sich auf seine Einprägungsarbeit etwas zu gute zu thun — das beweist deutlich, daß die gangbare Methodik in dem Kapitel vom Einprägen noch viel unerledigt gelassen haben muß. Selbst die Herbartische Schule hat die Theorie des Einprägens nicht in dem Maße ausgebildet, wie die des Docierens. Auch das vorliegende Schriftchen läßt diese Lücke merken. Ich meine nicht, daß die Verf. die Wichtigkeit des Befestigens und Geläufigmachens unterschätzten. Das ist ganz und gar nicht der Fall. Vielmehr erinnern sie bei jedem Lehrstadium, wo ein Einprägen stattfinden muß, ausdrücklich daran und geben auch einzelne Winke, wie es geschehen soll. Was ich vermisse, ist eine besondere orientierende Besprechung dieses Kapitels — in der Weise, wie sie auch die Übungen des Neulernens besprochen haben — nebst den aus dieser Totalanschauung sich ergebenden praktischen Ratschlägen. Eine solche Besprechung würde nicht bloß darum zweckmäßig gewesen sein, weil die Ansichten über Einprägen („memorieren" und „Gedächtnis") vielfach noch sehr verwirrt sind, sondern insbesondere auch deshalb, weil erst auf Grund der Durcharbeitungsstufen die richtige Weise des Einprägens gezeigt werden kann.

Es ist hier nicht tunlich, auf das wichtige Kapitel vom Einprägen tiefer einzugehen. Nur einige aphoristische Bemerkungen mögen Platz finden. Sie sind jedoch nicht speziell für die Unterstufe, sondern allgemein gedacht. Ich knüpfe an bestimmte Fragen an: a. Was muß eingeprägt werden? b, Wann muß es geschehen? c. Wie? d. Wer soll es tun?

Zunächst eine Vorfrage: was heißt „einprägen" — im psychologischen Sinne?

Sein Zweck ist das Behalten und Geläufigmachen des momentan Gelernten, mit einem Worte: der möglichste Grad von Reproduzierfähigkeit. Dazu hilft aber auch vieles andere, was vor und neben dem Einprägen liegt. So z. B. das Interesse und die Aufmerksamkeit beim ersten Erfassen; denn je lebendiger und kräftiger eine Vorstellung ursprünglich gebildet wird, desto reproduzierfähiger ist sie. Ferner hilft dazu jede Verknüpfung, welche eine neue Vorstellung mit andern eingeht: je mehr solcher Verknüpfungen, desto mehr Möglichkeiten und Hülfen der Reproduktion. Was wir Apperzeptions- und Reflexionsprozesse nennen, das sind, psychologisch besehen, empirische und logische Vorstellungsverknüpfungen; mithin sind diese „Denkübungen" damit zugleich auch Übungen zum Behalten (das logische oder sog. judiciöse Memorieren) und zwar höchst bedeutsame. Zu demselben Zwecke hilft endlich die unter A. besprochene konzentrierende Verbindung der verschiedenen Lehrfächer.

Von allen diesen vortrefflichen Hülfsmitteln zum Behalten ist aber vorläufig abzusehen, wenn vom Einprägen in dem obigen, gewöhnlichen Sinne die Rede sein soll. Dieses Einprägen ist eine Übung ad hoc; man meint damit das Repetieren (das repetierende Memorieren).

Was heißt aber „repetieren" — im psychologischen Sinne?

Beim Bildungs- und Erziehungsgeschäfte nichts anderes als: dieselbe geistige Aktion (vielleicht zugleich eine leibliche) noch einmal vollziehen. Ich sage: dieselbe geistige Aktion. Eine konkrete Vorstellung (z. B. von einer Pflanze, einer Karte) wird daher im Vollsinne noch nicht dadurch repetiert, daß man ihren Namen wiederholen läßt, sondern erst dann, wenn sie noch einmal anschauungsweise erzeugt wird. Im Wiederholen eines Namens liegt nur ein phantasiemäßiges Repetieren der

6*

Um der Kürze willen müssen sich die folgenden Bemerkungen auf das Erkenntnisgebiet beschränken.

b. **Wann muß repetiert werden?** Allgemein gesagt, wenn von der ersten Auffassung noch nichts verloren ist, mithin möglichst bald nach der ersten Vorführung. Auf die Operation des Neulernens angewandt, heißt das: die Repetition muß dem Neulernen Schritt vor Schritt auf dem Fuße folgen. Also:

I. **Anschauungs**operation, — dann sofort Einprägung des dort vorgeführten konkreten Stoffes (erst frageweise, dann lesend, wenn der Stoff sich dazu eignet), bis zur gewünschten Sicherheit und Geläufigkeit. — Weil bei den sachunterrichtlichen Fächern (und beim belletristischen Lesebuche) der konkrete Stoff so reich ist, daß die Reflexionsübung (II) nur einen Bruchteil desselben heranziehen kann — namentlich im Gebiete des Menschenlebens — so hat das Einprägen gerade an dieser Stelle beim konkreten Stoffe seine Hauptarbeit zu tun.

II. **Denk**operation:

    a. **vergleichen**, — dann Repetition der einzelnen Ergebnisse des Vergleichungsaktes (der gemeinsamen Merkmale) — bis zur Geläufigkeit.

    b. **zusammenfassen**, — dann Einprägung des Zusammenfassungsergebnisses (des Begriffswortes samt der etwa mit vorkommenden Erklärung, — bei ethischen Stoffen: der entwickelten ethischen Wahrheit, vielleicht in Form eines Spruches, Liederverses 2c.) — wieder bis zur Sicherheit und Geläufigkeit.

III. **Anwendungs**operation, — dann Schlußreproduktion, mündlich oder schriftlich, einfach referierend oder in aufsatzmäßiger Verarbeitung. Wo mehrere Pensen zusammengehören, wird die Schlußreproduktion erst am Ende des Ganzen vorzunehmen sein.

Die obige allgemeine Regel gilt auch für die **summarische Repetition** (von größeren Abschnitten): sie darf nicht warten, bis bereits viel vergessen ist. Wenn die Repetition nötig wird, dann kommt sie schon zu spät, pflegte Dr. Mager zu sagen.

Es will übrigens nicht übersehen sein, daß in den Reflexionsoperationen (II und III) auch damit zugleich ein Stück Repetition sich vollzieht. Ich meine nicht die bereits oben erwähnte Hülfe zum Behalten, welche die logischen Vorstellungsverknüpfungen (als sog. judiziöses Memorieren) leisten, sondern eine wirkliche Repetition. Die Denkoperation (II) bringt nämlich diejenigen Anschauungselemente zur Wiederholung, welche den Inhalt des betreffenden Begriffes (oder der bloßen Vergleichung) ausmachen oder eng damit zusammenhängen. Die Anwendungsoperation (III) wiederholt jene Erscheinungselemente abermals und die Denkoperation dazu — nur an anderen konkreten Beispielen. Diese Art der Wiederholung, welche sich in und mit den Reflexionsübungen vollzieht, nennt man die „immanente" Repetition. Sie steht an innerem Werte höher als die absichtliche. Die vortreffliche Dienste sie tut, zeigt sich namentlich in der Mathematik. Denn da hier der konkrete Stoff ganz in die Reflexionsoperation aufgeht, so ist nur eine geringe absichtliche Repetition nötig: die Hauptsache des Einprägens besorgen die Anwendungsbeispiele (Rechenaufgaben) von selbst. Ähnlich würde es in der Physik sein, wenn man sie nicht im deduktiv-materialistischen Sinne betreiben wollte.

c. **Wie muß repetiert werden?** — Diese Frage ist sehr weitschichtig, da die Eigentümlichkeit der verschiedenen Lehrgegenstände und der Altersstufen hier eingreift. Ich werde daher nur die **sachunterrichtlichen Fächer** und das belletristische Lesebuch ins Auge fassen, und hier wiederum mich beschränken auf das Einprägen des konkreten Stoffes (L), da dies die meiste Kraft und Zeit erfordert.

Zunächst muß hier die Repetition unbedingt mündlich geschehen, in **freiester Frageweise — 1. Akt — mit dem Zweck, vorab die** Hauptpunkte und die Reihenfolge derselben zu befestigen, dann aber auch zugleich mit Sorgfalt auf die einzelnen Züge fragend den Finger zu legen, so weit es dienlich scheint, namentlich auf der Unter- und Mittelstufe. Da indessen bei den Erzählstoffen (und Gedichten 2c.) diese Repetitionsweise hauptsächlich nur ein Auffrischen des **Behaltenen** ist, nicht eine Wiederholung der vollen Anschauungsaktion, so macht sich ein 2. Repetitionsakt notwendig: eine **nochmalige genaue und anschauliche Vorführung des konkreten Stoffes.** Soll nun der Lehrer zu diesem Zwecke die Geschichte noch einmal selbst erzählen? Das würde offenbar für die Schüler — und nicht minder für den Lehrer — eine ausgesuchte Langweiligkeit sein. Die Schüler warten jetzt sachlich darauf, auch ihrerseits mehr aktiv sein zu können: sie wollen die Geschichte 2c. **lesen.** Ihr Naturtrieb hat recht — zweimal sogar: einmal, weil Aktivität höher steht als Passivität, und zum andern, weil Sprachunterricht und Sachunterricht einander unterstützen sollen. (In der Naturkunde ist das Lesen ebenfalls zweckmäßig, wenn auch weniger im sachunterrichtlichen als im sprachunterrichtlichen Interesse.) Der Lehrer, welcher sich auf die Natur der Kinder und auf die Natur der Lehrgegenstände versteht, wird also im 2. Akte das betreffende Pensum **lesen** lassen, erst unter seiner Beihülfe, dann auch zu Hause — vorausgesetzt nämlich, daß seine Schule in den genannten

Fächern nicht mit einem kompendiarischen „Leidfaden" gestraft ist. — Außerdem bietet sich als auffrischendes Repetitionsmittel an die schriftliche Darstellung in dieser oder jener Weise, und endlich noch bei äußeren Formen aller Art (in Naturkunde, Geographie und Geschichte) das unersetzliche Einprägungsmittel des Zeichnens.

An das Wiederholen, wie es in diesen beiden Akten verläuft, tritt aber auch noch eine allgemeine, nach innen gerichtete Forderung heran. Sie lautet: die Repetition (und ebenso die Schlußreproduktion) muß möglichst denkend geschehen. „Denkend" mag vorab heißen: nicht gedankenlos; der Schüler muß mit seinen Gedanken bei der Sache sein. „Versteht sich das aber nicht von selbst?" Gewiß versteht sich von selbst, daß das geschehen soll; allein was zu tun ist, damit es auch wirklich geschehe — das versteht sich eben nicht von selbst. Das Hauptmittel dazu ist allerdings von jedermann gekannt und von alters her im Gebrauch; ob man aber seine Kraft hinlänglich ausgebeutet hat, davon wird näher zu reden sein. Ich meine natürlich das frageweise Repetieren. Das Fragen nötigt den Schüler, seine Gedanken bei der Sache zu halten; aber auch dann, wenn derselbe schon von selbst bei der Sache ist, tut die Frage ihm doch den doppelten Dienst, daß seine Aufmerksamkeit einen neuen Impuls erhält und auf die rechte Stelle gelenkt wird. Darum eben geschieht das Einprägen im 1. Akte frageweise.

Wie aber beim 2. Akte — beim Lesen in der Schule und zu Hause, bei der schriftlichen Auffrischung des Behaltenen und endlich bei der Schlußreproduktion? Überdies ist zu bedenken, daß das zusammenhängende Vortragen, gleichviel ob es lesend oder sprechend geschieht, auf die Länge unvermeidlich etwas Ermüdendes annimmt für diejenigen Schüler, welche passiv sein müssen. Hier würde somit ebenfalls ein Anregungsmittel am Platze sein.

Die Forderung: denkend repetieren! zeigt hier selber den rechten Weg. Das Wort „denkend" muß jetzt in einem zweiten, höheren Sinne genommen werden. Um diesem Sinne zu entsprechen, müssen daher die repetierenden Fragen — die auch hier wieder das richtige Mittel sind — ebenfalls etwas höher gegriffen werden. In zweifacher Beziehung höher. Einmal müssen sie eine umfassendere Antwort fordern, und zum andern ein reflektives Moment enthalten. Letzteres will sagen: sie dürfen keine sog. Abwicklungsfragen sein, die bloß „abhaspeln" was früher „aufgehaspelt" worden ist, sondern müssen dem Schüler einen neuen Gesichtspunkt anweisen — naheliegend zwar, aber doch neu d. h. den der Schüler wohl selbst gefunden haben könnte, an den er aber ohne Hülfe der Frage wahrscheinlich nicht gedacht hätte. Im 1. Repetitionsakte

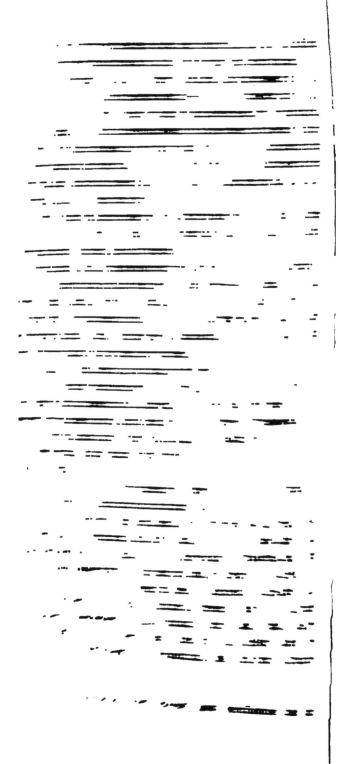

d. **Wer soll die Einprägungsarbeit tun?** Mit andern Worten: Ist die Repetition bloß ein Schülergeschäft, oder hat auch der Lehrer dabei mitzuwirken? — In den vorstehenden Bemerkungen ist die Antwort schon enthalten. Darum nur ein kurzes Wort. Die pädagogische Roheit des didaktischen Materialismus offenbart sich bekanntlich auch darin, daß er die Einprägungslast so viel als möglich den Schülern und dem Hause aufzubürden sucht. Diesem Unfuge setzt die . richtige Didaktik die kategorische Forderung entgegen: Zuerst soll der Lehrer selbst mit angreifen; ja im Grunde hat er den wichtigsten Teil dieser Arbeit zu leisten. Im Knabenalter, und vollends in den Kinderjahren, darf den Schülern keinerlei häusliche Repetition zugemutet werden, zu welcher nicht in der Schule schon ein tüchtiger Anfang gemacht ist. Warum? Um den Schülern das Einprägen zu erleichtern? (Gewisse Leute sprechen diese Frage so aus, als ob zu besorgen wäre, daß dann die Schüler verzärtelt und dem ernsten Arbeiten entwöhnt würden). Ich sage rundweg: Jawohl, der Lehrer soll darum zunächst selbst mit angreifen, um den Schülern das Einprägen zu erleichtern, da dasselbe, wenn das volle Lernziel festgehalten wird, ohnehin ihnen noch übergenug zu tun gibt. Zum andern soll er diese Mühe deshalb übernehmen, um sich selber Mühe zu ersparen — nämlich die viel lästigere und viel weniger fruchtbare Mühe des Nachbesserns, Treibens 2c. Und endlich: zum richtigen Einprägen gehört eben so gut didaktische Kunst als zum richtigen Dozieren; und diese Kunst zu verstehen, ist meines Erachtens nicht Sache der Schüler, sondern des Lehrers.

Das seien einige Striche zur Lehre vom „Memorieren."

In meinen älteren didaktischen Aufsätzen und Schriften, auch noch in den „Grundlinien", pflegte ich die drei Durcharbeitungsoperationen so zu bezeichnen: I. anschauliches Erfassen, II. denkendes Einprägen, III. denkendes Reproduzieren. Wie man sieht, sind hier die beiden ersten Hauptübungen des Neulernens (Anschauen und Denken), sowie die entsprechenden Übungen des Einprägens, noch nicht ausdrücklich geschieden. Indem die Anschauungsoperation, das Einprägen und die Schlußreproduktion als unerläßlich hervorgehoben waren, blieb es dem Lehrer anheimgegeben, wie und in welchem Maße er die selbständigen Reflexionsübungen ausführen wollte; nur wurde darauf gedrungen, daß jedes Erfassen und Reproduzieren möglichst denkend geschehe. Es war dies

---

Wiederholung derselben." Gütersloh, 15. Aufl. — Eine genaue Erörterung der oben skizzierten Einprägungs-Grundsätze bietet die methodische Begleitschrift: „Erstes und zweites Wort über Anlage, Zweck und Gebrauch des Enchiridions." (Ges. Schriften. Band III.)

eine Anbequemung an die geläufige Lehrweise
Boden des Gegebenen halten — auf dem
Vorschriften und der Seminarpraxis.  Diej
korrektere Form kannten, konnte diese vermit
für die andern war dieselbe eine bequeme
zwar so, daß sie sich in den Stand ge
rungen obendrein noch besser als bisher
diese vermittelnden, mäßigen
der didaktisch-materialistischen Praxis
schon das Dringen auf möglichste ?
Erzählstoffen — noch mehr die Fr
Schlußreproduktion möglichst denk
wenigsten das Dringen auf tr
Sprachunterricht.

Allmählich sind wir glückl
durch die dankenswerte Mith?
vermittelnde Bezeichnung der ?
Platz machen.  Das Richtig
und die der Repetition —
gehen — doch in der ther
werden.  Man braucht d
zählen, da diese auch f?
Die parallele Reihe der
des Neulernens ist jeß
lich fertig.  Nunmehr
ordentliche Theorie d

3. Am Sch
haben die Verfa'
in einen knappe
sammengestellt.
dabei herausk
schriften: A.
C. Von ur
und lassen
Die

4. Wir sollen dem lieben Gott danken.

5. Wir können uns auf den lieben Gott verlassen.

6. Gott bestraft den Reichen, der unbarmherzig und geizig ist.

7. Wir sollen unsern Eltern gehorchen.

8. Geschwister sollen sich miteinander vertragen und sich lieb haben.

9. Geschwister sollen einander nicht verlassen.

10. Was das eine hat, soll's mit dem andern teilen.

Die letzten 6 lauten:

35. Wir sollen nicht neidisch sein.

36. Wir sollen nicht habgierig sein.

37. Geld und Gut macht nicht glücklich.

38. Hüte dich vor dem ersten Schritt zum Bösen.

39. Wer Böses tut, wird bestraft.

40. Ein gut Gewissen ist das beste Ruhekissen.

Ich möchte dem Leser empfehlen, bei zwei Punkten mit seinen Gedanken etwas zu verweilen.

Der erste Punkt ist der, daß alle religiös-ethischen Wahrheiten bestimmt fixiert und in einen möglichst kurzen Ausdruck gebracht sind. Das Warum sagt sich von selbst. Aber man wird fragen dürfen, ob es überall geschieht, — ob es jedem Lehrer als ein notwendiges Stück seiner Präparation gilt. So weit der Lehrer darin säumig und fahrig ist, so weit bleibt das religiös-ethische Denken der Schüler im Nebel stecken. (Ob die Verfasser hie und da auch einen kurzen Bibelspruch oder eine Kirchenlieds= strophe heranziehen, ist nicht bemerkt; anscheinend geschieht es erst auf der folgenden Stufe.) Der andere Punkt, welcher beachtet zu werden verdient, ist, daß die religiös-sittlichen Gedanken, welche im Jahreskursus vorkommen, dem Lehrer übersichtlich vor Augen stehen müssen — sowohl in der Reihenfolge, wie sie im Unterricht auftreten, als auch in begrifflicher Ordnung. Daß der historische Stoff pensenmäßig verzeichnet ist, genügt nicht. Auch die religiös-ethischen Wahrheiten, die zur Sprache kommen sollen, muß der Lehrer sich vergegenwärtigen; einmal der Zahl nach, um zu prüfen, ob dieselbe nicht zu hoch und nicht zu niedrig sei, sodann in der begrifflichen Ordnung, um zu sehen, ob die verschiedenen Seiten der religiös-ethischen Anschauung richtig vertreten sind. Es mahnen aber auch noch andere Umstände an eine solche Zusammenstellung.

Vorab gehört zur Erhaltung und Hebung des Lerninteresses beim Schüler auch dies, daß er von Zeit zu Zeit sich bewußt werde, wie weit das Lernen vorwärts gerückt ist. Darum muß von Zeit zu Zeit — in passender Weise — eine rückblickende Überschau vorge=

nommen werden. Zum andern darf von dem erworbenen geistigen Besitze
nichts verloren gehen, am wenigsten im Gesinnungsunterricht. Darum
muß von Zeit zu Zeit — in passender Weise — eine repetierende Revue
eintreten. Diese Revue will aber nicht so verstanden sein, als ob hier
nachgeholt werden sollte, was bei der Durcharbeitung des einzelnen Pensums und bei den Zwischen-Gelegenheiten im Einprägen versäumt worden
ist. Das dort Versäumte läßt sich gar nicht nachholen. „Was vorbei ist,
kommt nicht wieder." Die summarische Repetition soll keine fremden
Schulden bezahlen; sie setzt vielmehr voraus, daß das unmittelbare wie
das immanente Repetieren an seinem Orte richtig besorgt worden sei. Zu
der rechten Weise dieser repetierenden Revue gehört dann erstlich, daß sie
sich nicht als „Wiederholung" ankündige — denn jedes bloße Wiederholen
hat für den Schüler etwas Langweiliges, Drückendes an sich — sondern
mit jener rückblickenden „Überschau", die sich des erworbenen Be-
sitzes freuen will, in Eins zusammenfalle. Das will heißen: der
Lehrer darf nicht ankündigen: „Jetzt wollen wir das Gelernte wiederholen,"
sondern: „Wir wollen einmal sehen, was wir seit dann und dann schon
alles gelernt haben." Zur rechten Weise des summarischen Repetierens
gehört ferner, daß es unter Zurückgreifen auf den historischen Anschauungsstoff und überhaupt denkend geschehe. Demnach kann der Lehrer etwa eine
religiös-ethische Wahrheit nennen, während der Schüler das historische Faktum,
bei welchem dieselbe gelernt worden ist, anzugeben hat; oder er schlägt den
umgekehrten Weg ein, oder wechselt mit beiden Weisen ab. — Ob die
Verfasser die religiös-ethischen Gedanken im Verfolg des Unterrichts auch
einigermaßen elementar begrifflich ordnen lassen wollen, ist nicht deutlich
gesagt; möglich, daß dies für die folgende Stufe verspart bleiben soll.
Wo eine solche Ordnung vorgenommen worden ist, da bietet dieselbe wieder
eine neue Weise für die Rückschau und die summarische Repetition.

Am Schlusse der Lehrproben aus der Heimatkunde geben die Verf.
gleichfalls genau Rechenschaft darüber, was alles im Laufe des Jahres aus
diesem Gebiete vorgekommen ist. Da sieht man eine stattliche Reihe von
Anschauungen und Begriffen aufgeführt. Wie alle zugänglichen Zweige der
Naturkunde vertreten sind, so auch die besehbarsten Seiten des Menschenlebens. Und doch ist immer nur das herangezogen worden, worauf der
geschichtliche Stoff des Gesinnungsunterrichts hingewiesen hatte. Auch diese
Zusammenstellung zeugt wieder dafür, daß die Verf. sich auf die Bedürf-
nisse der Schularbeit verstehen. Keinem Lehrer darf eine solche detaillierte
Übersicht des heimatkundlichen Stoffes fehlen; sie bildet eine integrierende
Ergänzung des Pensenverzeichnisses.

4. **Eine Schlußbemerkung.** Dieselbe hätte eigentlich oben, bei A. (Auswahl des Lehrstoffes), stehen sollen: sie wird aber auch hier am Ende nicht deplaziert sein.

Die Verf., welche für das Wort „vortragen" auf dieser Stufe den ansprechenderen Ausdruck „sagen" gebrauchen, stellen sagen und singen nahe zusammen. Sehr recht: sagen und singen sind ja nicht bloß sprachlich verwandt. — Dabei möchte ich aber einen Wunsch vorbringen. Es ist der, daß beim Sagen und Singen die Gedichte und Lieder ernsteren Charakters etwas stärker vertreten sein möchten. Der Grund läßt sich schnell sagen. Die scherzhaften Reime und Lieder, wie natürlich und berechtigt sie in den Kinderjahren sind, fallen doch unter die Regel: „Als ich Kind war u. s. w." (1. Kor. 13, 11.) — d. h. in den reiferen Jahren entsprechen sie dem eignen Bedürfnisse nicht mehr; kurz, sie haben nur vorübergehenden Wert, sie stehen im „abnehmenden Licht." Mit den ernsten, gehaltvollen poetischen Gedichten und Liedern, wenn sie zugleich dem kindlichen Verständnis zugänglich sind, verhält es sich gerade umgekehrt. Weil sie einem bleibenden Bedürfnis entgegenkommen, so kann ihr Wert nicht abnehmen; und weil sie in der Kindheit gelernt und mit vielen Jugenderinnerungen verflochten sind, so werden sie in den älteren Jahren dem Gemüte besonders ansprechend und teuer sein — ansprechender und teurer als das später Gelernte. Ein Pfarrer hatte einst bei besonderer Gelegenheit als Thema einer Abendpredigt das bekannte Kirchengebet gewählt: „Lieber Gott, mach' mich fromm, daß ich in den Himmel komm." Die Predigt war herzlich, der Mann verstand sich auf ein solches Thema; im übrigen waren seine Worte schlicht und einfach. Die Zuhörer, besonders die Alten, meinten beim Heimgange — und noch viele Jahre nachher — eine so ergreifende und anziehende Predigt hätten sie noch niemals gehört. Der Grund ist klar.

# Anhang.

---

## Zusätze der zweiten Auflage.

### Zusatz 1 (zu S. 12).

Der angedeutete Ausspruch Lessings lautet:

„Warum fehlt es in allen Wissenschaften und Künsten so sehr an Erfindern und selbstdenkenden Köpfen? Diese Frage wird am besten durch eine andere Frage beantwortet: Warum werden wir nicht besser erzogen? Gott gibt uns die Seele, aber das Genie müssen wir durch Erziehung bekommen. Ein Knabe,

(a) dessen gesamte Seelenkräfte man so viel als möglich in einerlei Verhältnissen ausbildet und erweitert;

(b) den man gewöhnt, alles, was er täglich zu seinem kleinen Wissen hinzulernt, mit dem, was er gestern bereits wußte, in der Geschwindigkeit zu vergleichen und acht zu haben, ob er durch diese Vergleichung nicht von selbst auf Dinge kommt, die ihm noch nicht gesagt worden;

(c) den man beständig aus einer Szienz in die andere hinübersehen läßt;

(d) den man lehrt, sich ebenso leicht von dem Besondern zu dem Allgemeinen zu erheben, als

(e) von dem Allgemeinen sich wieder zum Besondern herabzulassen:

der Knabe wird ein Genie werden, oder man kann nichts in der Welt werden.“

Der Ausdruck (bei a) „in einerlei Verhältnissen“ ist nicht ganz deutlich, da er eine doppelte Auslegung zuläßt. Einmal die, daß einerlei äußere Umstände gemeint seien, entgegen einem häufigen Wechsel des Aufenthaltsortes oder der Lehrer mit seinen mancherlei übeln Folgen; zum andern die, daß an einerlei (d. i. gleichmäßige) Proportion der Lehrfächer gedacht werden solle, entgegen einer einseitigen

Bevorzugung oder Zurücksetzung des einen oder andern Faches, wie es zu Lessings Zeit in allen höhern und niedern Schulen allgemein war. Wie man sieht, ergibt die eine wie die andere Auslegung eine wichtige pädagogische Wahrheit. Die zweite Wahrheit gehört in die Theorie des Lehrplans und wird weiter unten im Text unter der Bezeichnung „qualitative Vollständigkeit" des Lehrplans kurz zur Sprache kommen. In meinen „Grundlinien einer Theorie des Lehrplans" ist dieser Punkt eingehend erörtert worden. — Die erstgenannte Wahrheit würde ebenfalls eine ausführliche Besprechung verdienen; es ist mir aber noch niemals ein Aufsatz über dieses Thema zu Gesicht gekommen.

Auch allen übrigen methodischen Forderungen Lessings werden wir im Verfolg dieser Abhandlung begegnen. Der Satz c ist gleichbedeutend mit dem, was unten „die unterrichtliche Verknüpfung der Lehrfächer" genannt wird. Er gehört also zunächst wieder zur Theorie des Lehrplans; wenngleich die praktische Ausführung zum Teil innerhalb des Lehrverfahrens sich vollziehen muß. — Die Sätze b, d und e weisen uns in die Theorie des Lehrverfahrens. In d und e sind jene zwei Hauptlehroperationen genannt, die wir später unter dem Namen „Denken (oder Abstrahieren)" und „Anwenden" näher zu besprechen haben. Der Satz b bezeichnet keine bestimmte Lehroperation, sondern hebt ein allgemeines Prinzip, das der Selbsttätigkeit, hervor. Dasselbe muß in allen Lehroperationen zur Geltung kommen und zwar namentlich auch in der so wichtigen Anschauungsoperation. Ich weise auf diese deshalb ausdrücklich hin, weil das Selbstfindenlassen gerade dort noch vielfach versäumt wird, und bei historischen Stoffen sogar die Anschauungsoperation der Zillerschen Schule noch etwas zu wünschen übrig läßt.

Wie der Leser finden wird, machen die genannten fünf Grundsätze Lessings den Hauptstock dessen aus, was der zweite Teil dieses Aufsatzes, die Buchrezension, zu besprechen hat. Man könnte daher sagen, das vorliegende Schriftchen sei in der Hauptsache nichts anderes als eine nähere Erklärung jenes Lessingschen Ausspruches.

———————

## Zusatz 2 (zu S. 23).

Die in Aussicht gestellte eingehendere Beleuchtung der Schulaufsichtseinrichtungen ist zwei Jahre nachher, als die bekannte Rede des Ministers v. Puttkamer dazu nötigte, nach bestem Vermögen geliefert worden — in dem „Beitrag zur Leidensgeschichte der Volksschule" (Barmen, bei Wiemann). Obwohl das vorliegende Schriftchen ein rein methodisches

ift, auch sich streng an sein Thema hält, also nur das zur Sprache
bringt, was logisch zu seiner Aufgabe gehört, so steht es nichtsdestoweniger
in einer sehr engen Beziehung zur „Leidensgeschichte", und zwar nicht bloß
in einem einzelnen Abschnitte, sondern als Ganzes: es bildet in der Tat
eine wesentliche Ergänzung der letzteren. In der „Leidensgeschichte"
wurde auf dieses Verwandtschaftsverhältnis nicht ausdrücklich aufmerksam
gemacht, weil ich voraussetzte, daß jener kritische Vorläufer in den Lehrerkreisen genugsam bekannt sei. Wie mir hinterher klar wurde, war diese
Annahme leider eine Täuschung, da nur sehr wenige Schulblätter von
demselben Notiz genommen hatten. So muß ich wohl an dieser Stelle
selber ein Wort darüber sagen, inwiefern die beiden Schriften, deren Titel
so verschiedenartig lauten, doch zusammengehören.

Den Kern der Leidensgeschichte bildet bekanntlich die kritische Beleuchtung der hergebrachten Schulaufsichtsordnung. Alle unbefangenen Be-
urteiler haben einstimmig bezeugt, daß diese Beleuchtung so rundseitig und
eingehend durchgeführt wird, wie es bis dahin in der pädagogischen Literatur noch nicht geschehen war. Nach einer Seite hin ist aber jene kritische
Untersuchung doch nicht erschöpfend, nämlich nach der Seite der Unterrichts-
arbeit. Natürlich kommt dieser Gesichtspunkt mit zur Sprache, da er ja
im Grunde am schwersten ins Gewicht fällt. Ihm ist die zweite These
gewidmet: „Bei der hergebrachten Aufsichtsweise ist der Lehrer der Gefahr ausgesetzt, in verkehrte Lehrwege hineingedrängt und ungerecht beurteilt
zu werden." Warum nun in diesem Abschnitte doch eine Lücke vorkommt,
und zwar eine recht beträchtliche, läßt sich unschwer einsehen. Die „Leidensgeschichte" mußte so gefaßt sein, daß sie auch dem allgemeinen Publikum
sich anbieten konnte. Dadurch wurde aber das Kapitel von der Lehrarbeit
sehr eingeengt; denn in methodische Fragen, obwohl sie hier gerade die
Hauptsache sind, durfte nicht so tief eingegangen werden, daß das Interesse
der Leser aus anderen Ständen allzustark auf die Probe gestellt worden
wäre. Dazu kam noch, daß dasjenige didaktische Übel, das hier in erster
Linie hätte herangezogen werden müssen — der didaktische Materialismus
— gerade am wenigsten sich eignet, auf dem öffentlichen Markte verhandelt zu werden, da ein Dringen auf Einschränkung des üblichen Stoffmaßes dort sehr bedenkliche Mißverständnisse und Mißdeutungen hätte
heraufbeschwören können, zumal die höheren Schulen auf denselben Altersstufen anscheinend mit viel größeren Stoffmassen fertig zu werden wissen.
Eine Lücke war somit an jener Stelle unvermeidlich. Glücklicherweise hatte
ich vorgesorgt. Was die „Leidensgeschichte" bei der genannten 2. These
rückständig lassen mußte, war in der voraufgeschickten Schrift
über den didaktischen Materialismus bereits mit der ge-

bührenden Genauigkeit erörtert worden. Der Leser sieht jetzt, wie sich die zwei Schriften ergänzen: beide vereint geben erst die ganze Kritik.

Ich habe hier nur einen Punkt hervorgehoben, in dem die beiden Schriften inhaltlich sich berühren; worin dieselben sonst noch ergänzend ineinandergreifen, wird der achtsame Leser nach diesem Fingerzeige selber unschwer zu finden wissen.

### Zusatz 3 (zu S. 52).

Dem vorliegenden Schriftchen ist auf seinem Lebenswege etwas begegnet, das ich glaube den Lesern nicht vorenthalten zu sollen; nicht um meinetwillen, aber um unseres Standes willen. Wer Bücher schreibt und über wissenschaftliche oder andere Materien unverhohlen seine Ansicht ausspricht, muß natürlich auf allerlei Gegenreden gefaßt sein, auch jeweilig auf plumpe Anschuldigungen und Verdächtigungen. Das bringt der Welt Lauf nun einmal so mit sich; und namentlich im vorliegenden Falle würde es fast ein halbes Wunder gewesen sein, wenn unliebsame Begegnisse gänzlich ausgeblieben wären. In einem deutschen Schulblatte wurde aber vor etlichen Jahren, als auch die Leidensgeschichte bereits in 2. Auflage vorlag, wider meine „zeitgeschichtliche Betrachtung" eine Anklage erhoben — und zwar von einem Standesgenossen — auf die ich schlechterdings nicht gefaßt war. Da die betreffende Nummer des Blattes mir nicht mehr zur Hand ist, und ich deshalb nicht wörtlich zitieren kann, und da überdies jene Anschuldigung nicht in einer Rezension vorkam, sondern in einem andern Artikel bloß nebenbei mit unterlief: so mag hier der Name des Verfassers und des Blattes aus dem Spiele bleiben. Dem Sinne nach lautete der Vorwurf dahin, daß ich behauptet hätte, die Mehrzahl der Lehrer huldige dem didaktischen Materialismus. Damit sollte gesagt sein, ich hätte den Lehrerstand arg bloßgestellt, um nicht zu sagen verunehrt. Dieses artige Angebinde, von einem Standesgenossen, fehlte auch gerade noch in meinem Repertoire von dergleichen Bescherungen. Offenbar hat der Mann meine Abhandlung nur von Hörensagen oder aus einem aus dem Zusammenhang gerissenen Zitat gekannt, oder sie hat ihm unversehens auf ein empfindliches Hühnerauge getreten, so daß er vor lauter Verstimmung nicht richtig lesen konnte, was geschrieben stand. Ich hatte daher gehofft, irgend ein anderer Leser des betreffenden Blattes, der mein Schriftchen besser kannte, werde sofort eine Berichtigung einsenden. Meines Wissens ist dies jedoch nicht geschehen. — Hoffentlich muten mir die Leser nicht zu, mich in eine weitere Auseinandersetzung mit jener unbesonnenen

Nachrede einzulassen. Es wird genug sein, daß sie hier zum gemeinen
Besten etwas niedriger gehängt worden ist — als Beitrag zur Pathologie
unserer pädagogischen Tagespresse.

Möglicherweise ist aber der Vorwurf nicht so böse gemeint gewesen,
wie er klingt. Für diesen Fall will ich dann meinerseits auch ein wenig
zur Verantwortung beifügen. Vielleicht hat der verstimmte Kollege sich
bloß im Ausdruck vergriffen und eigentlich etwas anderes sagen wollen,
— etwa dies: mein Schriftchen behaupte, die Mehrzahl der Schulen,
deren Lehrplan mir bekannt geworden sei, hätten zu viel Stoff
aufgenommen. Wäre das gemeint, so darf ich nicht leugnen, daß dies
allerdings ungefähr meine Ansicht trifft. Ungefähr. Aber ich will
mich genauer erklären. Nicht nur die meisten, sondern alle mir bekannten
Schulen haben nach meiner Schätzung das Stoffquantum bisher in
größerem oder geringerem Maße zu hoch gegriffen, sei es in diesem oder
jenem Fache oder in mehreren, — zu hoch nämlich, wenn man anerkennt, daß jede Lektion nach den von mir beschriebenen
drei Hauptlehroperationen schulgerecht durchgearbeitet
werden muß. Steht es nun in meinem näheren Gesichtskreise so, dann
wird man wohl angesichts der pädagogischen Presse in den anderen Gegenden mit ziemlicher Sicherheit vermuten dürfen, daß es dort nicht
wesentlich anders stehe. Aber ich will noch mehr beichten, ausdrücklich, obwohl es implicite schon mit ausgesprochen ist: zu jenen Schulen hat auch
meine eigene gehört; auch sie hat sich in ihrem Maße jenes Fehlers
schuldig gemacht — trotzdem ihr Leiter von jeher ein erklärter Feind des
didaktischen Materialismus war. Ist nun durch meine obige Behauptung
(von der Überschreitung des richtigen Stoffmaßes in den meisten
Schulen) der Lehrerstand bloßgestellt, so bin ich selber mit bloßgestellt und will es sein. Wie liegt aber in Wahrheit die Sache?
Sehr einfach — für den, der mein Schriftchen achtsam gelesen
hat. Ich will nur an zweierlei erinnern, was jener verstimmte Kritiker nicht beachtet zu haben scheint. Erstlich: es fragt sich, wer eigentlich
die Schuld trägt, wenn der Lehrplan an Stoffübermaß leidet, — ob es
des Lehrers eigenes freiwilliges Tun ist, oder ob äußere Umstände und
fremde Mächte ihn dazu verlockt oder gedrängt oder genötigt haben. In
diesem Betracht hat mein Schriftchen nachgewiesen — und dieser Nachweis
macht eben den Hauptteil der „zeitgeschichtlichen Betrachtung" aus — daß
die weit überwiegende Hauptschuld an dem vorkommenden Stoffübermaß
nicht liegt in den Lehrern, die ja nicht Herren der Schule sind, sondern
in einer langen Reihe anderer Faktoren. Als solche kommen zur Sprache:
die behördlichen Bestimmungen, die nicht fachmännischen Schulinspektoren,

die Menge und Vielköpfigkeit der Schulrevisionen, die Prüfungsweise, das
Vorbild der höheren Schulen, die didaktischen Modeansichten des Publikums, das Drängen des gewerblichen Utilitarismus u. s. w., und endlich
als Urquelle die mangelhafte Pflege der pädagogischen Wissenschaft auf
den Universitäten. — Zum andern: Stoffübermaß und didaktischer
Materialismus — das sind zwei sehr verschiedene Dinge, die
nur ein höchst oberflächlicher Kopf für gleichbedeutend nehmen kann. Jenes
ist ein Fehler im Lehrplan, dieser ein Fehler im pädagogischen Denken;
jenes ist ein symptomatisches Übel, dieser das Grundübel. Wo ein Übermaß im Lehrstoff sich findet, da wird ja irgendwo auch der didaktische
Materialismus zu finden sein; aber es fragt sich eben: wo? Meine Antwort auf diese Frage ist, wie vorhin bemerkt, in der zeitgeschichtlichen Betrachtung „in gewohnter Breite" unmißverständlich gegeben. — Kann nun
in einer solchen Auffassung und Darstellung auch nur die leiseste Spur
einer unbesonnenen Bloßstellung des Lehrerstandes enthalten sein? In den
mir bekannten Lehrerkreisen hat man ganz im Gegenteil mein Zeugnis
überall als ein luftreinigendes, befreiendes Wort begrüßt; und ich kann
nicht umhin zu denken, daß die übrigen Lehrer, welche dem didaktischen
Materialismus abhold sind, das vorliegende Schriftchen in dem gleichen
Sinne lesen und verstehen werden, falls es ihnen zu Händen kommt.

Das sei genug über diese leidige Materie.

------

### Zusatz 4 (zu S. 62).

Bei der Idee der kulturhistorischen Stufen muß unterschieden werden
die Idee als Prinzip und die Zillersche Ausführung derselben.
Die Idee an sich verspricht offenbar manche schätzenswerte Vorteile namentlich auch zur Abwehr des didaktischen Materialismus; andrerseits aber
stehen ihr auch verschiedene Bedenken im Wege, wenigstens bei der Zillerschen
Ausführung. Einige meiner Bedenken sind oben im Texte mitgeteilt.
Dieselben haben keineswegs den Sinn, die Idee an sich gänzlich abzuweisen; sie wollen nur zu verstehen geben, daß diese Frage einer ein-
gehenderen Besprechung bedarf, und zugleich einen kleinen Beitrag dazu
liefern. Was bisher darüber verhandelt worden ist, reicht bei weitem
nicht aus. Nur eine ausführliche Monographie kann der Aufgabe
gerecht werden. Diese muß aber die bedenklichen Seiten der Idee ebenso
ernstlich würdigen als ihre vorteilhaften Seiten, sonst kommt die Frage nicht
vom Flecke. Überdies müßte nach meiner Ansicht zuvor die Idee des genetischen Lehrganges genauer untersucht werden als bisher, denn sie

7*

ist der allgemeinere, der übergeordnete Begriff; die Idee der kulturhistorischen Stufen ist nur eine specielle Form des genetischen Lehrganges.

---

### Zusatz 5 (zu S. 79).

#### Warum ich in den sog. fünf formalen Stufen drei Hauptlehroperationen hervorhebe.

In den Kreisen der Zillerschen Schüler ist hie und da die Frage
laut geworden, warum ich bei den sog. formalen Stufen erst von drei
Hauptoperationen spreche, und nicht schlichtweg nach Herbart-Zillers Vorgang die fünf Einzelakte zähle. Man meinte, das sei eine unmoti-
vierte Neuerung, und die könne nach außen hin leicht Verwirrung an-
richten. Hätte ich ja selbst gesagt, es sei unwesentlich, ob man die formalen Stufen so oder so zähle und bezeichne.

Auf dieses Bedenken will ich gern Antwort geben, und ich hoffe,
meine Gründe werden die Fragesteller beruhigen.

Erstlich. Logisch betrachtet, ordnen sich die vier ersten Operationen
paarweise den beiden höheren Begriffen: „Anschauung" und „Denken"
(Abstrahieren) unter. Das wird niemand bestreiten. Ferner geschieht in
der fünften Operation offenbar nichts anderes, als was man von alters
her in der Logik „Anwendung" nennt. Meine Dreizahl ist somit nach
Begriff und Benennung unanfechtbar. Auch in Wigets trefflichem
Schriftchen über die formalen Stufen (Chur, 4. Aufl.) wird dies anerkannt
und gelegentlich meine Bezeichnungsweise neben der üblichen gebraucht.
Hat es nun mit den drei Hauptoperationen seine Richtigkeit, und ist in
Erkenntnissachen das Licht nützlicher als die Dunkelheit, so darf man vermuten, daß auch dieses kleine Stückchen Wahrheit sich irgend einmal
als nützlich erweisen werde. — Die vorstehende logisch-theoretische Reflexion,
wie berechtigt sie ist, würde mich übrigens für sich allein nie bewogen
haben, neben der in der Zillerschen Schule gebräuchlichen Zähl- und Be-
nennungsweise noch eine andere Sprache zu bringen; was mich zu der
„Neuerung", falls es eine solche ist, veranlaßte, war vielmehr eine Erwägung praktischer Art — wie der Leser aus dem Folgenden erkennen wird.

Zweitens. Die geehrten Herren, denen meine Darstellungsweise der
formalen Stufen anstößig gewesen ist, werden sich erinnern, daß Zillers
Forderung einer fünffachen Durcharbeitung jedes Pensums, als sie von
seinen Schülern in der Form des Meisters frischweg auf den pädagogischen
Markt gebracht wurde, teils großes Befremden, teils lebhafte Opposition

erregte. (Bekanntlich ist diese Opposition auch jetzt noch nicht überall ver-
stummt.) Fünf bestimmt geschiedene Lehrakte — das klang für solche,
die Herbarts Psychologie nicht kannten, zu neu, um nicht befremdlich zu
sein. Dazu kamen etliche fremdartige Ausdrücke. Wer konnte erraten,
daß der Name „Klarheitsstufe" (bei der 1. Hauptoperation) nichts anderes
meint, als was die gangbare Sprache „klare und genaue Anschauung"
nennt? Und daß der Ausdruck „Methodenstufe" (beim fünften Akte) das
bezeichnet, was man sonst „Anwendung" heißt? Manche, die es nicht
beim stillen Verwundern bewenden ließen, sprachen daher laut von „Künstelei", von „Schablonisieren" der Lehrarbeit u. s. w.; andere von „Methodenreiterei", von „Einschnürung" der Persönlichkeit und der Individu-
alität des Lehrers u. s. w. So entstand anstatt der erhofften Zustimmung
vielfach Verstimmung, Opposition und Verwirrung. Mir als altem Herbartianer hatte die Propaganda für die Psychologie und Pädagogik des
Meisters nicht weniger am Herzen gelegen als irgend einem der jüngeren;
allein ich hatte auch in derselben Schule gelernt, daß bei der Darbietung
von etwas Neuem, von Reformgedanken, die Gesetze der Apperzeption sorgfältig beachtet werden müssen — und zwar überall, also
nicht bloß im Schulunterricht, sondern auch beim Schriftstellern,
ja hier mit ganz besonderer Sorgfalt. Zu den Bedingungen einer richtigen
Apperzeption gehört bekanntlich mancherlei, so namentlich dies, daß zwischen
den älteren Gedanken und den neuen eine Brücke geschlagen werde, —
ohne Bild geredet: daß man in dem älteren Gedankenkreise zuerst die dem
neuen verwandten Vorstellungen wachrufe, damit die neuen von vornherein
einen freundlichen Empfang finden; und daß das Neue nicht in fremd-
artigem Gewande auftrete, sondern soviel tunlich in gangbaren, vertrauten
Ausdrücken; dahin gehört ferner, daß man nicht dunkle Stichworte, die
einen ganzen Komplex von methodischen Maßnahmen umspannen, ohne
weiteres aufs Tapet bringe, sondern die einzelnen Maßnahmen gesondert behandele, eine nach der andern, ja vielleicht die eine oder andere
einstweilen zurückhalte. Nach diesen guten Regeln der Apperzeption und
der Dialektik bin ich immer verfahren. Ich will nur erinnern an die
„Grundlinien einer Theorie des Lehrplans." Dort war namentlich auch die
komplizierte Idee der Konzentration zu erörtern. Das Stichwort „Konzentration" ist aber gänzlich vermieden, nur die Einzelmaßnahmen, z. B.
die unterrichtliche Verbindung von Sach- und Sprachunterricht u. s. w.,
kommen der Reihe nach zur Sprache. Überdies wird hie Spitze der Idee,
die zentrale Stellung des Religionsunterrichts, gar nicht erwähnt; sie
wurde in einem besonderen Aufsatze behandelt, jedoch erst zwei Jahre nachher und unter der bereits geläufigen allgemeinen Überschrift: „Die unter-

richtliche Verbindung der drei sachunterrichtlichen Fächer" (Ges. Schriften.
Band II.). — In derselben vorsichtigen Weise sind dann seiner Zeit die
sog. formalen Stufen zur Erörterung gekommen. Zuvor suchte ich mir
aber genau zu vergegenwärtigen, ob und wie weit auch außerhalb der
Herbartischen Schule von älteren oder neueren Didaktikern das Richtige gesehen worden, und wie viel von dieser älteren Einsicht bereits in die gangbare Praxis eingedrungen sei; ebenso, was dort noch n i c h t deutlich erkannt worden, oder was hier noch n i c h t in Übung sei. Daneben sagte
ich mir, daß die eigentümlichen Lehren der Herbartischen Pädagogik nur
da mit Erfolg angeboten werden können, wo seine P s y c h o l o g i e einigermaßen gekannt ist, weil sonst die nötige Unterlage fehlt und schließlich alles
in ein von Mißverständnissen wimmelndes Disputieren ausläuft. Auf
Grund dieser Vorerwägungen entstand dann meine psychologische Monographie über den Denkprozeß — unter der Überschrift: „Die schulmäßige
Bildung der Begriffe" (Ges. Schriften. Band I, 2). Aus dieser
psychologischen Untersuchung ergab sich für die Lehrpraxis die zweifellose
Forderung, daß die unterrichtliche Behandlung jeder Lektion die drei Hauptlehroperationen: Anschauen, Denken und Anwenden durchlaufen muß, und
zwar in allen Fächern, wenn die betreffende Lektion nicht lediglich konkreten
Stoff zu übermitteln hat, wie z. B. beim Einüben einer Melodie. Die
Formulierung des Themas bringt es mit sich, daß vornehmlich nur die
zweite und dritte Hauptoperation — Begriffsbildung und Anwendung —
eingehend betrachtet werden; die Anschauungsoperation wird nur soweit
herangezogen, als es zum Verständnis des Denkprozesses nötig ist. Hier
durfte ich mir ein tieferes Eingehen schon deshalb erlassen, weil seit Pestalozzi niemand mehr bezweifelt, daß vor allem für ein genaues Anschauen
gesorgt werden muß; überdies hätte andernfalls auch eine Differenz mit
der Zillerschen Schule zur Sprache kommen müssen, was mir aber in
einem Aufsatze, der für Zillers Verdienste die Augen öffnen wollte, nicht
paßte. Daß in dieser psychologischen Untersuchung zunächst nur die H a u p t -
akte des Denkvorganges dem Leser vor die Augen treten, während die
Unterakte noch im Hintergrunde bleiben, hat genau dieselbige Ursache wie
die bekannte Erfahrung, daß bei einem Gebirge zunächst die h ö c h s t e n
Kuppen es sind, welche dem Wanderer sichtbar werden. Es ist eben natürlich und läßt sich ohne Hexerei nicht anders machen. Wer von vornherein
schon alle fünf Akte vordemonstrieren will, der macht in der Demonstration
einen Sprung; der Leser hat dann aber außer der Erschwernis noch obendrein einen Schaden, da er nicht darauf aufmerksam wird, daß jene fünf
Akte sich unter drei Hauptoperationen subsummieren, w o r i n   e b e n   d i e
B r ü c k e   z w i s c h e n   d e r   ä l t e r e n   u n d   d e r   n e u e r e n   D i d a k t i k

liegt. (Ich muß bitten, diese beiden Übelstände, jenen Sprung und diesen
Schaden, nicht aus dem Auge zu verlieren.) Hat dagegen ein Leser, wie
es bei meiner Demonstrationsweise nicht ausbleiben kann, die Überzeugung
gewonnen, daß die drei Hauptoperationen unerläßlich sind, und wird nun
die Ausführung näher besehen, so bedarf es nur ein paar einfacher Fingerzeige, um ihn bei der I. und II. Operation die Notwendigkeit je zweier
Unterakte erkennen zu lassen. Denn bei der Anschauungsoperation braucht
nur an den geläufigen Satz erinnert zu werden, daß das Unbekannte an
das Bekannte angeknüpft werden müsse, also hier ein Vorakt, eine ein-
leitende Besprechung, gewiesen ist. Und bei der Denkoperation sagt sich
die Gliederung in zwei Unterakte sogar ganz von selbst, da die Begriffsbildung gar nicht stattfinden kann, wenn kein Vergleichen vorhergeht.

So dürfte denn klar sein, daß meine Demonstrationsweise schon an
und für sich gerade der bequemste und sicherste Weg ist, um für Zillers
Gliederung des Lehrverfahrens Propaganda zu machen. Ich sage: an und
für sich, — also selbst dann, wenn Leser vorausgesetzt werden müßten,
denen das über die drei Hauptoperationen Gesagte etwas völlig Neues
wäre. Damit haben wir aber nur eine der vorteilhaften Seiten dieses
Weges besehen; die andere, die wichtigste, ist noch zu nennen.

Konnten die von mir hervorgehobenen drei Hauptlehrstufen denjenigen
Schulmännern, welche mit der Geschichte der Methodik einigermaßen vertraut waren und ihr eigenes Lehrverfahren sich begrifflich klar gemacht
hatten, als eine völlig neue Theorie erscheinen? Unmöglich! Hatte
doch schon Lessing, der kein Schulmann war, sie als notwendig bezeichnet.
Es sind aber auch vor mehr als 40 Jahren zwei namhafte Didaktiker
aufgetreten, welche in einem der Lehrfächer nicht nur jene drei Hauptlehroperationen für jede Lektion entschieden forderten, sondern sie auch in den
von ihnen herausgegebenen Schulbüchern bestimmt markierten. Es waren
Ph. R. Wurst und Dr. Mager; der Lehrgegenstand war der Sprachunterricht. In Wursts „Sprachdenklehre" ist jede Lektion in drei Teile
(A, B, C) gegliedert. In der Sprachlehre z. B., womit das Buch beginnt, stehen unter A Beispielsätze als das Anschauungsmaterial, unter B
die daran zu entwickelnden grammatischen Begriffe oder Regeln, und unter
C die Anwendungsaufgaben, wodurch die gewonnene grammatische Erkenntnis erprobt und eingeübt werden soll. So wußte der Lehrer genau,
was bei jeder Lektion zu tun sei. Ohne Zweifel war es nicht nur der
Inhalt, d. h. die Popularisierung der Beckerschen Grammatik, sondern
namentlich auch jener glückliche methodische Griff, dem das Buch damals seine so überraschend schnelle und ausgedehnte Verbreitung verdankte.
— Magers „französisches Elementarwerk", das fast gleichzeitig erschien,

hat bei jeder Lektion genau dieselbe Einrichtung. Unter A finden sich französische Sätze als das Anschauungsmaterial, unter B die grammatischen Regeln, und unter C deutsche Sätze zum Übersetzen ins Französische — als Anwendungsaufgaben. Im Sprachunterricht sind meines Wissens diese beiden Schulbücher die ersten gewesen, welche die drei Hauptlehrstufen deutlich hervorhoben. Gekannt war diese methodische Forderung freilich schon früher und darum auch wohl in irgend einem Maße in der Praxis in Übung, wie das lateinische Elementarbuch des Konrektors Seidenstücker in Soest beweist, das zu Anfang dieses Jahrhunderts erschien. Vielleicht ist dem Leser die Notiz interessant, daß Wurst seine Psychologie aus Beneke gelernt hatte, während Mager damals noch ein eifriger Anhänger der Hegelschen Psychologie war und erst später zur Herbartischen Schule überging. — Im Rechnen und in der Raumlehre finden wir die drei Hauptlehroperationen gleichfalls seit langem gekannt und geübt, genauer gesagt sogar länger als im Sprachunterricht. Hier drängte von jeher schon das praktische Lebensbedürfnis zu sehr auf die Umsetzung des Wissens in ein fertiges Können, als daß die Anwendungsaufgaben hätten versäumt werden dürfen; und was hinsichtlich der ersten beiden Operationen noch unklar geblieben war, hatte Pestalozzi aufgehellt. — Weniger deutlich sind in allen übrigen Lehrgegenständen die drei Lehrstufen bisher zur Ausprägung gekommen, wenn man die Physik (und Chemie) abrechnet. Bei den sachunterrichtlichen Fächern — Religion, Geschichte u. s. w. — ist es vornehmlich die dritte Operation, wo ein Mangel hervortritt; im Zeichnen und Gesang verhält es sich gerade umgekehrt. Diese Verschiedenheit hängt, wie leicht ersichtlich, mit der eigentümlichen Natur der betreffenden Lehrgegenstände zusammen.

Wir sehen somit, daß die drei Lehroperationen, welche meine Abhandlung als den Kern der formalen Stufen hervorhebt, in der gangbaren Methodik seit langem nicht bloß theoretisch gekannt sind, sondern auch praktisch ausgeführt werden, wenn auch in einigen Fächern noch nicht mit der wünschenswerten Strenge und Genauigkeit. Ob jeder einzelne Lehrer sich sein Verfahren in den verschiedenen Gegenständen begrifflich klar gemacht hat, und wie weit die Ausführung jeder Operation dem Ideal entspricht, kann ich natürlich nicht wissen, braucht aber hier auch nicht in Frage zu kommen. Genug, was mein Aufsatz im Lehrverfahren forderte, konnte keinem, der mit der Geschichte der Methodik einigermaßen vertraut war, als etwas völlig Neues erscheinen. Ebensowenig konnte es einem solchen einfallen, diese Forderungen als „Künstelei" oder als „Schabloutsieren" oder als „Methodenreiterei", oder als ein „Einschnüren der Persönlichkeit des Lehrers" u. s. w. zu verschreien, da er ja damit zugleich die hervor-

ragendſten Didaktiker der Vergangenheit für Künſteleitreiber u. ſ. w. er=
klärt hätte. Es iſt mir aber auch keine Nachrede dieſer Art, die ſich auf
meine Abhandlung bezog, zu Gehör gekommen.

War aber nicht zu befürchten, daß meine Demonſtrationsweiſe eine
gegneriſche Einrede anderer Art hervorrufen würde, — nämlich die Be=
hauptung, die Herbart-Zillerſche Lehre von den formalen Stufen, wie ich
ſie entwickelt hatte, biete gar nichts Neues? Darauf kann ich nur
ſagen, daß ich dieſerhalb nicht die geringſte Sorge gehabt habe. Wäre
jene Einrede dennoch irgendwo aufgetaucht und an mich adreſſiert geweſen,
ſo hätte ſie mir nur willkommen ſein können, da dann Gelegenheit gegeben
war, etwas zur Sprache zu bringen, was man ſonſt um des Friedens
willen lieber ruhen läßt. Ich würde nämlich dieſen Kritiker gebeten
haben, alle in den Seminaren gebrauchten Lehrbücher der Methodik, welche
die Ehre beanſpruchen, ſich von der Herbartiſchen Pädagogik unbefleckt er=
halten zu haben, gefälligſt mit mir durchzugehen, um ſie in Bezug auf
folgende Fragen zu unterſuchen: 1. wie viele dieſer Lehrbücher die drei
Hauptlehroperationen nach Weſen und Begriff klar und gründlich
entwickeln; 2. wie viele dieſelben in allen Lehrfächern fordern; 3. in
wie vielen man auch die praktiſche Ausführung der drei Operationen
in allen Fächern lernen kann und zwar ebenſogut als in den Schriften
der Herbart-Zillerſchen Schule. Wenn dieſe Unterſuchung wirklich vor ſich
ginge, natürlich vor der Öffentlichkeit, ſo achte ich, jener Kritiker würde in
den Kreiſen, wo man von den Verdienſten Herbarts und Zillers nicht
gern reden hört, wenig Dank ernten dafür, daß er dieſelbe provoziert hätte.

Soviel zur Verantwortung meiner „aparten" Demonſtrationsweiſe.
Dieſelbe iſt, wie man ſieht, nicht aus einem Gelüſt nach Eigenartigkeit
hervorgegangen, ſondern einzig aus der ſehr praktiſchen Erwägung, daß bei
der Verkündigung von Reformgedanken ebenſowenig gegen die Geſetze der
Apperzeption geſündigt werden darf als im Unterricht. Wenn diejenigen
meiner Herbartiſchen Mitſchüler, welche dies bisher noch nicht gewußt haben,
es aus dieſer abgedrungenen Verantwortung lernen wollen, ſo wird das
für die gute Sache wie für ſie ſelber unzweifelhaft nützlich ſein.

------

### Zuſatz 6 (zu S. 81).

#### Zur Auseinanderſetzung über einige Differenzen mit der Zillerſchen Schule hin=ſichtlich der Anſchauungsoperation.

Da im Texte hier die Betrachtung der formalen Stufen abſchließt,
ſo werde ich auch einer Differenz gedenken müſſen, welche zwiſchen der

Zillerschen Schule und mir in der Anschauungsoperation besteht und zwar im zweiten Unterakte derselben d. i. bei der Darbietung des Neuen (Synthese). Diese Differenz tritt jedoch nur bei solchen Stoffen auf, wo die Objekte nicht der unmittelbaren sinnlichen Wahrnehmung dargeboten werden können, wo demnach die Auffassung durch die sprachliche Darstellung vermittelt werden und seitens der Schüler phantasiemäßig geschehen muß. Dahin gehören: die biblische Geschichte, die Profangeschichte, derjenige Teil der Geographie, welcher außerhalb des heimatlichen Anschauungskreises liegt, und die fremdländischen Naturdinge. (Die didaktischen Lesestücke der Bibel und das belletristische Lesebuch gehören zwar ebenfalls hierher, da sie aber daneben noch andere Eigentümlichkeiten an sich tragen, so mögen sie diesmal außer Betracht bleiben.) Bekanntlich sind diese Stoffe unterrichtlich die schwierigsten; kein Wunder daher, daß hier die Methodik noch nicht alle Fragen ins reine gebracht hat.

Mit der Differenz in den Anschauungsoperationen hängt aber auch eine Differenz im Einprägen der neu gelernten Anschauungen zusammen.

In der früheren Auflage dieses Schriftchens ist der erste Differenzpunkt nicht erwähnt worden. Es lag mir damals mehr am Herzen, die Leser für Dr. Reins Buch zu interessieren, als meine hie und da abweichende Ansicht bemerklich zu machen. Der Dissensus im Einprägen wurde zwar erwähnt, wie der Leser S. 82 finden wird, aber aus demselbigen Grunde doch bloß andeutungsweise — durch die allgemeine Bemerkung: die Herbart-Zillersche Schule habe die Theorie des Einprägens nicht in dem Maße ausgebildet wie die des Neulernens, und auch Dr. Reins Schrift lasse diese Lücke merken. Um einen kleinen Beitrag zur Ausfüllung derselben zu geben, legte ich dann über einige Hauptfragen der Einprägungslehre meine eigene Ansicht dar, indem ich hoffte, die Verf. des „Ersten Schuljahrs" würden sich dadurch angeregt finden, selber eine Revision ihres bisherigen Einprägungsverfahrens vorzunehmen. Diese Hoffnung hat sich jedoch nicht erfüllt.

In der Schrift über „Denken und Gedächtnis" nötigte mich das Thema, die Differenz im Einprägen nunmehr genauer zur Sprache zu bringen. (Vgl. a. a. O. S. 148 ff.) Da aber dieser Dissensus mit dem in der Anschauungsoperation eng zusammenhängt, so wurde der letztere jetzt in einer Anhangsnote gleichfalls dargelegt, wenn auch nur kurz.

Dr. Rein hat darauf in dem „Jahrbuch des Vereins für wissenschaftl. Pädagogik" (1885) jene beiden Differenzpunkte einer näheren Besprechung unterzogen Er will zunächst die beiderlei Lehrweisen Punkt für Punkt nebeneinanderstellen und dann eine kritische Vergleichung derselben vornehmen. Das hätte eine nützliche Arbeit werden können, — wenn nicht zur sofortigen Ausgleichung der Differenzen, so doch zur Klarstellung der Sachlage. Leider leidet die Ausführung hinsichtlich des Dissensus in der Anschauungsoperation an einem schlimmen Fehler, — an dem schlimmsten, der in einem solchen Falle vorkommen kann: der werte Freund hat mein Verfahren in dieser Operation nicht genau genug gekannt. In seiner Beschreibung desselben sind mehrere der wichtigsten Charakterzüge nicht etwa bloß ausgelassen, sondern es wird an ihre Stelle das gerade Gegenteil gesetzt. So kommt denn das Bild einer Lehrweise heraus, in welchem von der meinigen nur das noch übrig ist, was sie mit der Wittschen gemein hat, während alles das fehlt, was sie von der Wittschen unterscheidet. Die darauf gegründete kritische Vergleichung unserer Lehrweisen, der Zillerschen und der meinigen, ist also völlig nutzlos, ja noch weniger als das, da sie eine wesentlich verkehrte Vorstellung von meinem Lehrverfahren verbreitet.

Leider ließ es damals meine angegriffene Gesundheit nicht zu, sofort eine Berichtigung zu Papier zu bringen. Darüber sind fast 1½ Jahre ins Land gegangen. Wie unbehaglich das mir aufgedrungene Schweigen in diesem Falle war, brauche ich nicht zu sagen. Mittlerweile hat sich mein Befinden, Gott sei Dank, wesentlich gebessert. Ich will daher die Gelegenheit, die der Neudruck des vorliegenden Schriftchens bietet, benutzen, um endlich das so lange Versäumte nachzuholen.

Fixieren wir genau die Stelle, wo die Differenz liegt.

Es ist die Anschauungsoperation und zwar der zweite Unterakt: die sog. Darbietung des Neuen. — Die in Betracht kommenden Stoffe sind oben genannt. Um aber ein bestimmtes Fach vor Augen zu haben, wollen wir aus jenen Stoffen beispielsweise die bibl. Geschichte herausnehmen. Wegen des knappen Raumes muß sich die Zeichnung der beiderseitigen Lehrweisen auf die charakteristischen Grundzüge beschränken. Hoffentlich gelingt es mir aber, jetzt so deutlich zu reden, daß nicht abermals schlimme Mißverständnisse vorkommen können.

Zuvor werde ich noch die Irrtümer, die Herrn Dr. Rein in der Beschreibung meiner Lehrweise begegnet sind, aus dem Wege räumen müssen.

Dr. Rein sagt (Jahrbuch XVII, S. 11): „Bei Dörpfeld gibt der Lehrer selbst die anschaulich-ausführliche Erzählung, welche bei Ziller von den Kindern im Laufe des Unterrichts erst erarbeitet wird." — Das heißt also mit andern Worten: nach Dörpfeld soll bei der ausführlich-anschaulichen Vorführung der Geschichte nur der Lehrer sprechen; die Schüler haben bloß zuzuhören. Irrtum!

... Anfangsnote zu „Denken und Gedächtnis,"
... Aufsatzes veranlaßt hat, steht ja deutlich
... Augen. Es heißt dort (S. 180):
... Auffassung zu erzielen, muß neben
... auch die freie **Unterredung**
... hat aber nicht bloß die bekannten
... des Prüfens, ob alles richtig gefaßt ist,
... namentlich auch den, die **Selbst-**
... reden, damit sie selber erdenken oder
... der Geschichte erraten werden kann."
... dieser Punkt, die Unterredung oder die
... nochmals zur Sprache. Indem nämlich
... die Zillersche Schule aus den zwei Mitteln
... und Unterreden — zwei (bezw. drei) ge-
... mache, so daß also das Erzählen (oder
... in buchmäßig-knapper Form voraufgehe
... vertiefende Unterredung auftrete, heißt es dann

... und Unterredung ein einiges Ganzes
... Unterreden den erzählenden Vortrag von
... begleitet."
... Schule und mir ist also nicht das different,
... gebührenden Maße mit heranzuziehen sei,
... geschehen soll; nämlich, ob die vertiefende
... soll, nachdem zuvor die Geschichte buch-
... ist, also separat, hinterher — wie
... ich fordere, in der Weise, daß der münd-
... die vertiefende Unterredung vom Anfang
... gehen. Wie steht es nun um Dr.
... gar keine Unterredung stattfinde? Ein
... vollends klar machen. Angenommen, der
... Mahlzeit die aparte Weise, daß die Kinder
... haben müssen, bevor das Fleisch
... Hausvater B dagegen lasse die Kinder
... gewöhnlichen Weise zusammen speisen.
... Manier für die beste halten; wird er
... die Kinder des B bekämen gar kein

... behauptet ferner, im unmittelbaren An-
... (S. 11): „Von einer **ethisch-**

religiöfen Durchdringung des Stoffes auf Grund des klargeftellten
Tatfächlichen finden wir bei Dörpfeld nichts, wenn auch fein Enchiridion
Konzentrationsfragen enthält." — Alfo bei mir foll die innerfte Innenfeite der Gefchichte, ihr religiös-ethifcher Gehalt, was doch gerade das ift,
um deswillen die biblifche Gefchichte in der Schule behandelt wird, gar
nicht zur Anfchauung kommen? War der erfte Irrtum fchon ftark,
fo muß diefer zweite wahrhaft koloffal heißen. Wer hat denn feit 30
Jahren mehr betont und ernftlicher darauf gedrungen als ich, daß die
religiöfen Stoffe und fpeziell die biblifche Gefchichte nicht als bloße
Wiffensfachen, fondern als Gewiffensfachen behandelt fein wollen,
und daß darum der biblifche Gefchichtsunterricht und vor allem die fo
wichtige Anfchauungsoperation einen erbaulichen (d. h. fchulmäßig-
erbaulichen) Charakter an fich tragen müffe? Und wenn nun die biblifchen
Gefchichten als Gewiffensfachen wirken, wenn fie zum Gewiffen der Kinder
fprechen follen, deutlich, lebendig, kräftig, — follte ich denn fo uneinfichtig
fein zu wähnen, dies könne gefchehen, ohne daß ihre religiös-ethifchen
Momente zur Anfchauung gebracht werden und zwar forgfam, detailliert
und deutlich? Daß wider mich, den alten Eiferer für die Gewiffenspflege,
jemals der Vorwurf erhoben werden würde, bei meinem Lehrverfahren
käme die religiös-ethifche Innenfeite der biblifchen Gefchichte zu kurz und
gar in der Anfchauungsoperation, — das hätte mir nicht einmal im Traum
einfallen können.

Doch warum noch viele Worte darüber machen? Bei diefem Streit-
punkte liegt die Sache gerade fo, wie bei dem vorhin befprochenen. Ziller
hält für nötig, behufs der tieferen Erfaffung des religiös-ethifchen Stoffes
eine feparate Unterredung vorzunehmen, während diefe Vertiefung bei
mir einen integrierenden Beftandteil der genetifch vorfchrei-
tenden Darftellung bildet und daher Schritt vor Schritt gewonnen
werden foll, natürlich ebenfalls unterredungsweife. Daß auch bei Ziller
eine genaue und detaillierte Anfchauung der religiös-ethifchen Momente erreicht werden könne, werde ich felbftverftändlich nie beftreiten; aber ich er-
ftrebe mehr, nämlich eine folche Anfchauung, die nicht bloß genau und
detailliert, fondern auch lebendig und gemütanfaffend ift, und eben
darum wähle ich die genetifch vorfchreitende Darftellungsweife. Wenn
Dr. Rein dagegen Zillers Weife für die beffere hält, fo können wir gelegentlich darüber weiter verhandeln; wenn er aber behauptet, bei mir ge-
fchehe zur tieferen Erfaffung der religiös-ethifchen Innenfeite der Gefchichte
nichts, dann kann ich nur an das obige Gleichnis erinnern.

Es muß noch eines dritten Charakterzuges meiner Lehrweife gedacht
werden, den Dr. Rein überfehen hat. Er fpricht fich zwar nicht aus-

drücklich darüber aus, aber sein Nichtkennen geht schon aus der oben zitierten ersten Behauptung, daß bei mir keinerlei Unterredung vorkomme, hervor, überdies noch aus mehreren andern Außerungen. Um den Lesern den gemeinten Punkt deutlich zeigen zu können, müssen wir uns zuvor die verschiedenen Stoffe vergegenwärtigen, die in einer Geschichte betrachtet sein wollen.

Da ist vorab das, was ihren eigentlichen Kern ausmacht: die Personen mit ihren Taten, Reden und Schicksalen, kurz, die geschichtliche Handlung. Sodann gilt es, näher besehbar zu machen: einerseits die geographischen, naturkundlichen und kulturhistorischen Verhältnisse, in denen die Handlung sich bewegt, kurz, das sog. Außenwerk, und andrerseits das psychologische Triebwerk d. h. die Gedanken, Gefühle, Überlegungen und Motive der handelnden Personen. Das wären dann der zweite und der dritte Bestandteil. Endlich will noch ein Viertes zur näheren An- und Einschau gebracht sein: der religiös-ethische Charakter der Gesinnungen, die in dem Verhalten der betreffenden Personen zu Tage treten.

Wie wir gesehen haben, glaubt Dr. Rein, daß bei mir die nähere Betrachtung des geographischen x. Außenwerks, des psychologischen Triebwerks und der religiös-ethischen Verhältnisse, soweit sie wirklich geschehe, lediglich vortragsweise vermittelt werde, ohne Unterredung, also ohne Mitwirkung der Schüler, was wir freilich als einen schweren Irrtum erkannt haben. Wie wird er sich nun mein Lehrverfahren beim ersten Behandeln der geschichtlichen Handlung, vorstellen? Ohne Zweifel auch hier erst recht als ein bloßes Vortragen, und er muß dies um so mehr tun, da er ja selbst ebenso verfährt — nur mit dem Unterschiede, daß seine Probleme noch größer und unlebendiger ist, nämlich ein Vortragen durch das tote Buch, sofern nicht ausnahmsweise einmal der sog. darstellende Unterricht angewandt wird. (In Staudes Präparationen z. B. kommen im ganzen A. u. N. Test. nur sehr wenige biblische Geschichten in darstellender Form vor.) Leider muß ich wieder konstatieren, daß Dr. Reins Vorstellung von meiner Lehrweise auch in betreff dieses Punktes eine völlig irrige ist. Schon allein drei kleine Wörtlein in der oben ... Stelle aus der Anhangsnote zu „Denken und Gedächtnis" hätten ... ihn vor diesem Irrtum zu bewahren, wenn sie nicht übersehen worden wären. Zum Beweis muß ich mir erlauben, diese Stelle noch... ... zu ...

Nach der erzählenden Darstellung muß auch die Unterredung ... ... Diese Unterredung hat aber nicht bloß die bekannten Zwecke ... Besprechens, des Prüfens, ob alles richtig gefaßt ist, und der

Belebung), sondern namentlich auch den, die Selbstätigkeit der Schüler zu wecken, damit sie selber erdenken oder erraten, was vom **Verlauf der Geschichte** erdacht oder erraten werden kann."

Vom „Verlauf der Geschichte," — was will das sagen? Doch offenbar dies, daß in meinem Lehrverfahren das Unterreden nicht bloß vorkommt bei der näheren Betrachtung der geographischen ꝛc. Außenseite, der psychologischen Innenseite und der religiös-ethischen Momente, sondern auch bei der Darstellung der geschichtlichen Handlung. Ich befolge also, wie überall sonst, so auch beim Kernbestandteil der Geschichte den wichtigen Grundsatz, den Dr. Rein zwar laut proklamiert, aber an diesem Punkte selber nicht befolgt: „Was die Kinder selbst finden können, soll man ihnen nicht vorsagen; der freien Selbsttätigkeit ist jeder Vorschub zu leisten." Demgemäß verläuft meine Vorführung der Geschichte in folgender Weise. Sie leitet sich ein durch etliche Vorfragen, die das Neue an etwas erfahrungsmäßig Bekanntes anknüpfen. Sobald nun die Erzählung des Lehrers soweit eingesetzt hat, daß die geschichtliche Handlung in Bewegung ist, so entwickelt sich der weitere Verlauf genetisch unter steter Mitwirkung der Kinder. Befindet sich z. B. eine der handelnden Personen in einer Lage, die in ihr ein bestimmtes Gefühl erweckt, was im Buchtext genannt ist, so wird dasselbe den Schülern nicht vorgesagt, sondern es muß von ihnen erschlossen werden. Und treibt dann dieses Gefühl zu Wünschen oder Befürchtungen, und drängen diese zu Überlegungen, und diese Überlegungen zu einem Entschlusse, so wird wiederum den Kindern von alledem nichts vorgesagt, sondern sie müssen eins nach dem andern selber zu finden suchen, soweit es möglich ist. Der Lehrer hat nur zu fragen und eventuell zurechtzuleiten und zu berichtigen. So geht's weiter, wenn der Entschluß zur Tat wird und es sich nun um die Wirkungen und Folgen derselben handelt. So bei allem Übrigen, was zum Verlauf der Geschichte gehört.

Freilich hat das Unterreden auch seine Grenzen. Es darf nicht nach rein Zufälligem gefragt werden und überhaupt nicht nach solchem Tatsächlichen, wo das Erraten völlig im Dunkeln tappen würde. Überdies können im Verlauf der Handlung Momente gehobener Stimmung vorkommen, wozu namentlich die traurig-ernsten, tragischen Situationen zu rechnen sind, wo das Gemüt der Schüler ein hineintastendes Fragen nicht erträgt; da ist denn das Erzählen des Lehrers und das stille Lauschen der Schüler allein das Richtige. Welches solche Stellen sind, muß der Lehrtakt sagen.

Worin liegt aber die eigentliche didaktische Bedeutung der mit-

drücklich darüber aus, aber fein ——
zitierten erften Behauptung, daß —
hervor, überdies noch aus mehreu—
den gemeinten Punkt deutlich zeig—
verfchiedenen Stoffe vergegenwä———
wollen.

Da ift vorab das, was ——
fonen mit ihren Taten, Rede——
Handlung. Sodann gilt ——
geographifchen, naturkundlicher——
die Handlung fich bewegt, ——
das pfychologifche Trie——
legungen und Motive der ——
zweite und der dritte Be——
näheren An= und Einfchau g——
der Gefinnungen, die in ——
Tage treten.

Wie wir gefehen haben——
Befichtigung des geographif——
werks und der religiös-ethi——
lediglich vortragsweife
Mitwirkung der Schüler, ——
kannt haben. Wie wird
Beftandteil, bei der gefchi——
denkt er fich hier erft red——
fo mehr tun, da er ja fein——
daß feine Lehrform noch
tragen durch das tote B——
darftellende Unterricht an——
B. kommen im ganzen ——
in „darftellender“ Form——
Dr. Reins Vorftellung
eine völlig irrige ift.
zitierten Stelle aus ——
hingereicht, ihn vor b——
worden wären. Zum——
mals zu zitieren.

„Neben der er——
mitwirken. Diefe ——
(des Berdeutlichen——

——— lautet: darin, daß die
——— Maße geweckt und herangezogen
——— Bei den hiftorifchen Stoffen
——— fiefache pädagogifche Wirkung
——— der anfchauende Blick wird
——— das hält auch noch vor, wenn
——— wo fonft leicht Ermüdung ein=
——— Anfchauung indirekt auch den
——— gt fich von felbft. Außerdem
——— noch direkter auf das
——— Kind nötigt, fich lebhaft in
——— gen, um die daraus fließenden
——— und Befürchtungen zu ernten,
——— ende Überlegen, Entfchließen,
——— auch dies die Wirkung haben,
——— Teilnahme begleitet, kurz,
——— t wird.
——— Betrachtung der Außendinge,
——— religiöfen Momente, welche
——— zu Schritt zu begleiten hat,
——— Mitwirkung der Schüler vor

——— tun. Es würde bloß
——— wie im Sachunterricht über=
——— nur Lernbücher. Mein
——— Lehrwort; einmal fchon
——— eindrucksvoller ift als das
——— Disputieren ein Ende, weil
——— den Kindern fchlechtweg vor=
——— unmöglich macht, wo
——— habe ich darum auch vor
——— fich müffe frei be=
——— lichen Wortlaut gebunden
——— empfiehlt. Wie aber beim
——— mitwirken, fo müffen fie ant=
——— die Antworten inhaltlich zu=
——— Stelle nichts weiter zu ver=
——— Art zu feinem vollen Recht
——— von das Einprägen an der
———

Halten wir nun zum Vergleich daneben, wie Dr. Rein (nach Ziller) von Kernbestandteil einer biblischen Erzählung, die geschichtliche Handlung, in der Regel den Kindern zur Anschauung bringt. Es geschieht auf die schlichteste, kunstloseste, primitivste Weise, die sich denken läßt: die Geschichte wird von den Schülern gelesen. Mit andern Worten: ein Buch wird auf das Katheder gestellt; der Lehrer tritt bescheiden beiseite und hört still zu, wie die Anschauungsoperation vor sich geht. Wir wollen davon absehen, daß auf diesem Wege, wie Dr. Rein selbst sagt, bestenfalls nur eine „rohe Totalauffassung" entstehen kann; auch davon, daß auf der Mittelstufe wahrscheinlich die mangelhafte Lesefertigkeit sich mutmaßlich zugleich im Anschauungsresultat fühlbar machen wird; auch davon, daß in der so gewonnenen rohen Totalauffassung, wie Dr. Rein selbst zugibt, noch manche „Dunkelheiten, Schiefheiten ꝛc." stecken werden, und daß dieselben sich dort auch einstweilen ruhig festsetzen dürfen, da sie nicht eher zur Berichtigung gelangen können, bis sie bei dem späteren Wiedererzählen seitens der Kinder dem Lehrer bemerkbar werden. (A. a. O. S. 7.) Es mag auch ununtersucht bleiben, mit welchem Recht Dr. Rein von dieser bequemen Darbietungsweise rühmt: „Gespannteste (!) Aufmerksamkeit beim Lesen, denn" — bitte, dieses Geheimmittel zur Erzeugung einer selbsttätigen Aufmerksamkeit nicht zu übersehen — „die Kinder wissen ja, daß sie sofort das wiederzugeben haben, was sie bei dem Akte des Darbietens auffassen." (S. 7.) — Das alles und noch anderes mehr wollen wir für Kleinigkeiten rechnen. Nur nach einem wollen wir fragen, was auch Dr. Rein für eine Hauptsache hält. Wie steht es hier um die Ausführung der von ihm wieder und wieder betonten Forderung: Was die Kinder selbst finden können, soll ihnen vom Lehrer nicht vorgesagt werden; der freien Selbsttätigkeit ist in jeder Weise Vorschub zu leisten? Die geschichtliche Handlung, welche der Buchtext vorführt, enthält, wie wir oben sahen, eine lange Reihe von Daten, bei denen überall eine Frage einsetzen kann und einsetzen muß, wenn „die Erzählung unter Mitwirkung der Schüler erarbeitet werden" soll. Da finden sich erwähnt: Gefühle allerlei Art und Gefühlsäußerungen, Überlegungen, Gespräche, Entschlüsse und ihre Ausführung, daraus fließende Verwicklungen oder andere Folgen, und deren Rückwirkungen auf das Gefühl u. s. w. u. s. w. Was wird nun von alledem erfragt? Nichts, gar nichts. Eins nach dem andern wird den Kindern vorgesagt, und zwar vorgesagt nicht durch das lebendige mündliche Wort, sondern nach uralter, vorregulativischer Manier durch den papierenen Lehrer. Und das geschieht bei dem Kernbestandteile der Lektion, bei der geschichtlichen Handlung, also gerade da, wo die Unterredung am nötigsten und fruchtbarsten ist. Aber was Unterredung! was Selbsttätigkeit! was Mitarbeit der Kinder! Die können bis morgen warten; heute handelt es sich ja nur um eine „rohe Totalauffassung," und da wird ja auch die roheste der Darbietungsweisen gut genug sein. — So der 1. Akt der Reinschen Vorführung des Neuen. Wie ein denkender Schulmann der Gegenwart, und vollends ein Herbartianer, diese methodische Antiquität nachschleppen und gar als Muster empfehlen kann, ist mir schlechterdings unbegreiflich.

Die drei Hauptirrtümer in Dr. Reins Beschreibung meines Lehrverfahrens dürften jetzt zur Genüge berichtigt sein. Die Differenzen zwischen der Zillerschen Behandlung der Anschauungsoperation und der meinigen werden sich nunmehr mit wenigen Worten klarstellen lassen.

Bei der Besprechung von Differenzen pflege ich stets zuvörderst das Gemeinsame aufzusuchen und zu fixieren. So soll es auch diesmal wieder geschehen.

Die Zillersche Schule und ich sind in folgenden wichtigen Grundsätzen einig:

1. Bei der Darbietung des Neuen ist als Endresultat eine klare und detaillierte (aber auch lebendige und das Gemüt erfassende) Anschauung*) zu erstreben.

2. Diese Anschauung muß eine allseitige sein, d. h. sie muß alle vier Bestandteile der Geschichte umfassen.

3. Neben dem Vortrag muß auch die Unterredung mitwirken. — Die Unterredung hat mancherlei Zwecke, vor allem die beiden Hauptzwecke: Vergleichungsbeispiele aus dem Kreise der bereits bekannten Vorstellungen heranzuziehen, damit dadurch das zeitlich und räumlich Ferne dem Blicke näher gerückt werde, und: die Schüler zum Selbstfinden (Erschließen, Erraten) anzuregen.

Wie man sieht, sind diese gemeinsamen Grundsätze so gewichtig und tiefgreifend, daß das Lehrverfahren fast vollständig durch sie bestimmt sein würde, wofern sie in gleichem Sinn verstanden und in diesem Sinn streng ausgeführt werden. — Sie würden sich übrigens noch etwas genauer haben formulieren lassen, wenn Ziller, wie es recht wäre, nur eine einzige Ausführungsweise zugelassen hätte. In seiner Praxis kommen jedoch, wie oben erwähnt, zwei

---

*) Da die betreffenden Objekte nur phantasiemäßig aufgefaßt werden, so ist das Wort „Anschauung" hier nicht in seinem eigentlichen, engeren Sinne (= sinnliche Wahrnehmung) zu verstehen, sondern in der allgemeinen, weiteren Bedeutung (= konkrete Vorstellung).

sehr verschiedene Weisen vor: einmal die reguläre, welche mit dem Lesen der Geschichte beginnt, und zum andern die des sog. darstellenden Unterrichts, welche in der biblischen Geschichte bisher nur ausnahmsweise angewandt wird.

Nun die Differenzpunkte.

### A. Zillers Verfahren. (Das reguläre ist gemeint.)

Nach diesem Verfahren sollen die vier verschiedenen Bestandteile der Geschichte der Reihe nach gesondert zur Betrachtung kommen; der zweite und dritte Bestandteil (Äußeres und Psychologisches) werden jedoch kombiniert. Demgemäß vollzieht sich also die Darbietung des Neuen in drei Akten, d. h. die Geschichte wird dreimal durchgegangen, jedesmal zu einem besonderen Zwecke.

Erster Akt. Objekt der Betrachtung ist die geschichtliche Handlung, wie der Buchtext sie erzählt. Dieser Text wird von den Schülern gelesen; der Zweck ist, eine Totalauffassung der Geschichte zu gewinnen. Unbekannte Ausdrücke werden natürlich vom Lehrer kurz erklärt.

Zweiter Akt. Die Geschichte wird nochmals durchgegangen, jetzt zu dem Zwecke, ihre geographische ꝛc. Außenseite näher zu betrachten, — oder wie Dr. Rein sich ausdrückt: behufs Klarstellung des Tatsächlichen. Dies geschieht unterredungsweise.

Dritter Akt. Nochmaliges Durchlaufen der Geschichte, jetzt behufs näherer Betrachtung der religiös-ethischen Seite. Dies geschieht wieder unterredungsweise. (Zur Vervollständigung der vorstehenden Zeichnung sei schon erwähnt — obwohl es begrifflich zum Einprägen gehört — daß nach jedem Akte eine Reproduktionsübung stattfindet. Die Schüler müssen jedesmal versuchen, das bis dahin Gelernte im Zusammenhange frei wiederzugeben.)

### B. Mein Verfahren.

Dasselbe geht davon aus, daß eine Geschichte als ein organisches Gebilde anzusehen ist. Die viererlei Bestandteile, von welchen wir im Unterricht sprechen, sind wohl begrifflich unterscheidbar, aber nicht faktisch trennbar, wenn das Ganze nicht zerstört werden soll. Genauer besehen, darf man von denselben auch nicht sprechen als von nebeneinanderstehenden, gleichwertigen Teilen; ihr Verhältnis zu einander ist vielmehr dieses: die geschichtliche Handlung bildet den Kernbestandteil, und die drei übrigen Stoffe sind nur verschiedene Seiten dieses Kernes. Ist nun die Geschichte ein organisches Gebilde, so gilt von ihr, was von allem Organischen gilt: sie besitzt nur so lange wirkliches Leben und kann nur so lange wirk-

8*

liches Leben zeugen, als die zusammengehörigen Stoffe, aus denen sie besteht, auch zusammenbleiben.

Daraus folgt für die unterrichtliche Behandlung: die Geschichte bezw. der betreffende Abschnitt, welcher als Lehreinheit gedacht wird, darf nur als ein lebendiges Ganzes vorgeführt werden. Wohl bedürfen alle vier Bestandteile einer näheren Besichtigung, oder, was dasselbe ist: einer detaillierten Ausmalung; allein die drei seitlichen Stoffe wollen nicht abgetrennt, nicht isoliert betrachtet sein, sondern in ihrer lebendigen Funktion, d. i. inmitten der sich entwickelnden Handlung. Jeder dieser Stoffe wird demnach an der Stelle, wo er in der Geschichte auftritt, genauer ins Auge gefaßt, und gerade soweit — sei es kurz oder ausführlich — als unterrichtlich nützlich ist. So wird also der Gang der gesamten Darstellung ganz und ausschließlich bestimmt durch den Verlauf der geschichtlichen Handlung.

Damit ist denn auch gesagt, daß im Stadium des Neulernens nur ein einmaliges Durchgehen der Geschichte vorkommen kann, nicht — wie bei Ziller — ein mehrmaliges, und noch weniger schon mehrmalige Reproduktionsübungen. Das Einprägen beginnt bei mir erst dann, wenn das Neulernen zum Abschluß gelangt ist, d. h. wenn die detailliert gezeichnete Handlung samt dem Detail der Seitenstoffe in voller Ausmalung vor dem Auge der Schüler steht. Damit wird aber noch ein besonderer Vorteil gewonnen. Während bei Ziller das Lerninteresse und die Teilnahme des Gemüts wegen des mehrmaligen Durchlaufens der geschichtlichen Handlung und der eingeschobenen Reproduktionsübungen einen so starken Druck auszuhalten haben, daß eine Abschwächung unvermeidlich ist, sind sie bei meinem Verfahren von solchem Drucke völlig frei: das Lerninteresse kann bis zum Ende frisch bleiben und die Gemütsteilnahme warm. Bedenken wir, was das für den Lernerfolg zu bedeuten hat. Fürs erste kommt die größere Lebhaftigkeit des Lerninteresses und der Gemütsteilnahme den nächsten Zwecken des Neulernens zu gute: das Auffassen wird schärfer, und der schließliche Eindruck auf das Gemüt kräftiger, tiefer und nachhaltiger. Zum andern gewinnt das Einprägen eine schätzbare Hülfe, sogar eine zwiefache. Denn was mit Interesse und Herzensteilnahme erfaßt ist, haftet schon an und für sich fester im Gedanken, überdies wird dann auch das Repetieren weniger lästig empfunden.

Hinsichtlich der Mittel der Darbietung — Vortrag und Unterredung — bedarf es nach dem oben darüber Bemerkten wohl nur weniger Worte. Soll die Geschichte sich genetisch vor dem Blick der Schüler entwickeln, oder anders ausgedrückt: soll die Geschichte sich so „darstellen," daß er sie mit eigenen Augen zu sehen glaubt, ja sie gleichsam mit durchlebt: dann kann zwar der mündliche Vortrag, wofern er frei, verständlich, lebendig, plastisch und ausführlich erzählt, schon viel dazu beitragen; allein er reicht doch nicht aus, namentlich deshalb nicht, weil dann die Schüler nicht zur vollen Mitwirkung kommen. Darum muß auch das Mittel der Unterredung in gebührendem Maße zu Hülfe genommen werden; Erzählen und Unterreden müssen Hand in Hand gehen. Es läßt sich auch genau angeben, wo das eine und wo das andere einzugreifen hat. Handelt es sich um Tatsachen und Daten, die der Schüler unter Leitung des Lehrers nicht selber finden kann, so müssen sie eben e r z ä h l t werden und zwar frei, verständlich, lebendig, möglichst plastisch und genügend detailliert. Handelt es sich dagegen um etwas, das die Schüler unter richtiger Leitung selber finden können — sei es Äußeres oder Inneres, Großes oder Kleines — dann muß der Wechselverkehr, das Unterreden, eintreten. So vom Anfang bis zum Ende.

Dem Leser werden nunmehr die beiden Lehrweisen, soweit es sich um das Neulernen handelt, ziemlich klar vor Augen stehen.

Ich will jetzt noch die einzelnen D i f f e r e n z p u n k t e kurz markieren.

Zum ersten verwerfe ich im Zillerschen Verfahren die s e p a r a t e Vorführung der verschiedenen Bestandteile der Geschichte, wie sie in den drei Lehrakten geschieht. Hier haben wir den Grundfehler zu suchen, da die andern Fehler durch ihn veranlaßt sind.

Zum andern protestiere ich mit dem ganzen Nachdruck, den meine alte Lunge noch leisten kann, dawider, daß in einem Teil der wichtigsten und schwierigsten Lehroperation, und gerade bei der Vorführung des Kerns der Geschichte, die Hauptlehrarbeit durch ein B u c h verrichtet werden soll. Es ist eben nicht ein einfacher, alleinstehender Mißgriff, mit dem wir es hier zu thun haben; vielmehr steckt in demselben ein ganzes Nest von schlimmen Irrtümern. Mit diesem an der unrechten Stelle angebrachten Lesen werden auf einmal drei der wertvollsten didaktischen Wahrheiten verleugnet.

Zum ersten die, daß das mündliche Lehrwort, namentlich im Gebiete der Wissenssachen, in jedem Betracht weit w i r k e n s k r ä f t i g e r ist als das geschriebene. Was sagt doch der Dichter von jener Zeit, wo die Geschichten der Väter von Mund zu Mund überliefert wurden? „Das Wort so heilig dort war, weil es ein gesprochen Wort war." — Weiter wird die Wahrheit beiseite gesetzt, daß das Lehrwort sich f r e i b e w e g e n können muß, soweit das Unterrichtsbedürfnis es verlangt, und zwar nicht bloß bei profanen Stoffen, sondern auch dem Bibeltexte gegenüber. Es ist schon schlimm genug, daß wir Schulmänner an diesem Punkte mit einer engbrüstigen Theologie zu kämpfen haben, die das erzählende Lehrwort an

siches Leben zeugen, als die zusammengehörigen ⸺ ⸺, daß ⸺
steht, auch zusammenbleiben. ⸺ und ⸺

Daraus folgt für die unterrichtliche Behar⸺
der betreffende Abschnitt, welcher als Lehreinhei⸺ ⸺ die Zillerſche
als ein lebendiges Ganzes vorgeführt werden. ⸺ daß man der
Bestandteile einer näheren Besichtigung, oder, ⸺ er finden können
taillierten Ausmalung; allein die drei seitli⸺ Unterreden ⸺ des
getrennt, nicht isoliert betrachtet sein, sondern ⸺ und Punkt für ⸺
d. i. inmitten der sich entwickelnden Handlung ⸺ gerade da, ⸺ der
demnach an der Stelle, wo er in der Geschi⸺ ⸺ zu leisten, ⸺
gefaßt, und gerade soweit — sei es kurz ⸺ ⸺ Werkzeug, ein ⸺
richtlich nützlich ist. So wird also der ⸺
⸺ und ausſchließlich bestimmt durch ⸺ wir hiernach fertig
Handlung. ⸺ eng mit jenen ⸺

Damit ist denn auch gezagt, daß im ⸺ hier zu besehen, ⸺
ein einmaliges Durchgehen der ⸺ ⸺ dieses Schriftchens ⸺
⸺ ⸺ — ein nochmaliges, und ⸺ liegt, so kann ⸺
⸺. Das Eintragen ⸺
⸺ ⸺ ⸺
⸺ Handlung ⸺ dem Detail der ⸺
⸺

.iens in drei Akte gerechtfertigt, dann
..übungen ganz korrekt heißen. Denn
.arten, bis die vollständige Anschauung
.. geschieht — würde bei der geteilten Dar-

. wie oft die Geschichte repetitionsweise
. vorhin sahen, geschieht dies dreimal: zuerst
.. andern Male mit der entsprechenden Er-

.ieht man genauer zu, so findet sich, daß auch
.Reproduktionsübungen stecken. Denn die nähere
.chen 2c. Außendinge (im 2. Akte) und die der
..m (im 3. Akte) lassen sich nur ausführen, wenn
..schichtliche Handlung durchgegangen wird. Somit
.in fünfmaliges Repetieren der Geschichte, teils in
.er), teils in erweiterter Darstellung.*) Wie man
.r das Einprägen nicht zu kurz, soweit es von der
.olungsübungen abhängt.

### B. Meine Einprägungsweise.

.: beginnt bei mir erst dann, wenn die volle, detaillierte
.schichte gewonnen ist. Die Gründe wurden oben schon

.e Zillersche Schule nur eine einzige Form der Repe-
.mmenhängende Wiedergeben zuläßt, werden bei mir alle
.Mittel angewandt: das Lesen, das Abfragen und die zu-
..de Darstellung, — ungerechnet die schriftlichen Arbeiten, die
.l auch bei Ziller vorkommen.
.meinem Einprägen findet in der Regel nur ein dreimaliges
.r Geschichte statt, höchstens jeweilig ein viermaliges. Die
.:ige ist diese:
.wird die Geschichte in der Schule gelesen — womöglich nach
.Fragen;
.. wird sie zu Hause nachgelesen, sofern der Lehrer dies auf der
betreffenden Stufe für nötig findet, sei es behufs der sachlichen

---

Von der Schlußreproduktion nach Absolvierung aller Lehroperationen und
.ständigen schriftlichen Arbeiten, welche auf der Oberstufe an deren Stelle
.. können, ist hier nicht zu reden, da wir es nur mit denjenigen Einprägungs-
..gen zu tun haben, welche der Anschauungsoperation zur Seite stehen.

Repetition oder behufs der Leseübung, — auf der Oberstufe wieder nach Fragen;

zum dritten wird die Geschichte nach Fragen mündlich frei reproduziert, — woran sich dann jeweilig

viertens ein zusammenhängendes Wiedergeben anschließt, — jedoch nur der einzelnen Abschnitte, nicht der ganzen Geschichte, auch vornehmlich nur auf der Oberstufe.

Das Lesen tritt darum zuerst auf, weil es gilt, vor allem den Kernbestandteil der Geschichte aufzufrischen und nunmehr auch den biblischen Ausdruck zu seinem vollen Recht kommen zu lassen. Neben diesen beiden Diensten leistet es auch noch zwei andere: es bringt mehr Abwechselung in das Repetieren und fördert die Lesefertigkeit sowie die Sprachbildung überhaupt. (Will man eine tüchtige, allseitige und gesunde Sprachbildung erzielen, dann muß nicht bloß im sog. Lesebuche gelesen werden, sondern auch in allen sachunterrichtlichen Fächern, — hier natürlich nur im Stadium des Einprägens.)

Obwohl mit Ziller darin völlig einverstanden, daß überall ein zusammenhängendes Wiedergeben des Gelernten angestrebt werden muß, so erachte ich es doch für rätlich, diese Übung bei der biblischen Geschichte in gewissen Schranken zu halten. Offenbar ist das zusammenhängende Wiedergeben der biblischen Geschichte eine intellektuelle und sprachliche Leistung, welche mit dem Hauptzwecke dieses Faches in keiner direkten Beziehung steht und doch viel Übung und viel Zeit erfordert. Dazu hat diese Repetitionsweise einen sehr monotonen Charakter und ist darum für diejenigen Schüler, welche bloß zuhören, recht langweilig. Da nun die übrigen Fächer hinlänglich Gelegenheit bieten, jene Fähigkeit zu pflegen, und da dort der Stoff eine solche äußere Schulung eher verträgt, so mache ich aus alledem den Schluß: man solle im biblischen Geschichtsunterricht vornehmlich den Hauptzweck, die Gesinnungsbildung, bedenken und darum das Interesse an der Sache nicht gefährden durch forziertes Erstreben rein intellektueller Zwecke. Dazu kommt noch ein besonderes Bedenken. Wie zur Zeit der Regulative, so pflegen die geistlichen Schulinspektoren bei den Revisions- und Entlassungsprüfungen auch jetzt noch vielfach zu fordern, daß die Kinder alle durchgenommenen biblischen Geschichten sollen wiedererzählen können. Damit legen sie den Schulen eine ungebührliche und unerträgliche Last auf; denn es ist unzweifelhaft, daß die Kandidaten der Theologie bei ihrer wissenschaftlichen Prüfung sämtlich durchfallen würden, wenn man dann von ihnen forderte, was jene Schulinspektoren von den Kindern fordern. Darum denke ich, wir Schulmänner dürfen das zusammenhängende Wiedergeben der biblischen Geschichten schon deshalb nicht betonen, um diese Geistlichen nicht in ihrem alten Wahne zu bestärken.

Der Leser wird jetzt imstande sein, selber die beiden Einprägungsweisen zu vergleichen.

Nur auf ein paar spezielle Differenzpunkte will ich noch kurz aufmerksam machen.

Zillers erste Repetition geschieht auf Grund des voraufgegangenen Lesens. Obwohl nun die Kinder mit freiem Ausdruck erzählen dürfen, so ist doch klar, daß sie sich vornehmlich an den biblischen Ausdruck halten werden, da sie ja nur diesen gehört haben. „Dürfen“ ist bekanntlich noch lange kein „Können“. Dieses Gebundensein an die Buchsprache durch die erste Eingewöhnung wird sich ohne Zweifel auch bei den spätern erweiterten Reproduktionen stark fühlbar machen; und wenn dann vielleicht ein Andern der sprachlichen Darstellung ausdrücklich gefordert wird, so macht das die Sachlage nicht besser, denn auch das „Sollen“ schafft noch kein „Können“. Kurz, der sprachliche Ausdruck der Kinder wird nie recht frei werden. — Anders bei meinem Verfahren, wo die Schüler bereits verschiedene Ausdrucksweisen gehört haben, bevor die mündliche Reproduktion beginnt.

Ein zweites Bedenken. Daß bei Zillers dreiteiliger Darbietung die Geschichte schon innerhalb des Neulernens wiederholt durchgegangen werden muß, wird zwar dem Einprägen förderlich sein, nicht aber dem Interesse an der Sache, — zumal auch noch zwei absichtliche Reproduktionen (nach dem 1. und 2. Akte) das Neulernen begleiten. Vergessen wir nicht, daß das „Wiederkäuen“ auch eine unschmackhafte Bedeutung hat.

Eine dritte schwache Stelle des Zillerschen Verfahrens liegt darin, daß es nur ein zusammenhängendes Reproduzieren kennt. Dadurch werden die Einprägungsübungen nicht bloß einförmig, sondern auch einseitig und infolge dieser beiden Fehler noch obendrein langweilig. Die Langweiligkeit ist aber hier doppelt schlimm, weil dem Repetieren ohnehin der Reiz des Neulernens abgeht. — Diese schwache Stelle der Praxis hat ihren Grund in einem psychologischen Irrtum: Ziller verkennt die hohe Bedeutung der Frageform beim Einprägen. Wie ihm dies verborgen bleiben konnte, ist schwer zu begreifen, da hinsichtlich des Neulernens niemand besser als er den eigentümlichen Wert der Frageform erkannt hat. — Bei mir muß das Repetieren immer zuerst frageweise geschehen. Auf der Oberstufe gestatte ich indessen nur solche Fragen, welche judiciöser (denkender) Art sind und eine längere Antwort erfordern. Auf den unteren Stufen, wo jene Frageform in der Regel für die Kinder zu schwierig ist, muß dagegen das Fragen nach Einzelheiten, ja nach scheinbaren Kleinigkeiten, zugelassen werden. Hier ist dasselbe schon deshalb am Platze, weil die Flüchtigkeit dieser Altersstufe leicht über Detailpunkte weghüpft, selbst beim Neulernen. Faßt man das ins Auge, so wird ein zweiter Borteil dieser Detailfrage bemerkbar: es steckt in denselben noch etwas anderes als eine Repetition, nämlich eine verdeutlichende Fortsetzung des Neulernens.

Zum vierten verkennt Ziller die Bedeutung des Lesens beim Einprägen. Alle namhaften Pädagogen von Diesterweg bis Dittes sind darin einig, daß die Lesefertigkeit von hohem Werte ist, einmal hinsichtlich der Sprachbildung und sodann als Mittel der Selbstbelehrung. Die Lesestunden, welche im Sprachunterricht vorkommen, reichen aber für diesen Zweck bei weitem nicht aus. Was liegt nun näher, als das Lesen auch beim Einprägen der sachunterrichtlichen Stoffe mit in Dienst zu nehmen? Hier werden dann in einem Akte zwei Arbeiten verrichtet. Schon die Zeitersparnis, die darin liegt, würde Vorteils genug sein. Aber jeder der beiden Arbeiten steht auch für sich ein Gewinn zur Seite. Denn die Leseübung kann nirgend fruchtbarer sein als da, wo der Stoff bereits gekannt ist und somit alle Aufmerksamkeit dem Lesen gewidmet werden darf. Und dem Einprägen bringt dieses Lesen ebenfalls, was es braucht: eine Wiederholung des Hauptstoffes und dazu eine angenehme Abwechselung. Was will man mehr? — Ziller verwendet das Lesen, wo es nicht am Platze ist; darum ist ihm seine Hülfe am rechten Platze versagt.

Endlich noch eins. Dr. Rein behauptet (a. a. O. S. 17): „Bei Dörpfeld treten die Einprägungsoperationen in den Vordergrund." Das soll also wohl heißen: bei mir werde dem Einprägen mehr Zeit gewidmet, als gebührlich sei. Sehen wir zu. Bei Ziller kommt, wie wir oben sahen, ein fünfmaliges Wiederholen der Geschichte vor, bei mir nur ein drei- bis viermaliges. Wo nimmt nun das Wiederholen mehr Zeit in Anspruch — bei mir oder bei Ziller?

*

Der saure Teil meiner Aufgabe, die Beleuchtung der Schattenseiten der Zillerschen Lehrweise im Anschauungsstadium, ist glücklich zu Ende gebracht. Es bleibt mir nun noch übrig, eine andere Pflicht zu erfüllen, die zugleich meinem Herzen Genüge thut, nämlich auch auf die Lichtseiten jener Lehrweise einen Blick zu werfen und das Gemeinsame noch etwas genauer darzustellen, als es im Eingange geschehen konnte. Zu dieser umgekehrten Betrachtung mahnt auch eine Reflexion, wozu uns die Entwicklungsgeschichte der Wissenschaften zahlreiche Beispiele liefern kann. Ich habe schon bei anderer Gelegenheit darauf hingewiesen (in „Denken und Gedächtnis" S. 165 mit Bezug auf David Hume) und erlaube mir, die dortige Bemerkung hier zu wiederholen. „Wenn einem denkenden Kopfe solchen Ranges ein Irrtum begegnet, dann haben wir übrigen, die ihr Wissen sich meistens erst von anderen zeigen lassen müssen, alle Ursache, nun unsre Augen an diesem Punkt erst recht weit aufzutun. Sagen wir es nur dürr heraus: die Denkfehler gescheiter Leute haben in der Regel mehr wissenschaftlichen Wert als die Denkrichtigkeit in denselben Punkten bei solchen, denen die Wahrheit nur als Erbstück zugefallen ist; denn hinter jenen Fehlern steckt gewöhnlich irgend eine richtige Beobachtung, welche die Wahrheitserben trotz ihres richtigeren Wissens auch hernach noch nicht einmal entdecken." — Wer Zillers Schriften kennt, dem kann nicht entgangen sein, daß ihr Verfasser nicht bloß ein denkender, sondern auch ein gescheiter Kopf war. In meinen Augen ist er auf unserm, dem pädagogischen Gebiete noch mehr als das gewesen: ein Forscher ersten Ranges. Wo mir daher in seinen praktischen Maßnahmen ein Fehler aufstieß, bei dem ich nicht zweifelhaft sein konnte, daß es wirklich ein Fehler war, da habe ich mir immer gesagt: hier gilt es, mit besonderer Sorgfalt näher zuzuschauen, da hinter diesem Irrtum vielleicht ein Stück Wahrheit steckt, das dir selber bisher entgangen ist. Diese Maxime hat mich nicht gereut; und ich kann nicht umhin, sie allen zu empfehlen, die gern noch etwas zulernen möchten, namentlich denen, die an Zillers Schriften zwar viel kritisiert, aber wenig aus ihnen profitiert haben.

Wie steht es nun im vorliegenden Falle? Die Schattenseiten der Zillerschen regulären Anschauungsoperation haben wir kennen gelernt; aber sein Verfahren hat in der Tat auch beachtenswerte Lichtseiten, wenigstens beim Neulernen, und sie sind auch nicht einmal versteckt. Sehen wir zu.

Da ist vor allem zu nennen Zillers oberster theoretischer Grundsatz, worin wir eben vollkommen einig sind, daß eine genaue und detaillierte Anschauung der Geschichte erstrebt werden müsse und zwar nach allen ihren Bestandteilen.

Die zweite Lichtseite findet sich in der praktischen Ausführung des zweiten und dritten Teilaktes. Sieht man davon ab, daß diese Betrachtungen separat vorgenommen werden, dann muß ihre Ausführung durchaus korrekt heißen. Da lehrt nicht mehr das Buch, sondern allein das freie mündliche Wort in lebendiger Wechselrede.

Für mich zähle ich noch einen dritten beachtenswerten Zug, wenn derselbe auch nicht direkt zu den Lichtseiten gerechnet werden kann. Er hängt gerade mit der Maßnahme zusammen, die ich in erster Linie getadelt und als den Grundfehler der Zillerschen Darbietungsweise bezeichnet habe,

keiten, zug ...
die Fl... ...
beim N... ...
dieser D...
eine N...

Zum ...
prägen. ..
einig, ...
Sprach...
stunden, .
Zweck ..
beim ...
Hier ..
Zeite...
beiden ..
übur... ..
ist u...
dem ...
holu... .
will ...
ist; ...

feld ..
soll ..
als ..
faber ..
drei ..
in ...

feiten ..
gebr... ..
die ... ..
feiten ..
etwas ..
dieser ..
Ent... ..
Ich ..

... theilung der Lehreinheit, wodurch ...
... werden. Der Leser wird wohl nicht
... um hier den gemeinten Charakter ...
... iger Umstand zu Hülfe, der meinen
... so zu. Schon mehrere Jahre ...
... der „Grundlegung", hatte ich im ...
... antwort zum Enchiridion die ...
... operation des biblischen Geschichts...
... der Name sagt, nämlich eine wirkliche
... bisher in den Seminaren gelehrt
... nicht genüge, vielmehr jenes Ziel ...
... wendige, fesselnde und detailliert aus...
... vermittelst des freien mündlichen Lehr...
... in den leitenden Kreisen und der
... erste Vorbedingung, die freie Be...
... gestatten; damit fielen alle übrigen
... sich in Zillers methodischen Schriften
... peration an; ich meine die vorhin be...
... erwähnten helleren Lichtseiten, die ich
... separate Betrachtung der verschiedenen
... nimmer Fehler gelten konnte. Der
... die Anschauung sich nur successive
... tig. Allein er war verkehrt ange...
... die Geschichte selbst bietet, wenn
... künstlichen, widernatürlichen ver...
... durfte mein Blick aber nicht bei der
... en; ich mußte mir auch die Frage
... Die Antwort war nicht schwer zu
... und sein Streben als weit über
... te, nämlich die Einsicht, daß die
... viel größer und schwieriger
... man demnach mehr Zeit darauf ver...
... und größere Anstrengungen machen
... war es, was ihn dazu geführt hatte, zu
... Darstellung zu greifen. Konnte ich auch dieses
... mußte mir doch die darin ausgesprochene kräftige
... und Schwierigkeit der Anschauungsoperation
Alle Kontroversen zwischen der offiziellen Praxis
... gerade ihren Grund, daß man dort die An...
... die in meinen Augen die komplizierteste und schwie...

rigste der Lehroperationen ist, für einfach und leicht hielt. Warum also mehr Zeit darauf verwenden, wenn es nicht nötig ist, und weshalb um mehr Kunst sich bemühen, wenn das Geschäft bequemer verrichtet werden kann? So standen die Sachen. Jetzt trat Ziller auf und forderte noch mehr Zeit als ich, und dazu, wenn auch nicht mehr Kunst, so doch mehr Arbeit, und dieses doppelte Plus war in den drei Akten ziffermäßig vor die Augen gestellt. Wie hätte ich mich nicht darüber freuen sollen? Nun mußten ja die Vertreter der üblichen Praxis, die mich nicht hatten hören wollen, nochmals sich besinnen und Rede stehen. Wo das aber geschah, da durfte ich hoffen, daß dort bald die Einsicht durchdringen werde, die richtige Anschauungsvermittelung sei ein schwierigeres Stück der Lehrkunst, als bisher geglaubt worden war. Mehr brauchte ich vor der Hand nicht zu wünschen; denn wenn die Erkenntnis so weit fortgeschritten ist, dann findet sich bei dem jetzigen Stande der Didaktik alles Weitere sozusagen von selber. Wie ich damals stand, so stehe ich auch heute noch. Wer die Unzulänglichkeit der offiziellen Praxis eingesehen hat, aber mit meinem Verfahren sich nicht zu befreunden vermag und dafür die Zillersche dreiaktige Darbietungsweise annimmt, dem kann ich dazu nur Glück wünschen. Denn einmal steht dieselbe trotz aller ihrer Mängel doch im ganzen beträchtlich höher als die hergebrachte; überdies befindet er sich dann in einer guten Schule, und wenn er diese gut benutzt, so wird er die anfänglich mit übernommenen Mängel bald zu beseitigen wissen.

Soviel über die Lichtseiten des Zillerschen Neulernens.

Beim Einprägungsverfahren kann ich dagegen keine Lichtseiten nennen, weil keine zu sehen sind, — es müßte denn dies dafür gelten dürfen, daß das Einprägen wirklich geschieht und zwar mit viel Zeitaufwand und Mühe.

So wäre nur noch der letzte und liebste Akt meiner Aufgabe übrig, das Gemeinsame der beiderseitigen Ansichten noch etwas genauer darzustellen, als es im Eingang geschehen konnte. Dem Leser wird dabei vielleicht einiges Überraschende begegnen.

Blicken wir zunächst nach der negativen Seite, d. h. darauf, wie nach unsern übereinstimmenden Grundsätzen bei der Anschauungsvermittelung nicht verfahren werden darf.

Daß die hergebrachten Darbietungsweisen uns beiden als völlig unzulänglich gelten, braucht nicht erst ausdrücklich gesagt zu werden. Wie steht es aber um das, was meine obige Kritik an Zillers regulärer Darbietung getadelt hat? Sind das wirklich methodische Werkstücke in seinen Augen? Ich muß es bezweifeln, stark bezweifeln. Noch mehr. Wenn das, was Ziller anderwärts gutheißt und tut, maßgebend sein darf, dann steht es vielmehr so: alles das, was ich in jener dreiaktigen Darbietung als mangelhaft bezeichnet habe, wird auch von ihm selber für mangelhaft angesehen — mit Ausnahme eines einzigen Punktes, wo noch eine kleine Restdifferenz zu sein scheint. Das wird dem Leser seltsam klingen. Ich will meine Beweisdaten vorlegen, dann mag er selbst urteilen.

Wie oben mehrmals erwähnt wurde, kennt Ziller neben der dreiaktigen Darbietungsweise noch eine andere, die sog. darstellende, und übt sie auch, obgleich nur ausnahmsweise. Dieses Verfahren, das darstellende, ist in seinen Augen das einzige, welches in der biblischen Geschichte wie in den andern dahin gehörigen Fächern die Aufgabe der Anschauungsoperation vollständig zu lösen vermag; mit einem Wort: es gilt ihm in den bezeichneten Fächern als das methodische Ideal. Ist es nun die Muster-, die Idealmethode, so folgt daraus, daß alle Abweichungen davon als Mängel oder Unvollkommenheiten anzusehen sind.

Sehen wir jetzt zu, was von dem an der dreiaktigen Darbietungsweise Getadelten in Zillers darstellendem Unterricht noch beibehalten wird.

1. Die ersten drei Bestandteile der Geschichte — die Handlung, das Außenwerk und das Psychologische — werden hier vereint vorgeführt, wie sie einheitlich zusammengewachsen sind, in einem Akte; nur dem Religiös-Ethischen wird noch ein besonderer Akt gewidmet. Die separate Betrachtung der Stoffe ist sonach im Prinzip bereits aufgegeben. Man kann daher nicht umhin zu fragen: wenn bei jenen drei Bestandteilen die vereinte Vorführung gerade das einzig richtige ist, — warum soll die Hinzunahme des Religiös-Ethischen nicht ebenfalls richtig sein? In der Tat nimmt sich die Separierung dieses Stoffes hier aus wie ein letztes Überbleibsel der Dreiaktigkeit, das nur sehnsüchtig darauf wartet, gleichfalls verschwinden zu können. Doch lassen wir es einstweilen ruhig stehen.

2. Das Lesen ist aus dem Neulernen verwiesen. Nicht ein Buch lehrt, sondern lediglich das mündliche Wort, — teils vortragsweise, wo es nötig ist, teils unterredungsweise, wo dies am Platze ist. Daraus folgt dann auch — was eigentlich nicht mehr ausdrücklich gesagt zu werden braucht — daß

3. die Erzählung der geschichtlichen Handlung nicht mehr ganz und gar vorgesagt wird, sondern wie alles Übrige so viel als möglich unter Mitwirkung der Kinder (durch Selbstfinden) zur Darstellung kommt; und daß

4. das Binden an den Buchausdruck wegfällt.

…eine obige Behauptung buchstäblich wahr
…n der dreiaktigen Darbietungsweise getadelt
…, wo er seine Idealmethode anwendet, fallen
…haft, unbrauchbar, oder wie man es sonst

…t sein, daß beim darstellenden Verfahren auch
…em Punkte ein anderes Gesicht erhält als beim
…im Neulernen das Lesen wegfällt, so muß das-
…e Text zu seinem Rechte kommen soll, behufs der
…rauch genommen werden, wo auch allein seine richtige
…besitzt dann das Einprägen wenigstens zwei Hülfsmittel
weniger einförmig.

…jetzt auf den positiven Inhalt der beiderseitigen An-
…Anschauungsvermittlung.

…eser bereits gemerkt haben wird, hat sich meine Erörterung
…rt zugespitzt, daß es sich nur noch um eine einzige Frage
das Wesen des sog. darstellenden Unterrichts. So hätten
…ne Aussicht, bald zum Abschluß kommen zu können und zwar
…olchen, der weit erfreulicher zu werden verspricht, als die an-
…Besprechung der Differenzen vermuten ließ. In der Tat, wenn
…r wäre, daß die beiderseitigen Begriffe vom darstellenden Unterricht
…übereinstimmten, so ließe sich das Gemeinsame sofort in einen einzigen
…n Satz fassen. Ich würde dann sagen: will die Zillersche Schule sich
…nießen, in der biblischen Geschichte (wie in den übrigen dahin ge-
…en Fächern) ausnahmslos nur ihr Idealverfahren anzu-
…en, so sind wir im wesentlichen vollkommen einig; denn die von
…(nach Dr. Mager) vertretene „genetisch" entwickelnde Methode
…in der Anschauungsvermittlung nur das gebrauchen und gutheißen,
…s Ziller (nach Herbart) den darstellenden Unterricht nennt. —
…ber können wir doch nicht so wohlfeil zum Abschluß gelangen. In den
beiderseitigen Begriffen vom darstellenden Verfahren scheint irgendwo eine
Differenz zu stecken. Es geht dies aus der Tatsache hervor, daß die
Zillersche Schule auf dem bezeichneten Lehrgebiete zwei Darbietungsweisen
zuläßt, während ich nur eine einzige als die richtige anerkennen darf
— schon aus dem einfachen Grunde, weil es zwischen zwei Punkten nur
einen einzigen kürzesten Weg gibt und geben kann. Jene Zweimethodigkeit
ruft aber noch einen andern Gedanken wach. Wo man bei ein und demselben Ziele zwischen zwei grundverschiedenen Wegen schwankt oder gar
beide für gerade erklärt, da muß die Untersuchung über die kürzeste Linie
offenbar noch nicht völlig ins reine gekommen sein. In der Tat, jene

Doppelmethode ist nichts anderes als eine monströse methodische Zwei=
köpfigkeit. Man sollte daher denken, Zillers Schüler hätten längst merken
müssen, daß ihnen hier eine dringliche Aufgabe vor die Füße gelegt war.
Die Doppelmethodigkeit mußte um jeden Preis abgetan, oder was hier
dasselbe heißt: es mußte versucht werden, den Begriff des darstellenden
Unterrichts so bald als möglich ins reine zu bringen.

Aber noch andere Mahnungen lagen vor. Außerhalb der Zillerschen
Schule wird vielfach geklagt, in ihren Schriften werde zwar der darstellende
Unterricht lebhaft empfohlen, allein man tue damit so geheimnisvoll, daß
sein Begriff in einem mysteriösen Halbdunkel stecken bleibe. Der Schein
des Geheimtuns ist freilich eine Täuschung; wäre man dort in allem
klar, so würde auch klar geredet werden. Mich dünkt übrigens, schon eine
einzige gründliche Monographie über den darstellenden Unterricht würde
hingereicht haben, um seinen Begriff soweit aufzuklären, als zur Be=
seitigung der anstößigen Doppelmethodigkeit nötig ist. Auch konnte die
Arbeit nicht mehr schwierig sein, da in Zillers Schriften die Hauptpunkte
richtig und unmißverständlich festgestellt sind. Es handelte sich demnach
nur darum, einerseits aus der Psychologie und aus der Eigentümlichkeit
der betreffenden Lehrfächer die Richtigkeit jener Hauptgrundsätze nachzu=
weisen, und dann andrerseits zu zeigen, wie dieselben praktisch ausgeführt
sein wollen. Leider ist eine solche Monographie bisher noch nicht geliefert
worden. Läge sie vor, so würde meine verzwickte Aufgabe, die verborgene
Differenz in unsern beiderseitigen Begriffen vom darstellenden Verfahren
aufzuspüren, wesentlich erleichtert sein. Jetzt muß ich mir zu helfen suchen,
so gut es geht.

Ich werde nun vorab eine kurze Skizze meines Begriffes von der
darstellenden Anschauungsvermittlung geben, und dann nach der irgendwo
versteckten Differenz mich umsehen. Selbstverständlich muß sich jene
Skizze auf die wichtigsten, die entscheidenden Charakterzüge beschränken; sie
soll jedoch nicht dogmatisch auftreten, sondern genetisch, damit der Leser
von Schritt zu Schritt kontrollieren kann, ob meine Forderungen
richtig sind.

Bezüglich der aufzuspürenden Differenz will ich vom Resultat meines
Suchens schon im voraus so viel verraten, daß dieselbe nicht materialer,
sachlicher Art ist: Zillers Begriff und der meinige sind vielmehr, wenn
mein Blick mich nicht trügt, sachlich vollkommen übereinstimmend; die
Differenz ist bloß eine formale, rein logische, aber von so eigentümlicher
Art, daß sie sich hier noch nicht deutlich bezeichnen läßt.

Nun zur Sache.

Was die **Psychologie** über die Anschauungsvermittelung im allgemeinen lehrt, muß ich als bekannt voraussetzen. Von da ab hat unsere Untersuchung den Blick zu richten auf die Natur der betreffenden **Lehrfächer**. Aus der Eigentümlichkeit der Stoffe wird sich uns die Eigentümlichkeit der unterrichtlichen Aufgabe erschließen; und diese Aufgabe wird uns die **methodischen Mittel und Wege** weisen, denn die Mittel müssen sich bekanntlich überall nach dem Zwecke richten.

Wie bereits eingangs bemerkt, scheiden sich die Lehrgegenstände unterrichtlich in zwei Klassen. Auf der einen Seite stehen diejenigen Fächer, deren Objekte dem sinnlichen Anschauen **unmittelbar** vorgeführt werden können. Dahin gehören: die gesamte Naturkunde (sofern es sich nicht um entlegene Dinge oder Vorgänge handelt), die Heimatsgeographie, die mathematischen Fächer, die Sprachformen, das Zeichnen und der Gesang. Auf der andern Seite stehen diejenigen Fächer, deren Objekte sich (meistens) **nicht** dem unmittelbaren sinnlichen Anschauen vorführen lassen. Dahin gehören: die biblische Geschichte, die sog. Profangeschichte, die entlegenen Naturdinge, der Teil der Geographie, welcher jenseits des heimatlichen Anschauungskreises liegt (ferner: die didaktischen biblischen Lesestücke und das belletristische Lesebuch, sofern man diese Stoffe nicht in sprachunterrichtlicher Weise, sondern im Sinne des exakten Sachunterrichts behandeln will). Hier haben wir es nur mit dieser **zweiten** Klasse der Lehrgegenstände zu tun. Ihre Eigentümlichkeit besteht darin, daß sich ihre Objekte nicht unmittelbar zur Anschauung bringen lassen, sondern — positiv ausgedrückt — nur mittelbar, nur **phantasiemäßig**, nämlich vermittelst der sprachlichen Darstellung. (Die Benutzung äußerer Hülfsmittel, z. B. der Bilder, des Vorzeichnens u. s. w. sagt sich von selbst und braucht daher nicht weiter erwähnt zu werden.)

Was folgt aus dieser Eigenartigkeit der Stoffe für die unterrichtliche **Aufgabe**? Daß möglichst Anschaulichkeit erstrebt werden muß, steht ohnehin fest. Bei jener ersten Klasse der Fächer sind es die Objekte selbst, welche das Beste dazu leisten; hier, bei der zweiten Klasse, muß die Lehrkunst tunlichst zu ersetzen suchen, was die Objekte versagen. Herbart drückt das einmal so aus: dieser Unterricht müsse „die Erfahrung nachahmen." Der Ausdruck „Erfahrung" kann mißverstanden werden und ist auch vielleicht mitunter mißverstanden worden. In der Erfahrung, wie Kinder sie machen, steckt bekanntlich auch viel Unklares, Rohes u. s. w. Das können wir jedenfalls missen. Was nachgeahmt werden soll, ist das, was das Wort „erfahren" im Unterschied von „erzählen" besagt: das Selbstsehen, Selbsthören u. s. w., kurz, die eigentliche, die sinnliche Anschauung. Sie „nachahmen" heißt hier: ihr möglichst nahe kommen. An einer andern Stelle drückt Herbart dies noch deutlicher aus: der Unterricht muß die Gegenstände und Vorgänge so vorzuführen suchen, „daß die Schüler sie zu sehen glauben." Die eigentümliche Aufgabe der Anschauungsoperation in dem bezeichneten Gebiete läßt sich somit dahin bestimmen: Weil die Objekte sich nicht selbst darstellen, so muß die Lehrkunst dieses „Darstellen" so viel als tunlich zustande zu bringen suchen; also mit andern Worten: das zeitlich und räumlich Ferne so nahe rücken und in allen seinen Einzelheiten so deutlich erkennen lassen, daß es den Kindern gleichsam vor den Augen steht. Da sehen wir, warum Herbart diesen Unterricht den darstellenden nennt. Beim ersten Hören von weitem klingt dieses Stichwort wegen seiner allgemeinen Bedeutung allerdings etwas befremdlich und unbestimmt; bei näherem Besehen findet sich jedoch, daß es das Eigentümliche der Aufgabe, welche die Anschauungsoperation in diesen Fächern hat, wirklich recht prägnant bezeichnet. Für die Gemeinsprache mag freilich ein bequemerer Ausdruck wünschenswert sein.

Besinnen wir uns, was wir jetzt über das Wesen des darstellenden Unterrichts bereits wissen. Es ist ein Dreifaches. Es gilt nur für die zweite Klasse der Lehrfächer und hat seine Stelle in der Anschauungsoperation, und dieser ist durch die Eigentümlichkeit jener Stoffe die vorhin bezeichnete eigentümliche Aufgabe vorgeschrieben.

Die Aufgabe führt uns zu den methodischen Mitteln. Aus ihr geht hervor, daß die Anschauung nur vermittelst der sprachlichen Darstellung (unter Benutzung äußerer Hülfsmittel) geschehen kann. Wie jedoch das Lehrwort näher beschaffen sein muß, und was für andere methodische Maßnahmen nötig sind — diese speziellen Mittel werden nicht durch die Aufgabe gewiesen, sondern müssen auf Grund der Psychologie und der Erfahrung gesucht werden; allein die Aufgabe entscheidet, ob die vorgeschlagenen Mittel richtig sind, denn diese haben sich nach dem Zwecke zu richten. Wer Pulver fabrizieren will, kann nicht ganz beliebige Ingredienzien wählen.

Suchen wir nun die speziellen methodischen Mittel und Wege. Wir werden dabei auch diejenigen nennen müssen, welche die beiden Klassen der Lehrfächer gemein haben. Dieselben geben zwar nicht das Eigentümliche des darstellenden Unterrichts an, aber sie gehören doch mit zu seinem Wesen, da sie nicht entbehrt werden können. Überdies wird sich finden, daß sie bei der zweiten Klasse der Fächer doch eine eigentümliche Bedeutung erhalten.

Wir beginnen mit den speziellen Forderungen, welche die Aufgabe an die Form der sprachlichen Darstellung macht. Die Stoffe der ersten

Klasse, die sinnlich wahrnehmbaren, können uns den Weg weisen. Dort duldet man bekanntlich kein Buch, sondern nur das mündliche Lehrwort, läßt dasselbe sich frei bewegen, wo das Unterrichtsbedürfnis es verlangt, und wendet, soweit ein Vorsagen nicht nötig ist, überall die Unterredung an. Wenn nun dort, wo die Objekte selber mitsprechen, keine niedrigeren, unwirksameren Formen der sprachlichen Darstellung als die genannten zugelassen werden, so folgt daraus, daß bei der zweiten Klasse der Fächer, wo die Objekte selbst nicht mitsprechen können, noch weniger niedrigere Formen des Lehrwortes zulässig sind. Überdies sei im voraus darauf aufmerksam gemacht — damit ich später nicht jedesmal besonders darauf hinzuweisen brauche — daß die weiter zu nennenden methodischen Forderungen jene drei Forderungen an das Lehrwort noch mehr bekräftigen. Stellen wir also bezüglich der sprachlichen Darstellung fest:

1. nur das mündliche Lehrwort ist zulässig;
2. es muß sich frei bewegen können;
3. neben dem Vortrag, wo er nötig ist, muß auch, so viel als tunlich ist, die Unterredung mitwirken.

Fragen wir jetzt nach den weiteren methodischen Maßnahmen.

Die nächste wird uns wieder durch die erste Klasse der Lehrfächer gezeigt. Dort findet man es bekanntlich für nötig, bei dem zu betrachtenden Gegenstande die Schüler auf jedes einzelne Merkmal, das zum Wesen der Sache gehört, aufmerksam zu machen oder es wenigstens zur Sprache zu bringen. Warum? Weil man sonst nicht sicher ist, daß die flüchtigen Kinderaugen es wirklich merken. Wenn das nun nötig ist, wo das Objekt leibhaftig vor den Sinnen steht, wie viel mehr da, wo es nur so weit vor den inneren Blick tritt, als das Lehrwort von ihm Kunde gibt. Was hier nicht ausdrücklich zur Sprache kommt, existiert für das Anschauen des Schülers nicht; an dem Punkte bleibt in seinem Vorstellungsbilde eine leere Stelle. Eine Zeichnung aber, welche die Umrisse ihrer Gestalten nicht deutlich kennbar macht, spricht nicht, d. h. weil sie keinen Ausdruck hat, kann sie auch keinen Eindruck machen. Es geht, wie wenn das Auge in weite, weite Ferne blickt, wo dann nur unförmliche, schattenhafte Gestalten sich zeigen. Ist das nun schon beim sinnlichen Bilde so, wie viel mehr da, wo das Bild vermittelst der Sprache gezeichnet und phantasiemäßig aufgefaßt werden muß, und wo es sich obendrein vielfach um solche Dinge handelt, die, weil sie der Vergangenheit oder der Fremde angehören, für das Kind schon ohnehin etwas Fremdartiges an sich haben. Daraus folgt also, daß nur eine detaillierte und genaue Darstellung der Aufgabe gerecht werden kann. — In dieser Regel liegt nebenbei auch eine Mahnung an den sprachlichen Ausdruck.

9*

Das Lehrwort muß die schwerverständlichen Satzformen und unbekannten Ausdrücke vermeiden, weil sonst dennoch trübe oder leere Stellen im Vorstellungsbilde entstehen können. Aus demselben Grunde sind konkrete, plastische Ausdrücke den abstrakten vorzuziehen; so spricht z. B. ein Adjektivwort und Verbum deutlicher als das davon abgeleitete abstrakte Substantiv. — Stellen wir demnach weiter fest, mit kurzem Stichwort:

4. Die Darstellung muß detailliert sein.

Die folgende methodische Maßnahme gilt in dem Sinne, wie sie hier auftritt, nur der zweiten Klasse der Lehrfächer, ist also ein eigentümlicher Zug des darstellenden Unterrichts. Man wird darauf aufmerksam, wenn man ins Auge faßt, daß die hier vorkommenden Objekte, als der zeitlichen oder räumlichen Ferne angehörend, für den Schüler vielfach etwas Ungewohntes, Fremdartiges an sich tragen. Demgegenüber reicht das detaillierte Darstellen für sich allein nicht aus. Es gilt, das Entlegene dem Standpunkte des Schülers näher zu rücken, — gleichsam das Teleskop nachzuahmen. Das Mittel dazu sind Vergleichungs= oder Veranschaulichungsbeispiele aus dem Kreise der dem Kinde bekannten und vertrauten Vorstellungen. Indem auf diese Weise Vorgänge, Sitten, Einrichtungen rc. der Vergangenheit neben Vorgänge, Sitten und Einrichtungen der Gegenwart gestellt sind, Dinge und Formen der Fremde neben solche der Heimat: so bewirkt das Gleichartige, daß jene dem Kinde verständlicher werden, also gleichsam ihm näher treten, kurz, daß eine richtige Apperzeption vor sich gehen kann. Zwar müssen auch bei manchen Stoffen der ersten Klasse, namentlich auch bei der Naturbeschreibung, in der Anschauungsoperation fleißig Vergleichungsbeispiele herangezogen werden, allein dort ist es zunächst das Differente, was ins Auge fallen und wodurch der Blick geschärft werden soll, während hier, beim phantasiemäßigen Auffassen, gerade umgekehrt das Gleichartige es ist, welches diesen Dienst leistet. Hier hat also das vergleichende Nebeneinanderstellen eine wesentlich andere Bedeutung als dort. — In der Geschichte kommt noch eine dritte Art von Stoffen vor, wo diese Apperzeptionshülfe nötig wird. Es ist das Psychologische. Das Fernstehen liegt hier darin, daß das Psychologische, weil unkörperlich, überhaupt nicht sinnlich wahrnehmbar ist. Nur das Selbstbewußtsein giebt davon Kunde. Damit wird bewiesen, daß die Seelenzustände fremder Personen anschaulich gemacht werden müssen an den ähnlichen eigenen Seelenzuständen des Kindes. (Inwiefern das Ethische und Religiöse mit hierher gehört und doch auch wieder nicht, muß ich übergehen, weil die Auseinandersetzung zu lange aufhalten würde.) Endlich ist noch einer vierten Art der entlegenen Stoffe zu gedenken. Es sind die abstrakten

Gedanken. Sie kommen auf unserm Gebiete vor in den didaktischen biblischen Lesestücken und den gleichartigen Stoffen des belletristischen Lesebuches. Die Abstrakta stehen darum dem Standpunkte des Kindes ferner, weil sie über der Empirie liegen. Zwischen ihnen und der Empirie steht ein Abstraktionsprozeß. Das Näherrücken muß hier bekanntlich ebenfalls durch Veranschaulichungsbeispiele geschehen. — Das Gesagte faßt sich zusammen in die Forderung:

5. das Entlegene muß durch Vergleichungs= bezw. Veranschaulichungsbeispiele dem Standpunkte des Schülers näher gerückt werden.

Nun die letzte methodische Maßnahme. In der Ausdehnung, wie sie hier auftritt, gehört sie gleichfalls zu den eigentümlichen Zügen des darstellenden Unterrichts. Vornehmlich ist aber die Geschichte das Feld, wo ihr Dienst gefordert wird, und wo sie ihren Wert zeigen kann. Gehen wir daher in unserer Betrachtung von diesem Gebiete aus. Die Geschichtserzählung beschreibt nicht ein ruhiges, beharrendes Sein, sondern Vorgänge, — Vorgänge, die eine zusammenhängende Kette von Ursachen und Wirkungen, von Nachwirkungen und Rückwirkungen und Seitenwirkungen darstellen. Hier bietet sich also eine reiche Gelegenheit, um das Erschließen und Erraten, kurz, das Selbstfinden der Schüler sich bethätigen zu lassen. Diese Gelegenheit will benutzt sein, — schon um deswillen, weil die Selbsttätigkeit an sich eine große erziehliche Bedeutung hat. Allein es kommt noch ein anderer Grund hinzu, und der spricht noch dringlicher. Die Geschichte bietet nicht nur einen großen Spielraum zum Selbstfinden, sondern ihre eigentümliche Lehraufgabe fordert zugleich, daß derselbe im vollen Umfange ausgenutzt werde. Die geschichtlichen Vorgänge sind Personalvorgänge, also solche, in denen das menschliche Leben nach allen seinen Seiten zur Entfaltung kommt; nach innen in seinem Denken, Fühlen und Wollen, nach außen in Handlungen, Reden, Schicksalen, Sitten, gesellschaftlichen Einrichtungen u. s. w. Soll nun hier eine volle, lebendige Anschauung genommen werden, so genügt nicht, daß der Schüler bloß zuschaue; er muß vielmehr sich in die Lage der betreffenden Personen und in ihre Seele hineinversetzen, in Gedanken mit ihnen überlegen, Entschlüsse fassen und handeln, leiden, trauern und sich freuen, sein Verhalten vor dem Gewissen und vor Gottes Angesicht prüfen, sich demütigen oder Mut und Trost fassen u. s. w., kurz, er muß die Geschichte mit durchleben. Dazu reichen aber alle vorgenannten Mittel, wie nützlich und nötig sie sind, für sich allein nicht aus; es muß vielmehr eine förmliche Nötigung zu jenem Sichhineinversetzen und tätigen Mitdurchleben hinzutreten. Dieses Nötigen geschieht eben durch die Fragen, welche zum Erschließen und Erraten auffordern. Daß auch die übrigen Fächer Gelegenheit zum Selbstfinden bieten, wenngleich in viel bescheidenerm Maße, braucht kaum gesagt zu werden. Dieses bescheidenere Maß mag uns übrigens nebenbei wieder darauf aufmerksam machen, daß die humanistischen Fächer bedeutend reicher an erziehlichen Kräften sind als die übrigen, und zwar nicht bloß hinsichtlich der Gesinnungsbildung — was sich ja von selbst versteht — sondern auch hinsichtlich der Verstandesbildung. — So lautet denn die letzte Forderung:

    6. Die Schüler müssen so viel als möglich zum Selbstfinden angeregt werden.\*)

---

\*) Der Leser gestatte mir, hier eine kurze Weile von meiner Arbeit auszuruhen. Mein Herz drängt mich, an dieser sechsten Forderung nicht vorbeizugehen, ohne dem seligen Ziller gerade hier einen Denkstein der Dankbarkeit zu errichten. Die vorgenannten methodischen Maßnahmen waren mir zwar schon in den jüngeren Jahren sämtlich mehr oder weniger bekannt geworden, und zwar nicht bloß dem Prinzip und dem Wortlaute nach. Es war nicht mein Verdienst; verschiedene günstige Umstände hatten dabei zusammengewirkt. Die erste, zweite und vierte Forderung hatte mir bereits der Seminarunterricht, durch Zahn, zum Bedenken eingeschärft; Diesterwegs Schriften richteten meine Aufmerksamkeit auf die von ihm fort und fort betonte „Selbsttätigkeit"; durch Mager wurde mir der fruchtbare Begriff des „Genetischen" ans Herz gelegt; nebenher gingen psychologische Studien (bei Kant und Beneke), wozu ich schon in sehr jungen Jahren angeregt worden war; dazu kamen dann, auf Magers Empfehlung, Herbarts Schriften, die über alles noch mehr Licht verbreiteten, soweit es bei einem einsamen Leser möglich ist. Trotz alledem litt mein Begriff von der Anschauungsoperation doch in einem Punkt an einer bedenklichen Lücke; dieser Punkt war die so warm empfohlene und von mir so lebhaft aufgenommene Selbsttätigkeit, genauer das Selbstfinden. Was meinen Blick von der richtigen Stelle ablenkte, rührte daher, daß ich das Selbstfinden zu ausschließlich in der Denk- und Anwendungsoperation suchte. Wohl wußte ich, daß dasselbe auch innerhalb der Anschauungsoperation geschehen kann, allein ich sah noch nicht, daß es in einem viel größeren Maße möglich ist. Da nun niemand mich darauf aufmerksam machte, und ich selbst nicht gescheit genug war, das Selbstfinden in seinem Vollmaß finden zu können: so blieb die Lücke ruhig stehen, wo sie stand. Erst durch Zillers didaktische Schriften wurde mir zu meiner großen Freude der Blick für das Fehlende geöffnet, und ich befleißigte mich sofort, von ihm zu lernen, so viel es gehen wollte. In meinen älteren Aufsätzen und Schriften über den biblischen Geschichtsunterricht, aus den fünfziger und sechziger Jahren, ist natürlich jene Lücke mit ihren Folgen deutlich zu merken. Leider war ich später teils durch aufgedrungene andere Arbeiten, teils durch die geschwächte Gesundheit gehindert, den mir sonst so lieben biblischen Geschichtsunterricht wieder unter die Feder zu nehmen. Ich konnte nicht einmal dazu kommen, jene älteren Aufsätze und Schriften für eine neue Auflage, die längst nötig war und vielfach gewünscht wurde, zu bearbeiten. Hätte es geschehen können, so würde ich selbstverständlich das von Ziller Gelernte nach Kräften mit verwertet und dann auch dort, wo die rechte Stelle war, ihm meinen herzlichen Dank für diese spezielle Förderung ausgesprochen

Da haben wir die methodischen Hauptstücke, welche zusammen das Wesen der darstellenden Anschauungsvermittelung ausmachen. Ich sage: die Hauptstücke, die primären, die entscheidenden. Um ganz vorsorglich zu verfahren, hätte ich eigentlich eine These vorausschicken müssen, nämlich die, daß eine Geschichte als ein organisches Gebilde anzusehen und darum das Zertrennen ihrer organischen Bestandteile unstatthaft sei. Auf meinem Standpunkte war dieselbe jedoch überflüssig, da sie in dem Begriff des „Genetischen", der bei mir zu den grundlegenden der allgemeinen Methodik gehört, bereits mitgesetzt ist. Überdies würde mich diese These schon von vornherein in einen Konflikt mit der Zillerschen Schule verwickelt haben.

Was außer jenen primären Forderungen beim darstellenden Verfahren zur Sprache kommen mag, ist entweder konsekutiver Natur oder von sekundärer Bedeutung. Zu letzterem gehört z. B. die Frage, ob es bei historischen Stoffen zweckmäßig sei, wie Ziller vorschlägt, jeweilig von einem einschlägigen Gedicht, einer Sage u. s. w. auszugehen. Die Frage dagegen, ob bei dem zu behandelnden geschichtlichen Stoffe ein „klassischer Text" vorhanden sei oder nicht, hat im Kapitel von der Anschauungs= operation überhaupt nichts zu tun, wenigstens nicht hinsichtlich des Schülers, sondern erst im Kapitel vom Einprägen. Wird sie bei der Anschauungsvermittlung zur Sprache gebracht, so heißt das bekanntlich: der „klassische Text" solle von den Schülern von vornherein gelesen werden. Dieses Lesen wird aber von den obigen sechs methodischen Forde= rungen, die sich uns aus der Natur des Stoffes und der dadurch ge= wiesenen eigentümlichen Lehraufgabe ergeben haben, der Reihe nach ver= worfen, von jeder einzelnen Forderung besonders, also nicht bloß einmal verurteilt, sondern sechsmal. Wenn man jeweilig zur Verteidigung dieses Lesens anführt, die Schüler müßten doch auch angeleitet werden, sich aus Büchern belehren zu können, so ist das freilich ein wahrer Satz; er wird aber hier sehr verkehrt angewendet. Das beste und nächste Mittel, um die Schüler für das Selbstlernen jeder Art zu befähigen, also auch für das aus Büchern, ist der exakte d. i. nach richtigen methodischen Grundsätzen erteilte Sachunterricht. Was dann noch weiter geschehen muß, um das Selbstlernen aus Büchern zu lehren, ist die Aufgabe des sprach= lichen Lesebuches. Ein eigentümliches methodisches Mittel des Sprach= unterrichts im exakten Sachunterricht verwenden zu wollen, kann nur als eine schlimme Verirrung bezeichnet werden.

So viel mir besehbar ist, erkennt auch Ziller die obigen sechs Forde=

---

haben. Möchte mein jetziges Dankeszeugnis auch an dieser Stelle seinem Andenken etwas gelten können.

rungen beim darstellenden Verfahren als richtig an. In seiner Besprechung dieser Lehrweise erwähnt er zwar in der Regel nur die charakteristischen Merkmale: die Vergleichungsbeispiele und das Selbstfinden; in den Lehrbeispielen werden aber die übrigen Forderungen faktisch gleichfalls befolgt. Ob nun meine Annahme, daß sein Begriff vom darstellenden Verfahren sachlich mit dem meinigen übereinstimme, wirklich zutrifft, mögen die Kenner seiner Schriften näher prüfen.*)

Es würde jetzt noch übrig sein, die verborgene formale Differenz aufzudecken, welche zwischen den beiderseitigen Begriffen vom darstellenden Unterricht besteht. Daß eine solche vorhanden sein muß, geht aus der Tatsache hervor, daß Ziller zwar das darstellende Verfahren für das normale hält, aber bei den historischen Stoffen in der Regel ein ganz anderes anwendet, während ich nur die darstellende Anschauungsvermittelung als zulässig anerkennen kann. Dieses Symptom der Differenz wird uns auch die Quelle weisen, aus der es stammt.

Fragt man die Schüler Zillers, warum auf ihrer Seite neben dem Normal- oder Ideal-Verfahren noch ein zweites im Gebrauche sei, so lautet die Antwort: jenes sei bei historischen Stoffen, namentlich in der biblischen Geschichte, nicht überall anwendbar; wenigstens sei der Weg zur allgemeinen Anwendung jetzt noch nicht gefunden. Fragt man nun weiter: warum es denn nicht überall anwendbar sei, — so pflegen die Antworten vorab nicht ganz einstimmig zu lauten; sie laufen aber schließlich darin zusammen: bei vielen Geschichten, namentlich bei den biblischen, habe das Selbstfinden zu wenig Spielraum, als daß sich lohne, hier das darstellende Verfahren anzuwenden. Da haben wir's. Der Gebrauch der anerkannten Normalmethode wird einzig davon abhängig gemacht, ob bei den vorliegenden Erzählungen gerade so und so viel Selbstfinden möglich ist, wie man meint wünschen zu müssen. Ob nun gemeint wird, es sollten alle Fakten und Daten erschließbar sein, oder beinahe alle, oder $9/10$ derselben, oder $4/5$, oder $3/4$ u. s. w. — läßt sich nicht

---

*) Die obige kurze Skizze würde, wenn weiter ausgeführt, ein Bruchstück aus dem praktischen Teile einer psychologischen Monographie über „die Entstehung der Anschauungen und ihre schulmäßige Vermittelung" sein. Mit einer solchen Arbeit bin ich seit langem beschäftigt; vielleicht wäre sie schon fertig, wenn nicht ein Leibesübel mir über ein Jahr lang die Feder aus der Hand genommen hätte. In „Denken und Gedächtnis" habe ich zwar zunächst die Monographie über die Begriffsbildung in Aussicht gestellt, da die im Ev. Schulblatt (1876) erschienene Abhandlung über dieses Thema nur einer mäßigen Erweiterung bedurfte. Aus den Umständen, welche die obige Auseinandersetzung veranlaßt haben, scheint jedoch hervorzugehen, daß eine psychologische Untersuchung über die Anschauungsoperation dringlicher ist.

genau erfahren. Genug. irgend ein gewisses Quantum des Selbstfindens wird für nötig gehalten. Das ist aber bei einer großen Zahl
von Geschichten nicht mobil zu machen; was nun? Man sitzt eben fest.
Allein es muß doch etwas geschehen. So erklärt man denn zur eigenen
Beruhigung, das darstellende Verfahren sei hier nicht anwendbar, und greift
nun in der Verzweiflung zu einem solchen, das in der ersten Hälfte das
diametrale, roheste Gegenteil des normalen ist, und dessen zweite Hälfte
sich bemühen muß, die Rohigkeit der ersten wenigstens einigermaßen wieder
gut zu machen. Was das heißt, tritt noch deutlicher hervor, wenn man
es ins Licht der anerkannten sechs methodischen Forderungen stellt. Weil
in dem betreffenden Falle die eine dieser Forderungen sich nicht im gewünschten Vollmaße ausführen läßt, so wird nun in dem wichtigen
ersten Akte, wo diese Forderung gerade ihre Hauptbedeutung hat, auch das
nicht davon ausgeführt, was wirklich ausführbar ist; aber nicht genug,
nein, es werden nun an dieser Stelle rundweg alle sechs Forderungen
beiseite gesetzt, um dann hinterher, in den beiden letzten Akten, nachträglich wenigstens soviel davon auszuführen, als jetzt noch möglich ist,
wodurch also nochmals erklärt wird, daß man sie ja anerkenne. Das sieht
doch genau so aus, wie wenn ein Reisender, falls der direkte Weg zu
seinem Ziele etliche kleine Krümmungen hat, um deswillen, weil derselbe
nicht schnurgerade ist, nun erst einen weiten und beschwerlichen Umweg
macht, um dann von dort aus endlich in einer geraderen Linie zu seinem
Ziele zu gelangen. Oder wie wenn jemand, weil sich an irgend einem
Tage keine Gelegenheit zeigt, eine Großtat der Liebe ausüben zu können,
nun zu sich selbst sagt: so will ich heute gar kein Werk der Liebe thun,
und will mich auch an die Gebote der Gerechtigkeit und Billigkeit nicht
kehren; aber morgen, — morgen will ich dann überlegen, was sich noch
nachholen läßt.

Doch lassen wir diese praktischen Fehler; sie sind ja klar genug. Besehen wir nur noch etwas näher den logisch-theoretischen Irrtum, aus dem
sie stammen.

Gerade an der Stelle, wo Zillers Verdienst in der Frage vom darstellenden Unterricht liegt, beim Selbstfinden — gerade da hat sich ein
kleiner logischer Irrtum angehängt. Wie ging es zu? Niemand hat so
klar und tief wie er die große Bedeutung der sechsten Forderung erfaßt.
Auf diesen wichtigen Punkt richtete sich sein Blick. Je mehr Selbstfinden,
desto besser, dachte er. Mit Recht. Darüber schob sich aber in seinen
Begriff von dieser Forderung unvermerkt eine Quantitätsbestimmung
mit hinein, — eine Bestimmung, die logisch nicht darin liegen kann.
Denn diese Forderung sagt, wie alle übrigen, lediglich: „soviel als

möglich ist;" von einem bestimmten „Wieviel" kann sie nichts sagen. Was die Folge dieses unlogischen Einschiebsels sein mußte, ist klar. Der Begriff vom darstellenden Unterricht verengte sich, — nicht in seinem sachlichen Inhalt, aber so, daß der Bereich der Anwendung bedeutend zusammenschrumpfte. Alle Geschichten, die nicht das gedachte Vollmaß des Selbstfindens darboten, sahen sich vom darstellenden Verfahren ausgeschlossen. Wie winzig klein erscheint doch der anfängliche logisch-theoretische Irrtum, und wie große praktische Fehler hat er hervorgerufen! Diese Reflexion macht übrigens darauf aufmerksam, daß mutmaßlich noch ein anderer irreleitender Umstand mitgewirkt haben müsse. Ich glaube ihn sehen zu können. Er hängt an derselben Stelle, wo die unlogische Quantitätsbestimmung sich einschlich: an der Einsicht in die eminente Wichtigkeit des Selbstfindens. Darauf richtete sich vor allem der Blick. Dieses feste, stete Hinschauen auf diese eine, durch ihre Bedeutsamkeit hervorragende Forderung hatte nun die Folge, daß die übrigen Forderungen allgemach mehr oder weniger in den Hintergrund traten, mithin auch nicht mehr ihren eigenen Wert vollaus in Erinnerung bringen konnten. Was daraus weiter folgen mußte, ist klar. Es wurde halb vergessen, halb nicht mehr bedacht, daß die übrigen Forderungen, gleichviel ob sie zu den charakteristischen gehören oder nicht, gerade so wesentlich sind und darum auch gerade so notwendig, wie die eine wichtige vom Selbstfinden, — mit einem Wort: daß sie alle ausgeführt sein wollen, wenn der Zweck erreicht werden soll. Wäre das nicht vergessen worden, so würden in den Fällen, wo das Selbstfinden nicht in dem gewünschten Großmaße möglich ist, die übrigen Forderungen schon selbst kräftig genug darauf gedrungen haben, daß sie an ihrem Teile dennoch allesamt ausgeführt werden müßten und das mögliche Selbstfinden dazu, — kurz, daß auch hier nicht jene Verzweiflungsmethode am Platze sei, sondern lediglich die normale, der darstellende Unterricht.

Das ist's, was mir über den Ursprung der Differenz im Begriffe vom darstellenden Verfahren besehbar geworden ist. Sollte mein Blick sich irgendwo geirrt haben, so werden die Zillerschen Schüler vielleicht genaueren Aufschluß zu geben wissen.

Meinen Begriff von diesem Verfahren habe ich oben entwickelt. Er wurde uns gewiesen durch die Natur der betreffenden Stoffe und die damit gestellte eigentümliche Lehraufgabe. Sein Inhalt ist in den sechs methodischen Thesen ausgesprochen. Wo man dieselben als richtig anerkennt, da werden sie zu Geboten; das will sagen: sie wollen ausgeführt sein, immer und allesamt — so viel als möglich ist. Wo die Möglichkeit aufhört, da wird auch nichts mehr gefordert. — Über die praktische Ausführung noch etwas zu sagen, wird nicht nötig sein. Nur eine Bemerkung möchte ich beifügen, bezüglich der geschichtlichen Stoffe. Wo der Anfang einer Geschichte sich nicht unterredungsweise einführen läßt, gleichviel ob es selten oder häufig vorkommt, da zerbreche der Lehrer sich nicht lange den Kopf, sondern erzähle frischweg vortragsweise, bis die geschichtliche Handlung in Bewegung gekommen ist. Er erzähle möglichst verständlich, deutlich, ausführlich und lebendig, aber ja nicht poetisch-hochbeinig, sondern nach der Urväter Weise schlecht und recht. Ist die geschichtliche Handlung im Gange, so wird sich wohl bald Gelegenheit zum Selbstfindenlassen bieten, zum Unterreden im andern Sinne ohnehin, vielleicht schon früher. Kommen dann im Verfolg Stellen, wo wieder vorgesagt werden muß, so sage er eben vor — in der bezeichneten Weise. So bis zum Schluß. Und das nenne er dann getrost darstellenden Unterricht.

Das Gemeinsame in den beiderseitigen Ansichten von der phantasiemäßigen Anschauungsvermittlung läßt sich jetzt so kurz wie bestimmt formulieren. Erkennt die Zillersche Schule die oben entwickelten sechs Thesen in dem dargelegten Sinne für richtig an, so sind wir in dem Begriffe vom darstellenden Verfahren in allem Wesentlichen vollkommen einig, und damit auch darin, daß bei den bezeichneten Stoffen nur diese Weise der Anschauungsvermittelung zulässig ist.

Speziell beim biblischen Geschichtsunterricht bleibt zwar einstweilen noch eine kleine praktische Differenz stehen. Sie liegt darin, daß die Zillersche Schule auch beim darstellenden Verfahren dem Betrachten des religiös-ethischen Anschauungsstoffes noch einen besondern Akt widmet, während ich nur einen Akt kenne. Um was es sich bei dieser Differenz handelt, ist jedoch nicht eigentlich jene Zweiaktigkeit, sondern etwas anderes. Ich muß nämlich vorher fragen, ob man dort auch im ersten Akte schon bemüht ist, das Religiös-Ethische mit zur Anschauung zu bringen. Darauf kommt mir zunächst alles an; denn nach meiner Ansicht will dasselbe vor allem da erfaßt sein, wo es sich im Handel und Wandel der Personen lebenswarm darstellt. Geschähe das nun im ersten Akte nicht, d. h. verschöbe man es bis auf den zweiten, so würde ich sagen müssen: der erste Akt behandelt den Stoff als bloße Wissenssache, und das ist in meinen Augen ein arger Fehler. Wird dagegen bei der ersten Vorführung in dieser Beziehung nichts versäumt, und will dann jemand dem Religiös-Ethischen doch noch eine besondere Betrachtung widmen, als Abschluß der Anschauungsoperation, so lasse ich ihm gern seinen Willen. Auf meiner Seite bedarf es aber eines solchen zweiten Aktes nicht, —

aus einem einfachen Grunde. Die Repetitionsfragen meines Enchiridions
sind mit Fleiß so formuliert, daß durch sie auch der religiös-ethische
Gehalt der Geschichte wieder vor den Blick gerückt wird. Auch Dr. Rein
erkennt dies an. Wo daher das repetierende Lesen nach solchen Fragen
geschieht und die mündliche Reproduktion ebenfalls: da kommt der innerste
Wertgehalt der Geschichte, wie man sieht, vollaus zur Geltung. Überdies
gewährt diese Art des Repetierens den Vorteil, daß der Lehrer Gelegenheit
hat, den einen oder andern religiös-ethischen Gedanken, wo derselbe auftritt,
noch etwas näher zu betrachten, falls er das für gut findet. (So kann
es auch mit dem einen oder andern Stücke des Außenstoffes geschehen,
wenn dessen volle Besichtigung inmitten der ersten Vorführung nicht nötig
war oder zu lange aufgehalten hätte.) Was die Zillersche Schule mit
ihrem zweiten Akte bezweckt, wird also hier durch die Repetition mit
erreicht und zwar ebenso gut und mit beträchtlicher Zeitersparnis.

Was endlich die Differenzen beim Einprägen anbetrifft, so fällt
die eine schon von selbst weg, wenn die Zillersche Schule bei den historischen
Stoffen gleichfalls überall nur den darstellenden Unterricht anwendet, da
dann das Lesen nur als Repetitionsmittel benutzt werden kann. Überdies
räumt Dr. Rein jetzt ein, daß auf der Oberstufe auch judiziöse Repetitionsfragen, wie das Enchiridion sie bietet, gute Dienste leisten können,
falls sie sich an die unterrichtliche Behandlung der Geschichte genau anschließen. Vielleicht wird bei weiterer Erfahrung dort auch noch eingesehen,
daß auf den unteren Stufen die Fragen nach Einzelheiten nicht minder
zulässig und nützlich sind; und wenn das geschieht, so würden wir ja auch
hinsichtlich des Einprägens in allem Wesentlichen in einem Gleise sein.

Zum Schluß möchte ich mir noch einen Wunsch vom Herzen reden,
der mich bei der vorstehenden Auseinandersetzung beständig begleitet hat.
Daß die Schüler Zillers treu zu ihrem Lehrer halten, ist gewiß löblich;
ich kann sie nur darin bestärken. Möchten sie aber auch das mit zur
Verehrung des Meisters rechnen, etwaige kleine Irrungen, die ihm nach
Menschenweise begegnet sind, möglichst bald still aus dem Wege schaffen
zu helfen, damit die zahlreichen großen Wahrheiten, welche er aufgedeckt
hat, desto heller ans Licht treten und dadurch desto eher weiteren
Kreisen zum Segen werden können.

Lightning Source UK Ltd.
Milton Keynes UK
UKHW022002260219
338007UK00008B/372/P